NAFMII 论坛

（第三辑）

中国银行间市场交易商协会　编

责任编辑：王雪珂
责任校对：潘　洁
责任印制：陈晓川

图书在版编目（CIP）数据

NAFMII论坛（NAFMII Luntan）．第3辑/中国银行间市场交易商协会
编．—北京：中国金融出版社，2017.3
ISBN 978 - 7 - 5049 - 7545 - 4

Ⅰ．①N…　Ⅱ．①中…　Ⅲ．①国际金融—文集　Ⅳ．①F831 - 53

中国版本图书馆 CIP 数据核字（2014）第 106076 号

出版
发行　中国金融出版社

社址　北京市丰台区益泽路 2 号
市场开发部　（010）63266347，63805472，63439533（传真）
网 上 书 店　http://www.chinafph.com
　　　　　　　（010）63286832，63365686（传真）
读者服务部　（010）66070833，62568380
邮编　100071
经销　新华书店
印刷　保利达印务有限公司
装订　平阳装订厂
尺寸　169 毫米 × 239 毫米
印张　23.5
字数　418 千
版次　2017 年 3 月第 1 版
印次　2017 年 3 月第 1 次印刷
定价　59.00 元
ISBN 978 - 7 - 5049 - 7545 - 4
如出现印装错误本社负责调换　联系电话（010）63263947

序 言

　　知海拾慧，积珍成集，古已有之；但交易商协会这次所录辑的"NAFMII 论坛"文集确有不同。

　　与院校讲座相仿，"NAFMII 论坛"同样秉持着治学精神、问道态度，传播最新的研究成果、最前沿的理论，起着对从业者传道、授业、解惑的"再教育"功效。但这个论坛绝不仅是坐而论道，它有着更明确的务实态度，更贴近中国债券市场建设的实践。作为多层次资本市场的重要组成部分，我国债券市场近几年取得了突飞猛进的发展，在拓宽投融资渠道、改善社会融资结构、传导宏观经济政策等方面发挥着重要的作用。其中，银行间债券市场又是债券市场的主板市场。截至 2016年 11 月末，经交易商协会注册发行的债务融资工具累计发行规模和存量规模分别达到 25.7 万亿元和 9.2 万亿元，存量规模较 2015 年末净增0.4 万亿元，占同期社会融资总额的 2.6%。在推动市场快速发展的实践中，新想法、新知识、新理念层出不穷，是"NAFMII 论坛"思想、知识和灵感的不竭源泉。

　　与目前盛行于市的峰会、研讨会和论坛相比，"NAFMII 论坛"既有其专业的品质，又具有兼容并蓄的特质。经过审慎的设计，"NAFMII论坛"的讲座已涵盖宏观政策、管理培训、热点评析、业务拓展、专业知识和综合教育六大门类，既有如全球宏观经济形势解读、国际金融形势与中国经济转型、新巴塞尔资本协议的影响等"硬"内容，也有如国学讲座、魅力口才、管理方法等"软"讲座。登坛演讲的专家既有如宋国青、余永定、约翰·莱特等海内外知名学者，也包括深耕金融市场的从业专家，还有在某领域有灼见的新人新秀。

　　这种不拘一格、因时而变的风格颇具吸引力，每每有名家新秀登坛，总是吸引众多市场成员听讲；而交易商协会一贯坚持开放态度，不设限制、不设门槛，欢迎各界人士参加论坛。因此我们经常看到，每逢周五金融街中心大厦总是人流激增，现场座无虚席，经常出现大量听众站立听讲的情况。据初步统计，截至 2016 年 11 月末，已举办的 167 期 "NAFMII 论坛" 吸引了将近 15 500 人次的听众，这对于开始仅六年、场地有限且不作任何宣传推广的讲座而言，成效已非常可观。这一切，与交易商协会立志成为 "中国场外金融市场创新的引领者和组织者、相关标准的制定者和推广者、管理方式改革的探索者和实践者、市场道德理念的倡导者和传播者、国际化的推动者和参与者" 的愿望有关，也有赖于央行、监管当局的支持，更有赖于协会会员的信赖与支持。"NAFMII 论坛" 已成为协会集市场成员之智慧，推动市场发展的缩影。

　　论坛上这些思想的声音、智慧的果实，应和更多的有志之士分享。因此，交易商协会从论坛开办之初，就着手收录资料，六年多来，资料日臻丰富。我们将逐步把这些鲜活的思想尽可能原汁原味地编集成册，奉献给大家。本辑中，文章内容涉及多方面，尽可能展现论坛 "博采众长，兼收并蓄" 的风采。

　　本书出版几经增益刊削，得来不易。论坛演讲者不仅无私地提供讲稿，还对文稿原意进行了核对，在此深表敬意。同时要感谢协会培训认证部工作人员，他们不但完成了大量文字整理工作，并且在众多细致之处也付出了艰苦的努力。中国金融出版社为文集出版付出了辛勤的努力，在此一并致谢。

　　出版《NAFMII 论坛》（第三辑）是对第一、第二辑的延续与完善，本次的整理更新、内容的精彩纷呈，也是我们努力的方向。协会将以此为平台，纳各方所思，真正使 "NAFMII 论坛" 的智慧之光在书中存续。

目　录

中国面临的挑战与战略选择

中国社会科学院美国研究所　黄平

2012 年 12 月

黄平，1982年2月毕业于四川大学哲学系，1982—1985年四川大学哲学系社会学教研室助教；1985年9月至1987年8月在南开大学学习，1987年8月至1990年6月在英国伦敦经济政治学院社会学系学习，获博士学位，1990年9月至1992年8月在伦敦经济政治学院做博士后研究，政治学院（LSE）社会学系助理研究员。主要学术专长是发展社会学，现从事社会学研究。时任中国社科院美国研究所所长、研究员、《读书》执行主编等。

今天给大家交流的题目是《中国面临的挑战与战略选择》，主要是讲从 21 世纪至今已经过去的十年，到 2020 年、2030 年、2050 年，即今后二三十年面临一些什么样的大的方面的挑战，又有些什么样的战略可供选择。

中国在 20 世纪末已经上了一个台阶，但是没有想到 21 世纪的前十年发展得更快。再考虑到我们的规模，这么大一个经济体，这样一个速度发展，以及下一步还将继续保持中等偏上的速度，老实说是 20 世纪改革开放之初谁都没有想到的，使得到今天这个话题变得更有意义。

2002 年，也就是十年前，上一届党中央、国务院中央领导还在考虑解决"三农"问题，解决小康问题，解决科学发展观提出的五个统筹问题。这些问题到今天也没说都解决，很多问题还要按照这样一个思路来发展。但是今天我们在世界经济中的份额，乃至因此在世界政治中的分量，甚至还有在规则制定中的话语权，老实说也是当初谁也没想到的。

上个星期美国国家情报委员会发表了 2030 年全球趋势预测，现在可以在网上免费搜到英文版。他们起草这个花了很长时间，为了写好这份报告，集中很多人力、物力，还到很多国家去调研，包括我国，也和很多智库、政府，包括企业界、金融界交流。这份报告比起同一个机构、同一批人写的 2020 年世界全球趋势有一个很大的不同，就是按照他们预测，2030 年，非西方的力量在世界经济、世界政治中的比重将 500 年来第一次超过西方。其中把中国这样的新兴经济体和发展中的大国，也是第一次弄了一个词，叫做我们是游戏规则的"改变者"，过去是参与者，当然也是受益者。而在过去，我们基本上是在既定的游戏规则框架下来参与，比如 WTO 的规则，联合国的规则等等。

现在随着我们的发展，速度快了，分量重了，美国国家情报委员会说我们是 game changer（游戏规则改变者），这引起了全世界的瞩目，包括我们周边国家的担心，出现了几十年来没有出现过的情况：中国是周边国家最大的贸易伙伴，也是日本、韩国、澳大利亚、东欧、欧盟的最大贸易伙伴，同时也是美国、加拿大最大的贸易伙伴。整个欧盟，美国是其第一大贸易伙伴，我们是第二。就单一国家来讲，我们是全世界最大的贸易伙伴，而且我们在世界经济，尤其是制造业中占据了优势位置。

再看人口规模。西欧从 18 ~ 19 世纪，乃至从 14 世纪开始算，是以千万人为单位的现代化，经历了 300 多年。而美国，除了早期的殖民、移民，还有对印第安人的屠杀，也就是欧洲人对美洲原始土著人的屠杀——实际上是种族灭绝，和对非洲大陆的贩奴，加上长达 200 年对亚裔特别是华工的歧视，现代化走了 200 多年。这样三五百年的发展，到了 20 世纪初，世界进入了英美主宰的时代。之后有两次世界大战，接着是 1945 年以后的冷和平又叫"冷战"。但是这期间拉动的人口跟现在没法比。现在已经不止是中国一个国家，印度、俄罗斯、巴西、南非，即所谓金砖国家，再加上印度尼西亚、马来西亚、巴基斯坦这些人口上亿的国家，全球化拉动的是几十亿人在这么短的时间内、以这么快的速度的发展。

改革开放快 30 年的时候，我受欧盟的邀请去做一个发言。他们客气地说请中国人来做一个特别演讲，说给你 10 分钟讲讲中国 30 年。我说我就讲 5 分钟，最后讲了不到 3 分钟，其实就一句话：在近 30 年的时间里，10 亿以上的人口用两位数的发展解决了 3 亿多人的脱贫、2 亿多人的城镇化和 1 亿多人进入中等收入群体，而且没有发生内部大规模的动荡、动乱、起义、暴动、战争和革命，也没有发生大规模的对外移民、殖民、侵略和战争，这在整个人类历史上是从来没有过的。大概不到 3 分钟就讲完了。事后我总结这一句话有八个要点：第一是 30 年以上的时间，第二是 10 亿以上的人口，第三是两位数的增长，第四是 3 亿多人的脱贫，第五是 2 亿多人的城镇化，第六是 1 亿多人进入中等收入群体，第七是没有发生大规模的内部动荡、动乱、革命、起义和战争，第八是也没有发生大规模的对外移民、殖民、侵略和战争。最后结论是这是四五百年来乃至于五千年来人类历史上从来没有过的。

中央讲科学发展观要处理五个统筹，城乡关系，东西部关系，经济发展与环境的关系，中国与外部世界的关系，乃至于所谓新"三座大山"——医疗、教育、住房，还有腐败、交通堵塞，等等，所有发达国家在发展中遇到的问题我们今天都遇到了，而且甚至是以更大的规模、更快的速度遇到了。所以邓小平同志 1992 年讲发展起来的问题会比不发展还要多。大城市病也好，分配不公也好，这些问题都遇到了。

但是我今天要讲的挑战不是这个层面的，这些问题老实说还是发展中的问题，通过发展是能加以解决的，或者说如果不发展就不会有这些问题。正因为我们高速发展、快速发展、和平发展，所以我说这也是不侵略、不殖民、不移民，包括内部不起义、不革命、不战争的代价。我们没有通过那种血腥的办法来发展，那成长过程中有交通堵塞，有教育不公，有分配不公，这是发展的主题中应有之义。不是说它是好事，而是说正是因为发展，正是因为我们快速发展，也正是因为我们和平发展，这些问题就成为摆在每一个人、每一个部门、每一个行业、每一个企业，每一个政府机构，包括每一个社会民间组织面前的问题，也成了我们新闻媒体每一天的头版、标题新闻，包括现在微博上、手机上的一些新闻。

我现在要讲的是未来二三十年面临的挑战。从内部来说，概括起来有三大挑战。

一、资源、能源的硬约束

第一大挑战，从最硬的发展所必需的条件来说，是资源、能源这种硬约束。过去高增长是用高投入、高耗能、高污染换来的，要保持别说是两位数，如果今后能保持7%的速度，那要多少能量、多少水、多少油、多少煤？我们的空气，我们的水要承担的污染要多大？我们是全世界二氧化碳的头号排放国。当然技术还在突破，但新能源也好，海水的淡化也好，连奥巴马也说，中国和印度要像美国那样生活，需要三个地球，不允许金砖四国像美国那样来发展。但我们人民自己要致富、要发展的冲动，是任何力量也挡不住的。

一轮又一轮的世界气候变化大会，从哥本哈根算起，直到今天，成了南北没有解决的问题。1977年邓小平同志刚刚复出就做了一个大的战略判断，说世界大战打不起来，我们要充分利用这个时间一心一意搞发展。当时提出和平和发展是时代的两大主题。和平是解决东西方的"冷战"问题，发展是解决南北的不平衡问题。现在整个南方国家，就是发展中国家甚至再早是第三世界国家中，中国和印度是最大的发展中国家，人口最多，地域最广。所以中印在很多地方有分歧，包括战略上也有，领土纠纷大大超过钓鱼岛，1962年还有过边界冲突，但在气候变化问题上，中印特别的一致。这里有三个很重要的理由：其一是我们人均很低，人均排放量很低，总量现在是上来了。其二我们没有历史的欠债，大气变成今天这个样子，那是西方国家、发达国家有历史的欠债，我们没有。其三就是实际上所谓中国排放是帮西方排放，因为生产基地在我们这儿，污染了我们的水，污染了我们的空气，国际或者是跨国公司、跨国企业在这儿成为了消费者。如果说要交碳关税，不仅是由生产者，还要由消费者共同承担。所以我们主张共同而有区别的对待。但是不管有多少道理，客观上中国发展被环境、被能源、被水资源、被大气限制这一瓶颈，现在我们还没有走出来。如果这个不走出来，从"十二五"、"十三五"，一直到全面建成小康社会还要翻番的目标要实现，挑战是非常大的，这比有没有一个具体的矿难，有没有一个具体的交通事故，有没有动车撞车要严峻得多，是我们13亿人口，乃至全世界人绕不开的一个世纪难题。

当然我们都是乐观主义者，都相信随着科技的进步，随着制度的创新，随着人们环境意识、责任意识的增强，随着法制的健全，这种高耗能、高污染、挥霍型的发展方式会转变。从中央来说，过去十年倡导科学发展观，今后十年再进一步落实到制度层面、政策层面，但是这个确实又不是一天能改变的。所以说资源、能源方面的挑战，是硬约束，如果中国解决得好是全世界的福音；如果中国没有跨过这一个槛，则是全世界的灾难。

二、文化自信的软约束

第二大挑战，就是我国经济规模大、速度快，但是我们还没有解决最软的问题，就是文化层面的，理想、价值、道德、信念，要让我们自己觉得，也让别人觉得中国人活的正当。文化强国、文化立国，现在叫文化自信的问题，还没有真正解决。

现在我们花了大量的钱做文化"走出去"，包括派了很多文艺演出队、秧歌队、杂技团、书法家、歌唱家到世界各地去宣传我们的文化，也建立了很多孔子学院来教汉语，但我说的这个层面的问题还不是这个。全世界一定是承认中国的琴棋书画艺术水平高，更别说我们的烹调艺术、杂技艺术。中华文明古老的文化、千年的历史，在今天能没有一席之地？问题是当今世界在文化层面还是西方主导、西方主宰、西方引领。其中当年法国大革命叫自由、平等、博爱，现在叫自由、民主、人权，这个东西成了支配世界的认知。

那随着我们的发展，是另搞一套，还是融入西方所主导的这样一种价值体系？还是说既不简单地像当年"冷战"的对抗，也不简单地就把西方的拿来照猫画虎、鹦鹉学舌，或者叫照抄照搬，而是我们真能从几千年的文明——有曲折、有转型、有中断、有创新，确确实实是人类古老四大文明里唯一的一个绵延下去，还能进一步地繁荣？那它能不能给其他国家和地区，不止是发展中国家，还包括发达国家，提供一些不同的价值体系给人类共享？中国不只是一个个案，更不是一个例外和异类，我们自己也不是一个暴发户，不该做有了钱而不被认同、不被认可、不被承认的一种文明。

在这个层面，我觉得中华民族复兴不仅是要解决经济繁荣问题，小康、饮食问题，也不只是要解决和平统一的问题，不只是要确保没有藏独、疆独、台独，而是要在文化层面自立、自强、自信，最后还被别人所认可。我们应该能够提供有价值的信念、理想、能力，和别人共享，弥补西方自由、平等、民主、人权所具有的不足。民主、自由、人权、平等，听上去好像很好，但是我们知道为了这个人权充满了血腥和战争，而且直到现在确确实实一直是双重标准，即使是在西方国家本身也没有解决好以下三个最基本的矛盾或者说张力。

第一个是平等价值的自由诉求经常处于矛盾之中。历史上英法的冲突、斗争，乃至于战争，很大程度上是要自由还是要平等。自由如果强调过头的话，就会出现不平等，因为人的天赋是不一样的，我就是比你强或者你就是比我弱。那平等的诉求就是不管身体也好，智力也好，我们叫天时、地利也好，你的祖先给你的财产也好，但人自由运用自己脑力、体力的权利应该是平等的。这两个东西自古希腊以来一直没有解决，到17世纪、18世纪成英法战争一个很主要的原因。法国大革命以平等之名，推翻了贵族，当时叫第三等级，实际就是资产阶级以平等旗号解放了巴士底狱，而之后很多贵族为了自由又逃离了已经民主了的法国，来到还是实行贵族制、君王制的英国。直到今天，所谓西方政治学也没有解决自由和平等的张力。

第二个内在矛盾就是自由竞争，一人一票，每人都平等。假如自由和平等这个张力不存在，是一样的、自由的、和平的，因此政治上要民主，一人应该有一票，这在哲学层面原生的就是古希腊的原子论。但那时候苏格拉底、柏拉图、亚里士多德，这三大思想家都是反对民主的，认为民主拉平了差距，最优秀的东西出不来。在他们之前，德谟克利特主张的是原子论，强调个人的价值、个人的意义、个人的尊严。但是把社会还原为个人，在某些层面是可以成立的，比如，今天个人的经济追求既是合理的也是理性的，由于个人的竞争最后带来所谓最佳的均衡，实现投入、产出、效益成本的最大化。但在古希腊的时候，亚里士多德最著名的命题就是人是社会的，人是社会关系的总和。他认为离开了社会整体，个人是没有意义的，或者离开了社会关系，个人是无法存在的。当一切还原为个人的时候，实际上背后还有所谓的信恶论，人是自私的。实际上正是人类自私的膨胀，才有我们说的掠夺自然、掠夺其他民族，以及在对待其他民族和自己民族的双重标准。

第三个张力，就是西方越来越强调的绿色发展、可持续发展和生态的发展模式，就把中世纪后期文艺复兴和启蒙所讲的人道主义、人本主义、人权给挑战了。这个世界不只是以人为中心的，人和动物，和大自然，和生物，和山山水水应该和谐相处，而不是为了人的满足，去掠夺、去破坏，最后会把我们人自己的生存环境给毁灭掉。

所以在软约束的层面，如果不能确立一套让中国人活得有自信，活得有尊严的价值认知体系，那我们有再多的钱，再快的发展，也是偏的，是畸形的，有了钱也是被人看不起的，因为没有解决一个正当性的问题。而如果这一问题解决得好，不仅使中国活得更理直气壮，更理所当然，更堂堂正正，而且确实能和东西方有一个交汇，有一个沟通，有一个对话，有一个互补。当然我们本身在反思，信恶论也在反思，以人为中心的破坏自然论也在反思，希望东方文明能够和西方已有的文明形成一个良性互补的对话关系。这个挑战不是说现在选择容忍。随着你的发展，经济实力有了，到时候自然会解决，自然层面的东西、人类层面的东西，如果没有人艰苦的努力，数代人的孜孜不倦地追求探索是不会自然解决的。

即使物质生产不发达，也有春秋战国那样一种思想家辈出的时代，从晚清、民国到抗日战争前，也产生了很多了不起的思想家、艺术家、哲学家、科学家。文化自信不是自然随着我们有了钱就能解决的，也不是可以无限期地推迟，有待于今后 30 年上上下下、方方面面的共同努力，而且这个努力还不应只是国家层面。

精神层面较之文化自信是中国绕不开的一大挑战，或者说是战略层面的一大瓶颈，一大软肋，有待于我们去克服，去突破。需要我们有更开放的社会环境，更开放的心胸，敢于和西方所有的思想、文化、价值对话，而不是关起门来自说自话、夜郎自大，不是简单的鹦鹉学舌、照猫画虎。

三、制度完善和制度建设

第三个大的挑战是在硬和软之间，中间的，我把它叫做制度完善或者制度建设。

我们今天发展是很快，势头是很好，规模也很大，但是在制度层面漏洞太多。像我刚才讲的那些，医疗、养老、交通，包括住房、司法制度、审计制度、税收制度、财政制度、金融制度，要么没有，要么还互相打架，要么还停留在照猫画虎阶段。我们的法制建设这些年可以说发展很快，但很多还是躺在抽屉里、书架上和文字上。整个制度层面的完善有赖于方方面面的配合，而且还有制度之间的配合、匹配，今天有人把它叫做改革进入深水区或者攻坚期，其实就是指在制度层面不再只是 20 世纪 70 年代末 80 年代初时，基本上是政策单兵突进就能马上见到效果的。比如物价一调整，工厂里面奖金一实施，然后再扩大企业自主权，或农村一分田，马上见效果。一个单项政策下去立刻全社会动起来了，积极性也调动起来了，物质利益也得到了。现在是全面盘根错节，牵一发而动全身，动这儿要损害到那儿，动那儿要损害到这儿，所以我们现在的制度设计和完善到了一个需要整体设计、综合考虑、通盘解决的阶段，叫攻坚期也行，叫深水区也行。

制度完善也是不能照抄的，比如社会保障制度的改革，我们不知道派了多少参观团、学习团、考察团学习西方，学习"亚洲四小龙"，结果发现那个不行；后来到丹麦、挪威、瑞典。北欧福利搞得好，但北欧现在一个最大的危机就是没有相应的生产能力，却享受这么高的福利待遇，过度的福利化就出现了极度的不协调，不匹配。我国社会保障严重缺失，在过去几十年其实是血拼，拼身体、拼体力、透支，提前把身体搭进去，还不知道有多少系统提前衰老，最后变成整个社会的负担，还不只是家庭的负担。全社会的社会福利、社会保障没有建立起来，但是怎么建立？英美的制度、"亚洲四小龙"的制度，还有德国莱茵的制度，各有各的特色，各有各的历史渊源，也各有各的弊端。比如，美国花在医疗上的钱是最高的，但美国医疗是解决得最不好的。

那中国这个社会保障制度，包括医疗制度，现在还要扩大农村医疗的覆盖，怎么搞？

我刚才说，派了无数的考察团去欧洲，像北欧那些小国，其中有的还没有像南欧遇到主权债务危机，还比较优哉游哉，像丹麦、挪威、瑞典这样的国家，但是他们说我们接待了 20 个你们这样的考察团，问了同样的问题，那我们前面 19 次不都白讲了，你们都考察过了，怎么又来？

这一方面说明我们的国内信息没有共享，民政部去了，劳动社会保障部也去了，卫生部也去了；中央的去了，省里又去。另一方面说明需求太大，这个问题已经绕不开了，已经变成了一个如此重要的、方方面面都在关心的问题。

还有民主制度。比如西方现在总拿印度来压我们，说印度是最伟大的民主。当然印度是西方式的民主，但实际上印度的民主到底怎样呢？

首先，据印度官方统计，有 40% 的人处在贫困阶层，印度自己宣布有 2 亿人以上的中产阶级。我去过印度不下 10 次，和印度官方、统计局、劳动部门去查、去核。所谓印度的中产阶级，就是一家有一个人有正式工作，有一辆自行车，有一双皮鞋，还有一块手表，这就是印度中产阶级标准。我们的农民工都达到了。农民工有一辆自行车，有一双皮鞋，有一块手表，有一份工作，他家是农村的，在北京有一份工作，那我国现状就不是我刚才说的 3 亿人脱贫、2 亿人城镇化、1 亿人中产阶级了。

其次，印度的法院议会说英语。印度是被英国殖民过的，但是印度只有 5% 的人说会英语，95% 的 10 亿以上的人都没有能力去打官司，去议会选举，那你说这是最伟大的民主？加尔各答、孟买、新德里，是印度最大的三个城市，和我们北京、上海一样都是千万人口，但一半以上的人无家可归，躺在路上。好在印度天热，躺在路上不会冻死。但是热有热的问题，因为垃圾没有处理，各种与热相关的疾病蔓延。印度的那个脏真的是无法想象。我们去是政府接待，政府配个国产汽车，没有空调，又那么热。不开窗，那个车里面得 50 多摄氏度，这还是 12 月，而要是开着窗，外面堆积如山的垃圾恶臭，就像在臭水沟里面。

最后，印度的经济、社会和政局发展也出现一种不协调。他们分种姓制，有些有血统的也是贫困的，有些贱民不一定是最贫困的。现在印度的高科技产业、软件业，包括金融业很发达，这没有错，但是覆盖人口很少。有的大学教授、经济学家，家里佣人都有十几个，墙上都是宝石。印度一方面是民主的，另一方面是不平等的，而他们对不平等熟视无睹。像孟买、加尔各答，700多万人无家可归，在我们这儿早就揭竿而起了，而在印度你家里有十几个佣人，同时满大街都有"冻死骨"，他们也认了。不像我们有革命的传统，平等的理念我们是深入人心的。

也就是说民主印度连最基本的生存问题、发展问题、吃饭问题都没解决，而且是远远没有解决好。

所以中国走到今天，一定要把制度建设搞好，那不只是抽象地说民主、自由、人权、监督，要使我们的发展更可持续、更协调、更合理，要节约资源，降低损耗。现在中央提出反对形式主义、官僚主义，为什么那么深得人心？以前一不小心形式主义、官僚主义搞得那么厉害，老实说也没有谁想搞，但是不知不觉搞那么厉害。好不容易换来的物质财富，结果又大量的浪费，还不是贪了、占了、吃了，而是被浪费掉了。

一个好的制度设计不是简单的移植，而是使成本能够降下来，使成本变得更合理、更高效、更低。好的制度让人更舒服，而不是被约束、被管束、被限制。这是中国要下大力气在今后三十年要做的事，这三十年不是三十年以后才做，从现在起就要做，做十年、二十年、三十年。

综上所述，我们应重视资源的约束问题，寻求道德层面、价值层面、理想层面的突破，建立起自信、自尊、自强，适合我们的历史、我们的文化，还能调动我们的积极性，发挥我们的才智的这样一套制度。这是从内部来看。

从外部来看，随着中国经济的快速发展和经济规模的增大，我们的国际环境大大改变。不是说随着中国发展好了，就自然朋友多了，其实有时候正好相反。你发展太好，别人没有你那么好，人家就受不了了。印度是一个例子，日本是第二个例子。日本战后40年是世界第二，是亚洲老大，他们的自尊心、民族优越感是很强的。但是对中国今天发展起来了，看着他的亚洲老大地位要被我们替代了，日本就受不了我们的发展了。

第三个受不了的就是像东盟这些国家，他们本来是受益的，而且是大受益，要不是我们，1997年金融风暴中东盟遭受的损失还要惨得多。之后的"东盟10+1"，"东盟10+3"，我们跟东盟发展经贸关系，经济合作，互利共赢，这10年得到的好处数都数不尽。结果因为我们发展的势头，反而有了现在岛屿之争，变成了经济上靠中国，安全上靠美国，都希望美国来给他们撑腰。

现在这个势头就是这样，这十年最好的一个区域合作就是东盟十国，但一盘点说中国世界第二了，马上我们的国际影响、国际形象、国际地位以及和周边国家的关系反而不好了。

第四个例子就是整个国际环境，跟欧洲，跟美国，跟日本，以及跟其他发展中国家。原来发展中国家跟我们是天然的盟友，在大的问题上，政治问题、台湾问题、西藏问题、人权问题，到经贸问题，我们在合作，但现在大量世贸里面的纠纷是发展中国家起诉我们，明明双方是有共同利益，但就不能共享。

我们希望随着中国的强大，能有一个好的国际环境，既在经济层面互利合作共赢，也在安全层面不至于冲突、对立、战争、擦枪走火。

中国将在今后的至少十年，要面临的国际关系摩擦首先是中美摩擦。中国和美国的摩擦只会增加不会减少。邓小平同志曾说中美关系好也好不到哪儿去，坏也坏不到哪儿去。好不到哪儿去，就是三个 T，"台湾"、"西藏"——每一届美国总统都是要会见达赖的，1989 年还有一个"天安门"；但是坏也坏不到哪儿去，因为还有第四个 T，就是 Trade，所以中美贸易关系成为中美关系的压舱石。这个关系现在还在，我们还是以生产为主，主要销售到美国，确实为美国的中产阶级、老百姓日常生活提供了又廉价又好的商品。

其次，在北方，我们和俄罗斯是最全面的战略协作合作伙伴，实际上真正的合作力度，潜在合作的领域还多得不得了，推动起来还是很慢。

贸易领域的摩擦纠纷，经济领域的竞争，能源领域的冲突，还有知识产权，企业创新，当然现在还有金融领域。由于金融风暴，究竟怎么来共同应对，还是各顾各回到贸易保护主义，互相指责，变成一个政治上的问题。这使得我们整个国际环境，包括我们历史上最铁的盟友，包括北朝鲜、缅甸、巴基斯坦，也都各有各的问题。我们在国际上的这种纠纷冲突，包括和第三世界国家、发展中国家、非洲国家，因为中国大了、强了、快了，它们产生了战略疑虑，就是强的怕被超过，弱的怕被甩了，中不溜的觉得你在竞争力上抢它们的生意，占它们的地盘。在战略层面是要实实在在的好好处理，而不只是现在这样应对应付、应招应急，老实说有时候没有想到的问题也蹦出来，像日本钓鱼岛国有化。民主党上台以后，大大加强了中日之间的合作、磋商、沟通和区域化进程。说实在的，这四十年我们是搁置争议。随着安倍上台，现在蹦出来的这个事情，把整个大局，把中日四十年的友好走到了最坏的、最冷的、最差的时期。

以上三个内部的和一个外部的共四个层面使得我们面临以下三个战略选择。

第一个就是维持现状，这个听起来好像很不怎么的，其实老实说维持现状就很难了。你想现在挑战问题如此之多，国际国内搅和在一块，越来越难分，哪个部门、哪个地区、哪个方面都在一块。维持好现在的发展现状，维持好我们改革开放以来的这个势头就已经了不起了，但是这个成本，需要的精力，付出的劳动，以及给我们带来的应急、应对、应招都应接不暇。维持现状成本也高，也难。但是维持现状不失为一种战略选择，就是目前大的国际形势、国际秩序，联合国框架，世界贸易组织框架，全球化的势头，对我们总体是有利的。南北关系就是发展问题，我们是发展最快、最好的，是获利的，所以维持现状当然是一个战略选择，方方面面要齐心协力维护好这个大局，国内要维护好，国际关系也要维护好。

第二个是战略上的可能或者是威胁，就是随着中国这么发展，搞不好就进入新的"冷战"。就像当年苏联，西方国家乃至于其他国家，包括我们的周边国家，形成一个不叫联盟的联盟来对付我们，变成中国与世界、与周边，至少与西方主导国家一种"冷战"，当然包括贸易战、意识形态战、价值战，天天指责我们不民主，没有人权，疆独问题，台湾问题，等等。也不排除苏美那种大"冷战"格局，虽然我们并不想进入，但就是被"冷战"了，被妖魔化了，被异类了，这个不是不可能的。

第三个是战略原则，就是我们要积极有所作为，最后建构起新型的大国关系，构建一个三五百年来还没有过的那样一个互利合作、和平共赢的国与国的关系，大国与大国的关系，重塑整个世界格局。目前的这个世界还是一个弱肉强食、零和游戏、你争我斗、你死我活的世界，因为世界就这么大，机会这么多，你拿了，它就没有了。而我们事实上现在倡导的是和平发展、互利共赢、合作共赢。这三种战略选择是我们要努力的，在人类历史上也是没有的。

那么是不是可能的，现实的？其实新中国成立以来就在试图走这么一条新的和平共处的和平发展道路。1949 年以后我国就倡导的和平共处五项原则，是首创，不是"冷战"格局。1949 年我们被迫宣布"一边倒"，但实际上没有倒入苏联那个体系和怀抱。我们好不容易迎来了独立，流那么多血，死那么多人，才把不平等的丧权辱国的条约给废除，不能一不小心又被苏联主宰。所以首创和平共处五项原则，我们也一直身体力行，后来变成全世界公认的处理国与国关系的共同原则。1979 年以来，我们走互利共赢的道路，原有的主权争议都搁置着，共同开发。老实说也没有共同开发，都是双方在单方面开发。从大局出发，我们也忍了。

和平发展道路有三个考量。

第一个考量是为什么走和平、发展、互利、共赢、合作的道路。新型的大陆关系，当今世界再也不可能走侵略，掠夺，扩张，殖民，打杀枪炮去把人家灭掉的发展途径了，葡萄牙、西班牙、英国的殖民方式，像美国杀印第安人，那个时代已经过去了。有些青年同志不懂，说为什么不把菲律宾干掉，连越南也一块干掉？要讲实力、军力我们当然是可以的，但这不是时代所允许的，也不是我们的立国之本。

走和平发展道路不是那么容易的，要真正落实平等和人权也不是那么容易的，但是即使不容易也轮不到我们去侵略，去扩张，去殖民，去发动战争，连台湾问题我们都要用和平手段来解决。这是第一个考量。

第二个考量，走和平发展道路其实对我们也是最有利的。我们 60 年的发展，30 年的发展，和今后我们用和平手段来发展，合作的、互利共赢的来发展，相对而言还是利益最大、代价最小的。这个我就不去详细分析，算账就能算出来。

第三个考量是一个道德、价值、伦理层面上的。我们是靠反侵略、反殖民，反对被掠夺、被割地赔款而站起来的，我们国家的性质不允许我们去走非和平掠夺或者战争的道路。1974 年邓小平同志代表我们国家在联合国去讲那段话，说中国即使有一天发展了，也不称霸，也不做超级大国，如果中国有一天去欺负别的国家，全世界团结起来共同反对它，打倒它。从那以后每一年党代会也好，全国人民代表大会也好，国家正式文件也好，每一次都有反对霸权主义、反对强权政治、反对一切形式的霸权主义和强权主义的表述，这是我们国家的立国之本。我们要真正走一个和而不同、天下大同的道路，把过去三五百年的世界整个翻过来，改变人们的游戏规则。当然说起来容易，做起来难。

中央正式提出，中美之间要建立新型大国关系。我理解不仅是中美之间、中日之间、中俄之间、中印之间，而且不只是大国，我们和小国、和邻国也要建立这样一种互利合作、和平共赢的关系。要真正建立，要走这条道路，需要有真正的经济、科技、军事和实力，否则那个和平是假和平，人家也不把你当回事，一遇到真正的挑战，对方不走和平道路，要走侵略道路，你也没有力量来制止他，这是辩证法。越要走和平道路，越要有真正的力量，要有足够的力量去确保你有和平的环境，安定的环境和合作互利的条件。

中美之间建立新型大国关系，是习近平时任副主席访美的时候提出来的。我看美国现在还心存疑虑，无非是那么几个考虑：第一是怀疑我们虚晃一枪，就以为我们来一个烟雾弹骗它，怀疑咱们的诚意。其次是美国人还有一个根深蒂固的认知，就是美国是世界经济、科技、政治、军事、教育最强大的国家，轮不到你跟我们搞新型大国关系，中国算老几？美国就是世界老大，这个世界秩序就是美国主导的，美国的 21 世纪，美国的领导地位、领袖地位、主宰地位。我们叫霸权，他们叫 world leadership，我不存在跟你商量什么世界秩序应该是和平的还是互利的、共赢的。自从取代英国成为世界霸主，美国人老大的心态就认为海洋、太空都是美国的，所以在南海问题上也插一杠子。

最后就是美国传统的现实主义制度，认为世界只能是从零发展，只能是零和游戏，只能是你赢我输，不可能有什么和平互利、合作和共赢，因为过去三五百年就是这么过来的，包括它搞双重标准都觉得理直气壮，定义你为流氓国家，因此我就进行轰炸，叫做 regime change（进行政权更新），斩首行动，理直气壮的。这其实是"冷战"思维，其实实际上还不只是思维，不只是"冷战"，是几百年这样一个所谓的现实主义，只用利益来考量，认为在利益之争上没有合作和互利，只有零和和丛林法则。

因此，目前我国在战略选择上的三个关系，就叫做积极维护现状，全力避免"冷战"，尽力争取第三个关系，即新型的国际关系，大国关系，互利合作、互利共赢的和平世界。

这需要国内方方面面的协调统筹，国际来说既要做好大国关系，也要做好周边关系，还要做好与发展中国家的关系，做好各种国际组织、国际机构包括经济组织、贸易组织、金融组织，当然也包括一些非官方的民间组织，就是媒体。

现在就是四个层面——官、产、学、媒，官是政府、产是企业，学是科学加团体或者是学校，现在还加上媒体。我们这一代人在短短 30 年内经历了五个媒体。刚刚改革的时候我们要去约一个人上课也好，见面也好，吃饭也好，得上门敲门，在就在，不在就没有办法，靠腿去敲门约人吃饭见面。到了 20 世纪 80 年代叫做 8 分钱，就近找个邮筒，写封信给他，约下周什么时间在天坛公园见面吃饭，至于收到没有收到，有没有回信，你还得有个预估。90 年代初安装电话，那会儿我收入一百多块钱，装一部电话 1 000 块钱。再后来就是电脑发E－mail（电子邮件）。现在就是手机，办公是它，私人约会也是它，它的功能是第一时间群发。前两天节日我收到好多群发，还能把照片也搞出去，下一步还不知道是什么样。因此官、产、学、媒，共同来建构这么一个新世界，让我们自己，我们的子孙，生活在一个全新的世界里。

提问 1：黄老师，您刚才谈到第二点，关于软约束文化价值方面，简单讲光靠经济技术发展是不行的，您有什么更系统的建议，怎么能提高民族的信仰，具体怎么重塑信仰道德？

黄平：我自己也在这个领域试着做，但是个人力量太微薄。它不只是对外宣传，不只是吹拉弹唱，走高跷，耍个猴的问题。从内部来说，我们内部宣传花的钱也不少，爱国主义教育、文明教育、八荣八耻，好像没有打动人，也没有与时俱进。说不好听的，刚才我说的信息时代我们都没有好好利用，甚至还在封、杀、堵，所以要重塑价值，现在至少是价值失落。市场经济如果没有法治的平衡，包括道德的约束，它就变成一种恶性竞争。

我自己调研发现，像传统社区里是有很多尊老爱幼也好，互信也好，互助也好，遇到冰雪灾害，"非典"、水灾，自然地互相搀扶着。平时相安无事，遇到有灾的时候就互帮互救。传统社区里面，有三个东西我们应该努力找回来，虽然现在被打散了，但是到各个地方去还能看到，而不只是偏远的农村社区或者民族地区，包括我们北京的老百姓胡同里，街坊之间。第一个就是认同。大家是一伙人，至于这个一伙人的边界在哪儿，中国人的这个边界是模糊的。刚才说的个人主义、群、团社并没有截然的边界，是一点一点拓展，是一个网状结构。自然就有一种安全感。第二是安全感。第三是凝聚力。这个安全感可以体现为老死不相往来，但是遇到"非典"、冰雪灾害、地震，大家开始互帮、互助、互救，这个东西是中国非常难能可贵的传统。1997 年的金融风暴，1998年、1999 年国企改革，下岗失业，2008 年东南沿海企业关闭、倒闭，几千万的农民工回乡。按照西方经济学模型，中国早就不但经济破产，而且社会动荡，但怎么会破解了呢？其实就是靠互相帮扶着，搀扶着，我有饭分着给邻居也好，亲戚也好，吃一口，就给度过了。这是第一个层面，就是日常生活层面，社区层面，普通人层面。

第二从国家层面。你得有一面旗帜，一个民族目标也好，理想也好，召唤我们为之憧憬，为之做梦，为之流泪，不能只是钱，不能只是一个物质的标准在这儿。因为物质搞得不好，是让人贪得无厌的，什么才叫够呢？没个够啊。而且物质上、经济上、生活上，总是有起落的，有快有慢的，就跟我们的身体有好有坏一样。但是如果你有一个梦，有一个理想，有一个不惜为它牺牲、为它奋斗，甚至为它愤怒的东西，那就是一面永远飘扬的旗帜。旗帜越简单越好，现在是搞得越来越复杂，都听不懂，也不知道在说什么。中央这次的新风气很好，以前一些好的思想都被弄得不知所云。

第三就是方式方法。重塑道德，重塑理想，应该是开放的，闭门造车肯定不行，回到过去也不行。现在搞国学，国学当然了不起，我自己也读《论语》，读《汉书》、《史记》、《春秋左传》，小时候读没有标点的断句，直到现在《唐诗宋词》，《古文观止》也要读，但是回到过去怎么可能？那一定要包容开放。

第四是最尖锐的问题应该回避，不是说一切都要硬碰硬对着来。人家讲卫生，我偏要吃苍蝇才叫划清界限，那也不对。古希腊那些演变到今天自由、民主、平等、博爱、人权，也不是说都错了。我们要和西方最优秀的思想家、科学家、艺术家共同来探讨人类共同的问题，共同探讨人类的共同命运而不是简单介绍中国。

第五当然伦理建设也与制度建设密切相关，制度没有跟上，那你就是满嘴仁义道德，挂着羊头卖狗肉，必须上行下效，身体力行。文化建设确实是一个漫长的过程，但是不意识到就更危险，现在的好处是大家都意识到了。马克思的没有错，当我们解决问题的条件基本具备的时候，问题就被提出来了。

提问 2：我想问中国在比较有特色的官文化方面，现在官僚们已经形成独立的一套文化体系，包括他们去做事情，包括去讲话，但是给老百姓的一种感觉就是可能有点虚伪，讲一套，但实际上做的又是另外一套。请问您对中国的官文化是怎么一个看法？

第二个问题您谈到制度建设的问题。我觉得现在对中国的法制化，有很多人是有怀疑的。我前段时间看到一个很有趣的段子：在中国要跟他讲法制，可能政府会跟你讲政治；你跟他讲政治，政府可能会跟你讲国情；你讲国情，他可能会讲别的。您觉得在中国实现真正的法制化，在中国有这样的一个土壤吗？怎么样来实现？

黄平：第一，官文化。我觉得官本位肯定是不好的，中国过去有点太官本位，而且这个不只是官员们，深入到老百姓，深入到边远地区的老头老太太恨不得都希望自己的孙子们某一天当个官，这样就鸡犬升天了。这个东西随着信息化、市场化、多元化，其实客观来说越来越淡，现在当官也不受待见，也不受尊敬。去搞民意调查，问小孩子，也没有几个人说想当官。最近考公务员热，是因为福利好。官文化随着现代化也好，全球化也好，改革开放也好，发展也好，正在被弱化。

第二是法制。我觉得制度建设不只是法制，一个盘子里面，包括社会保障、养老、医疗、教育、交通、城市管理，其中法只是一个面向，还有伦理层面，也就是道德冲击。我们讲政治，政者，正也。美国辛普森案，结果很荒唐，我觉得不应该只是走法制道路。

刚才举了印度的例子，其实还可以举出很多例子，即使是英美，包括德法，它们是两个不同的法系。英美法系是个人法系，德法是大陆法系，不一样的法系，所以即使是法制也有不同的模式。所谓三权分立，实际只有美国是三权分立，其他西方国家没有三权分立。中国这么大一个文明古国，这么长的历史，确实应该摸索出一个适合自己本土的法制制度，当然不是拒绝外部世界，可以参考各个国家。

我认为法制就像经济建设一样，应该有两翼，市场经济的另一面就是法制的经济和法制的社会，同时它还应该有高度伦理化，甚至是艺术化。中国人不但应该有伦理道德，还应该有审美，不是玩虚的，不是附庸风雅，艺术应该成为我们生活的一个有机的、必不可少的一部分，而不只是艺术家们在那儿吹拉弹唱。这样一个社会其实是符合中国几千年的伦理为本的社会的。

现在法制我觉得可能要做得更重要的事是，在司法层面，要推进司法的公正性，其中包括透明度，包括官员财产公开化，收入分配的合理化，这些使得社会既走向法制，也走向更加文明、更加平等，去除掉你说的官本位。我刚从伊朗回来，内贾德总统是自己开车上班。我见到另一个小官僚，是个媒体人士，他居然很得意地说，我今天早上看见内贾德开着他那辆破车，我就故意去撞他。希望我们中国有一天也能走到这一步，应该走到这一步。曾经我们说军民鱼水，干部群众，在很多层面上都能做到，现在怎么会做不到？

提问3：您刚才提到，我们的邻居跟我们都不是非常友好。从俄罗斯、印度、日本，包括很小的越南，到一些小国家，甚至跟我们最好的朝鲜，它有时候对我们也有一些意见。有时候美国对越南，对朝鲜感召一下，它们很快就会跟着美国走，这是为什么？是我国的文化，还是一些对外政策，还是一些什么别的原因呢？

黄平：首先，我觉得应该不是文化的原因，因为曾经我们有过很好的周边关系，和第三世界发展中国家的关系也很好，当时毛主席说是第三世界黑人兄弟把我们抬进联合国的。把当时的纪录片调出来看，现场投票的，在那儿跳起舞来了，黑人国家的那些代表载歌载舞。所以不应该是文化的原因，如果是文化原因就会一直都不好。

其次，我自己不愿意去批评，尤其不愿意去批评政府。当然你说站着说话不嫌腰疼，知识分子最容易做的一件事就是批评政府，生活中有什么不满意的，骂骂政府就完了。如果实在要说，我觉得前些年有点财大气粗，对很多发展中国家，比如，周边国家，我们的小官僚，对他们很谦和，处理周边国家、中小国家关系的时候，我觉得我们是有失误的。

再就是有时候我们太强调美国的重要性，认为只要把美国搞好，什么都搞好了，忽略了广大发展中国家这个天然的朋友。其实很多发展中国家是不惜一切地在任何问题上都支持我们。很多非洲国家的总统总理跟我说，我们之所以不分青红皂白就支持你们是因为一是我们有几百年受西方殖民的历史。二是你们中国那个援助项目，不是贸易投资，不是商业行为，更不是私人行为，都是国家政府的外援，是我们几百年从来没有遇到过的，造价低，工期短，质量还好，剩下的钱还给当地做发展，这是从来没有过的。三是现在我虽然是部长、总理总统，但我当初饭都吃不起。我第一支铅笔是中国给的，第一个书包是中国给的，我母亲的病也是中国人给治好的，当然现在不分青红皂白投你们的票。但是我们这个老本不能吃光了，或者不能只吃老本。我觉得这些年我们要反省反思。

　　就像做人，如果住在深宅大院，枣树长得也高。枣熟了，枝伸到外面，人家吃一点就吃一点，家大业大，惠及四方，都去修理也修理不完，但是他要翻墙进来，最后把树也砍了，这是另一回事。

　　提问4：您刚才说到，Trade 是中美关系的压舱石。但是中美关系很长时间是失常的，中国人生产的多，消费的少，贸易顺差多；美国人生产的少，消费的多，贸易逆差多。这个关系在一定条件下是可以维持的，只要中国人愿意借钱，美国人也愿意去借，这个关系可以维持。但是次贷危机之后，美国好像也遇到问题，开始节衣缩食，我们也感到有困难。您觉得这种失衡的经贸关系，以后怎么去调整？如果调整的话，对未来世界经济的格局又有什么样的潜在影响？

　　黄平：现在的全球化就使得国家间有所谓相互依存度，你中有我，我中有你，谁也离不开谁，中美之间在经贸上也表现出来，不平衡的相互依赖。萨默斯当过美国的财政部部长，之后他回到哈佛大学当教授。我们所一个会，把他请来。他当时发言说中美有点像苏美"冷战"时候的核恐怖平衡，换了一个词，把我们之间的关系叫做金融恐怖平衡。萨默斯自己说，中美经贸是不平衡的平衡，这个不平衡到什么程度呢？一句话就是，其实中国人民应该比他们现在的生活好一倍，而美国人应该比现在的生活差一倍。实际上，是我们把大量的好处给了美国。

　　也有人说中美联体、一体，就说中美两国不是两个经济，而是一个经济，无所谓失衡不失衡，相当于河北生产北京消费，把它作为一个经济体，越来越一体化了，这是第二种。当然这个我自己觉得有点过早，中美还没有走到完全一体化。

　　第三就是现在这样，美国的政治家，尤其是政客们，要么是不了解，要么就是故意做文章，他们对中国70%以上的指责是没有道理的，而且对美国也是不利的。按照他们的指责，如果人民币再涨，中国的出口再减，对美国的经济、美国人民的生活也没有什么好处。

　　要改变这样一个中美的不平衡或者失衡，拉动内需，让人民有更强的消费能力。从美国来讲，靠借债过日子，靠借债来挥霍的好日子，靠全世界人民来养的时代，正在过去。现在美国很多战略家很忧虑，很恐慌，很着急，想制造业回迁，但产业空心化是全球化带来的，美国产业外移，不移向中国也移向墨西哥，不移向墨西哥也移向越南，这不是中国偷走的。乔布斯跟奥巴马有段对话很能说明问题。奥巴马说能不能把苹果在华60万人的生产基地搬回美国。乔布斯说只要你能每年给我21 000个工程师，我就移回来。这是产业空心化另外一个原因，就是美国人越来越不愿意从事工程行业，学工程的少了。美国教育是世界第一，吸引的人才也是第一，但是美国孩子去学工程的越来越少，学了工程也不愿意搞工程，不愿意当工程师，而更愿意去华尔街玩金融衍生品，玩股票，玩债券，所以使得美国本身经济在世界经济中的份额不但降低，而且现在严重失调，成了一个巨大的政治问题。现在美国是前所未有的两极化，除了都指责中国以外，民主党、共和党在任何问题上都达不成一致，这是"第二次世界大战"以来没有的。这实际上就是经济问题造成的政治问题，让美国国内问题变成了世界问题，世界问题又体现在中美贸易中的经济关系，乃至中美战略对话里面的一个议题。其实真正要算账的话，我觉得中美之间，第一贸易失衡是事实，第二失衡的原因是多重的，第三调整这个贸易失衡，主要还在于美国本身，要愿意生产，愿意劳动，而且要适当放下身段，原来那个坐着就过好日子的时代随着全球化已经过去了。

中国是要自己慢慢地改变对美国经济的依赖。从投资到贸易，我们应该实现多元化，提倡科技自主创新企业。

当前的机遇与挑战

中国社会科学院　李慎明

2012 年 10 月

李慎明：时任中国社会科学院副院长、直属机关党委书记、博士生导师、中国政治学会会长。1997 年被授予中国人民解放军少将军衔。中共十六大、十七大代表，第十届、第十一届、第十二届全国人大常委，第十二届全国人大内务司法委员会副主任委员。

这次内容既涉及国际又涉及国内，既涉及经济、政治、文化，又涉及外交、军事、科技等各个方面。

怎么看待当前国际国内形势呢？我个人认为，在未来二三十年，是合作、竞争、博弈乃至较量，那合作、竞争、博弈、较量的结果是什么？两种可能。第一种可能，极可能的就是中国特色社会主义巍然屹立，世界社会主义必然开始一个大的复兴的局面。还有一种可能，可能性小但是同样存在，就是中国特色社会主义有可能遇到极大的麻烦，那么世界社会主义就有可能步入一个比苏联解体还要大的低谷。不管未来二三十年以哪一种可能出现，我们这个社会已经步入了历史发展的快车道，可能会发生一些激烈动荡甚至跳跃地进入这个状态，有可能经常发生一些我们料想不到的甚至也常常难以预想到的重大的事情。

先看国际上，我认为现在有四个重大问题值得我们关注：

第一个就是国际金融危机，仍未见底且在深化，这个非常值得高度关注。

第二个就是美国重返亚洲战略，我认为美国已经把中国由潜在的最大对手当成现实的最大对手来看了，美国重返亚洲战略就是冲着中国来的，它有哪些动作值得我们高度关注。

第三个就是日本的战略动向，1923 年的关东大地震带来了 1931 年的"九一八事变"、1937 年的"七七事变"，一个大地震经济困难以后带来了战争，而日本从 1991 年的"银行住债"风波导致的房地产泡沫破灭以后，经济直到现在持续二十多年的萧条，又遇到了大地震、大海啸、核辐射，尤其核辐射的危害相当之大，铯 137 半衰期是 30 年，还有其他的核元素，那么，日本这个岛国那么多人怎么生存？它的战略动向值得我们高度关注。

第四个值得我们高度关注的国际问题就是俄罗斯的战略动向。现在的世界格局颇有点像 20 世纪六七十年代，那时候美苏争霸，中国左右逢源，美苏争霸的天平上中国这个砝码放到天平的任何一方，对对方都是一个致命的威慑，那时候中国选择了（美国），因为面临着苏联的核打击，所以说中美关系正常化，就引起了整个苏联的剧变，这是重要原因之一。那么现在美国把中国当成现实的最大对手来对待，俄罗斯这个砝码被放在天平的哪一方，对对方也是个大威慑。所以我个人主张，我们应该与俄罗斯结成真正的战略同盟伙伴关系，美国肯定要在这中间进行纵横捭阖，要做工作。这四个问题值得我们高度关注。

　　再看国内。我们过去总讲改革开放到了攻坚阶段，在我看来就是我们的四万亿元带动各种几十万亿元的投资下去以后，真正的攻坚阶段就开始了。比如，房地产，房地产价格往上涨，普通百姓包括所谓的"中产阶级"买不起，往下走它有几十个产业，房地产直接间接带动整个 GDP 的将近 1/3，那肯定不行。保持现状？现在有些房地产商已经受不了了，银行不断地每个月把利息从账上划走，就是房价维持现状不动也没办法。所以说光这个房地产我们都非常难办，连美国、日本这两个大国、强国，经济都是栽在房地产上。我们是发展中国家，我们的房地产怎么发展，当然还有一系列问题。我举这些例子就说明，我们现在无论国际、国内机遇和挑战都是前所未有的，值得我们深思，值得我们考虑，以便进行应对。

　　下面主要涉及三个问题。第一是国际方面的机遇与挑战，第二是国内方面的机遇与挑战，第三就是怎么办。

一、国际方面的机遇

　　我个人认为，国际方面我们可以有八个方面的机遇。

　　1. 和平发展与合作仍然是当今时代的潮流。现在特别是金融危机爆发以后，各个大国、各个集团都是在协商，都想在谈判桌上来解决问题，因为大家都懂得不战而屈人之兵之道，不战而屈人之兵之妙，用和平的办法，用谈判的办法，获得自己想获得的利益，都想采取这个办法。所以《孙子兵法》里面美国人首先就非常称赞这一条，正因为这样，所以说都不想打，都不愿打。我个人认为最近两三年可能打不起什么大仗。正因为打不起仗来，那这个就可能是我们的机遇，就看你怎么应对了，我就不详细展开了，大家可以看看这个所谓的 G2、G7、G20，将来是 G0，还有金砖五国，这是各自都有各自的想法。这是第一个机遇。

　　2. 世界多极化和经济全球化趋势继续深入发展，尤其是国际金融危机，这就为我们 32 000 多亿美元的外汇储备购买先进技术、先进设备，买它的优质资产，让美国人不要对台军售，提供了最好的机遇。

　　3. 科技革命迅猛发展。科技对世界经济增长的贡献率由 20 世纪初的 5% ~ 20%，上升到 21 世纪初的 80% 左右，这就为我们引进先进技术和先进设备提供了一个前提条件。

　　4. 美国。现在也有不少人在战略上反而重视了美国，认为美国咱们千万不能打，咱们现在和它差得远。我就举一个例子，美国那么一个辉煌帝国在一个小小的伊拉克，直接间接花费了 3 万多亿美元，搞的是胜而不利，死了那么多人。所以说，在战略上没必要太重视它，而是应该藐视它，战术上当然我们应该重视，毫无疑问，没有什么可怕的，从这个意义上讲，我们不要被它吓倒。不光是伊拉克，也有阿富汗，还有巴基斯坦，还有朝鲜、伊朗、古巴、委内瑞拉、玻利维亚，这些都是它的难题，因为它是全球战略，我们不是全球战略，我们没必要去称霸全球，是不一样的。所以它的难题非常之多。咱们举一个例子，就是尼泊尔。2004 年尼泊尔花了 3 800 万美元，想把"毛派游击队"消灭。结果大家看，原来只有 2 支枪，结果十多年发展成这么个样子，并且它的两任总理都是"毛派游击队"的。并且压"毛派游击队"的不光有一个美国，还有一个大国印度，这两个国家都没有办法，所以说它的难题多，大有大的难处。

5. 金融危机。怎么来看待金融危机？大家来看一些数据，我是引用外国学者的，现在我想没有哪个人、哪个机构能弄清楚我们实物经济和虚拟经济之比，弄不清楚，没有确切数据。其中有一个看法是，现在全球的生产总值为 70 万亿美元，而债券市场，估计是 95 000 万亿美元，是全球 GDP 的 1 000 倍以上。就说这个虚拟经济金融创新创得确实够大的，泡沫吹得是够大的，那么可以看它带来的后果，除中国之外的四大经济体的经济现状。只说关键数据，比如美国，美国 2014 年的国债要逼近 16 万亿美元，占本国 GDP 的 103%，本来不应该超过 60% 的；财政赤字 1.6 万亿美元，占本国 GDP 约 11%，本应该不超过 3% 的；每人负担国债是 4.53 万美元，将近 5 万美元，这是说一组数据。

第二组数据在《红旗文稿》一篇文章上已经有了。美国的经济绝不是一下子能走出来的，苏联解体以后，它利用金融霸权张着大嘴，巧吃白吃世界长达近 20 年，吃得债台高筑，不可能再吃下去了。而欧元区的状况，欧洲 17 国的公共债务和财政赤字占国内生产总值比例的平均值分别超过 87% 和 6%，"欧猪五国"欠的债加利息共 3.7 万亿欧元，就算中国的全部外汇储备救欧洲也不行。希腊 2014 年的国债要占本国 GDP 的 164%。

第三组数据我们看英国。英国属于欧盟，但不属于欧元区，所以把它单列出来。英国人均欠国债是 8.6 万美元，比美国欠的还多，所以英国的日子也不好过。

第四组数据是日本，2014 年日本欠的国债要占本国 GDP 的 232%，但日本有一个好处，那就是它欠的基本上是国民的债，不像其他国家欠国外的债。再一个好处就是日本在海外的收入还是比较多的。

所以，这四个经济体都不好办。那么，这场危机究竟怎么发生的？前些年很多人都认为，美国经济可以万古长青了，那怎么突然之间爆发这么大的危机呢？马克思在一百四十多年前是这么讲的，他说"一切真正的危机的最根本原因，总不外乎群众的贫困和他们的有限消费，资本主义生产却不顾这种情况而力图发展生产力，好像只有社会的绝对消费力才是生产力发展的界限。"列宁讲得也很形象，"不是生产实物更困难，而是工人群众取得实物更困难。"超市里面琳琅满目，没人买，就是这个矛盾。所以当前这场经济危机就是生产能力相对过剩，广大群众的普遍消费低，相对消费低，绝对消费低，他没钱买啊，消费力不足，就是这个矛盾。

为了加深大家的认识，我举一个富士康的例子。美国现在正在搞第三次科技革命，科技革命的核心就是自动化、3D 技术。自动化、数据化就是提高劳动生产率，减少工人工位。富士康就是这样。等到科技进步到几乎是无人工厂的时候，生产出来的产品再好，也没人给大家发工资了，我拿什么来买你的东西？这就是马克思所揭示的生产的社会化乃至生产的全球化，与生产资料私人占有之间的矛盾。马克思的伟大就在这儿，他看的是全局的，长时段的。我认为这场金融危机是推迟多年，推迟多次，不得不爆发的，更大的灾难还在后头，而不是快结束了。

6. 世界左翼和社会主义思潮开始有所复兴。思想都植根于经济，经济是基础，我们大家可能都学过政治经济学，它不是凭空而来的。现今左翼和社会主义思潮复兴的第一个原因就是因为科技的进步，科技进步以后，产品不仅是社会化，还有全球化。前几年早晨起来洗漱，小布什还是总统。我边洗漱边听广播，他夸海口说，他说我跟普京有着良好的个人关系，为什么呢？因为我们两个人用的牙膏都是高露洁。我听得一愣，两个大国领袖用高露洁，我中国普通公民也用高露洁，为什么？这就是产品的全球化。从生活资料一直到生产资料，都是世界上少数的跨国大公司生产的。这些公司是薄利多销，甚至是超额垄断利润，钱都到少数人手里边了，财富集聚到他们手里是通过这个生产的管道。这是科技进步带来的。

第二个原因就是互联网。互联网的应用，以及之后的金融创新，就是开始我说的那个泡沫化，脱离实物经济了。互联网叫生产工具也好，叫交易工具也好，叫交流工具的应用也好。过去企业家赚钱非常不容易，必须经过生产环节，要论证，盖厂房，买原材料，要营销，用钱赚钱，必须经过生产环节转一大圈。现在金融衍生品发达以后就不用了，只要是国际大的垄断资本，操纵股市、期货、汇率，各种大宗商品，然后用鼠标轻轻一点，在瞬间就可以使自己的资本以几何级数上升，不需要经过生产环节，这也是科技进步带来的。

在资本主义生产框架内，这两个原因必然造成全球范围内的穷人越来越穷，越来越多，富人越来越富，越来越少，几乎所有国家都越来越穷。我过去没认识到这一点，说国家有富国、穷国，实质上不是。目前所有国家的主权债务都在急剧增多，所有国家都是穷国。举一个例子，比尔·盖茨、沃伦·巴菲特、保罗·艾伦，三人总资产比世界上最不发达的 43 个国家的 GDP 总量还多，这就充分说明了财富向极少数人手里集中。现在全球处于饥饿状态的人口有 10 亿，处在贫困状态的有 20 亿，全球人口是 70 亿，这个比例将来会越来越大。

不少人觉得马克思过时了，那咱们就看看马克思的睿智。马克思早就明确指出，对于资本主义社会而言，蒸汽机、电力和自动纺织机，甚至是比布朗基作为公民更威胁万分的"革命家"。布朗基是谁？他深知资本主义的残酷，想推翻资本主义制度，但是他是个唯心史观、英雄史观的人，认为自己通过暴力活动、恐怖手段可以消灭资本主义，结果大半辈子在监狱里面度过。而马克思推崇唯物史观、群众史观，指出你科技进步了，有了蒸汽机、电力、自动纺织机，工人必然减少，工人一减少，就业就很困难，社会贫富差距拉大。等科技进步到绝大部分人没有工作，也没有工资来购买你生产出来的产品，反抗倒有可能成为唯一生路的时候，这个社会的变革必然要进行。所以马克思认为科技进步在资本主义生产框架内有革命性作用。当生产关系容纳不了先进生产力了，通过人这个生产力的最决定性因素，最革命、最活跃的因素，就必然会突破这个生产关系。

正因为贫富两极分化，现在全球范围内自发的反抗已经风起云涌了。最近发生的就是印度尼西亚的 250 万人的抗议运动。西方为了在非洲、在第三世界发展中国家有个比较安稳的获取利润的秩序，树立了一个甘地、一个曼德拉。南非我去过两次，去之前以为他们非常富庶，拥有钻石、黄金、石油，但其实贫穷极了，这些大矿都被西方少数人控制。结果大家说要像曼德拉那样坐牢，坐来自己的福利，坐来自己的生存，一旦出现困难，南非的工人整个就开始罢工。

中东欧现在有个新概念。地理概念上的中东欧，就是原来苏联社会主义国家在欧洲的那一部分，有的已经加入欧盟，进入欧元区了，但是现在也非常困难，最好的就是波兰。我刚刚从那里回来，西方主要想树立一个样板，都在波兰投资。但经济光靠外资投资不可持续，外资刺激了全球利润，等到利润差不多的时候，它就要走。这个合作共赢的期限也就是二三十年，二三十年把资源，都给掠夺走了以后，资本也该走了。所以现在进入中东欧的外资就是为了是掠夺本地的资源，但现在开始发现不行。

再一个法国，动不动就是几百万人的大罢工。西班牙、英国，以及美国的占领华尔街行动，大家都知道。我今年 6 月到了以色列，它是一个非常发达的国家，技术也非常先进，但那里也抗议着分配不公，结果也是几十万人罢工。英国、德国、挪威、法国、比利时、意大利、希腊，都有罢工，连美国的威斯康星州州政府都被占领了整整一个星期。印度那次正好我到那里去了，罢工在孟买，看着真壮观，我说印度的 21 世纪可能是有希望的世纪，因为穷人太多了，太穷了，正因为这样才有希望，不这样没希望，这就是辩证法，所以大家看它的"毛派游击队"，有武装力量的 1 万多人，它是武装反抗，是印共马列。

在拉丁美洲，中左翼政权已经占领总面积的 80%，覆盖人口 70% 以上。它那里边有个中左翼群，领袖应该说是查韦斯，刚刚又当选，他们都是卡斯特罗培养出来的。2006 年我到委内瑞拉，跟他们交流。他们说要搞 21 世纪的社会主义，就是马克思主义、波利瓦尔主义和基督教教义三者的结合。查韦斯对毛主席非常崇敬，他说毛泽东思想没有什么神秘的，无非是三条：第一条全心全意为人民服务，第二条实事求是，第三条没有一个人民军队便没有人民的一切。不仅在委内瑞拉，我去的地方，在拉美，在非洲，在印度，在美国，在英国、德国、法国，都有很多对中国共产党、对毛主席感情非常深的人，我总在想为什么？我是没想到他们的感情那么深。实质上，中国的新民主主义是殖民地、半殖民地，是落后的农业国，而毛主席领导共产党，共产党领导中国人民革命成功，建立了新中国，而现在的广大发展中国家恰恰是处于我们新民主主义革命时期，他们想给农民、工人看得见的物质利益，用议会或者武装的办法夺取政权，恰恰这一套适合他们。等到他们夺取政权，等到未来的二三十年、四五十年，我个人认为 2050 年左右将是世界社会主义的又一个艳阳天。这是他们要学习、借鉴我们的第一个思想，第二个思想就是保持党和政权永不变质。这两个思想我们不搞意识形态输出，但是它是无国界的，它必然要走向世界，不会以谁的主观意志为转移的。

我们研究苏联解体已经长达十年之久，我去过四次俄罗斯。我们有本专著就是《居安思危：苏共亡党二十年的思考》，俄罗斯现在的所有报纸基本上是国外的，反映的民意很多是虚假的。我们接触到的无论是上层还是中下层，对斯大林都非常有感情，但报纸上是骂斯大林的，网络上骂斯大林也是铺天盖地，它不符合实际。它的这种意识形态和民意已经脱节了。左翼现在开始呼唤马克思了，最有代表性的就是英国的著名作家弗朗西斯·惠恩，他在《马克思的〈资本论〉传》中是这样结尾的，他说"马克思并未被埋葬在柏林墙的瓦砾之下，他真正的重要性也许现在才刚开始，他可能会成为 21 世纪最具影响力的思想家"。而右翼学者最有代表性的是日本的中谷岩，他专门写专著来承认自己错了，连有名的弗朗西斯·福山的《历史的终结》也认为自己判断错了。

不管怎么样，能自我批评的学者是值得尊敬的。我们有些学者或者领导明明错了，却认为把错误坚持到底就是真理，不少这样的学者和领导是不受人尊敬的。现在世界共产党的集会有三个平台，第一个平台是在比利时，我去过，在半地下室办公，每年要召开各国共产党的代表会议，我们中共中央对外联络部每次去的是处长或者司长。第二个平台在希腊，也是每年召开一次会议。第三个是左翼的平台——世界社会论坛。大家都知道达沃斯经济论坛，每年开会几百人，最多上千人，但警察往往超过上万名，而在达沃斯经济论坛开会同一天，世界社会论坛也同时开了，参加的人数达几万人乃至十几万人，但是他们是弱者，很少有报道。但不管怎么样，左翼和社会主义思潮开始复兴了，这就是我们中国特色社会主义的机遇。

7. 第七个机遇就是世界上的矛盾多得很、大得很，可利用的矛盾多得很。我们可以看看这个例证：一个文化多样性公约，提出者是法国和加拿大，反对者是美国和以色列。美国和以色列实质上是一家人，所以我们从战略上、国际上思考的话，三个世界划分理论我认为没有过时。如果把所有的宝都押在美国，我们的牌会越打越少，我们的朋友也会越来越少。

8. 第八个机遇就是西方有求于我们的不少。首先有求于我们的就是32 000多亿美元的外汇储备，另外朝鲜、伊朗的"核查"，达尔富尔、缅甸问题，都需要我们配合。有求于我们就是我们的机遇。

这八个方面的机遇前所未有，特别是国际金融危机这个机遇，这是划时代性质的。

二、国际方面的挑战

（一）软实力的挑战

奥巴马在澳大利亚访问时说："如果十多亿中国人口，也要过上与美国和澳大利亚的同样生活，那将是人类的悲剧和灾难，地球根本承载不了，世界将陷入非常悲惨的境地"。意思是中国发展可以，但是地球只有一个，中国人要都过上好日子，需要20个地球，资源怎么办？那就想办法，只让西方少数人过上好日子，只能垄断资源。怎么垄断呢？就要采取手段了。

过去是用硬的手段，我们的应对办法有三个。一个是新中国打了两场战争，一个在朝鲜，一个在越南，都是美国人不远万里来到中国周边，这是什么精神？是帝国主义精神，不是共产主义精神。后来我们新中国又遇上一场战争，就是苏联对我们的核打击，1969年国庆节要对我们的核打击，亏得毛主席领导有方，做了准备，搞了"大三线、小三线"建设，花了多少钱？这三场战争花了多少钱，谁计算过？

第二个是两弹一星一潜艇，花了多少钱，谁算过？现在这种科研体制，我就觉得搞不出来了。

第三个是我们有独立的工业体系和国民经济体系，是你封锁我，不是我闭关锁国，这个概念大家要辨析清楚。新中国刚刚成立，就被一把大锁给锁住了，包括第七舰队在台湾海峡都给封锁了，想出海不可能。

三场战争，两弹一星一潜艇，加上我们建立的独立的工业体系和国民经济体系，抵御了硬的手段。所以说，前30年我们这一代人是勒紧裤腰带过日子。我本人吃过草籽、树皮，我不后悔。虽然工作中间有失误，但是我们这一代人为新中国作出了大贡献，后代人应该用历史唯物主义的眼光来看，不应该总骂这一代人闭关锁国，又不懂得改善生活，其实不是这回事，谁不愿意享受啊。

硬的办法不行了，美国就干脆用软的办法。软的办法在苏联获得了成功，那今后美国会用更多的软的办法，就是"不战而屈人之兵"的办法来解决，硬实力是为软实力服务的。那么软办法体现在哪里呢？

第一个信仰自由。信仰自由我很赞成，思想是不能统治的。但西方说的信仰自由是什么？看传统媒体全方位立体式地包围我们，每天不断地给你灌，700多家媒体重复着同一种声音，你信不信？苏联就是这么垮台的。新疆的"7·5"事件就是美国在阿富汗设立一个自由亚洲电台，对南疆的维吾尔族群众大量广播造成的。

第二个新兴媒体互联网。互联网13台根服务器，1个主根服务器和9个副根服务器在美国，其他3个分别在英国、瑞典、日本，而这3台副根服务器也必须得绕道美国才能上网。如果你搜索，哪个消息排在最前面，哪个消息排在后面，哪些你根本搜索不到，大的方面它兜着。我们每发一条微博，一封 E-mail，主根服务器上都有记载，随时随地可以调出来，还可以跟踪你。

奥巴马2010年请人吃饭，请的基本上都是IT产业的，互联网产业的，有为互联网投资的投资公司，还有数据库公司的，最大的数据库。请大家注意这里还有一个从事转基因工作的。我个人主张，对转基因技术我们一定要紧紧跟上，但对转基因食品我们一定要慎重。

还有，微博出现以后，希拉里兴奋异常，公开在外交场合说，中国政府现在做的所有事情都是延缓它的垮台时间而已，垮台是铁定了。因为等你经济困难到来那天，可以通过微博发动街头政治和街头的颜色革命。2011年2月19日，博讯网站上发的一个短信息，号召中国13个大城市对高房价、高失业不满的年轻人在第二天下午2点，在指定的地点进行"茉莉花革命"，去和平散步。这些年轻人去那儿走一圈，都抓起来不可能吧？19日当天各省的主要领导都在党校搞管理创新研讨班，但连夜返回各省的省会。北京的指定地点就在王府井的麦当劳，只有几个青年去，但是我们出动维稳的人数相当多。美国人甚至扬言，等到中国GDP下行到一定程度的时候，号召中国的所有大中城市在每个周日的下午2点都到指定的地点进行和平散步，光这一笔维稳经费就能把中国经济拖垮，这就是希拉里讲的微博的作用。

值得高度关注的互联网技术还有：计算机病毒；网军；离线网络，就是物理隔绝的电脑，以防计算机被攻击。

第三个软办法文化市场。过去我们出口到欧洲一本书要进口 100 本，我们出口的无非是中医、烹饪、太极、少林、老子、孔子，而进口的 100 本里面有很多是不涉及意识形态的，但是也有不少是关于意识形态的，我们不拒绝，我们不封闭。很多西方感兴趣的著作我们都翻译，而他们基本上不需要我们，老百姓感兴趣的无非是美国的橄榄球、脱口秀，还有百老汇，美国人非常善良，但他们根本不了解、不关心政治。

第四个是用各种基金会、非政府组织、学术交流等手段进行渗透。

第五个是今天重点想讲的，他们重点攻击我们领袖，这是花钱最少、最直接、最便利的手段。现在大家能读到很多书，尤其是历史书，但是它们记载的不一定是历史。香港的书架上琳琅满目，地摊上各种杂志，但里面很多很多内容都是虚假的。法国哲学家福柯说，"谁控制了人们的记忆，谁就控制了人们行为的脉动。因此，占有记忆，控制它、管理它是生死攸关的。"20 世纪 50 年代，美国的麦肯锡时代，杀了多少抓了多少没人知道，1965 年印度尼西亚排华，杀了 50 万~100 万人，河水变成红的，可能知道的很少。中国的反右，55 万右派，政策上没有杀一个人（个别自杀的除外），但是地球人都知道当时多么多么残酷，而杀了 50 万到 100 万的反而没人知道。这就是舆论的作用。

"大跃进"饿死了 2 000 万~3 000 万人，斯大林杀了 2 000 万~3 000 万人，地球人都知道，但我们"大跃进"绝对没饿死那么多人。斯大林杀的也就是 78 万~79 万人，有些是完全应该杀的，否则他不可能取得卫国战争的胜利，"第五纵队"的确非常厉害。但是现在把斯大林、毛泽东说的像是暴君。而白种人刚到北美的时候，杀的 2 000 万~3 000 万人的印第安人基本上没记载，那是真杀啊。

举一个例子，是毛泽东私人医生李志绥的回忆。李志绥是 1988 年到的美国，拿的是薄薄的一本。结果美国中央情报局就找到他，说没有可读性，你要想在这里出版，我们给你润色。润色有的说 50 万美元，有的说 100 万美元。好吧，一润色变成这么厚。所谓主席的私生活怎样怎样，完全是编造的。

军情六处组织人员就是张戎跟她英籍丈夫用了十多年时间，写了个《毛泽东：鲜为人知的故事》。1991 年我见过张戎，她获得了上百万英镑的稿酬。2008 年我到剑桥大学，跟他们教授谈起这段的时候，他们对张戎的这种做法，包括那里边逻辑上的很多矛盾嗤之以鼻，很多内容都是伪造的。

把你的领袖打扮成魔鬼的样子，来动摇你对这个党、这个国家的信仰。伪造历史能起多大的作用，舆论工具能起多大的作用？等铺天盖地的虚假消息不断朝你袭来的时候，你能辨别真伪吗？苏联解体以后两个自然科学家都写了《论意识操纵》，就是说当时苏联的信息来源、思维都来自西方。

软办法的第六个就是在社会主义国家的高层培养他们的代理人。撒切尔夫人在苏联解体前一个月在美国休斯敦的谈话中说，我可以负责任地告诉你，不出一个月你们将会在法律上听到苏联解体的消息。果然第 28 天苏联解体了。她说为什么呢？就是因为我们找到了代理人，这个代理人就是戈尔巴乔夫。

第七个软实力是战略策略上的合作和博弈。我在英国跟负责战略的人交谈，说，"你说美国对中国的战略是什么？"他一听一愣，接着叹了一口气说，"我告诉你，中国要想硬实力崛起，美国将举双手欢迎，中国要想软实力崛起，中美之间迟早必然发生直接的全面的冲突。"他所说的中国硬实力崛起就是中国 GDP 的崛起，是消耗中国的资源，污染中国的环境，用中国 1 亿、2 亿农民工长达 30 年左右的每个月工资大体在 1 000 元上下的血汗钱，把物美价廉的产品成飞机、成轮船地运到美国去，赚的钱舍不得花，又存到美国，十年期的长期国债就 3% ~4% 的利息，而美国却可以把你存到美国的钱再反向投到中国来，让人民币升值，美元贬值。一方面你储备的现有的美元贬值了，而他们拿美元到你中国来换成人民币，另一方面他换成人民币这一部分又升值了，两边都赚你的钱。如果算第三笔的话，就是美元投到我们这里平均利润是 33%，而我们买的美国国债只是 3% ~4%，这就是马克思所讲的资本家可以从一头牛身上剥下几张牛皮来。所以说像这样崛起，美国当然举双手欢迎。

但你如果想软实力崛起，要贯彻科学发展观，要建立创新型国家，要用自己的自主知识产权和自主知识品牌，那美国人就生活不下去了，那当然要发生冲突。

第八个是培植异己分子，我就不具体说了。

（二）加入 WTO 的挑战

当年中央决定加入 WTO 完全正确，利大于弊，应该说现在也是利大于弊。利就是 GDP 变成世界第二了，但是我们也有弊，弊在哪儿？大家看，8% 的大豆依靠进口，而大豆的故乡在中国。石油基本上也被控制了，包括金矿。国土资源部称为"世界级金矿"的三大金矿，远景储量分别为 150 吨、300 吨、400 吨，但是外资控股分别为 85%、79% 和 90%，一卖就是六七十年，基本上这个矿算是废了，价格应该是很低的，这里面没有才怪呢。

（三）周边安全的挑战

这是大家现在正在关心的问题。我有本书叫《全球化背景下的中国国际战略》，第一篇就收入了我 1999 年写给中央的一个报告。我当时说，进入新的世纪我们这个地球有可能极不平静，我国周边安全环境有可能面临较为严峻的局面。看地图，在外蒙古，美国人给这里经济援助、军事援助、联合军演、设立监听站。在吉尔吉斯斯坦玛纳斯机场，美军战斗机 12 分钟可以飞到我国新疆境内，还要在它的南部再建机场，这些都是美国的军事基地。C 型也好，O 型也好，它的军事部署已经在包围中国了。

我们现在每年的石油进口量要超过 60%，粮食有两种说法，一种折合为 9 亿亩耕地，一种说是 6 亿多亩，我不知道哪个准确。我们是农业大国，人口大国，农产品和石油，这么大的依存度，并且 70% 运输要通过马六甲海峡，一旦这里，包括朝鲜半岛发生战事，别的国家找个借口在马六甲海峡来一个反恐，我们连能源、吃的都没有，你还能支撑一场战争吗？

我们还有第二个战略通道，就是但毕竟也是一个出气孔。"第二次世界大战"时候的史迪威公路，从印度洋的雷多港经过印度、缅甸，然后到了宝山，就是今天的腾冲，云南腾冲。现在美国人拉印度拉得非常之近，近到什么地步？印度有核武器，运载工具的两个关键部件都是美国人提供的，谁知道？谁谴责过？就近到这个地步。印度我们走不了，只好走缅甸，我们在缅甸修了输油管线，修了高速公路，即将正式开通，但美国人在缅甸搞"袈裟革命"。

北约走重型坦克和载重汽车的高速公路已经修到了我国新疆南疆的边境，现在我们都在关心东海和南海。我国历来历史上有塞防和海防之争，但是拉萨的"3·14"事件出来以后，我们应该同时高度关注新疆、西藏，甚至内蒙古。我个人认为，我们经济一旦下行到 4% ~ 5%，失业人员大量增加，群体性事件不断的话，敌对势力在新疆少数民族中用上 1 亿美元，谁上一次街给 100 美元，等到几十万少数民族普通群众聚集乌鲁木齐市街头要求独立的时候，你怎么办？所以不要小看新疆。

印度东线，中印边界东线，我们 9 万多平方公里土地被印度牢牢控制，非常富庶。有个知名的国际战略家明确讲"如何遏制中国的崛起？西方应该与印度结盟。"

在南海，请注意九段线是虚线，我们说这个岛屿是我的，其他这些地方完全可以通航，和我们的完全领海不一样，在空中你也可以走，就这样美国都不干。这是越南主张的牛舌线，基本上大部分都划走了，而美国最希望的是中国跟越南打起来。美国人、俄罗斯人都想租借金兰湾，而这附近就是马六甲海峡，都想控制这个战略要冲。

再看钓鱼岛。离台湾特别近的与那国岛，日本要在这里驻军、修机场，居民不肯拆迁还在争执着，实质上它想要为十年以后的钓鱼岛完全从法律上归属日本做准备。有人说钓鱼岛一个荒岛，没人、没资源，要它干什么？钓鱼岛有丰富的石油、可燃冰，各种稀有金属，各种矿藏，一旦归日本，日本的专属经济区就多达 447 万平方公里。钓鱼岛历来是中国领土，中国能让吗？

（四）输入性恐怖势力威胁的挑战

拉萨的"3·14"事件，特别是乌鲁木齐的"7·5"事件，那么多群众被杀，普通群众被杀，非常残忍，就看出新疆、西藏问题值得我们高度关注。

三、国内方面的机遇

改革开放以后，我们取得了巨大的成就，非常值得骄傲，举世公认。这些各方面的成就也是我们继续前进的基础，也是我们的大好机遇，主要表现在以下七个方面。

1. 改革开放以来，高举中国特色社会主义伟大旗帜，找到了中国特色社会主义道路，形成了中国特色社会主义理论体系和中国特色社会主义理论制度。

2. 经济方面，主要表现在：第一，经济平稳快速发展，并且我们现在变成世界第二，外汇储备急剧增加。第二，农业农村面貌发生了可喜变化，今年粮食产量是 9 连增。第三，经济结构不断完善，天河一号、探月工程和神七回收。第四，节能减排积极推进。第五，着力改善民生，实行两免一补；新型农村合作医疗全国的最低生活保障线，城市的最低生活保障线在提高。

3. 讲民主法制，有效的法律、行政法规、地方性法规、自治条例、单行条例，我们已经初步建成中国特色社会主义的发展框架体系。

4. 文化体制改革不断深入，社会主义先进文化不断加强。

5. 党的建设取得明显成效，党的思想理论组织作风、制度和反腐倡廉建设都取得了很大成绩。

6. 军队和国防建设取得新的进展。我们可以摧毁航空母舰的反舰弹道导弹及雷达难以探测到的隐形战机歼－20，在成都试飞成功。导弹从太原打到库尔勒，射程正好到关岛。还有 2 400 公里的东风－21 的反舰导弹，成本只是 50 万美元，而它的潜艇成本是 10 亿美元。再一个就是东风－41，直接可以进入太空，然后在返回大气层时，一个导弹分成十个分导弹，同时攻击十个目标，这样那个导弹防御体系都很难应对了。而且这个不仅仅是固定的发射井发射架，还可以在潜艇里面发射，可以在火车上、载重汽车上发射。也就是说，有二次还击能力，这是我们的杀手锏。

7. 在外交领域取得了巨大成就。我们是全方位的外交，有人说我们外交成绩特别巨大，真正进入了没有敌人的时代，当然也有人有不同的看法，但是外交成就是很大的，这一点应该肯定。

四、国内方面的挑战

这应该从经济、政治、文化、社会、党建五个方面分析，我主要讲经济方面和政治方面。

经济方面主要讲基础性资源。这七个基础性资源，在我们三十多年的改革开放中支撑了我们两位数的经济增长，起了最关键、最基础性的作用。但这七个资源在今后 3~5 年，甚至 10 年之内，就可能有相对萎缩。

第一是土地。改革开放以后，有两亿多亩耕地进入了商品开发市场，现在各级地方政府基本上 40% 以上的财政收入还要靠卖地，这与粮食战略安全发生了冲突。刚才讲我们农产品对外依附程度有那么大的比例差，再卖地能行吗？再一个，房地产的泡沫已经这么大了，还能推高吗？从一定意义上讲，所有财富都来自土地，离开土地一无所有，空气中没财富，当然太空中也没有，所以土地太重要了。

第二是城乡居民存款再贷出去的资源。现在城乡居民存款 40 万亿元，基本上都被贷出去了，贷的都是二三十年收不回投资的。

第三是物质资源。我们是粗放型经济发展，是高耗能，不说高污染。这种发展方式连水都不够，石油、铁矿、水泥、沙子也不够，稀有金属也不够。所以说，我们要"走出去"，"走出去"人家又说你是新殖民主义，被说我们也不怕，我们继续走。

第四是环境资源。过去我们可以先污染后治理，现在不仅不能这样，过去欠的债还要还，一个最典型的例子就是淮河，从 1993 年治理到现在投入了近 800 亿元，也就是没有深度污染下去，但是它的污染程度一点没有改观。淮河 10 年前还有 60 多种鱼类，现在几乎绝迹。长江若不抓紧治理，十年以后的长江就是今天的淮河。现在的渤海都没办法养殖了，山东长岛远离海洋线，那里的鲍鱼都非常小了，没办法养了，因为环境不允许了。

还有电子污染，电子垃圾污染非常厉害，还有化肥严重超标对地下水的污染会影响我们后代的方方面面。有个赣南老区，上百万人平均寿命只有 43 岁，听到这个数据以后我非常心酸。

第五是市场资源。只要搞市场经济，那么有市场才有生产力，不能说有生产力就有市场。那么 GDP 是三个出路：第一个是国际市场，但国际金融危机非常严重，出口要维持原来的都困难，还可能下行。第二个是基础设施建设，"铁、公、机"，铁路、公路、机场，西部的高速铁路、高速公路没多少车走，各级政府办公大楼又盖得差不多了，下一步的基础设施建设往哪儿投？长期以来，基础设施建设占我们整个 GDP 的 40% 以上，你再往哪儿投？没项目了。第三个是城乡居民消费，而养老、医疗、住房、教育改革又到位了，普通老百姓有点钱敢花吗？三大出路都不是爽快的出路，那怎么办？还敢生产吗？

第六个是劳动力资源。等到 80 后、90 后成长起来，两个人要养两个孩子、四个老人，低工资不行了。低工资一不行，那外资还不走啊？它就是赚你那个低工资的血汗钱，工资一抬起来，没钱可赚了，人家的工厂还开它干什么？

以上六个资源比较丰厚的时候，你不让外资进，它也要进，等到以上六个资源萎缩或相对萎缩的时候，没钱赚了，你不让外资走，它也要走。等到外资大规模撤资那一天，一些民营企业也会跟着撤，也就是中国经济困难到来的那一天。

第七个资源是知识产权。我就举一个例子：我国生产一台 DVD 交给外国的专利费是 18 美元，企业只赚 1 美元，工人工资就更少得可怜了。

从政治方面，我想讲一下普世价值。普世价值现在在理论界争论不休，很多人认为这个有道理嘛，你怎么要批评呢？咱们看奥巴马，他上升到国家战略安全角度，要推广普世价值。他说美国的长期安全和繁荣有赖于对普世价值的界定。《共产党宣言》里说："毫不奇怪，各个世纪的社会意识尽管形形色色、千差万别，总是在某种共同的形式中运动的，这些意识形式只有当阶级对立完全消失的时候才会消失。"这就是说，有不同的社会形态，但社会意识，也就是意识形态有共同的运动形式。

比如民主，资产阶级讲民主，社会主义也讲民主，它有共同的运动形式，都搞选举，都是一人一票，少数服从多数，这是形式，这些形式是普世的，哪一种社会形态，哪一种社会制度都可以用。但哲学里有一个最基本的形式和内容，我们不能只讲形式还要讲内容，形式是为内容服务的，是由内容决定的。资本主义社会的这种形式为资本做出服务，而我们这个社会通过选举，本意上是为人民当家作主服务的，内容不一样。所以说普世的是形式，普世的不是价值，不是内容。

再比如，民主是从各种不同性质的、不同类型的民主抽象出来的概念。列宁也讲，说民主是个好东西，你只要一讲到民主，马上会紧跟着问第二句话，说谁的民主？就好像吃水果，孩子说，妈妈我要吃水果了，那得问你是想吃香蕉，想吃苹果，还是想吃葡萄？你能吃着抽象的水果吗？民主也一样，只有具体的民主，没有抽象的民主。只有具体的水果，没有抽象的水果。抽象的民主和抽象的水果，都是人们在思维中把它概括出来的东西，普世的是抽象出来的，是形式，是从具体中抽象出来的。因此，所谓普世价值，只有普世的形式，没有普世的价值。

五、我们的应对

面临这么复杂的国内外机遇和挑战，我们应如何应对呢？

第一，要反对两种倾向：一种是绝不能把问题看得过于严重，对前途丧失信心，甚至否定改革开放的巨大成就和正确方向，必须坚持继续解放思想，坚持中国特色社会主义道路，任何倒退都是没有出路的。另一种是绝不能过于乐观，一定要居安思危。胡锦涛同志说："宁可把风险、困难估计得足一些，也千万不要因为估计不足，而在风险发生时手足无措，陷入被动。"

第二，一定要注意加强党的建设。我们现在要讲五位一体建设，即经济、政治、文化、社会、生态文明建设，但是在这五位一体建设之外还有一个党的建设，党的建设跟五位一体建设还不是并列关系，是领导、被领导的关系。千万不要光想着五位一体建设，忘记了党的建设。邓小平同志讲，中国要出问题还是出在共产党内部，苏联就是这样。

第三，一定要坚持"一个中心、两个基本点"。邓小平同志讲要 100 年不动摇。

第四，必须紧紧依靠最广大的人民群众，相信和依靠人民群众，这是共产党安身立命的资本。如果不是为人民，迟早要垮台，为了少数人就必然垮台，不过是时间而已。

第五，走和平发展道路，但是必须捍卫我们国家主权和领土完整，要拥有强大的人民军队和国防力量。

那么，从我们公民、党员、个人角度，怎么办？

第一是要坚定理念信念，千万不要认为理念信念没用，改革开放以后被处分的省部级干部 500 多人，不少人到了秦城监狱。我有几个朋友，最后在秦城监狱里面痛哭流涕，找原因就是放松了学习，放松了信仰，这是由衷之言，不是官话套话。千万不要认为理念主义信念道路跟我们普通人没关系。2003 年我去伏尔加格勒大学，问一个老师苏联解体原因是什么？他半天不出声，等到他抬起头的时候，我发现他眼眶里面充满泪水。他说"我原来以为这些大道理跟我没关系，我的理想就是一个好工作、好家庭，别的事别人管，大的事我管不着，别人管去。结果苏联一解体，我们吃到嘴里的东西整整减少了一半，伏尔加格勒州的男性人均寿命减少了 10 岁，女性减少了 5 岁"，他说，"我才发现，哎哟，这个主义道路不是空的，跟我们每个人、每个家庭都息息相关"，"我后悔莫及，想起来心里都流血，所以就不敢想，不想就结痂了。你今天一问，就把我的疮疤给揭开了，我现在的心在流血你知道不知道？"

第二是要学习马克思主义。马克思是直接间接地讲述着人类历史发展的根本规律，我们绝不能以十年或数十年为单位的短暂时间来评判其正确与否和功过是非。

第三是一定要有忧患意识，要关注重大问题。每个人都要关注重大问题，资产阶级民主跟社会主义民主的本质区别，就是一个是少数人替多数人负责，而另一个是人人起来负责。

我关切的有四大安全：经济特别是金融安全；社会特别是就业与分配安全；周边安全；意识形态安全。这四个安全中最重要的是意识形态安全。在未来 3 ~ 5 年，最多 10 年里，我认为我国必然遇到大的风波，这里边最重要应对的是意识形态。意识形态安全了，前三个安全都好应对，否则这个槛有可能过不去。

第四是要认真改造世界观。北大教授钱理群前不久说，我们的一些大学正在培养一些"精致的利己主义者"，他们高智商，世俗老到，善于表演，懂得配合，善于利用体制，以达到自己的目的。这种人一旦掌握权力，比一般的贪官污吏危害更大，这样的人我们可在生活中经常接触到。

从一定意义上讲，我们姑且认为人本质是自私的。像我这个年龄自私的话，我想有个安稳的晚年，不要有一个动荡的中国。我包括你们至少为你们自己的儿子，不要说孙子了，留下一个比较安稳的中国吧，从这个角度出发，我们也不应该走苏联那条路，要走苏联的路就是几十年的动荡不安，没有几十年的时间走不回来。因此，我们每个人都应该尽点心，要反对过去错误的做法，也要改造世界观。

现在有的人贪赃弄权，甚至不惜做叛徒、汉奸、卖国贼，从而享受人生，并认为这些劣迹和罪过将会随着自己的逝去和时间的风尘而变成雪泥鸿爪，甚至永远无从知晓。我们承认随着时间的流逝和人世的沧桑，一些历史细节将可能会被永远湮没，甚至被歪曲篡改，但殊不知从历史唯物主义出发，"为什么人的问题"是一个根本问题、原则问题，实践是检验真理的唯一标准，一个人的所作所为在历史上所起的作用没有任何办法逃避历史对其的审视，越是重要人物和重大事件的功过是非，人民和历史最终会辨析并将其记载得清清楚楚。

我很不好意思在这里给大家推荐一本小书、一篇文章，如果大家感兴趣的话可以看一看。文章是我 2012 年 9 月 29 日在光明日报上发表的《人为什么而活着》，网上搜索光明日报《人为什么而活着》就可以。小册子是《忧患百姓忧患党：毛泽东关于党不变质思想探寻》，讲毛主席的一生在想什么，他的错误是为什么犯的，我在里面举了大量的事例和我自己亲耳听到的党史中一些重要的东西。认不清毛主席的功过是非，就不可能做一个清醒的中国人。希望大家在金融经济之外，关注这些党和国家的重大历史。

有一个好的世界观，是一个人毕生的巨大财富，我们并不一味反对考虑个人利益，但切不可过分。"千年田换八百主，一人口插几张匙？"钱财聚敛太多，有什么用处？私心太重了，也缺少朋友，患得患失就可能整天惴惴不安，尤其是做了点违规违法的事，更会时时提心吊胆，担心东窗事发，贪官往往短命。仅从个人私利角度讲，月朗风清至死，无惭无愧，也有利于自己身心娱乐，健康多寿。

提问1：非常感谢李院长，我想提一个小问题。我们国家实行一种韬光养晦的外交政策，不少老百姓认为有点偏软了，您觉得这种外交政策是我们为了自己发展情况下的一种理性选择，还是说未来随着我们经济实力的进一步增强，可能会有一些大的变动，您有什么判断？谢谢。

李慎明：这个问题非常好。从表面上看，截止到现在，国际金融危机来了以后，受到冲击最小的是两个国家，一个是美国，一个是中国。美国现在生活基本上没受影响，就是所谓的"中产阶级"以上都没受到多大影响，吃穿住行都十分便宜，并且房价还在下降，下降了40%，而我们却是上涨的。中国因为投了4万多亿元，带动了一二十万亿元的社会和各级政府的投资。美国的资源基本上没动，而我们人口多，资源少，将来我们有方方面面的困难。美国有美元霸权，有军事实力，又有各种软实力、互联网都在它那儿，所以说不要祈求美国能垮掉，并且它的黄金储备是8 000多吨，我们现在可能只有1 000吨吧。中国现在和美国相比还要差得远，不要头脑真正发昏了，认为中国了不得，以为中国世界第二了，不要韬光养晦了，就装作发达国家去跟人家拼命了，不可能。另一方面在我们一些最基本的根本利益上，在捍卫国家主权和领土完整方面，我们不应该韬光养晦。邓小平同志还有一句话叫"有所作为"，在捍卫国家主权和领土完整上，在我们的根本利益上，我们就算处于弱势的时候也要捍卫。所以关键是处理好，要韬光养晦什么？要有所作为什么？这个要具体情况具体分析，辩证处理好。

提问2：李老师您好，非常感谢您的演讲，作为一个大学生我的确觉得受益匪浅。您刚才也说过，就是在当前这个社会形势，如此复杂多变的形势下，更是要坚持学习马克思主义、毛泽东思想，肯定我们所取得的一些成就，在高校也的确开设了很多像这些关于马列主义、毛泽东思想方面的课程。但实际上的确是有一种现象，现在大学生对这些课程持有一种不重视甚至反感的态度，甚至是导师可能也对这个课程存在一种应付的现象。我想问一下您对这个现象有什么样的看法，或者说您有没有更好的建议，就是在大学生群体当中更好地推动马克思主义学习的好的建议。

李慎明：这也是根本问题之一。我的人生体会是，不要抱怨说领导给我讲课好不好，教材好不好，老师讲得好不好，你能不能掌握到真理的关键是你自己，你去学习，你去寻找，你去思考。从严格要求个人的这个角度讲，你不要看社会环境，你应该主动去寻找，你去看哪些书，找哪些人做朋友，听哪些人的课，你自己必须得自重、自爱，然后自己独立。千万不要有任何的奴隶思想，奴隶思想害死人，教条主义害死人，现在有些年轻人确实是对整个社会不了解，有误区，当然有些人，有些部门要承担这个责任，要从公平上，从更高角度来讲，不要更多地去责怪年轻人。

但年轻人自己要对自己负责，我就这个观点。

钓鱼岛主权争端与中日关系

中国社会科学院日本研究所　高洪

2012 年 11 月

高洪：著名日本问题专家，时任中国社会科学院日本研究所党委书记、研究员。1993 年毕业于社科院获得历史学硕士、哲学博士学位。其研究领域主要为日本近现代政治史、当代日本政治、中日关系等。出版发展《日本文明》、《日本近现代佛教史》、《简明日本百科全书》等著作。

《**魏**志·倭人传》中写得很清楚。"倭人在带方东南大海之中"，带方就是汉武帝在朝鲜半岛设的一个郡，在平壤附近。过了朝鲜半岛有一个海岛住着岛民倭国人。书中提到"依山岛为国邑，旧百馀国，汉时有朝见者"等等，就是说原来是个小国寡民状态，从汉朝起就有交通往来。书中还有很多有趣的记录，比如说"倭国无良田，食海物自活，乘船南北市籴"，很原生态。"男子无大小皆黥面文身"，现在看也挺新潮的。"计其道里，当在会稽、东冶之东"这个也对，浙江、福建以东，当时接触的主要是九州和本州南部地区。"作衣如单被，穿其中央，贯头衣之"，日本的卡通早期就是书中描述的这样，纟个麻袋片，挖个洞，把脑袋套起来，腰上估计还得系根绳。书里边有没有错误呢？还有，很多都是从中国人的视角来对日本评述，所以也不一定很准确。

这个国家以母系社会原形和祭祀集团来控制。书中最后有一个地方专门提到，倭国有女王，并靠祭祀来掌握政权。这一点一直影响到今天，日本天皇家族其实就是日本历史上最大的宗教祭祀集团。所以日本的神权，即使在幕府时期也不能推翻它，日本人现在把它叫做"万世一系"。

倭国由于一直跟大陆有先进文明的接触交往，一点一点也是有了长进，有了长进以后这个民族自觉意识就生成了。中国史家有一个很好的治史原则，叫做"名从主人"原则，就是说对方希望叫什么，我就给你叫什么。日本提出来说叫"日出处，日之本"，古代认为这个大地是棋盘形的，太阳从东边出，从它那里出来，中国在西边，在西边落下，那么日之本，后来就给它改成日本。新旧唐书里边有这个区别，《旧唐书》它是叫《倭国传》，《新唐书》就叫做《日本传》。

从简略的日本历史年表中可以看出隋唐时期，日本派了大量的遣隋史，带了许多留学生、学问生，到大陆来学习先进文明。这个过程从隋朝一直持续到唐朝的中期。在公元 894 年，日本有一个相当于宰相的人叫菅原道真，他提出，唐朝该学的东西也都学过了，而且唐朝实际上也从中兴走向衰败了，所以不愿意再冒着高额成本的风险。公元 894 年停了以后，可以把年表后部分笼统地划为吸收和消化大陆先进文明的这个过程，这个过程有整整 1 000 年，到 1894 年甲午战争，日本经过吸收消化大陆文明，它们吸取了大清王朝鸦片战争战败的教训和警示，转而开始接受西方文明，经过明治维新、富国强兵，跻身帝国主义列强行列，一直到走向侵略扩张的道路，到 1945 年战败，大概就是非常简单的这么一个过程。

我主要是讲讲当前的事。战后中日关系大概是分这么几个历史时期，一个是 1945～1949 年。1945 年日本战败投降，联合国军对其进行了占领和改造，但是占领时期日本是没有国权的，没有外交权，而中国方面，有一个短暂的和平，然后是解放战争，所以 1949 年前不存在共和国和日本建交的问题。1949 年以后，新中国成立，日本从 1950 年年底也开始逐渐脱离被占领的状态，后来到《旧金山合约》。中日之间在这个"冷战"时期，日本是从属于西方阵营的，也就是美国所谓"在远东地区不沉的航空母舰"。一直到 20 世纪 70 年代初期，我们国家做了重大的战略调整，美国开始和中国走近，有了尼克松访华，有了外交。那么在这之前，1949～1972 年是民间外交阶段，1972 年以后到今天，这 40 年是在新中国和日本有正常的外交关系，也就是所谓的 1972 年实现邦交正常化以后的 40 年交通往来的历史。

战后的日本，变成了一个和战前非常不同的国家，这一点中国政府是给予肯定的。中国承认日本战后走的是一条和平发展的道路，因为它是在《和平宪法》规范下走过来的，但日本人从有《和平宪法》的第一天起，日本政府、日本主要执政党就想把这个《和平宪法》搞掉。

一个国家有一个根本法，根本法颁布实行第一天起，主要的政治力量就想把这个《和平宪法》给弄掉，因为这个《和平宪法》的实际背景是日本侵略扩张战略投降，当时出过很多宪法文本，但是盟军总部和美方都不满意，美国当时为了彻底铲除军国主义的温床，给他颁布了一部非常超前的宪法。后来发现写宪法文本的这些美国青年军官，平均年龄只有 27 岁，大学毕业就参军了，有一定的法学法律的基础知识，然后在这个反法西斯战争胜利的背景下，给日本颁布了一个非常超前的宪法。其中第 9 条对日本不能有军事。实事求是地说，如果全世界都有这种宪法，天下就太平了。所以日本人认为，说我们一国和平主义是行不通的，要改这个宪法。

从政治结构上说，战后给日本进行了比较彻底的改造，形成了议会内阁制度，两院制，三权分立等等。国会当中众议院由半数以上的政党或政党联盟执政。但同时尽管经过了战后的民主化改造，日本仍然有相当强的势力要推翻远东审判，要颠覆"第二次世界大战"奠定的这个国际格局，也有人甚至公开讲要开历史倒车，这也是今天钓鱼岛争端的一个深远的背景。

根据远东审判，日本战争罪犯接受了法律制裁。但是历史认识问题始终没有得到彻底解决，中国人一提起日本的历史认识问题总会想起德国，德国勃兰特总理在犹太人面前惊天一跪震撼了全世界，包括战争受害者，并给他以宽容。

但是日本总是遮遮掩掩，这和战后美国对日本的处理有很大关系，因为虽然以美国为主的盟军总部占领日本，并且对日本实行了民主化改造，但是因为很快进入"冷战"时期，美国为了保证在与东方阵营对垒过程中能有效地利用日本，所以努力压制日本战前的那些核心政党，包括日本共产党等，起用了旧政权的一些政府势力，就使得很多日本的政治家本来应该遭到清算，结果都从宽处理了。

除此之外，保留天皇制度也是由于为了降低日本改造占领的成本而导致的。德国不会有任何一个主要党派或者政治势力把自己和希特勒的第三帝国连在一起，但是战后的日本用的是战前日本天皇家族，国旗还是那个国旗，军旗还是那个军旗，国歌还是那个国歌。到今天为止，日本国会里卖的首相漫画头像的杯子都从伊藤博文算起，所以没有一个日本老百姓认为战前日本和战后日本不是一个国家，战前日本政府和战后日本政府不是一脉相承的。中国人一提起历史认识问题，都少不了要提到靖国神社，其实还有比靖国神社更为嚣张的地方。这是在日本神奈川县有一座山叫热海，热海山上有一座小庙，叫东亚观音，这个东亚观音是南京大屠杀刽子手松井石根因病在战争结束前提前回国，并且回国以后，让他的部下在南京城，据说是浸着大日本皇军鲜血的土烧成的一个血色观音。

远东审判绞死了7个甲级战犯。日本右翼悄悄地买通了敛尸工，从美国人那儿把甲级战犯的骨灰拿走以后，而且美国当时就怕他们借尸还魂，把那些骨灰用美国的军舰拉到太平洋，撒到海里面，不让它们留任何痕迹。但是日本右翼仍然是悄悄地等美国人走了，到那个焚尸炉里面的炉壁上刮了一坛子残灰，供到了这座观音院里面。这个碑的正面是日本吉田茂首相题写的"七士之碑"，吉田茂是一名比较温和的政治家，在战前还因为和军部有意见相左的地方，受到过军部的迫害。但即使这样，战后日本的政治家就是日本政治家，他仍然愿意给这些战争罪犯题写碑文，背面是这7个甲级战犯在判决书上的签名。

其实这个历史认识问题，对日本整个社会来说仍然是一个很深刻的问题。日本军人的军人手册，第一页都写着"不惜生还"，大日本皇军参军以后最大的理想是为天皇战死，是希望死在战场上，每个人都带着遗书。日本下级军官写过一个日记，实际上是他做了一个梦，第二天早晨醒了以后，在战争间歇期间把这个梦记在他那个随军的手册上了。这个军官是在东南亚作战，面对的是西方美军为主的军队。他说丑陋的外国人为什么个子这么高呢，梦里面的感想是，因为他们吃的都是长粒的米，日本人为什么矮呢？因为我们吃的是短粒的米，当地土著为什么这么黑呢？因为他们吃的是黑米，最后他做了一个总结。说西方人个子高，素质低，我们日本人个子低，我们素质高，当地的土著个子又低，素质又低。

因为战后活着的日本人还都在日本社会当中存在，所以这些人是对日本争取恢复邦交开展民间外交的一些阻力。但同时也有一些人经过了我们的改造，比如在中国大陆战场上的一些俘虏，还有当时设在延安的日本共产党总部及反法西斯同盟，那些人积极推动民间交流。这个民间交流最开始规模不大，后来随着新中国逐渐壮大，我们对日本的影响力也在增加，到了1962年中日之间建立了一个贸易体制，实际上是准使馆的一种设置。这个设置我们建交以后，台湾的使馆也降级成这个紧急联络处，当时我们是用这种方式建立了最初步的交通往来渠道，后来开始互派记者。

到了1972年情况有了质的变化，首先基辛格秘密来到北京，然后尼克松突然宣布访华，举世震惊。日本人表面上说被美国人搞了个月底外交，自己很被动，其实日本也早有准备。一个日本的高级官员说其实1972年以前政府就已经派了几个人到香港搞了一个小组，实际上是背着美国人打算和中国建交问题。所以日本人反倒捷足先登，1972年和中国几轮谈判下来，日本先于美国实现了和中国的邦交正常化。1972—2012年这40年大概可以按照两国之间4份法律文书，划成四个不同阶段。第一个是1972年9月29日复交发表的联合声明，第二个是1978年和平友好条约，这是两国关系复交以后迅速上升，经历干杯期、蜜月期，但总趋势是好的。1998年第三个政治文件诞生了，1998年11月26日，随着我们改革开放实力不断增长，两国接触交往越来越多，矛盾就开始越来越多，摩擦越来越多，特别是日本战争结束以后，日本和美国开始重新给日本同盟再定义，定义的过程中产生了"有事法制"体制和日本的周边试探法，竟然把中国的台湾也划入日本周边有事的范围。所谓"有事"就是指日本遭受外来武力攻击，因为日本有些语言战前军部用得太多了，战后在政界和在媒体上都不敢明讲，所以"战争"这种词都不敢明说，另叫"有事"。然后周边的战争危险叫做"周边事态"，用一些很特殊的叫法。

到了1998年的时候，中国开始调整"冷战"后的大国关系。为了迎接新千年，当时中美之间是战略伙伴关系，中俄之间也是，中日之间并非如此。中日之间当时在此之前只有一份复交声明，以及和平友好条约，所以当时有人思考说中日之间也应建立一种战略伙伴关系。但日本认为战略这个词不能用，所以我们跟他们一直有一个"综合战略对话"，但日本人一直把这个对话机制在他们国内叫做"中国政策对话"，不敢用"战略"这种字样。1998年，中国提出来说中日之间应该建立战略互惠关系，但是日本不同意，反而要求建立第三份政治文件。但是日本要求的是合作，想从中国发展中获利，导致双方谈得比较艰苦。当时江主席出访先到莫斯科，然后到东京，跟莫斯科签了一个规格很高的双边条约，但是到了东京就麻烦了，飞机都快落地了，双方谈判人员还没有谈出一致的意见。最后怎么办呢？就把双方各自要价的东西全部写到这儿，最后有一个简明的表述，这个表述又叫做致力于和平与发展的友好合作伙伴关系。

研究界开玩笑说，这没谈出个结果来，最后只能取一个最大公约数，一个环节也不能减少，叫做致力于和平与发展的友好合作伙伴关系。尽管那次出访江主席也见了日本天皇，也开展了一些正式的会谈，但是第三份政治文件始终没有签字。致力于和平与发展的友好合作伙伴关系在 1998 年年底生效，但是基本上双方就没有认真对待它，至少日本方面根本就不相信这个，否则就不会有进入新千年以后两国关系第一次发生严重倒退的问题。

小泉纯一郎 2001 年春天上台，一直到 2006 年夏季，5 年半当中，两国关系复杂，也就是所谓的政冷经热。他顽固地参拜靖国神社，造成两国政治关系严重倒退，出现了很多问题。这些问题到了不得不改变局面的程度时，小泉就任期截止了。小泉纯一郎的接班人是安倍晋三。安倍晋三虽然政治上和小泉的理解都是相同的，但是小泉允许他的后任在接班以后不去参拜靖国神社，调整和中国的关系。安倍晋三骨子里很右，但是他的政治手法相对灵活，所以他一整改个战后日本首相的一条铁律，即成为日本首相后第一站必须去华盛顿。安倍晋三第一站先来北京，到了北京后主动提出要和中国建立战略互惠关系，所以中方愿意接招。从 2006 年 10 月至 2008 年 5 月，中日之间两来两往首脑外交，所谓破冰、融冰、迎春、暖春四步，走出了第四份政治文件，第四份政治文件的主题词就是"中日之间建立战略互惠关系"。

这个战略互惠关系，或者说中日作为国家关系现在是什么状态。历史不能作为国家状态，历史只是背景，是基础，钓鱼岛很严重，但是也不是全部。作为法律意义的国家关系，尽管这里边也存在很多问题。中日只要第四份政治文件没有废除，或者不缔结第五份政治文件，那么中日现在还处于战略互惠关系，这个战略互惠关系说到底产生的过程也不容易，外交谈判且不说，民间舆论各种各样的配合工作就比较费劲了。

那么这个战略互惠关系核心是什么呢？核心就是双方一致认为两国对地区都是重要的双边关系，肩负着重要的责任，要世代友好，互利合作，等等。说穿了就是一件事，中日认为邻国不是邻居，搬也搬不走，所谓和则两利，斗则两伤，那么最好还是和。所谓和，战略互惠，就是中日之间要相互获利。从 20 世纪末开始，中日之间的这个战略对冲因素很明显，很多很多斗争因素在里边，但中央提出来要和日本相互获利，所以战略互惠还是要往下推。

中日之间缺少政治互信，如果没有相互信任，所谓的战略互惠实际上是一个知易行难的问题，做起来就相当困难。但是困难归困难，中日关系还是一步一步往前走。2010 年已经有了 245 对友好城市，人员往来将近 600 万，双边贸易过 3 000 亿元。2011 年比这个数据更多。2012 年就不行了，今年钓鱼岛事件发生以后，两国关系严重倒退。

现在开始说钓鱼岛主权争端。钓鱼岛主权争端其实由来已久，两国对这一片岛屿和海域主权要求过程很长，但是问题真正凸显出来是在 2009 年以后。2009 年有各种变化因素，中日钓鱼岛主权争端说到底最重要的因素有三个。第一个是中国快速发展引起日本的不适应，当然这也包括全世界，中国走得这么快，天下人都觉得不得了，认为是个威胁。外国人一听中国人来了都很紧张。因为发达国家的人很聪明，却不勤劳，欠发达地区和国家的人勤劳，但不是很聪明，中国人既聪明又勤劳，此外中国人挣钱没有停歇，发达国家人挣了钱基本上够这辈子花，或者大约够花他就收手了，是享乐主义，中国人不是讲究这个孝悌，一定得重孙子的钱我这辈子都得挣出来，上对得起祖宗，下对得起子孙，这才是好男人。更不用说我们国力增长，同时还有军事力量增长，尤其日本跟我们还有 3 000 万条人命没算清，是有世仇的国家，他当然紧张。

第二个因素是日本本身的变化。日本这些年政治右倾化速度很快，特别是 2009 年，2009 年发生了新老保守政党轮替，现在的民主党推翻了过去的自民党，而且民主党外交上不是很平稳，而且干了很多自民党嘴上喊但是行为上不落实的事。这个时候你要想给中国下马威的话，一定会得到中国加倍的偿还。

第三个因素是美国因素。美国重返亚太以后，当然主要目的也是面对中国了，给日本强势战略提供了一个松绑的空间。而中国一方面要面对美国、日本，同时日美同盟对中国来说也是一个很现实的问题，所以中日关系从 2009 年以后有了非常大的变化，这也是产生了钓鱼岛冲突的一个，既是背景，也是一个逻辑上的原因，或者说一种必然。

中国的发展和日本还是有直接关系的，我们的总设计师最初决定搞改革开放，搞深圳的试点，也起因于他访日的过程。但是中国改革太成功，日本人受不了了。日本从 1989—2009 年向中国提供政府开发援助，数量很大，总量很多，在改革开放初期对我们改革开放启动确实有雪中送炭的作用，中方也多次表示过感谢，但日本人总是不相信。当然一般政府表示一下感谢，媒体也就报道一下就过了，不会反复报道。但是要是参拜靖国神社，要是登岛，我们肯定是滚动式报道，所以日本人总说你们记着仇，好处你们不记得，其实我们都记得。

随着改革开放的推进，中国的经济有了飞速的发展。2009 年中国不再借钱反而买了日本国债，一出手就是 ODA 总量的一半。日本人是很小心的，日语有句成语叫"过石桥也得敲一敲再过"，木头桥要敲一敲是不是腐朽了，石头桥本来没有这个问题，但是日本民族就是有危机意识，小心谨慎、如履薄冰的一种思想方法。所以日本的国债通常只卖给日本人，很少的一点量是在国际市场发行。然而中国突然出手，原来是他借给我们钱，我们一翻手就开始借给他的钱，日本就觉得大事不好。到了2010年中国的总量一下子超过他了，日本人就紧张了。

不管怎么说，中国发展速度太快，让日本朝野包括民间人士很难接受，而日本自己也有好多问题，一个很成熟的经济环境，已经相当饱和了。今天日本经济搞成这个样子也不全是搞砸了，他恰恰是因为搞好了。我记得我第一次去日本是1980年，1980年从日本买了一个锅到现在还没有烧漏，后来在国内买一个锅，两年肯定能烧漏。自民党连续执政将近半个多世纪，把这个国家治理得井井有条。这也导致内需严重不足，什么东西都做得特结实，日本人又很节俭，总也不坏。日本老太太是全世界寿命第一，老伯是第三，日本福利很好，并且日本在亚洲肯定是最好的，而且政府的服务都很到位的。

老龄化问题，社会结构问题，经济结构问题，等等，还有一个最致命，就是日本是一个多灾难的国家。在东亚三大板块挤压的那个角上，每年有感地震1 200多次，灾难性地震基本上几年就得发生一次，好在日本这个国家因为灾难多，抗震水平也相当高。五六级的地震，日本人什么也不耽误，那个灯晃得很厉害，外国人都撒腿往外跑，日本人该工作就工作，根本就没有跑的。后来外国人也明白了，不跑是对的。他那个建筑都扛得住8级地震，此外地震还会掉一些悬挂物，谁跑出去谁倒霉，反而在楼里一点事没有。后来外国人也精了，地震千万不要往外跑，肯定塌不了。这次"3·11"这么严重，也不是房子震倒多少，主要是海啸，然后引发的核泄漏，日本是多灾难的国家，也是抗灾大国。

然后除了经济结构、社会结构的问题之外，日本还有一个，就是2009年起刚才我提到的，民主党取代了自民党，民主党是现在的执政党。这个党骨干力量是从自民党里衍生出来的，到现在为止已经换了，马上就要换第四个了，三个首相，一年一个，这一年一个不是从自民党开始的，而是从安倍晋三开始。小泉纯一郎从2006年把政权交给安倍，安倍这个大少爷政治上很右，但是承受力不太强。姥爷当过首相，爷爷也是政治家，父辈都是大臣级的，官三代或者官四代了，所以他不太珍惜，干得不好。虽然他跟中国把这个关系调整了，但是内政上的能力不是很强。有两件要命的事，一个是他主政的时候，发生大选，执政党丢掉了参议院半数以上议席，就形成了所谓扭曲国会。众议院支持执政党，参议院支持反对党，这样一个法律在众议院通过以后，在参议院又很难过，这样政权就不够稳定，当然政权不稳定还有其他因素，选举制度的问题，政治文化的问题等等。

从2006年开始，日本就陷入了一个怪圈，政府和首相基本上是一年一个，后来我们也习惯了，连日本老百姓都习惯了。我们当初去调研，日本老百姓都说今年的首相，就好像这个国家领导人的首相就跟属相似的，今年属狗，明年就属猪，年年都得换，这么一种状态。那么这种每年都换的状态，原来以为到了民主党就会变好，后来发现到了民主党不但没有变好，反而更快。

自民党最后一个总理麻生太郎发表国会演讲的时候，他前任的三个自民党的首相都已经全在睡觉了，已经没有斗志再干下去了。也是这场自民党首相的执政演说，民主党眼珠子瞪得都跟灯泡似的，新保守政党摩拳擦掌要上台。他们第一个首相鸠山由纪夫，和鸠山由纪夫搭对的政治伙伴就是小泽一郎。小泽一郎这家伙厉害，现在还在日本政坛上，最近拉起来一个政党，从民主党给拉出去了，叫国民生活第一党。我对他的评价是此公盖庙一般，拆庙是全日本第一高手，做糖从来不甜，做醋每次都酸，搞翻过许多个首相，搞散过许多个政党。他和鸠山由纪夫，2009 年他俩一党一政，开始给民主党执政。

光是这个小泽也就罢了，这个鸠山同志也有一个不太适合稳定执政的问题，这个人思想很前卫，跟中国关系也不错，在处理对华关系上是比较温和的，小泽也是一样的，他们两个搭上对就麻烦了，这个鸠山有一个毛病，喜欢标新立异，而且经常提一些超出现实的过度理想主义的政治主张。

鸠山和小泽执政以后，新党把老党推翻了，新党得有新气象。在外交上，内政上有好多新的就不一一说了，改变经济结构，清理腐败，整顿公务员队伍，干了好多事，都是基本上让大家不太满意的事，特别是公务员对此很不满意。外交上鸠山认为时代变了，应该改变以日美同盟为基础的外交政策，说白了就是要建立一个和中国，和美国等距离的日本外交格局，这是个石破天惊的事。日本战后一直在美国卵翼下走到今天，而且美国重返东亚以后，是要把日本当成马前卒和最忠实的助手来用的，这样才能面对不断崛起的中国，可是这个时候偏偏出来一个要和中国拉近乎的民主党新政权，美国人要不把它搞翻就不是美国人了。美国人一定会想各种各样的办法把它搞掉。可是这个鸠山和小泽，竟然就不理它这一套，就要和中国搞近距离，和美国拉开距离，搞日美之间平等对话关系，美国人根本不同意。但是他们就认为美国统治时代已经结束了，中国实力越来越强，这个时候鸠山由纪夫就提出了一个，要和中国建立东亚共同体构想，虽然仅仅是一个构想，但美国人绝对不允许你这么想。东亚共同体是马哈蒂尔 1990 年提的。马哈蒂尔是个小国，提点啥都没关系。但日本要和中国搞东亚共同体构想，美国是绝对不同意的。

这个鸠山由纪夫也不是现在才这样，他原来就这样。他 1996 年成立民主党的时候我就认识他，那个时候我在日本松下政经塾学习，然后我去访问过他。2000 年后又接触过好多次。2000 年鸠山同志，突然提出来要到北京访问，中联部接待的。接待完了，鸠山就提出一个要求，因为前不久朱镕基总理到日本去访问，做过一个很成功的公共外交，在日本电视台摄像机前直接和日本老百姓搞了一次电视对话，朱总理当时一高兴还拉了一段胡琴，日本老百姓觉得中国领导人也是和蔼可亲的，共产党也不是青面獠牙的妖怪。

　　然后鸠山来到中国，一高兴就跟中联部提出来说，我也要在电视上和中国老百姓直接对话。中联部当然是做不了这个事。但是中联部是负责处理政党外交的，一般都比较有智慧，中联部就给鸠山由纪夫一个答复，说在电视上大众对话这个建议很好，但是日本从唐朝把咱的汉字学走以后就一直没改，咱们现在是简体字，大众的"众"，三个"人"字就念众。再给您找一个日本问题专家，找一个电视的主持人，您们三个人就大众对话了。鸠山也知道这个事可能中国也做不了，那就这么对话吧。中联部给我打电话，说高老师你能不能来电视台跟鸠山由纪夫对个话，我说能，我早就认识他。但是他这个人就比较喜欢标新立异，不过没关系，他说的那些事跳出不了我们的知识范围。我就应了，应了以后，对话的前一天，中联部一个同志给我打电话，说高老师有个事跟您说说。今天下午鸠山由纪夫见江主席的时候，突然提出一个新的主张，叫做亚洲不战共同体，我一听这个事不太好办。因为那是 2000 年，2000 年我们已经有三份政治文件了，还没有战略互惠，但是已经有刚才我前面讲到的致力于和平与发展友好合作伙伴关系，还有第二个中日和平友好条约，都和平友好了，都伙伴了，这比不打仗的规格高，现在作为日本的在野党，尽管你是最大的在野党，你突然到中国来提出要建立一个不战共同体，这个事就不好轻易表态。

　　后来我就问中联部同志，我说今天江主席怎么说的，中联部说他啥也没说，就像没有听见一样，逻辑上也只能是这样。我们干这行的都知道，你给领导人领来一些外国朋友或者是客人，你让他见的时候，你得提供一样东西叫谈参，就是谈话参考资料，接待方你要把来的人姓甚名谁，什么政治立场，过去来没来过，这次为什么来的，问的这些问题过去咱们外交部是怎么表述的，如果他说了，领导人应该从哪几个角度讲哪几点，都给写清楚。接待单位有义务把它写成一个谈话参考资料，事先给领导人报上去。但是这仅限于谈参里有的内容，这鸠山同志事先没有打招呼，到江主席那儿突然提出来搞一个亚洲不战共同体。中联部说那他是一定要讲的，我说那我怎么说？中联部说你看着办。这是我看着办的事吗？可是也得办啊。第二天坐到电视机前边，这就是我当时正在跟他说这个亚洲不战共同体。说了没三句，他就说了，这次来到北京我提出一个新的观念，我们中日为核心，建立亚洲不战共同体，主持人因为事先都知道，马上就说，高教授你看看你对鸠山提出这个亚洲不战共同体怎么评价？因为我头一天都知道了嘛，我的思路就是说不能拒绝，客人提出来的，你不能说人家不对，但是你又不能展开说，而且你还必须得把中方的原则和立场都揉进去。所以我就说，首先对鸠山先生作为一个亚洲的政治领导人，积极思考亚洲安全表示赞赏。这话没什么毛病，客人一般听起来比较受用，嘴角马上就朝上了。然后我说中日之间因为有和平友好条约和第三份政治文件，我们是致力于和平与发展的友好合作伙伴关系，我们的国家关系定位是高于不打仗，这有一个原则立场的问题，这个说了他也不反对。然后我接着顺着这个逻辑往下说，我说为什么仍然对鸠山先生的所谓亚洲不战共同体表示肯定呢？就是因为你是亚洲不战共同体，范围大于中日双边，尽管以中日为核心，如果整个亚洲国家都加入这样一种机制，整个亚洲不打仗了，这不是大好事嘛，这不是利于亚洲的和平稳定繁荣发展嘛，他听着也对，还是很高兴。后来我就看他要接着往下展开，我一想不行，我得把他憋回去，不能让他再展开，再展开我不知道他说啥啊。后来我就说，我说还有一点，也不知道是不是我对鸠山先生的曲解，我认为你这个亚洲不战共同体构想包含了非常积极的因素，就是说亚洲的安全事务要由亚洲人自己主导，根本不需要美国人指手画脚，甚至按照这个思维，按照这个逻辑推导的话，美国在日本的基地和驻军是完全没有必要的，这个正好是他的死穴，他当时马上就板起脸，岔开了，说别的了。

就是这么一个鸠山由纪夫，加上小泽一郎，这两个人，一个是愿意和中国走近，给美国难看，就是这个小泽，小泽 2009 年年底带了 140 个国会议员的访华团来到北京，被日本右翼讥讽为朝贡外交，美国人好紧张，加上鸠山又提出来所谓东亚共同体构想，美国人已经觉得不把这个政权搞掉，实在是天下就要大乱了。美国人，我的理解，因为我是从政治外交角度思考国际关系，我认为美国满世界打仗其实就是为了两个字"美元"，什么自由、和平、民主那都是幌子，保住美元的霸权体系是最重要的。反过来讲，任何一种外交行动、国与国之间的关系调整，如果伤及美元，那都是美国人绝对不能允许，包括这个所谓的亚洲共同体构想。

这个鸠山提了个构想，美国人本身就很紧张。2009 年我陪李肇星同志到日本去访问，日本的和平研究所研究人员得意扬扬地拿出了亚元的票样，这是子虚乌有的亚元，八字没一撇，日本人就先把它设计出来了，说考虑到社会制度不同，有两个等值版本，红的是你们中国发行，蓝的是日本发行，在整个亚洲地区，全世界都可以流通，红的正面是胡主席，下边蓝的是我们鸠山首相。还不算，背面天安门、富士山，你们觉得如何啊？李肇星同志微微一笑，没有给他解释，心想这都是八字还没有一撇的事，你这纯粹是刺激美国人的嘛。后来我说李部长你先别转过去，让我拍两张照片，以后讲课说不定能用上。

有了这个东西，再不把鸠山赶下台，美国人就活不了了，所以美国人绝对不能允许他再存在下去，其实美国对日本的政治干预程度是相当高的。按照美国人的设想，老实讲在新时期的 2009 年以后，日本对美国来说应该是个什么意义呢？最好是与鸠山垮台以后，菅直人、野田佳彦的做法一样，日本做美国的霸权助理夹击中国，这是最合理的。而且为了达到这个目的，日本应该把过去经济优先外交，改为军事优先外交，配合美国。因为美国对中国的战略构想当中有几个陷阱，把中国定义为美国霸权的争夺者，刺激中国对抗，挑衅并激怒中国，动摇我们以经济建设为中心的正确路线。在中国愤怒恃强以后，再诬陷中国，恶化周边环境，大概这么个思路。

这个鸠山垮台以后，接任的是菅直人，尽管菅直人本人对华非常友好，但是任何一个历史人物的政治理念和他的执政方式实际上是不能超越历史的，所以鸠山这种亲华政策失败以后，后边无论是亲华的首相菅直人，还是不亲华的野田佳彦，他们现在走的都是一条依傍美国和中国搞对抗的路。

菅直人当年中日蜜月外交的时候，他是访华友好之船的成员，多年支持中国发展，照顾中国留学生，有许多对华友好的举动，包括汶川地震的时候，他从他老婆钱袋子里拿出一亿日元给我们捐款。但是历史局限性是超越不了的。菅直人执政期间，发生了 2010 年 9 月 7 日的"9·7"撞船事件，这也是中日钓鱼岛争端相互暗斗了这么多年第一次公开化，在这之前尽管钓鱼岛有保钓运动，但是过去自民党执政时期，自民党很聪明。包括小泉，小泉对华政治态度那么恶劣，但 2004 年 7 个大陆中国人登上钓鱼岛，小泉纯一郎迅速做出决定，驱逐出境，驱逐出境实际对我们来说和无条件释放差不多，说归说，做归做。民主党政治家认为新党执政以后，就要给日本国民一个交代，既然日本认为尖阁列岛是日本领土，中国人上了或者中国人接近了，或者中国人进入敏感水域，就要采取动作。结果就触碰了中国的底线。

下面就顺着这个民主党上台以后对华外交的变化，讲一下他走强以后的正反和的过程。"9·7"撞船以后，斗得相当艰苦。日本首相换上了野田，开始认为野田上位也许会好一些，后来很快发现野田是一个更强硬的，比菅直人走得更远的一个政府。老实说，作为研究机构，我们对这个过程变化也是有一个研判的，这个是我们 2009 年年底做的一个判断，当时认为中日关系大概有三种趋势。一个是比较乐观的估计，现在看起来过于乐观了。第二个是谨慎的估计，谨慎的估计基本上对吧，但是有好多前提条件，这些前提条件如果不存在的话，那就说明是悲观的估计了。悲观的估计里面有一些讲得是对的，有一些可能现在还没有到那个程度，比方说国际环境发生重大变化，日本重蹈近代军国主义覆辙，这个提法还是有点过，至少现在还不能说日本已经复活了军国主义，我对这个还是持比较保守的看法。

但是两国关系的紧张和冲突，这个应该是有足够的估计，否则也就无法解释2010年"9·7"撞船到今天所谓购岛国有化风波下两国关系的变化。中日关系有哪些问题呢？其实挺多的，中日关系的问题用外交部的说法，其实是一个最为扭曲、敏感和复杂的双边关系，有历史的积怨，有现实的地缘政治当中的复杂因素，大国搬也搬不开，只能面对。面对过程中又有一个一山难容二虎的问题。我们在20世纪末总结中日关系，当时梳理出来17个问题，那些问题除了技术问题基本都没有解决，什么慰安妇问题，化学武器问题，教科书问题，钓鱼岛问题，等等。唯一一个不成为问题的就是，我们曾经有一段研究中国的高铁是引进日本的新干线，还是引进德国的磁悬浮技术的问题。这个当时国内争得很厉害，铁科院是主张新干线的，社科院是主张新干线的，但是中科院有一些名人是主张引进德国的磁悬浮技术，而且这个研究还影响到整个社会对于中日关系的问题。因为一直到了2005年，当时网民就说要卧轨，如果再引进日本的轮轨技术，你要用了日本技术，网民就要拦火车，当时很头疼。没等我们研究完呢，后来这个问题就没了。因为中国人很聪明，把全世界先进技术都拿来，揉吧揉吧，做出一个中国专利，一个广告是"中国高铁引领世界新潮流"。

除了这个问题之外，别的都没解决。17个问题到21世纪，减掉1个，又增加六七个，就是因为东海问题，钓鱼岛，海洋划界等都来了。后来中央让我们处理，说你们作为研究机构，你们怎么解释这个事？我们开始说来个三分法，这些问题虽然多，哪怕将来变得更多，无非也就是三种类型。一个是历史遗留问题，还有一个是现实国家关系对抗因素造成的问题，第三个是复合型的历史遗留问题，遗留到今天变成和现实问题搅在一起的复合型，钓鱼岛属于这种情况。但是上面不满意，上面说你这个分类方式很明确，无助于问题的解决，后来我们改成，中国人不都会玩矛盾论嘛，主要矛盾、次要矛盾，核心问题、非核心问题，主要问题、次要问题，最后就把那些小的全不要了，抓大放小，留下四个。历史认识问题、台湾问题、钓鱼岛问题、东海划界问题。

历史认识问题，这个是老问题，随着时间推移迟早会一点点淡化，尽管现在还很突出。台湾问题主要取决于两岸关系，特别是台湾岛的形势，只要蓝营掌权，日本人想拿这事做文章也做不成，要说绿营掌权，就另当别论。所以现在这个问题也不突出。真正麻烦的是钓鱼岛问题和海洋问题，钓鱼岛在海上，但是钓鱼岛是主权监管，海洋问题有海洋划界、海洋合作、海洋安全等，后来因为日本这几年又高调介入南海，我们把东海问题改成海洋问题，基本上如果现在有人问说中日关系有哪些最重要的问题，历史认识问题、台湾问题，这两个不是很突出。顶在脑门上，现在最重要的就是钓鱼岛和海洋问题。

钓鱼岛在哪儿？数据很清楚，日本离这个小岛稍微近一点，146公里，78

海里，1 海里是 1 852 米，所以这儿折算一下。台湾花莲到那里是 166 公里，到我们这边是 312 公里，中国大陆离钓鱼岛最近的城市是福建省宁德市，下边有一个县级市叫做福鼎，福鼎县当然比那个海边还要再远一点。

其实国际间关于岛屿争端，说到底就是看三件事。一个是历史依据，一个是现实国际法理依据，一个是实际控制状况。历史主要看四个要素，谁先发现，谁先命名，谁先开发利用，谁先实施行政管辖。但是钓鱼岛是无人岛，或者说是有争议的无人岛，所以钓鱼岛只有前三项，中国方面毫无疑问我们是最先发现的，日本人现在管它叫尖阁列岛，但是日语里面的钓鱼岛主岛仍然叫鱼钓岛，日语那个语序和中文是反的，是主宾谓结构的，不像我们是主谓宾结构的，所以钓鱼在它那儿就是鱼钓。

毫无疑问是中国人先发现，中国人先命名，当然作为研究我们也会不断地去完善历史证据链，其实我觉得这个问题不是很大，因为日本人最早发现这个岛屿是 1884 年，1884 年日本第一次上岛的时候，据后来上岛人士对他子女的描述，而子女又把这个事情说给日本媒体，甚至登到日本的报纸上，日本的九州日新闻就登过。日本人所谓第一次登岛的时候，在岛上看见过两具尸体，这两具尸体穿的是清朝人的服装，有日本学者问说那你们是清朝就控制了？我说不对，可能还有更早的，都烂掉了，明朝就有，说不定比明朝更早。至少在明朝，现在一般看我们钓鱼岛白皮书里面，说最早的史料是《顺风相送》，《顺风相送》成书在什么时候呢？没有准确的说法，因为现存版本最早的是在大英博物馆，大英博物馆里那个是 16 世纪末成书的，那也很早了，16 世纪末是一五几几年，比日本的 1884 年要早得多得多。而且这个《顺风相送》实际上不是某一位作者自己写的独立著作，《顺风相送》是工具书，是船老大航海用的，等于航海指南手册。所以这本书成书过程是长的，是逐渐积累起来的。

一般来说，《顺风相送》的内容记录了 1403 年时候的情况，那么就是说至少在 1403 年中国人就已经发现、命名和利用过，因为这个利用也不一定非得上岛去开过工厂叫利用，我用它避风，我用它作为航路上的航标，古代中国是对景航行为主的，尽管我们这个指南轮早就用到航海技术上了，夜里航海还有一个技术叫过洋牵星术，船老大吊着一根绳，绳前面拉着铜钱，然后按照季节变化对北斗星描图。但是主要白天还是靠对景航行，一路上看到的岛屿标识标在当时的海图上，这个就是利用。所以毫无疑问，最先发现，最先命名，最先利用。所以历史因素跟日本实在没什么话好讲，这个我们比他早太多。

现实国际法理依据，我们用的是"第二次世界大战"后的《开罗宣言》和《波茨坦公告》。因为按照《开罗宣言》和《波茨坦公告》，日本必须把侵略战争期间用侵略手段吃进去的这些领土全吐出来。钓鱼岛，我为什么一直说它是窃占呢？它实际上是用甲午战争清朝已经落败的这种局势，偷偷摸摸把它揣到兜里。日本人在 1884 年所谓发现了这个岛，然后有登岛的活动，当地的日本居民就要求把它作为日本领土，日本思源司政府就给中央政府的内大臣陆奥宗光写信，要求日本设立标桩，变成自己的国家领土。然后陆奥宗光又写给井上馨，他当时是外交事务的外大臣，外大臣回信告诉他说好像不行，因为那个地方好像是归大清国管，现在我们要是马上设立标桩，就会引起国际纠纷，所以他有十年时间没敢动。

　　现在日本政治家跟我们矫情，日本外务省说，我们观察了十年没有人，所以确认它是无主地，我们才把它划进来的。后来我们从日本外交档案上把这些细则搜出来，给日本人看，你这叫观察十年？十年前你就想弄，你们自己大臣之间写信，说那个地方可能是清朝的，不能动，这不你明知道是有主的嘛。说到底，你是利用甲午战争把它弄进去的，因为甲午战争是 1894～1895 年，钓鱼岛是日本在 1895 年 1 月把它划成日本所有的，当时清朝已经战败了，这个时候它顾不及这个事了，而且日本在 1894 年年底，它们政治家之间通信还提到这个事，说现在情况已经和十年前大不一样了。什么叫大不一样？大不一样不就是你通过侵略战争把清朝打败了嘛，所以毫无疑问是利用侵略战争侵占的。

　　为什么它是窃占呢？因为它不明不白，这个《马关条约》里面没有写到钓鱼岛，确实没有，但是它们利用《马关条约》。《马关条约》是 1895 年 4 月签的，1895 年 1 月，它说与《马关条约》没关系，和侵略战争没关系，这完全是谎话。但是把它弄到手以后，没敢用天皇召开内阁会议正式声明的方式开会，也没敢向国际社会公布这些事实，按理说你取得一块领土，或者原来是个无主的，你用什么实效取得，你把它拿到你自己手里了，你得广而告之吧，并没有，所以我们说它是窃占。

　　日本也有自己各种各样的说法，限于时间，我就不说日本的那些事了，反正日本有四点它认为是比较有把握的。一个是它认为 1895 年，取得的时候是无主地，当时没有人抗议。当时清朝都战败了，台湾地区都割给人家了，还能抗议一个小岛嘛。后来又有一个 1920 年，说有一个海难事件，中华民国政府给日本写过感谢信，这个也不成立。因为 1920 年的时候台湾都是日本领土，别说是在钓鱼岛发生一个海难事件，就是在台湾发生，中华民国政府也会写感谢信的，如果日方给予救助的话，所以这个也不成立。

　　后来就发生了两个日方跟我们打交手战的时候常提的事，一个是《人民日报》1953 年有一个文章，当时是为支持日本人反美斗争，那篇文章里面有一个不太了解情况的记者，用日本的资料翻译过来的，写成了一个报道，那里面提到了尖阁列岛。可是这个记者本人他也不知道那个尖阁列岛就是钓鱼岛，也不知道尖阁列岛在哪儿，他就用日方的资料，把那个尖阁列岛都给写上了，登在《人民日报》上了，所以日本人说你们党报都登了，说明你们早就承认这个岛叫尖阁列岛，而且是日本的。

我们回应了两条，一个是那个报道底下有个说明，这个报纸上本身就带着说明，说这个材料是用日本资料翻译的，这不是我们自己的资料。另外国与国之间关于领土争端，应该以政府正式表态为准，以我们外交部发言为准，你不能以一个记者写的一篇报道为准。反过来讲，如果要是记者写得都生效的话，那日本记者写的那个岛，实际上证明属于中国的例子也有的是，更不用说日本的井上馨等等，那些学者整本书都写了一摞钓鱼岛是中国的言论。

除了这个之外还有个地图问题，1958 年和 1960 年，分省地图里边有一个，福建省外边的海上画的地方，有一个地方把颜色给标错了，把钓鱼岛给画成日本的颜色。但是这个也不是，这是地方出版社出版的，不是中国地图出版社出的官方的东西，而且早在那之前我们就出过钓鱼岛是中国颜色的地图，所以我们也有我们的回应。

但是确实双方都有一些更有利于自己的一些所谓的证据，这也是今天钓鱼岛主权争端仍处于胶着状态的原因，在这个外交斗争，海上行动队行动，和国际法理辩论上，三个战场同时在对抗状态下。实际上还得继续斗下去吧。

其实虽然是一个不大点的小岛，但是因为按照现在《联合国海洋法公约》赋予的权力，它的领海，它的毗邻区，它的 EEZ（专属经济区）范围巨大。加上这个地方原来按照埃默里报告，说底下有大量的石油天然气，后来又发现底下什么都有，还有可燃冰等等，这个经济价值巨大。

除了经济价值之外，因为中日之间的海洋宽度不够 400 海里，按照《联合国海洋法公约》，现在大陆架是 200 海里，将来还有可能延伸，那么划界的时候也有一个重叠部分怎么划，这个不清楚。所以钓鱼岛属于哪一方，都可能成为拥有方的划界的基点，就从那个地方做基点往外划，这就大了，所以这也是必争的地方。

第三个就是军事价值，因为钓鱼岛在第一岛链上，这是美国为首的西方封堵中国海军走向深水的第一条防线，后边还有第二条链，现在又划出第三岛链，那都在其次。第一岛链最直接的作用就是说，第一岛链里边都是我们近海，近海因为水深不够深，这样我们的核潜艇，实际上是经不起这个间谍卫星穿透海水的跟踪，而且如果这个岛屿是人家的，人家可以在那儿布好多水下的声呐，这样我们的所有行动它也可以用窃听的方式都听到，用监听的方式控制。这样就严重限制了我们第二次核打击能力。如果没有第二次核打击能力，作为一个世界级的大国——中国，就还是有一些安全防卫上的缺环。反过来讲，如果我们能够撕开第一岛链，我们的核潜艇能够畅通无阻，在任何人也无法监控的状态下，进入四百米以下的水深，那么就有一支常规的，带着核武器的军事力量，在深海游弋，任何国家，哪怕就全世界拢成一个团，也不敢对中国下手。因为你可能把大陆上所有的发射艇全摧毁，但是你无法控制我海上反制的能力。所以不管怎么讲，钓鱼岛是必争之地。

日本人也知道第一岛链的重要性，日本的国防教育在电视上经常给老百姓讲第一岛链的重要性，而且日本人讲得比我讲得明白多了。他把这个地图反转45 度，逆时针转向以后，第一岛链整个都是给中国一个盖帽，一个封堵的最好的一个屏障，这个日本人讲得也非常清楚。

因为有这么多问题，所以是必争之地，2010 年 9 月 7 日撞船了，其实在那之前早就有摩擦，并持续了两年多了，日本的民主党上来以后加快了这个摩擦，开始公然驱赶中国渔船，甚至把中国渔民捕到的鱼，把渔网割坏，倒在海里，不让你获利，让你不来，让你来了也挣不着钱。可是咱们的渔民不都是锲而不舍嘛，而且渔民也不怎么听政府间的这种默契共识，或者我国政府对他的约束，说你最近不要去，渔民不管那一套，因为鱼不管你 12 海里，24 海里，鱼哪儿都去，而渔民又是跟着鱼走的。所以就经常会有这种情况。

但是问题严重性就在于 2010 年以后，民主党政府开始采取强硬措施，他开始不断地破坏捕捞作业，不但把鱼倒掉，还公然和我们的渔船发生碰撞，而且抓了我们的渔民。后来经过外交斗争，很快把渔民放了，但是把船和船长扣留下来，就是那个詹其雄，这是中日围绕钓鱼岛的第一场直接交锋。

9 月 7～24 日，17 天半时间里，双方几乎投入了全部外交资源。我们从外交部部长助理到副部长，到常务副部长，到部长，到副总理，到总理，一路抗议，而且采取了很多反制措施，有的是明的，有的是暗的。日本人很痛苦，但是坚决不肯退让，民主党政府认为只要硬到底，中国就会软下来，所以一直从这个红的是中国，一路这么斗下去，斗到这里，2010 年 9 月 22 日，温总理在联大参加会议的时候，警告日本政府切勿一意孤行，否则中方将采取进一步行动。在这之前已经有一些经济措施，旅游措施，等等，但是日本人仍然不肯让步，第二天日本突然发现两件事，中国开始限制对日的稀土出口，同时在大陆抓了 4个擅闯中国军事禁区的日本人，日本人这下紧张了。

因为日本抓詹其雄用的是妨碍公务罪，这个詹其雄的渔船撞了他们海上保安厅的船，而且这个海上保安厅抓了詹其雄，说他妨碍日本的公务。日本的妨碍公务罪量刑上限是四年，而且不得干扰所谓的这个犯罪嫌疑人祖国的探视，事实上从"9·7"撞船抓了詹其雄之后，我们九州总领馆每天都派人去，去慰问鼓励和坚定他的政治立场。

　　但是日本人，因为你闯的是中国军事禁区，实际上当时抓了5个人，还有1个中国人。这4个日本人一抓起来，日本政府这一下毛了。因为你进军事禁区是属于间谍罪，间谍罪没有上限，而且不需要公审，根据我们认定的罪行直接拉出去毙了，所以这下日本人主动软下来了，美国人也乘机从中软化日本政府的立场，说你们算了吧，自己温和双边解决吧，解决了。

　　希拉里·克林顿发现出了这个事，那时候前原诚司也在美国，告诉前原你见好就收吧。前原倒是收了，日本右翼不干了，日本右翼说9月24日应该定为日本的国耻日。这是日本的右翼在街上游行，它不是行动右翼，这是文化右翼，都穿着西服，说中国侵略他们的尖阁列岛。这个例子是20世纪60年代赫鲁晓夫，那时候没有洲际导弹，只有中短程导弹，把那个导弹悄悄架到古巴了，美国人发现了。后来肯尼迪告诉赫鲁晓夫，马上把导弹撤回去，要么就世界大战，双方顶了13天，这是《惊爆13天》那个画面，肯尼迪把赫鲁晓夫吓住了，赫鲁晓夫把导弹撤回去了。肯尼迪说了一个很给力的话，"眼珠子瞪着眼珠子，俄国人先眨眼了"。日本右翼说这是眼珠子瞪着眼珠子，这回我们日本人先眨眼了，9月24日是国耻日。

　　是不是国耻另当别论，确实在第一场关于钓鱼岛的角逐当中，中国人得了一大分。什么叫得了一大分呢？按照外交部的解释，"9·7"撞船以后，中日双方斗争，中方有所得是两条：告诉日本中国有底线，不可动摇；再一个我们在钓鱼岛开展了宣誓主权的常态化巡航。

　　我们对钓鱼岛进行巡航，不是从这个时候开始的，2008年12月8日，我们国家海洋局海监总队，曾经派出51船和46船。我们12月8日巡航的时候，给日本曾经打过一个措手不及。2008年12月8日我们两艘海监船到了钓鱼岛日本人竟然没发现，当时是围着钓鱼岛主岛慢慢悠悠，用9个小时转了3圈等它来，海上保安厅慌慌张张就赶过来了，然后双方开始叫阵。这个叫阵就是麦克风对着喊，高频喊话，耳朵自然状态是听不见的，但是用麦克风和高频声波喊过去，互相有接收器都能听见。

　　今年6月跟着出去的时候，碰上台风了，巡航的总指挥刘振东局长决定去苏岩礁。去苏岩礁老远用望远镜看见海上一个小黑点，越走越近，一看是韩国的海岸警卫队的船，在那儿等我们呢。我们一直往前走，它在前边画龙。各国海上维权其实都是四件事：显示存在、体现管辖、宣誓主权、实施有效管理。这个不是捍卫主权，捍卫主权是军队，是宣誓主权，我们去是为了宣誓主权，它在这儿守也是体现管辖，宣誓主权，在前面挡着，但是它会很小心，别撞上，中日也是那样。

　　我们往前走，韩国人就开始喊，我们也开始喊，我们说这片水域是中国的水域，请你马上离开。韩国也喊，这是大韩民国的水域，请中方船只马上离开，互相这么对着喊。喊着喊着他突然说，请中方船只注意，前方水浅，我们当时转一圈回来了。

海上斗争其实就挺戏剧性的，这个"9·7"撞船，为什么前面插了一个"12·8"巡航呢？就是解释这个事。2008年12月8日，我们那次巡航叫出动性巡航，就是出了情况，这个概念是不一样的。你要说哪个街头流氓打架，我们报警了，警察开着警车来了，这是出任务。但是警察如果更有效地管理这片治安的话，他每天必须得有巡逻，不管有事没事，我一天走三圈，这个就不一样了。

所以第二条就把原来的"12·8"出动性巡航，因为这个撞船，我们升级成了宣誓主权状态的常态化巡航。但这个升级也是有限度的，因为当时中方并没有实际能力真正实现常态化巡航。"9·7"撞船以后我们开始没派海监去，派的是渔政，派渔政的原因之一是中日之间实际上有一个心照不宣的一个潜规则，日本是不能破四条线的：不能上岛，不能开发，不能建立标识，不能驻军警。中方国家公船原则上是不进12海里的，所以"12·8"巡航以后日本人很紧张。"9·7"撞船以后，中央经过再三研究，决定不让海监上手，让渔政上手。渔政从职能上说不是对外宣誓主权用的，是管理渔民捕捞作业的，渔政船是农林部的，是管渔业作业的。所以我一直说，我说因为有一个共识，所以必须这么处理，但不管怎么讲，海监就相当于城里的警察，渔政就是城管，所以渔政这个能力它的权重是比较低的。所以当时为了降低冲突烈度，我们派了渔政，但渔政去了也有问题。"9·7"撞船以后，不是宣誓常态化巡航嘛。渔政第一次跟日本人相遇了，日本人就问，你们干什么来了？渔政说我们来进行常态化主权巡航。日本人没听过这词，因为日本人也很小心，也很狡猾，我记得第一次"12.8"巡航的时候，中方上去先用中文喊完之后，这是中国固有领土，这一套话。说完了之后，日方第一句话说"请中方讲慢一点"，中方马上用英文又喊一遍。喊完之后，日本没作答，咱们马上又用日文喊了一遍。后来日本人也开始用三种语言和我们对着喊。

等到渔政巡航的时候，我们说我们进行常态化主权巡航。日本人说你所说的常态化主权巡航是什么意思？当时中央没有给规定这是什么意思，但是这个时候你不能没有底气，你要很豪迈，所以渔政就说，义正词严地说，常态化主权巡航就是我想什么时候来就什么时候来，想来多少就来多少！一下把日本人给震那儿了，因为不知道这个事，那更不得要领了。其实当时是做不到的，这次这一轮风波起了以后，我们这回进了一大步，就是把理论上的常态化主权巡航落实到位。现在海监也去，渔政也去，渔民也去，军舰也去，干什么？就一件事，彻底打破日本单方面实际控制，这就是我说的第三条。

三方面的斗争：历史依据、法理依据、现实状况。国际海事法院现在判例越来越多地看重现实状况，不太看重历史依据，尽管我们在不断完善证据链，希望找更多的历史依据，其实这个越来越不重要了。因为你想，海上的领土争端在远古时期它是没争端的，肯定那个岛屿谁也不归，那是个自然岛。后来有一方先占了，所以你说谁先发现，发现那方通常发现完了就走了，你也发现过，他也发现过，你也去过，他也去过，这是实际状况，尽管我们早。所以国际海事法院判例越来越多地看法理，更看重的是现实状况。

所以我们大概从两年前，那个时候开始给上面写报告，后来开始在媒体上公开讲，不要再提日本单方面实际控制，我们要打破的恰恰是日本的单方面实际控制。今天这场风波最直接的，海上行动队行动的成果，就是打破了日本的实际控制，而且这个实际控制不但打破，我们还要固化，把这个成果稳定住。

老实讲，彻底解决钓鱼岛主权争端问题，时机和条件还远远没有到来，因为中央对钓鱼岛基本上还是属于三维：维护国家权益，维护国内稳定，维护中日关系大局。那么还得考虑到这个斗争的需要和实际状况。

那么日本在"9·7"撞船以后，实际上做了两件对它有利的事。一个是把美国拉到选边的立场上，让美国明里暗里承认钓鱼岛是属于日本同盟条约范围的，另一个利用"9·7"撞船以后，中方强有力的这种回击，渲染中国的威胁，在中国周边寻找遏制中国的伙伴，就是南海的一些声索国。其实"9·7"撞船以后，我们曾经付出了很大的外交努力想改善两国关系。2010年9月7日撞船，2011年日本"3·11"特大地震，我们提供了人道主义援助，胡锦涛主席还专门到日本大使馆向地震死难者默哀，但是这些并没有消除"9·7"撞船造成的负面影响。其实原因很简单，"9·7"撞船是双边就国家利益进行的一场斗争，伤得很深。"3·11"特大地震，震后我们进行外交努力，给他花点钱救援，那没有敌人，那敌人是老天爷对吧，而且你对他救助也不只是我们一家，美国、韩国、中国台湾都对日本有救助，即使日本感谢中方，也只是所有感谢当中的一小部分，所以这个事是不能把它搬过来的。

所以2011年年底中央让我们判断，说现在是"9·7"撞船后的中日关系？还是"3·11"地震后的中日关系？我们说仍然是"9·7"撞船后的中日关系，而且随着问题凸显，很可能进一步恶化。日本侵略海洋战略之下，有东海对策，也是越走越紧，有好多实实在在的行动，海洋立国的理念，对今天政治家的影响，海洋战略和日本同盟关系的相互促进，海洋战略在对华关系上他们采取强势做法的步骤，其实都可以分得很清楚了。

在2006年它就搞了海洋白皮书，2007年日本通过了海洋立法——《海洋法》，然后海洋政策财团开始进行军事、安全方方面面的研究，针对中国的各种动作迹象都非常明显，然后又高调介入南海和我们搞对抗。

到了今年，其实也有意思，日本2月放出话，要有45个国会议员登钓鱼岛，3月16日我们国家海洋局这回是摩拳擦掌，坚决要求主动出击，外交部采取慎重处理方式，但是海洋局有海洋局的办法。海洋局的同志们很有智慧，按照原来的约定，海洋局不能进12海里，把船停在12海里边上，海洋局嘛，海上什么时候有风，什么时候有浪，他们比谁都清楚。风也来了，浪也来了，一吹船进去了。日本马上抗议。外交部就问海洋局，说不是不让你们进吗？说没进啊。说这不是日本都抗议了，说进了，那个巡逻机都给你拍下来了，你们进12海里了。那是浪推的。你以为那是地面上，一脚刹车就撅到线外面了。海嘛，有浪，还有涌，那个涌比浪的劲还大呢，风一起，一涌，那个船进去了。说出来，掉个头啊，滑一大圈，7分钟，不多呀，出来了。日本人好紧张，这是3月16日。

一个月后，4月16日，石原慎太郎在美国宣布购买钓鱼岛，然后我们就开始进行外交反制斗争，同时进行了很多准备。我个人的感受是，这一次我们从容不迫地做了各种各样的准备，有的教授把它归纳成好多四六句，什么法斗文争，什么文攻武备等等好多，我记不住他们讲得那个玩意儿，反正我们是很从容的。我记得"9·7"撞船的时候，我们一个领导问我，你说马上就中秋节了，有什么办法能让日本人在三天之内就放人？我们当时出了很多的意见，也感觉很好，充分发挥了智库作用。第一天给领导人报告，第二天就变成外交部发言人的政策，觉得自己还挺有用的。今年不是，今年准备过程很长，包括我们后边的一些反制措施。

然后在4月16日，石原慎太郎宣布购岛，我们不让他购，他非要购，后来日本政府直接出面，到了7月7日，这是故意选"七七事变"那天，日本政府宣布要购买。这样就把石原慎太郎这场购岛闹剧变成一个政治双簧，闹剧本身应该是没结果的。

我们不是消极被动地被日本人牵着鼻子走，反倒是日本人觉得中方是攻方。石原慎太郎两年前就说了，我们日本人再不采取动作，这岛迟早得归到中方手里，因为中方的动作幅度越来越大，他也很紧张。所以他们有了动作，今年9月9日，日本人已经开始决定要买了，在符拉迪沃斯托克，APEC峰会上我们胡主席被野田堵到走廊里，站着谈的时候，我们还做了最后一次外交努力，要求日方至少暂缓购买。

第二天，日方还加快了速度。第一天我们主席提出来说，希望你考虑暂缓购买，他第二天回去就提速购买，宣布召开五大层会议，9月10日购买钓鱼岛。然后11日，第二天就签约，这就逼着中方不得不采取反制措施，说老实话，中方的反制措施早就准备好了。我自己事后把个反制措施按照实际状况，把它归纳为"前三天、后三天、又三天"，十天打硬牌的过程。

　　日本9月10日开了会，我们9月10日开始出第一批反制措施，公布领海基点基线，宣布对钓鱼岛及其周边水域进行24小时实时监控，对钓鱼岛周边海域进行海浪气象预报。这三条听着不怎么强硬，但实际上是挺硬的。因为你公布领海基点基线，就意味着这回我不是说说而已，那个岛是我的领土，12海里是我的领海，以后我就要真正采取行动。也正是因为有了这个，才有第二个三天，我们大幅度派出巡航部队，船队吧，叫部队也行，因为其实我们中国人民解放军海军也早就在周围游弋，不光水面上有，我在电视上总是批驳日本自卫队，又调动自卫队，造成紧张态势，其实我知道我们核动力攻击性潜艇一直就没有离开，早就在那底下等着。

　　斗争是相当复杂和相当危险的，所以前三发打出去之后，留了一天半时间看效果。日方派出来亚大局长杉山晋辅到北京和我们外交部亚洲司罗照辉司长高密度地谈了三轮，下午谈了一下午，吃了饭，晚上接着再谈，谈到半夜，然后第二天早上爬起来再谈，三轮谈下来了无进展，双方谁都不让步。那好，马上开始协调，相关单位开始协调，然后直报中央，中央做决断。所以13日是外交协调不成功，然后开始对策反制斗争协调，协调以后，中央会议一直开到深夜。深夜1点钟制定了继续实施强有力的反制措施。

　　第二个三发，就直接往心窝子上打了。第二个三发出来都是硬牌，我们海监渔政，后边跟着海军用炮顶着进，而且是全速前进，这回也不管前边有没有人给我画龙，我就是用最快速度，而且是跨防区调动。

　　我们国家海洋管理是这样，南海分局是两广海南岛，东海分局是福建到山东一部，北海分局是山东一部到河北辽宁，然后编号是从北往南编的。1、2、3是北海分局的船，4、5、6是东海分局的船，7、8、9是南海分局的船。除了这些支队之外，还有航空支队。然后我们这回一出手，就不光是东海分局了，是206、207小船打头，我们那个海监船就紧贴着钓鱼岛主岛，已经近的不能再近了。我们那个指挥船，现在直升机是3 800吨，当时是进4海里，然后北海分局调过来的船是1 000吨，当时给他们的任务是前进1海里，他们比较敏感，估计不会搁浅，进到0.96海里。拍了一张，就是守着那个岛的照片。0.96海里，是一千多米，那就和登岛离得很近了，就是没登而已。

　　所以日本人当时一看，石原慎太郎就说中国人疯了。而且日本海上保安厅没敢做任何拦截动作，他知道这回购岛真是把中国政府惹急了，也不光是中国政府，中国老百姓急了，党的十八大以前维稳是重要的，但是维权和维稳是有机联系的。老百姓坚持要政府出硬牌，政府也软不下来，所以就非常强硬，第二个三发直接用最大的力度，最快的速度，直扑钓鱼岛，扑进去以后，就把这个常态化巡航彻底落实到位，现在已经去了好几十次，尤其是最近这一周天天都在那儿。这还不算，我们马上出版了《钓鱼岛白皮书》，这个白皮书也早就准备好了，所以出版也很快，包括前面那三天公布领海基点基线，我们2010年2月就都测量完毕了，标桩都准备好了，就一直找不着这个机会。

日本购岛，搞国有化，给我们提供了一个出重拳的绝好机会，所以这一下子就把日本打疼了。第二个三天过后，日本就开始提升磋商级别，常务副外长河相周夫来和我们张志军开始谈，当然也没谈出任何结果来，这都是美国立场的问题。然后日本人受不了了，这回就把钓鱼岛问题国际化了。现在有战争危险了。野田佳彦自己到联大辩论，去告我们，那么我们当然得回应了，所以我们杨外长在联大驳斥野田。这场斗争走到今天还没完，形象点说有点像上甘岭战役似的，抗美援朝的时候，大仗打完了，后面小仗打的过程是最艰苦的，双方谁都不让，比拼意志、耐力、比决心，看谁能耗过谁。

日方也早有准备，中方准备比它更充分，而且我们轮流值班，能倒开手，能休息，比日方轻松很多。日本还有一个苦恼的事，它们岛屿争端不是对我们一家，它还对俄罗斯，对韩国，它不能把全国的力量全调到钓鱼岛来，我们现在呢，因为钓鱼岛主权争端最具示范性。

所以我们现在不光是北海分局，东海分局，我们南海分局船也都在那儿，我们前一段紧张的时候，南海带直升机的旗舰，都在钓鱼岛那儿，而且是大张旗鼓地在钓鱼岛宣誓主权，让国际社会都知道，然后在国际上打国际官司，我们也不理亏。

总之，这个钓鱼岛的斗争接下来还要斗下去，就现在情况看日本比我们痛苦。一方面是因为我们准备得比较充分，人手比较丰沛。还有一个就是实际上在钓鱼岛海上行动当中，就相当于踢点球，我们是踢球那方，它是守门那方，我围着球转来转去，什么时候起脚我知道，起脚之前我不用老这么绷着神经，但是守门你不知道它什么时候起脚。所以耗的时间越长，它越痛苦。

再加上日本经济对中国经济依赖度大于我们对它们的依赖。日本人自己也已经意识到这个问题了，9月对华出口减少14%，10月超过20%，它自己的研究人员也认为，本来经济形势就不好。他们现在日本各界开始积极地思考如何解困，最近大概有10天，日本各界来访的人，都是特别想和中方交换意见，想听各种意见，但是日本准备很充分。我注意到日本来的专家也好，外交官也好，这些人谈的问题都一样，都是政府统一安排过来的，不像我们国内还是各种声音都有，专家说得不完全一样，他说得全一样，准备非常充分。但是中国也不会轻易就范和上当。

所以现在双方还是在国际上，就历史事实法理依据进行辩论，然后海上行动队行动谁都不会软下来。我们现在要求的是日方正视现实，美国希望双方都做退让，但是我们提出来说日本能退，我们就能退。所谓能退，就是说你宣布国有化作废，但是日本人绝对不会退的。所以你不能宣布国有化作废，我就也不能退。不能退怎么办呢？那就得正视今天海上的这个现实，这个苹果就是一人一只手在那儿摁着，你得接受这个，接受这个以后，双方可能会形成一个新的共识和有一个新的默契。但是从整个发展趋势来看，形势和时间都对中国有利，中方今天再形成新的平衡的时候，不应该对自己下一步行动制造羁绊。当然这个最终取决于中央的判断，但是我想中央还是有足够的决心，迟早要把钓鱼岛收回来，更不用说中国的老百姓，13亿中国人心里是怎么想的。钓鱼岛问题对于日美同盟来说是一块试金石，对于中国的崛起来说也是一块试金石。

说到底，最后还是要在软实力的竞争中取得这个马拉松竞争的最后胜利，但是过程还会相当长。但是有一点，大家可以尽管放心，就是无论是党的十八大以前，还是十八大以后，中央对维护主权，迟早收回钓鱼岛的问题上毫不动摇，从未动摇过，也不可能动摇。这个话应该是有根据的。

西亚北非剧变的原因和影响

中国社会科学院西亚非洲研究所　杨光

2012 年 11 月

杨光：博士生导师，先后就读于法国巴黎政治学院，中国社会科学院研究生院、时任中国社会科学院西亚非洲研究所所长，中国社会科学院研究生院教授委员会委员，西亚非洲研究系主任，兼任中国中东学会常务副会长，中国亚非学会常务副会长。

西亚北非地区剧变的原因和影响，这个题目可能讲得稍微晚了点，要是在美国战略重心东移以前，这本来是个非常热点的话题，但是自从美国战略重心东移以后，咱们西太平洋和南海问题就成了热点，阿拉伯世界剧变这个事情现在在媒体上报道的渐渐少了一些。但是仍然是最近这几年国际局势变化里面的一个非常重要的事件，而且这个事件到现在还没有结束，就像大家现在每天在电视上可以看到的，叙利亚的这个局势发展，实际上是这一场阿拉伯世界剧变的继续。

这场阿拉伯世界的剧变——我们现在说的这个阿拉伯世界是横跨了西亚和北非，阿拉伯世界一共有 23 个国家——这场动乱就是发生在这样一个范围里面。从 2010 年 12 月的时候，当时我正在苏丹作为中国政府的一个代表监督南苏丹公投，突然就看到了在突尼斯那儿爆发了动乱。我和我的同事们，包括一些外国的观察员都非常吃惊，但尤其让我们没有想到的是，突尼斯的这场动乱后来竟然星火燎原，席卷了几乎整个阿拉伯世界。

那么这场开始于 2010 年的动乱，到目前为止已经一共波及了 11 个阿拉伯国家，这 11 个国家大约占阿拉伯国家数量的一半，但是就人口而言，占了阿拉伯国家 70% 的人口，所以说把这场动乱说成是一场席卷整个阿拉伯世界的一场风暴，也不为过。这场动乱发生以后，无论是外交界还是学界，都认为这是始料未及的一起事件，那么它究竟为什么在这样一个时间会发生在这样一个地区，它的爆发有可能给地区格局、国际形势乃至中国的利益造成什么样的影响，大家都非常的关注，进行了很多的探讨。今天我在这里主要就是，汇集了我们学界对这个问题的一些认识，来给大家做一个梳理和介绍。

一、动乱的原因

这场动乱为什么会发生在阿拉伯世界，它是有很多很复杂的原因的。那么它为什么发生在这个时间，也有很多很具体的原因。这场动乱的发生主要还是由于阿拉伯国家的一些内因，大致可以分成经济社会方面的原因和政治秩序方面的原因两个部分。

（一）经济社会方面的原因

从经济社会的这个角度来看，是什么原因导致了这场动乱呢？大家比较一致的认识是由于"三高"问题的突出，所谓"三高"问题就是高通货膨胀率、高失业率和高贫困率，是由于这"三率"过高引起的。在研究这个问题的时候，我们有些学者使用了 20 世纪 70 年代初美国经济学家阿瑟·奥肯的痛苦指数对这个问题来进行研究。现在我们谈幸福指数好像谈得比较多，实际上就在幸福指数当时被尼泊尔的国王在 70 年代初提出的同时，美国这位教授就提出了另外一个指数叫痛苦指数。他认为，痛苦指数是观察一个国家社会是不是稳定的重要指标，如果这个痛苦指数高，那么在所谓的民主国家，就是西方这些民主国家，就会发生政府更迭。在专制国家，当然是按照他们的标准，在专制国家就会发生革命。

那么奥肯的这个痛苦指数有没有道理呢？在这次阿拉伯世界发生动乱以后，我们用这个指数来观测了一下这场动乱，我们认为它是有道理的。奥肯的痛苦指数实际上很简单，就是两个百分数相加得出来的，一个是通货膨胀率，一个是失业率。如果通货膨胀率是 20%，失业率是 30%，那这个痛苦指数就是 50%。那么我们经过学者的测算，发现这次发生动乱的这些国家确实跟那些没发生动乱的国家相比，它们的痛苦指数是明显地偏高，一般能够达到 50% 左右。

但是我们在研究中也发现，仅仅用奥肯的这个痛苦指数还不能完全说明这场动乱发生的经济社会原因，因为有些国家——不一定是阿拉伯国家——他们的痛苦指数也很高，但是没有发生动乱或者革命或者政府更迭，这是为什么呢？大家经过研究认为，这主要是由于在贫困率方面的差异，因为显然如果贫困率高的情况下，那么对于同样的痛苦指数，社会上面的大多数人口，它的承受能力就不一样，贫困率越高，意味着这个社会上有更多的居民有较低的承受能力；相反如果贫困率比较低，那么这个国家对于同样高的痛苦指数承受的能力就会高一些。因此我们的学者又对奥肯的痛苦指数进行了修正，认为应该添加一个贫困率这样一个要素，用这三个比率才能更好地解释。

为什么阿拉伯国家会发生动乱，而这场动乱不是发生在其他国家。因为我们也经过测算了，这些发生动乱的国家，不仅是痛苦指数高的国家，而且也是贫困率非常高的国家。比如像埃及这样的国家，它的贫困率按照世界银行的标准，就是每天人均消费 1.5 美元这个标准，它的贫困人口可以超过 1/3，所以这个国家对于高通货膨胀率和高失业率，它的承受能力是很低的。为什么阿拉伯这些国家的通货膨胀率和失业率会这么高呢？从经济社会发展的角度大概有这么两个方面原因值得重视。

一方面是人口过渡和高失业率的关系。阿拉伯这些国家现在处在，我们说西方人口过渡理论，马尔萨斯的人口过渡理论，它的第三阶段和第二阶段之交的这样一个关节点上，换句话说，就是人口的死亡率已经大大地下降了，但是人口的出生率还没有降下来。所以人口的自然增长率在这些国家还处在一个高峰时期，它的人口自然增长率每年达到大概2%这样一个水平，这样就产生了一个现象，每年有大量的新增加的就业人口需要获得工作，但是这些国家没有能够提供足够的就业机会，特别是劳动密集型的产业在这些国家很不发达。如果我们看一下阿拉伯国家的产业结构的话，会发现它主要都是依靠资源开发，它的 GDP 的构成主要是来自资源开发、农业这样的产业，劳动密集型的制造业是很不发达，因此它的就业吸收能力很低。这是一方面原因。

另一方面就是它的农业自给自足的能力很弱，粮食长期不能自给，这样导致了在 2007 年以来，由于国际食品价格的暴涨，所以直接带动了国内食品价格的暴涨，从而推动了物价的上升。而食品价格暴涨，恰恰是构成这些国家高通货膨胀的主要原因。大家不知道去没去过像阿拉伯这些国家，一个埃及的公务员，一个月的工资有多少钱，普通的公务员也就是五六十美元这样的水平，埃及的物价跟我们中国差不多，另外埃及还不像我们中国现在都是三口之家，他那个大家庭还没有完全的解体，一家一般都是五六口人，六七口人，一个人工作，拿五六十美元，你说这个食品价格一涨，他怎么受得了，只能上街了，没活路。这个是我们从国内经济社会发展这个方面来看，造成痛苦指数高有这样两个方面原因。

同时我们刚才也讲到收入分配也是个很重要的原因，不是说这些国家真的没有钱来分配给穷人，而是在政策上有很大的缺陷。一个最典型的例子是利比亚，这个国家是靠出口石油、天然气作为支柱产业的，它有的是钱，但是这个国家，竟然有 30% 的人口是属于贫困人口，就是按照国际贫困线的话，它有 30% 的人是贫困人口，但它的人均 GDP 已经超过一万美元了，所以这里就有一个分配的政策问题。

（二）政治秩序的原因

除了刚才说的国内经济社会问题，引发了这样一场动乱外，还有一方面就是政治的治理问题。从政治治理这个角度来看，这些阿拉伯国家究竟是在什么问题上没有做好，没有做到位，或者做错了，才导致老百姓纷纷走上街头，最后把政权给推翻了呢？我们归纳了一下，大概有这么七个方面的问题。

1. 教派利益的平衡问题。伊斯兰教它分为两个主要的派别，一派叫逊尼派，一派叫什叶派，这两个派别是怎么来的呢？穆罕默德在公元 7 世纪创造了这个伊斯兰教，没多长时间他就去世了，他去世以后，在中东的穆斯林那边，对于谁有资格来继承穆罕默德的地位就发生了严重的分歧。穆罕默德的地位是什么地位呢？穆罕默德的地位叫做哈里发。什么是哈里发呢？哈里发就是一个集行政、军事和宗教首脑为一身的这样一个领袖，他又是军事的最高首领，又是行政的最高长官，又是宗教的领袖，这叫哈里发。那么谁有资格来继承他呢？有一派穆斯林认为应该举贤，在有贤德的人里面推选，推选出这个继承人，这些人就是形成了后来的叫逊尼派。

为什么叫逊尼派，这个词从哪儿来呢？它是从阿拉伯文字 SUNNA 这个词得来的，SUNNA 就是圣训，就是一些有贤德的人，对穆罕默德的行为、语录做出解释，后来编成了书，这个东西叫《圣训》，那么这些逊尼派他们信奉这个东西，就不一定是穆罕默德本人说的话，也不一定是他的直系后代说的话，而是这些有贤德的人对它的解释，对穆罕默德的话的解释。这些人形成逊尼派，他们后来在这一场关于谁是继承人的斗争中取得了胜利，因此穆罕默德死了以后，接着的两任哈里发都不是穆罕默德的直系血亲。

另外一派是什叶派，这是少数派，这些人认为只有穆罕默德的直系血亲才有资格继承穆罕默德的哈里发的地位。那么谁有这个资格呢？咱们知道穆罕默德没儿子，只有一个女儿，还有一个侄子叫阿里，这个侄子娶了他的女儿，这是亲上加亲，因此他们的后代被认为是穆罕默德的直系血亲，这些什叶派，什叶是什么意思？什叶是追随者的意思，所以他们紧紧地追随着穆罕默德，不追随别人，是这个意思。他们认为只有他这个侄子阿里，和穆罕默德女儿的后代，才是有资格继承穆罕默德的。

那么这两派在历史上打得不可开交，为什么呢？因为穆罕默德死了以后，接下来的两个哈里发都是没有直系血亲的，到了第三任阿里总算被推举为哈里发了，这一下子好了，什叶派就很满意了，这是穆罕默德的直系血亲，但是没有多久，这位哈里发被暗杀了。被暗杀了以后，这个什叶派就很愤怒，认为这是逊尼派做的，因此这两家就开始了几百年的无休无止的战争，在这些战争的过程中结下了血仇。当然这个历史很长，我们没有时间过多地去讲这些历史。

这样一种冲突和伊斯兰教的这种分裂，导致的结果是什么呢？导致的结果就是在现在这些阿拉伯国家里，很多国家都是既有逊尼派也有什叶派，有的国家什叶派占多数，有的国家是逊尼派占多数，但是他们都还记着历史上的这段冤仇，相互不能包容。在这种情况下，对阿拉伯国家的统治者来说他们都面临着这样一个挑战，就是怎么样来摆平逊尼派和什叶派的利益。然而不幸的是，在这个问题上基本上他们都没有做好，而是哪一派执政，对于另一派就采取镇压的方式，这里边例子很多了，我们不能一一枚举，就简单说一下。比如说伊拉克，伊拉克这个国家，逊尼派是个少数派，只占人口的 40% 不到，什叶派占了多数，占了 60% 以上，但是萨达姆执政的时候，因为萨达姆本人他是逊尼派，所以这个国家形成的局面是逊尼派的少数人统治了全国的什叶派的多数人，他为什么能够统治呢？因为他掌握了军队。那么什叶派曾经多次起来反抗，特别是两伊战争的时候，大家知道伊朗都是什叶派，伊拉克的什叶派认为时机已经到了，可以翻身了，因为这两国打起来了。结果就举行了一些起义，但萨达姆动用了化学武器，把什叶派的起义给镇压下去了。

现在美国打了伊拉克战争以后，局面整个又反转过来了，美国主张在这个国家应该实行西方式，所谓西方式的民主国家，要进行选举。美国并没有想让什叶派上台，因为他们认为什叶派跟伊朗是站在一起的，但是一旦选举，那就是票数决定一切了。这一投票，占全国60%的什叶派就走上了政治舞台，执掌着国家的政权，美国人很不高兴，但是也没有办法。现在这个依靠美国打垮萨达姆·侯赛因而上台的政权，我们看到它正在一步一步地倒向伊朗那一面，使美国人非常扫兴。美国人本来想打倒了萨达姆·侯赛因再扶植一个逊尼派的政权，但是它没有做到。

这样一个教派利益平衡的问题出现在很多国家，比如在巴林有这样的问题，它是逊尼派的少数统治什叶派的多数，跟伊拉克的情况是一样的。今天的叙利亚，是什叶派的少数统治逊尼派的多数，正好反过来。现在巴沙尔这个家族是什叶派的，但是全国绝大多数的居民是逊尼派的，他们处理不好这种教派的利益关系，因此一有风吹草动，一有机会的时候，被压迫的那个教派就要起义，就要闹事，这是教派利益平衡的问题。

2. 部落利益的平衡问题。现在这些阿拉伯国家表面上看着都已经是现代社会的一员了，但是实际上很多国家国内的政治还是建立在部族利益的基础上，部族的长老在国家的政治里面那是有非常重要的地位。很多老百姓并不认同现在的这个国家，总统是谁、总理是谁，他不在意，这个不重要，他在意的是什么呢？我是哪个部落。这种情况比较典型的例子，一个是也门，也是发生动乱的国家，另外一个是利比亚，还比如在苏丹，苏丹也是阿拉伯国家，是阿拉伯国家的大国。所以在这些国家里面，如果说部落的利益不能够得到很好地处理，那么这个国家被压迫的那些部落肯定要起来造反。这次大家可以看到这个动乱里面，利比亚的动乱的爆发就和部落的利益有直接的关系，因为亲卡扎菲的那些部落都是在这个国家的西部，班加西那边的部落，都是一些跟卡扎菲这个部落比较疏远的部落。

那么我刚才讲到了贫富差距的问题，贫困率的问题，收入分配的问题，在利比亚就很明显，为什么这个国家会出现在人均GDP达到超过一万美元的情况下，会出现这么高的贫困率呢？这是因为卡扎菲把那个石油收入大量地分配给了亲近他的那些部落，而没有分给那些疏远他的部落，特别是东部的这些部落，所以尽管这些部落全国的人均GDP超过一万美元，但是东部的这些部落很多居民甚至还没有房子住，温饱问题还没有解决。所以长期以来对卡扎菲政权心怀不满，要寻机推翻这个政权，这就是利比亚冲突爆发的很重要的原因之一，没有处理好部落之间的利益关系。

3. 中产阶级的诉求问题。中东这些阿拉伯国家，尽管总体上在经济和社会发展上还是比较落后的，但是由于这些国家从 19 世纪末开始进入了所谓现代化的进程，发展现代的产业，对外开放，有很多人还到国外去留学。因此中产阶级阶层正在这些国家逐渐地壮大，尽管他们现在在这个国家社会里面还占不了支配地位，但是这种思想意识已经存在，这些人主要是一些什么人呢？中产阶级，商人、知识分子、医生、律师，当然还有很多白领的雇员，这样一些人。他们对于很多阿拉伯国家已经进入 21 世纪的时候，还在实行非常落后的政治制度是非常不满的。

为什么不满呢？因为在这种政治制度下，他们这些人尽管在经济上已经富足了，但是没有参与政治的机会。比如说在海湾地区，这个动乱发生的程度不同，但是海湾地区几个国家也出现了动乱。比如，阿拉伯联合酋长国、沙特阿拉伯、阿曼这些国家，这些国家的动乱是以什么样的形式出现？是以中产阶级向国王或者是埃米尔，埃米尔就是酋长，是国家的最高君主，上书请愿的形式出现的，要求实行君主立宪制。因为在这些国家到现在还在实行绝对君主制，连个议会也没有，一切都是国王和王族说了算。在这种政治制度下，这些中产阶级他们的诉求得不到表达，他们也没有参政议政的机会，所以他们对这种政治制度很不满。那么在这次动乱里也表现出来。从这些国家的君主来讲，他们没有给这些中产阶级一个参政议政的机会，这也是人们后来起来反对他们的原因。

4. 青年人的问题。青年人的问题没有处理好，青年人的问题里最关键的还是我们刚才讲的就业问题。刚才我们说到阿拉伯国家的人口过渡的情况，现在待业、失业的人口中主要都是青年人，比如在突尼斯、埃及这样一些发生了政权变更的国家，它的全国的失业率平均下来分别就是 10%、11%，但是如果你把它锁定到一个具体的年龄组别，特别是青年人这个组别的时候，它会高达 30%~40%，有些非官方的统计甚至说 60%，这也是可信的。这么多的青年人进入劳动年龄以后没有机会就业，政府不在发展劳动密集型产业这方面做出努力，做出回应，这是这些青年人起来造反的一个重要的原因。

5. 贪污腐败的问题。阿拉伯国家的贪污腐败是全世界有名的，我们国家反腐败，我看要跟他们比的话，那没办法比，他们那个腐败实在太厉害了。无论是穆巴拉克总统，还是突尼斯的本·阿里总统，这两位被推翻的总统，算一下他们的个人财富，都相当于全国 GDP 的 10%。因为我们反腐败经常引用透明国际这个腐败排行榜，他们都是被划在最腐败国家这个行列里面的，几乎所有的阿拉伯国家都是被划在最腐败的国家行列里面。这个腐败问题是老百姓最不满意的事情，长期治理不好，很容易引起老百姓的反感。

6. 第六个没有治理好的问题就是继承问题。在阿拉伯世界里边，这个问题是个非常棘手的问题，几乎没有一个国家把它解决好。一些统治者们上台以后，都喜欢做这样一件事，就现在这些，穆巴拉克也好，本·阿里也好，也门的萨利赫也好，叙利亚的巴沙尔也好，他们这些人这个权力不是抢来的，咱们平心而论，他们这些人是选上来的，是经过选举选上来的，而且在他们选举的时候，这个国家关于选举都是有明文的法律规定，都规定了每一个总统最多就是干两届，到 65 岁或者是 60 岁以后就不能再选了。但是这些人一上来，都干同样一件事，就是修改有关总统任期的这个条款，上来以后第一届的时候没事，干第二届的时候改这个条款，把总统任职的年龄往后推，把任期延长。最后搞得自己成了一个终身制的总统。

终身制的总统你总有老了干不动的时候，比如像穆巴拉克，这老总统干到80 多岁，他确实是干不动了，干不动了怎么办呢？他也不想再选了，他就培养他的儿子，让他的儿子接他的班。埃及动乱以后，埃及有学者曾经到我们这里来座谈，我们问你们为什么一定要推翻这个穆巴拉克总统呢？他不是政局很稳定，经济上有一定的起色，为什么一定要推翻他呢？这个埃及的学者跟我们讲，我们就是因为他非要让他儿子当总统接他的班，如果要不是如此的话，我们本来可以不推翻他的，他本来是我们的民族英雄，大家知道穆巴拉克原来是埃及的空军司令，那是在和以色列的战争中战功卓著的民族英雄，最后落到这么悲惨的下场。据埃及的学者讲，很重要的一条就是因为他要搞家族统治，而他的儿子在埃及人看来没什么本事。

7. 最后一个治理方面的问题就是紧急状态法的滥用。每个国家都有紧急状态法，该用的时候得用，但是这个紧急状态法不能无限制地使用，不能把它变成一种镇压反对派，镇压意见人的一种屡试不爽的手段。而在这些阿拉伯国家，滥用紧急状态法的情况是非常的普遍。一个典型的例子，是现在的叙利亚，叙利亚是什么时候开始启动紧急状态法的呢？1963 年。它从 1963 年到现在，一直在实行紧急状态法，在这种紧急状态法下，国家所有其他的法律实际上失去效力，这个国家是处在一个军管的状态，任何人如果有任何反对政府的表示，那就按紧急状态法处理，就抓起来了，埃及也是。埃及是什么时候实行紧急状态法？大家可能记得 1981 年的时候，当时的埃及总统萨达特在阅兵的时候，被受阅的那个士兵打死了，从那个时候埃及就开始实行紧急状态法，一直实行到穆巴拉克下台。就是说穆巴拉克从接替了萨达特当国家总统以后，一直就是依靠这个紧急状态法来进行统治，任何人反对他的统治，他就以紧急状态法进行镇压。所以政治上、社会上的一些矛盾，在紧急状态法的压制下没有疏散的渠道，最后终于爆发了。

我们梳理了一下这些国家之所以发生动乱，从政治治理方面来看大概有这七个方面的原因，有四种人的问题没有处理好——教派、部落、中产阶级和青年人。我们在动乱里面看到，恰恰是这四种人冲在了动乱的最前面，就是在广场上示威的那些冲在前面的人，不外乎就是这四种人。

内因决定这场动乱发生的必然性，就是由于那些内部原因的存在，这场动乱或迟或早肯定要发生，同时这场动乱也有外部原因，外部原因在很大程度上决定了这场动乱爆发的时机，并且在一定程度上决定了这场动乱的结果。比如卡扎菲被打死，这是外部原因决定的，而不是内因决定的。

外部的原因主要有这样几个原因：

1. 国际食品价格上涨的原因，阿拉伯国家在食品方面，特别是粮食方面是严重依赖进口的，阿拉伯国家主食是面粉，但是这些吃面粉的民族恰恰是小麦严重依赖进口，你拿突尼斯这样一个国家来说，它81%的小麦是进口，它自己有没有条件生产呢？它有条件生产，但是它不生产，它满足于依赖进口。埃及也是一样，一个8 000万人口的大国，一半以上的面粉依靠进口，即51%是依靠进口。所以2007年以后，国际食品价格上涨，特别是小麦、玉米这些粮食价格上涨的幅度是最高的，对阿拉伯国家的食品价格造成了极大的冲击，我刚才讲了埃及人的收入，你想在那种收入条件下，这个食品价格翻上几番，它怎么承受的了。

2. 国际金融危机的冲击。这个国际金融危机的冲击在两个方面严重影响了这些阿拉伯国家居民的利益，主要是通过就业这个渠道来影响的。一方面是对于阿拉伯国家国内就业产生了严重的影响，这个主要是由于国际金融危机以后这些国家都出现了大量的资金外逃，或者资金链的断裂。因为它的出口市场是欧洲国家，还有美国，因此出口市场萎缩，它的出口产业受到严重的影响，由于这样一些原因，它国内吸收就业的能力本来又不高，由于国际金融危机进一步降低了。

另一方面是一个有阿拉伯特色的事情，就是阿拉伯国家的劳动密集型产业发展不足，它这么多人口要就业怎么办呢？他们都采取一种劳动力输出的办法来解决一部分就业问题，主要是向两个方向输出，一个是向欧洲输出，特别是这些法国的老殖民地，阿尔及利亚、突尼斯、摩洛哥，它们有几百万，三百万以上的劳工输出到法国的市场，当然也到意大利、西班牙这些周边国家。另外一个劳动力输出方向是海湾，这些阿拉伯石油输出国，因为那些国家石油收入有的是，但是人口稀少，大规模的经济建设需要外来的劳动力。阿拉伯国家非产油国向产油国输出的劳动力不少于五百万人。国际金融危机爆发了以后，恰恰是对这两个劳动力市场造成了极大的冲击，一个是欧洲的劳动力市场，这个不仅仅是国际金融危机，还有欧债危机进一步冲击这个市场，使这个市场上的就业机会减少。在海湾地区，原来主要的产业是建筑业，金融危机爆发以后，海湾地区的建筑业几乎陷入崩溃，特别是像阿联酋这样主要的建筑业市场。那么大量的工厂资金链都断了，直接的后果就是不需要那么多人了，这些海外劳动力找不着工作怎么办？回流。回流到国内，进一步加大国内就业的压力。所以说国际金融危机对于这些阿拉伯国家的冲击是非常明显的。

3. 我们说外部原因的时候，还应该特别强调西方的干涉问题。西方国家在这场阿拉伯动乱里面进行了很多的干预，这个大家知道，最典型的就是利比亚。东部的反对派起来以后，本来是乌合之众，开个皮卡，枪也不知道怎么打，一会儿冲到这儿，一会儿冲到那儿。那些西方国家，特别是以法国为首的，不仅派出了教官，而且甚至把航空母舰都派出来，还出动飞机，来帮助利比亚的叛军，推翻卡扎菲的政权。

西方国家对于阿拉伯国家为什么要干涉，这里边我们就经常听到这样两种说法，一种说法是西方国家干涉这些阿拉伯国家，是为了推行他们的价值观，要在这个阿拉伯国家建立民主制度，比如，小布什在攻打伊拉克以后，声称要对阿拉伯国家进行民主改造，他认为不民主的制度最终会培养出民主国家的敌人，而民主制度的建立，如果我们政治制度是一样的，那么中东国家就会成为美国的朋友，这是一种说法。还有一种说法是说美国和西方国家，在中东地区，包括阿拉伯国家进行干预，完全是出于他们的利益。价值观只是一种幌子，在利益和价值观发生矛盾的时候，肯定要做出取舍的，他是要取这个利益，要舍弃价值观。哪种说法有道理，我们经过观察，认为到现在为止应该说后一种说法还是站得住脚的，美国等西方国家在这个地区干预不是为了推行所谓的民主价值观，主要是为了他们的利益。

这里边我们从两个例子可以非常明显地看出来。一个是利比亚战争，利比亚战争大家都非常不理解的一个现象是，为什么打卡扎菲的时候法国冲在了前面，美国反而撤到了第二线，这究竟是为了什么？其实这里边主要的问题是卡扎菲首先是影响了法国在这个地区的利益，法国在这个地区是什么利益呢？大家知道利比亚是在北非地区，从欧洲人的视角来看这叫南地中海地区，他们在地中海以北，下边是地中海以南，这个地区在"冷战"的时候是美国和苏联两大集团相互竞争的一个地区，为什么要竞争南地中海地区呢？苏联想在这个地方扩展它的势力范围，为的是所谓包抄欧洲的南翼，美国就是要防止苏联在这个地方形成势力范围，从而使欧洲的南翼受到威胁，美国要避免的是这个，所以两家在这个地方竞争，扶植代理人，提供援助。

"冷战"结束以后，苏联的威胁没有了，欧洲人以法国为首就提出了一个新的安全观，你看现在苏联也没有了，在南地中海这个地区我们应该做点什么呢？法国人就提出来，要对这个地区进行改造，这个地区在"冷战"以后对欧洲最大的威胁是非法移民，因为这个地区如果经济不发达的话，就会有大量的移民，以合法和非法的途径流入到欧洲。不仅给欧洲的社会造成一些不好的影响，而且有可能使恐怖主义跟着这些移民，给欧洲造成不安全。因此法国提出来的思路，在"冷战"之后继续给这些南地中海国家更多的援助，但是要附加条件，就是按照欧洲人开的药方来进行经济政治体制的改革，发展市场经济，搞选举。欧洲人，特别是法国人认为就这么干，那么这个地区经济就能繁荣，繁荣以后移民就会少，欧洲受到威胁就会少。

法国具体实施方式是，提出要和南地中海国家建立自由贸易区，把整个欧洲的欧盟的市场对该地区开放，使其产品可以自由地进入欧盟大市场，用这个条件来诱惑阿拉伯国家，来和欧盟签署一个所谓"新地中海联席协议"。在"新地中海联席协议"里面，一方面把诱人的前景——自由贸易区写在里面，另一方面把要阿拉伯国家做哪些方面的改革全部都开列清楚，按方抓药，如若不照办就不予提供援助。

这个思路确实产生过效果。从 1995 年开始实施，到动乱发生的 2010 年的时候，所有的阿拉伯国家，除了利比亚以外，全部和欧盟签署了"新地中海联席协议"。除了利比亚的卡扎菲，怎么给他做工作也做不通，因为利比亚不需要援助，所以他没有上这个圈套。

另外卡扎菲这个人也是一个很有意思的人，他对这个世界有他自己的看法，包括大规模杀伤性武器他决定不搞了，向美国投降了以后，当时萨科齐专门把他请到巴黎去，做他的工作，结果他去了一趟回来，还是不接受这个方案。因为卡扎菲的世界观里认为现在的这个世界有三种力量。一种叫做资本主义，这是坏的；还有一种叫做马克思主义（社会主义），他把马克思主义和社会主义都混在一起，也是坏的。为什么这两种制度都是坏的呢？因为这两种制度都有一个阶级对其他阶级的压迫。他认为世界上阶级不应该压迫阶级，人不应该压迫人，资本主义当然没有什么说的，资产阶级压迫无产阶级。为什么马克思主义也是坏的呢？因为马克思主义讲无产阶级专政，那你就是无产阶级压迫其他的阶级，压迫资产阶级，这也不对。

第三种力量是什么力量呢？就是民众国，他的一种憧憬。他认为解决这个问题最终的出路是要建立民众国，就是在一个国家里面，领袖和平民都是平等的，阶级没有高低之分，人没有贵贱之分，当然这是一个高度理想化的东西。

原来卡扎菲在利比亚是当总理的，为此他总理也不当了，也不让别人当，这个部长也都不让当了，所有的部长都叫秘书，你跟他打交道，他哪方面秘书都有，实际上那个秘书都是部长，他自己不叫总理了，叫领导人。你说他是什么职务，他就是领导人，他不是什么职务，他搞了一个表面上的平等，当然实际上他内部的阶级之间的斗争，包括我刚才讲的部落之间的斗争是完全不可避免的。但是卡扎菲这个人在这方面是认真的。

他认为，无论是马克思主义的国家，这就包括我们中国在内，还是西方这些资本主义国家，都是应该消亡的国家，而只有利比亚这样的民众国才是世界上有希望的国家。那他依靠的力量是什么呢？不可能一下子把西方国家改造成民众国，更不可能把中国改造成民众国。可以依靠的力量只有两种，一种是非洲国家，另一种是阿拉伯国家，这是他的这种想象。因此他绝不允许，他最不能容忍的就是马克思主义国家和资本主义国家来扩展他们在非洲和阿拉伯国家的势力，"新地中海联席协议"在卡扎菲的眼里，就是西方国家试图染指有可能成为民众国的阿拉伯世界和非洲国家，因此是绝对不能被接受的。

所以你看他从这个思想根源上，是不能接受这个东西，你怎么做他的工作都没有用，他又不缺你的援助。所以法国对他是非常的失望，萨科齐是欲除之而后快，他只要在台上，整个南地中海的安全体系连不起来，他不仅自己这样，他还去做所有国家的工作，这是其阴谋所在。

我们中国发展和非洲国家的关系。卡扎菲也是很看不下去的，在他的世界观里，一个马克思主义国家（他叫马克思主义，我们都不这么讲，这是他的阶级观）去染指非洲，把非洲变成一个像你那样的国家，这是他绝对不能接受的。

所以我们在 2006 年中国召开中非合作论坛峰会的时候，47 个已经建交的非洲国家，国家元首或者政府首脑来参加会议，五个和中国没有建交的，就是和中国台湾还有邦交关系的那些国家悄悄地派了代表来参加这个峰会，只有一个国家怎么也不愿意派代表来，就是利比亚。他不仅自己不愿意来，还去做非洲国家的工作。最后他派了一个部长级的代表来了，这是一个跟咱们有正式外交关系的国家。所以说我们外交部的司长在利比亚战争爆发以后说，卡扎菲并不是中国人的朋友，这是有道理的，是有深刻的个人的思想根源的。

所以说法国为什么在利比亚战争中冲在前面，就是因为他早就蓄谋已久要拔掉这个钉子，从而使其南地中海战略能够顺利推展，这是利益问题。

同样明显的例子是巴林，刚才我们讲巴林，这个国家 60% 的人是什叶派，40% 的人是逊尼派，但是权力掌握在逊尼派的手里，大酋长埃米尔就是逊尼派。这个大酋长为了防止什叶派来威胁他的政权，在工作上面，尤其是一些重要的工作，政府管理、军队、警察都不让什叶派的人参与，什叶派很是愤愤不平。

因此这回一看其他国家暴动了，他们也上街去游行，要求埃米尔实行君主立宪制，要赋予什叶派政治权力。结果这位大酋长，完全采取镇压的办法。不仅自己镇压，而且还伙同一些同病相怜的国家——沙特阿拉伯、阿联酋，请他们派出军队和警察，来镇压示威的民众。

但这样的事情，在美国和欧洲国家的眼里是非常值得欢迎的，这跟他们在利比亚那个问题上的表现完全不一样。为什么他们支持这个镇压呢？原因很简单，巴林是美国第五舰队的总部，美国在这个国家的安全需要有埃米尔这个大酋长的配合。大酋长长期以来跟美国就是盟友的关系，为美军的第五舰队提供驻扎在这里的一切便利。而上街的那些什叶派尽管是老百姓里的多数，但他们的背后是伊朗人支持的，是伊朗人给他们提供的通讯器材、资金。所以说美国和欧洲国家在这个问题上非常明确，我支持你政府镇压示威群众。在这里面我们看不到什么价值观的问题，只有利益。

二、关于动乱的性质

关于这场动乱的性质，大家争论了很长时间。在 2011 年的时候，有的人说是一场伊斯兰革命，有的人说是一场民主革命，还有的人说是一场继承危机，还有人说反正是一个好事，是"阿拉伯之春"。这个事情我个人觉得，它是一个"三无革命"。

我们说它是一场革命，是因为它有这样的规模，有这样的声势，它推翻了一些现有的政权。从这个意义上讲，我们说它是一场带引号的"革命"，但是它又不是一个真正的革命，因为这场动乱跟我们观念中的革命有很大的差距。

首先这一场动乱，它没有一个领导阶级。我们说任何一个国家、一个革命都是有领导阶级的。这些国家和这场动乱没有主导阶级，伊斯兰政治力量最后当选，当了总统，当了议长，并不意味着他们是领导阶级。相反在这场运动高潮的时候，他们都是韬光养晦，他们都把自己藏得很好。所以倒不如说，他们是摘得了这场动乱的果实，这场革命不是他们推动的。

第二是一个没有纲领的革命。到现在为止，我们也没有看到那些在广场上聚集的群众，那些高呼穆巴拉克下台、本·阿里下台、萨利赫下台、巴沙尔下台的反对派或者示威群众提出了什么样的革命纲领，换句话说他们要推翻谁是清楚的，即不要这个总统，但是要建立一个什么样的新制度，他们是模糊的，没有一个组织正式提出来，所以这是一场没有组织的革命。

所以在这种情况下，我们认为把这场动乱界定为一场革命，恐怕它缺乏很多基本的要件。但是这场动乱确实有反对个人专制的意图在里面，他们要推翻的都是一些个人专制的政权，从这个意义上存在一种争取民主的性质和诉求，有这样一种诉求，那就算不上革命。

那是不是能够把它界定为反对个人专制的群众运动，它可能是某种民主革命的前奏，也可能不是。但是至少它是一场反对个人专制的群众运动，这点我想大家还是可以接受的。

三、这场动乱对世界格局的影响

动乱对这个地区，对于世界的格局，成为现在大家越来越关心的问题了。但是就我们目力所及的范围来看，大概有这几点应该是清楚的。

从地区的格局来看，阿拉伯世界正在分裂。阿拉伯国家之所以有人把它叫阿拉伯世界，是因为这个阿拉伯国家有一个与其他国家不同的特点，这个特点就是这是世界唯一一个多国家民族。因为他们都信仰伊斯兰教，都讲阿拉伯语，都生活在西亚北非一个相对比较集中的地区，尽管在经济上他们还是相互隔绝的，联系不是很密切，但是确实具备一个民族的要件。

因此在历史上，阿拉伯民族主义或者我们叫泛阿拉伯民族主义，就是所有的阿拉伯国家团结出来的一种泛阿拉伯民族主义，曾经被多次利用作为动员阿拉伯人民反对外部侵略和奴役的一个工具。特别是在反对欧洲殖民化的时代，确实发挥了很大的作用。所以当这些国家独立了以后，特别是第二次世界大战以后，就有一批阿拉伯国家的领袖提出，阿拉伯民族应该进一步团结起来，建立实现阿拉伯的统一的国家。因为在历史上他们说我们曾经有过阿拉伯帝国的辉煌，那个时候的阿拉伯国家，阿拉伯帝国是直接的一个主宰者，是没人敢欺负、敢惹的。今天我们分裂了，所以我们遇到各种各样的困难，我们应该重新团结起来。

但是事情好像没有朝着这些人的良好愿望的方向发展，阿拉伯国家实际上是在不断地加深国与国之间的分裂。每当中东地区发生一项重大事件的时候，比如海湾战争、伊拉克战争、利比亚战争，现在的叙利亚战争，都会引起阿拉伯世界进一步分裂。大家在这个问题上的看法不一样，甚至到这次叙利亚战争和利比亚战争，那是阿拉伯国家派兵去打阿拉伯国家，阿联酋、卡塔尔出兵帮助北约去打利比亚，但是很多国家是不同意的，当时的叙利亚、阿尔巴尼亚这些国家是不同意他们这么做的，但是不同意也没有用，进而不断的分裂。

这一场动乱以后，另外一个现象也标志着阿拉伯统一破灭，所有主张阿拉伯统一的旗手人物全部都退场了。在第二次世界大战以后，一共有四位旗手。一个是埃及的前总统纳赛尔，纳赛尔早在1970年去世。第二个是叙利亚的老总统阿萨德，阿萨德是主张阿拉伯统一的，他是阿拉伯社会复兴党的负责人，主张阿拉伯国家统一的这些人成立了阿拉伯社会复兴党，这是一个全地区的政党，阿萨德早就去世了。第三个是萨达姆·侯赛因，萨达姆·侯赛因也是阿拉伯社会复兴党阿拉伯支部的书记，他让美国人给拿掉了。第四个是卡扎菲，卡扎菲在这次动乱里面被杀死了。所以这四个人走了以后，现在在阿拉伯世界里主张阿拉伯统一的旗手人物全部退场了。所以阿拉伯国家作为一个世界，作为一个统一的政治力量，现在更加分裂了。

第二就是伊斯兰政治力量再次崛起。这一次动乱以后的一个结果，是中东地区阿拉伯世界，很多的伊斯兰政治力量走上了历史舞台，执掌了国家的政治权力。这个变化不可小觑，这是阿拉伯国家自从独立以来的第一次。在这之前还没有哪个阿拉伯国家是由伊斯兰政治力量执掌了国家政权，从来没有，所以这是一个历史性的突破。到目前为止，摩洛哥、突尼斯、埃及都是伊斯兰政治力量的政党来执政。

这里当然有它的必然性。伊斯兰政治力量在这场政治动乱里面实际上并没有抛头露面，甚至埃及的穆斯林兄弟会，它是埃及主要的伊斯兰政治力量，在动乱里面藏在后面，不抛头、不露面。有人把他们的领袖找到说，穆巴拉克下台了，你是不是要去选个总统？我们穆兄会没有这个打算。你是不是要选个议长？我们不去竞选议长。结果真正的选举开始的时候，他站了出来，不仅把议长拿到手，而且把总统拿到手，现在这个穆尔西总统，就是穆兄会重要的领导人。那些参加了游行示威的，西方把它叫做自由派，自由派在广场上闹腾了半天，最后大权旁落，反而是躲在幕后的这些伊斯兰政治力量渔利。

这是为什么呢？这就是阿拉伯国家市民社会的一个特点。市民社会所有跟政府相对立的，不同的这样一些思想、理论、组织、人士都是市民社会，那么在西方国家的市民社会里，它是按照利益集团划分的，有工商界，有公民，有自由职业者，等等。但是在阿拉伯国家，由于它经济发展、社会发展的水平所限，所有的这些利益集团都不发达，力量都非常的弱小，而只有伊斯兰政治组织依托伊斯兰文化，成为这个社会里最有组织力量和动员力量的一支政治力量。所以只要是大选，最后能够把多数民众动员起来的肯定只有伊斯兰政治力量，这也是美国在伊拉克这个地方吃亏的原因所在，所以它有必然性。

第三个特点就是说中东地区进入一个更加动荡的时期，这也是现在学者们的一个基本判断，包括我们的外交官，现在也都认同这个判断。为什么说中东动乱了以后要进入一个更加动乱的时期？有这么几个理由。

1. 动乱没有解决这个地区原有的冲突。中东地区很动乱，有很多冲突，这些冲突包括巴勒斯坦和以色列之间的冲突，美国打击阿富汗，推翻塔利班以后，实现不了国家的安全。伊拉克在美国推翻萨达姆以后，到现在这个国家安全局势还很严峻，库尔德人、伊斯兰教、什叶派、逊尼派永远说不到一块去，这些是原有的冲突。而这场动乱对于解决这些原有的冲突一点帮助都没有。

2. 国内开始政局动荡。以前这些阿拉伯国家，国家间有冲突，但是由于强力控制，所以国内是比较稳定的。像萨达姆·侯赛因、穆巴拉克、本·阿里、萨利赫这样一些人，都是手里面掌握着军权，手拿紧急状态法，靠镇压维持稳定。

这场动乱以后，现在实行的是多党选举。埃及一下子冒出40多个政党来，五花八门，相互竞争。因此政治力量多元化，相互之间的政治主张差异很大，这里有伊斯兰教是主力的，有温和伊斯兰的，有要搞社会主义的，要保皇党的，诉求完全不一样；在经济上有的是要搞计划经济，有的是要搞市场经济；在宗教主张方面有的是主张妇女能工作的，有的主张妇女不能工作，还有说是妇女能工作，但是不能管男人的，各种各样的主张五花八门。这些政党相互竞争，花落谁家现在看不出来，国内处于一个政治动荡期。

因此就形成了一个原有的外部的冲突没有解决，国内又开始政局动荡的局面，所以这个地区更加动乱。这里边特别值得一提的是，现在伊斯兰教这些政治力量走上政治舞台了，他们能不能有效地消除引起动乱的那些根源性的问题，比如就业问题、通货膨胀问题、贫富差距问题、经济发展问题呢？如果能解决好，就可以长期执政下去，但是如果解决不好，就有可能使动乱重新发生。这一点恰恰是我们现在比较担心的。为什么比较担心呢？因为伊斯兰政治力量有两点。

第一，它从来没有过执政的经验，是这些国家独立以来第一次伊斯兰政治力量走上政治舞台，以前主要做慈善事业、宗教活动，对于治国理政根本没有经验。所以埃及穆尔西是选上总统了，但是他不知道怎么治理这个国家，他要任命一个内阁来具体治理这个国家，本来他可以任命很多的伊斯兰穆兄会的人进入内阁，因为他已经当选总统了，但是在他组织的这个内阁里面，34位部长其中只有4个人是穆兄会的成员。这4个人又是分管文化体育、宗教事务的，其他的部长全部是其他政党的人或者是技术官的人，因为穆斯林兄弟会的自由正义党里面根本就没有这样的人才。

第二，伊斯兰教政治力量和别的政治力量最大的不同，就是它一切要从伊斯兰教教义出发，要从《古兰经》出发。从经济发展的角度来讲，这本经典应该说可以提供的东西很少，它这部经典涉及经济问题的那些内容，主要是涉及经济伦理和收入分配问题，但是怎么发展生产，这是完全和游牧经济不相干的事情。依托这样一部根本大法，这些穆斯林伊斯兰政治力量怎样能够探索一条经济发展的路子，这是我们需要观察的。如果这方面做得不好，那么这个政权就不容易巩固。

3. 这场动乱它的边界在哪里？是不是还会发生第二波？2011 年叫第一波冲击，会不会发生第二波？原来我们以为到了 2012 年这个动乱的边界基本已经清楚，叙利亚这个事解决了，好像也不会再蔓延了。但是它不光在阿拉伯世界里蔓延，还跨过撒哈拉大沙漠往南边蔓延。在阿拉伯内部现在最明显的是黎巴嫩的问题，现在叙利亚乱了以后，直接影响到它的邻国黎巴嫩。

在撒哈拉以南的非洲，大家不一定关注，就是最近马里的政变，马里政变把总统推翻了。发动政变的这些人叫做图阿雷格人，是个游牧部落，非常彪悍，撒哈拉沙漠里面骑着骆驼打仗的部落。那么这个图阿雷格人为什么把马里总统推翻了呢？因为他们阿拉伯世界的情况发生变化，马里不是阿拉伯国家，图阿雷格人本来是游牧人，由于英勇善战，很多图阿雷格人被卡扎菲给雇去当雇佣军了，做保镖了。卡扎菲被推翻了以后，图阿雷格人在利比亚没事干，又回到了马里。这些人在历史上就是马里的分裂主义者，不愿意接受马里中央政权的统治，一回来分裂主义的倾向重新冒出来，发动了军事政变。所以以这种方式往撒哈拉传导，究竟这个边界在哪里，现在还不清楚，也有可能再进一步蔓延。

另外就是这场动乱会不会在阿拉伯国家发生第二波，从而蔓延到现在相对比较稳定的海湾国家，就是沙特阿拉伯、科威特、阿联酋这些国家。上文提到，这个运动本身是带有民主性质的运动，目标主要是个人专制的政权。在这个地区其实个人专制最强的政权就是海湾地区这些绝对君主制的国家。但恰恰这场运动到现在为止，这些国家没有被触动，原因在于一是有钱，一旦有人请愿，各国的王室采取同样的政策发钱，一个月给你三千、五千美元，这些闹事的人马上回家了。

现在大家知道国际油价进入高价期了，这些国家收入很不错，所以他现在可以暂时平息事态。另外美国支持这些国家的政权，暂时乱不了，但是这些国家现在有些问题也是非常令人担忧的，会不会有朝一日引发动乱，现在我们不好说。

4. 第四个影响就是美国遭遇"阿拉伯之冬"以及多极化趋势的发展，这也是这场动乱一个比较明显的影响。美国在中东地区长期以来，都是一超独霸，中东事务都是它说了算。特别是"冷战"以后，苏联退出这个地区，美国在中东奠定了霸主地位。但是我们看到从 2003 年开始，也就是从伊拉克战争开始，美国在这个地区的影响力不断地下降，具体的表现就是在所有的问题上，美国所宣示的那些计划和主张都没有实现，这里包括阿富汗战争，本来希望军事解决，现在不但军事解决不了，谈判也没有结果，只能宣布 2014 年一走了之。

在伊拉克问题上，原来要和伊拉克订立一个战略的同盟关系，维持美国在伊拉克的驻军。但伊拉克新政府不同意，尽管是被美国扶持上台的，但是新政府的民族主义很强，态度坚决，美国只好灰溜溜撤出伊拉克。在巴基斯坦问题上，奥巴马上台信誓旦旦地宣称两年解决，到现在连个影都没有，根本就解决不了。美国在这个地区的掌控能力实际上是在急剧地下降，在这场动乱里面美国又失去一些重要的盟友，像埃及的穆巴拉克，突尼斯的本·阿里，这些人都是长期跟美国人合作，特别是帮助美国在非洲地区进行反恐的一些可以依靠的力量。现在全部下台了，这也是美国不愿意看到的，但是也没有办法。同时新上台这些政权又都是伊斯兰政权，跟美国的意识形态对立。有些国家的政权上台以后，明显地偏离了美国的控制，特别是埃及。

四、动乱对中国的影响

第一，中东地区是我们调整大国关系的舞台，在这个地方我们所需要处理的绝不仅仅是和阿拉伯国家的关系，相反地我们更需要处理的是和美国的关系。

曾经我们国家有好几次遇到重大困难的时候，都是因为中东地区事件的发生，为我们创造了改变境遇的机会。1989 年"六四"的时候中国受到制裁，萨达姆去打科威特，我们中国为美国出兵科威特开了绿灯，我们投的是弃权票，这个对后来中美关系的改善起了很重要的作用。2001 年小布什刚上台，扬言中国是美国的战略竞争对手，美国要实现战略重心东移，他开始把美国的舰队向中国的太平洋地区集中，同时给台湾地区出售武器，数额达到了有史以来最高的水平，但是就在这个时候"9·11"事件爆发了，美国被迫把他的战略重点转向反恐，而在反恐方面又需要得到中国的支持。所以在 2001 年的时候，小布什刚说完中国是美国战略竞争对手，鲍威尔马上说中美关系进入到有史以来最好时期，就是因为"9·11"事件。2010 年美国已经下了决心要战略重心东移，当时已经开始在我们的黄海、南海、东海搞军演了。就在这个时候，阿拉伯动乱爆发了，美国在这个地区受到很大的影响，对它战略重心东移有一定的牵制作用。从这个意义上讲，中东有点动乱，这对我们并不是坏事。

但是中东动乱有一个底线，对我们中国来说就是不能影响我们的石油供应安全。因为中东是我们国家主要的石油供应来源，如果说动乱大了，比如，伊朗封了霍尔木兹海峡，全世界 35％ 的石油出口都中断了，首先受害的是我们中国和东亚国家，这就是国际石油供应板块化的问题。对美国的影响不大，页岩气发现以后，能源方面自给性更好。所以我们既要在这个地方处理和美国的关系，牵制他，又要维护我们的能源供应安全。

第二就是我们在中东地区还是要捍卫我们国家的制度利益，也就是现有的国际法准则和联合国宪章原则，特别是不干涉内政原则。美国和欧洲最近在中东搞强行政治，根据他们自己的利益去推翻变更那些对他们不友好的政府，这种做法是严重违反国际法的，我们中国不能支持。

第三我们要认真维护中国与阿拉伯国家的关系基础，尽管它的政权变更了，但是我们还要不断地夯实双方的关系基础。在能源领域里，在经贸合作的领域里，我们还是要多做工作，包括在战后重建这方面我们要多给予援助。因为阿拉伯国家它是我们国家离不开的对外关系的基础，我们国家经常说第三世界是基础，发展中国家是基础，基础不牢地动山摇。在任何国际组织里，在重大问题的决策上没有他们的支持，中国会很被动的。所以说我们一定要维护好和阿拉伯国家关系的基础。

提问 1：现在的阿拉伯国家与中国的亲疏关系。

第二个就是阿拉伯冲突特别多，从电视里面看经常是这样的，巴尔干半岛被喻为火药桶。再一个南非在曼德拉之前，南非白人和黑人种族也是水火不相容，为什么他们还办世界杯，应该白人和黑人和谐相处。

从这个角度来说，阿拉伯的冲突，南非解决白人和黑人的冲突，包括巴尔干的冲突，它们之间大的方向还是有差异，能够看到这种冲突有没有缓和的可能性？我想请教这两个问题。

杨光：关于阿拉伯国家和中国的关系，如果用一句话概括，应该说中国和阿拉伯国家现在是全方位的友好关系，就是在亲疏远近这一方面表现得不太明显，至少在动乱以前，除了和卡扎菲的关系比较独特以外，和其他国家的关系基本上都是友好的。

在动乱以后，有了一点新的变化。我们在经济上和阿拉伯国家仍然是一种相互依赖的战略合作关系，谁也离不开谁。我们主要从海湾国家进口他们的石油，而对他们来说，石油也必然要卖给中国这个巨大的市场，这是所谓的战略性依赖。由于现在国际石油市场有剩余生产能力，而且出现了板块化的趋势，板块化趋势就是美国是主要的石油消费国，他把他的进口来源都收缩到美洲，欧洲把进口来源收缩到北非、中亚和欧洲地区。这种收缩的实质都是远离中东，远离阿拉伯国家，所以他们对阿拉伯石油的需求是在明显减少。

相反，中国和阿拉伯国家能源的联系反而加强了，因为我们最方便还是从这个地方进口。我们在短期内也摆脱不了对他的依赖。那么他的油不卖给我们，美国和欧洲也不那么需要它，我们之间就有一种战略性的相互依赖，所以跟他们的关系基础是没有问题的。

和其他的这些阿拉伯国家，非主要石油输出国，在经济层面上我们国家的资金、商品和发展经验是他们所重视的。因为这些国家不靠开采石油，是经济比较多样化的国家，重视中国的投资，所以经济层面都没有问题。

从政治层面上来讲，现在新上台的这些伊斯兰政治力量执政的国家，我们跟他们的关系，跟以前的执政者在位的时候不完全一样，但是关系还是好的。像穆巴拉克执政的时候，中国和埃及是一种战略伙伴关系。我们叫战略伙伴关系，是在政治上我们相互支持，在双方的重大关切的问题上，比如，巴斯达政权我们坚决站在阿尔这一边，在我们台湾问题上他坚决支持我们，是这样一种关系。

伊斯兰这些政权上台以后，他们所主张的是要采取更加平衡的关系，他们认为前政权过于亲美了，过于亲西方了，穆巴拉克几乎成了美国的一个傀儡，所以要跟美国拉开一些距离，和那些美国以外的，特别是东方国家关系要更加紧密一些，他们是从这个角度出发来考虑对外关系的。

因此，他们对于发展和中国的关系也是非常重视。只是像利比亚、叙利亚这样的国家，因为内战的时候我们并没有明确地站在反对派一边，所以现在上台的这些反对派认为中国当时没有支持他们，所以对中国有一点看法。但是这些问题以后我们都有修补的机会。

简单地说，修补的机会就是因为两点。第一，没有一个国家、一种政治力量在执政以后还愿意被别人干涉内政，中国是坚决主张不干涉内政的。第二，这些国家战后都需要重建，在战后重建的问题上中国人能做的事，美国人做不到。比如大型基础设施建筑工程承包，我们中国现在有非常明显的优势，我们从承包设备的供应一直到劳动力，全套的工作我们都能做。这个美国人、西方人做不到。

前一阵子苏丹分裂的时候我们当时就有担心，说南苏咱以前没有支持过，它现在成为一个独立的国家，会不会一下子就倒在西方的怀里，就跟中国的关系搞不好了。结果我们就派了研究人员去了，到那儿去了解情况，结果人家说他们心里很清楚，独立靠美国，发展靠中国。中国人能做的事，美国人做不了，他知道独立的时候不得不依靠西方。但真独立了，这个地方连条马路都没有，又修油管子，又修马路，修各种各样的基础设施，这个是中国人的强项，所以我们有机会修复和他们的关系。

提问2：巴尔干冲突有没有缓和的可能性？

杨光：巴尔干这个民族问题是通过国家分裂来解决的，即巴尔干成立，是通过民族自决权这种方式来解决的。南非的种族隔离制度是通过多种族的大选来解除的，以前黑人是受压迫的，1994年实行多种族大选以后，黑人上台了，白人现在失去了原来执政的地位。

　　但是这些情况跟阿拉伯国家都不太一样，因为阿拉伯国家不管他有多少部落，不管他在宗教上是不是有分歧，他都是一个民族的人，他都讲阿拉伯语，他都信仰伊斯兰教，他都居住在同一个地区。所以这个内部的民族问题，就是阿拉伯国家内部的民族问题不会是太突出的问题。

NAFMII 论坛第 95 期

中东欧经济转轨及其启示

中国社会科学院欧洲研究所　孔田平

2012 年 11 月

孔田平：1996 年毕业于中国社会科学院研究生院，获法学博士学位。1997 年 12 月至 1998 年 12 月在美国哥伦比亚大学中东欧研究所做访问学者，从事转轨经济比较研究。2001 年 9 月至 2002 年 8 月在华沙经济学院金融与管理学院做访问学者，从事转轨问题研究。时任中国社会科学院欧洲研究所研究员、中东欧研究室主任。

我在过去的 20 多年一直关注中东欧的经济转轨，应当说，自 1990 年起，中东欧转轨已经持续了 20 余载，在这 20 余载，中东欧的经济体制已经发生了深刻的变革。

在 1990 年之前，中东欧这个概念是不存在的，1990 年之前只有东欧的概念。所谓的东欧实际上是"冷战"时期一个地缘政治的概念。当时多数的东欧国家是属于苏联集团，是华沙条约组织和经互会的成员国。1989 年东欧剧变最终导致了中东欧的全面政治经济的转轨以及地缘政治的调整。目前看，中东欧这个概念已经越来越被大家所接受，但是对于中东欧究竟包括哪些国家，应当说在国际上，包括国内的一些银行莫衷一是，这些专业人士并不知道中东欧有多少个国家。

我们国家最近两年和中东欧的关系日渐升温。今年温家宝总理访问华沙期间，举办了第二届中国和中东欧国家经贸论坛。在这一次论坛上，温家宝提出了 12 点倡议被称为华沙倡议，首次提出要在中国外交部设立中国和中东欧国家合作秘书处，9 月这个秘书处已经正式挂牌了，而且由外交部的副部长来领衔担任秘书处的秘书长。应当说，对中东欧地区的外交已嵌入了中国的对欧战略之中。中东欧既不是东欧，也不是西欧，是"冷战"后原东欧国家获得的新属性。

在 1990 年之前，这个地区的国家有八国，阿尔巴尼亚、罗马尼亚、保加利亚、南斯拉夫、波兰、匈牙利、捷克斯洛伐克和民主德国。目前中东欧有 16 个国家。斯洛文尼亚、克罗地亚、马其顿、波黑、塞尔维亚、黑山，这些都是南斯拉夫的继承国。科索沃实际上也是一个已经获得 92 个国家承认的国家，但是目前联合国的一些安理会常任理事国——中国、俄罗斯没有承认，欧盟内部有 5 个国家没有承认，塞尔维亚说永远不会承认，目前科索沃这个地方的僵局还在持续。捷克与斯洛伐克原来也是一个国家即捷克斯洛伐克，1993 年捷克与斯洛伐克和平分家。其他的国家有阿尔巴尼亚、罗马尼亚、保加利亚、波兰、匈牙利，这些国家是没有变化的。再加上波罗的海三国，波罗的海三国大家知道，在苏联时期是苏联三个加盟共和国，脱离苏联之后成立独立国家，目前这三个国家被列为中东欧国家。中东欧国家包括 16 个国家，其面积大约是 134 万平方公里，总人口是 1.23 亿，国内生产总值超过了 1 万亿美元，最大国家为波兰，人口 3 800 万，最小的国家是黑山，人口只有 62 万，和我们中国辽宁省黑山县的人口差不多。

从这个地区的自然资源来看，总的来说不是非常丰富，但是波兰有煤、铜等资源，目前中国五矿和波兰铜业公司进行了很多合作，购买了很多波兰的铜制品。目前页岩气的开发和储量日益引起了美国、欧洲一些投资者的关注，据说波兰是欧洲页岩气资源储藏最为丰富的国家之一。波兰能源一直受依赖俄罗斯的困扰，能源的问题在欧洲也是一个地缘政治的问题。如果说波兰的页岩气能得到全面的商业开发，据说可以解决波兰 300 年的能源供应，可以摆脱对俄罗斯天然气的依赖。阿尔巴尼亚的铬矿也是非常有名的，我们中国的企业也在阿尔巴尼亚有些投资。罗马尼亚石油天然气有一定的资源，但总的来说还是不够的，其他还有一些地热资源，匈牙利、捷克和斯洛伐克均有。此外，中东欧地区的自然环境非常良好，风景优美，是值得观光旅游的地方。去年我们中国到中东欧地区旅游的游客达到 7 万多人。匈牙利的布达佩斯魅力非凡，被称为"多瑙河上的明珠"；捷克的首都布拉格也别有一番风味，被称为"金色布拉格"；波兰的古都克拉克夫也有其风采；波罗的海国家的波罗的海沿岸以及前南斯拉夫的一些继承国的亚得里亚海海岸也是观光胜地。

中东欧地区是一个多文化的地区，受不同宗教的影响，比如，波兰、匈牙利、捷克、斯洛伐克、斯洛文尼亚、克罗地亚、波罗的海三国受天主教或新教的影响比较大；塞尔维亚、保加利亚、罗马尼亚、马其顿和黑山受东正教的影响比较大；其他受伊斯兰教影响比较大的国家有阿尔巴尼亚、波黑、马其顿、科索沃。中东欧国家存在多种语言，比如，波兰语、捷克语、斯洛伐克语、塞尔维亚语、保加利亚语、克罗地亚语、马其顿语、斯洛文尼亚语，都属于斯拉夫语系。匈牙利语和爱沙尼亚语属于芬兰乌戈尔语系。此外，还有波罗的海语和拉丁语。这个地区，总的来看国家的规模都不大，但是这个地区的人民的创造力还是非常值得称道的。这个地区共产生了 52 位诺贝尔奖的获得者，显示了中东欧人民在科学领域的创造力，而且东欧国家的移民在美欧也不乏成功的人士，比如美国的前国家安全助理布热津斯基是来自波兰，原来美国前任国务卿奥尔布莱特来自捷克。

讲到中东欧国家的历史，应当说 1989 年是非常重要的一个历史分界线，1989 年被认为是与 1848 年革命和 1789 年的法国大革命一样，对欧洲历史影响深远的历史事件之一。从波兰 1989 年 6 月 4 日半自由的选举、捷克斯洛伐克的天鹅绒革命、柏林墙的倒塌，一直到 1989 年 12 月罗马尼亚的血腥圣诞，中东欧国家实现了制度的变化。中东欧国家实行了政治体制的转轨，从一党制向多党议会民主制过渡，确立了宪政民主的框架。从此这些国家开始建立法制国家，实现了司法独立，所有的政府官员要接受法律约束。前几天克罗地亚前总理因为贪污腐败，被判处了十年的徒刑。其他的一些政府官员，比如因为一些学术论文剽窃的丑闻不得不辞职。此外，经济体制发生深刻变化，从中央计划经济向市场经济的过渡。另外一个非常重大的变化是地缘政治的变化，1999 年作为第一批中东欧国家的波兰、匈牙利和捷克加入了北约，2004 年 7 月又有保加利亚、罗马尼亚、斯洛伐克、斯洛文尼亚和波罗的海三国加入了北约，2009 年阿尔巴尼亚和克罗地亚也加入了北约。欧盟扩大也是过去 20 年间中东欧国家影响非常深远的一件大事，事实上 1989 年东欧剧变的一个非常重要的口号就是"回归欧洲"。但是当时这些国家的政治精英对于回归欧洲究竟意味着什么，并没有一个非常明晰的认识，以至于这个剧变最初的一两年，一些国家的政要抱怨获得解放的中东欧国家变成了欧洲的孤儿，从 1993 年开始，欧盟开始将向中东欧国家扩大作为其目标，从此中东欧国家走上了回归欧洲的道路。2004 年第一批扩大，有八个中东欧国家加入欧盟，2007 年有两个中东欧国家即罗马尼亚和保加利亚入盟。

东欧的国家差异性很大，有一些国家已经加入了欧元区，比如斯洛文尼亚、斯洛伐克、爱沙尼亚、捷克、匈牙利、波兰、阿尔巴尼亚已经加入经济合作与发展组织，这个在历史上被称为发达国家的俱乐部。还有一些中东欧国家也在申请加入。从这些国家在欧洲政治上发挥的作用来看，已经有四个国家，斯洛文尼亚、捷克、匈牙利和波兰担任过欧盟的轮值主席国，2013 年立陶宛也要担任欧盟的轮值主席国。

一、概念的界定和转轨的缘起

实际上在过去的 20 年关于中东欧经济转轨问题的讨论中，在概念的表述方面，有些人喜欢用转型，有些人喜欢用转轨。从概念上来说，我个人认为两者还是存在一些差异的。在社会主义时期东欧的经济改革历程中，当时并没有转轨这一概念，实际上在社会主义经济改革的讨论中更多用的是 economic reform。在 20 世纪 80 年代东欧经济改革的讨论之中，曾经有过"改革经济体制还是完善经济体制"这种争论。那么所谓改革，一些经济学家认为意味着是经济体制的一种实质性的变化，而完善经济体制则是对经济体制进行各个方面主要要素的修补。从改革历史来看，在社会主义时期真正进行过经济改革的国家事实上只有三个。第一个国家是南斯拉夫，南斯拉夫所谓的自治社会主义，也被称为市场社会主义。第二个国家就是匈牙利，1968 年 1 月 1 日实行新经济体制。第三个国家就是波兰，1982 年它实行的这种经济体制，实际上被认为是 1968 年匈牙利改革模式的翻版。

　　20 世纪 80 年代在我们国家刚开始进行经济改革这个阶段，中国的决策者和经济学家对东欧经济改革的经验是非常关注的。那时候我们国内出版了很多东欧经济学家的著作，比如雅诺什·科尔奈的《短缺经济学》，以及其他一些经济学家，比如波兰的布鲁斯，捷克斯洛伐克的奥塔·希克的著作。这些东欧经济学家的思想对我们国家在构建市场取向的经济体制发挥了非常重要的作用，而且我们许多的决策者，包括决策部门的经济学家，也直接将东欧经济改革的经验引入了中国经济改革的讨论之中。

　　从 1990 年开始，就有了一个新的概念，叫转轨经济，有时候叫 transition economy 或 economy of transition。我个人认为，改革、转轨和转型的概念还是有差异的。我们首先看一下这些基本的概念。改革就是 reform，它的含义包括改良、改善、改革。那么从英文的含义来看，它就意味着个人行为或者结构的变化，个人行为的变化或者结构的变化可以视为改革。transition 有过渡、转变、变迁、转轨等译法。如果从英文的解释来看，事实上就是指某个状态或者某个阶段向另一个阶段或者状态的转变，它最后结果可以导向转型。transformation 应当翻译为转型，从语义学来看的话，翻译为转型是比较恰当的。它也有多重含义，变化、转化、转变、转换、改造、转型。从概念上来说转型和转轨有一定的差异，转型是一种比较全面的变化，而转轨的目标应当是非常明确的，转型的目标未必是明确的。比如现在世界的格局还是处在转型之中，究竟它的未来是什么，我们是不清楚的。所谓经济转轨就是指经济体制从中央计划经济向市场经济的转轨。过去 20 多年围绕转轨问题也进行了各种各样的讨论。比如，1996 年我参加一次讨论会，碰到了一个法国的学者，当时讨论转轨经济学 economic of transition 的问题，我问过他一个问题，我说你对转轨经济学怎么看？他反问，他说我们需要转轨经济学吗？他说我们现有经济学的知识就可以解释这些转轨经济的现象和问题。当然国际上现在还是有转轨经济学的学术杂志，用经济学的方式来讨论转轨国家的经济问题。从转轨经济来看，应当说包括很多国家，比如中东欧国家或者亚洲的转轨国家，比如中国、越南在某种意义上也可以称为转轨国家，以及前苏联的一些继承国，即属于独立国家联合体的国家。由于经济的全球化，实际上转轨经济也成为新兴市场一个非常重要的组成部分。

　　关于转轨的缘起，实际上在 20 世纪二三十年代哈耶克对中央计划经济提出了批评，认为中央计划经济不太可能实现资源的有效配置。从历史来看，中央计划经济运行不良。我们不得不坦率地承认，在社会主义与资本主义经济的竞争中，传统社会主义陷入失败，因为它是一种低福利的经济，低效率的经济。苏联虽然在勃列日涅夫时期其国力达到了顶峰，可以和美国进行军备竞赛，在全球扩张自己的实力，在亚非拉和美国展开竞争。但是从苏联经济的竞争力来看，它还是一个虚弱的帝国，它在出口工业品方面，从 1973 年的世界第 11 位降至 1985 年的第 15 位，而同期的中国台湾、韩国、中国香港、瑞士后来居上，超过了苏联。戈尔巴乔夫 1985 年上台的时候，苏联经济已经病入膏肓。从那个历史阶段的南北朝鲜，大陆台湾、东西德国以及东欧与西欧的比较来看，中央计划经济的经济体制并不成功。

　　转轨是如何发生的？这也是一个非常有趣的问题。事实上在社会主义时期东欧经济改革的讨论中提出了一个问题，即中央计划经济的不可改革性的问题。如果从东欧国家经济改革的历史来看，它的经济改革在一定程度上也可以取得成效，比如，匈牙利 1968 年的改革，导致了匈牙利部分消除了短缺经济，使得匈牙利被称为东欧消费者的天堂。但是最终的结果，匈牙利的改革也并没有成功。经济的转轨并不具有历史必然性，它是一系列随机事件的产物。比如中国的经济改革，假如没有毛泽东的去世、"四人帮"被粉碎和邓小平的复出，中国的经济改革也不太可能实现。中东欧国家的经济转轨，主要取决于外部因素的一些变化，特别是 1985 年戈尔巴乔夫上台崛起于苏联政坛。他的对外政策发生了改弦更张，到 1989 年东欧剧变之时，苏联默许东欧的变革。1968 年，捷克斯洛伐克共产党第一书记杜布切克试图在捷克斯洛伐克建设最有人道面孔的社会主义，但是最终的结局非常悲惨，苏联主导的华沙条约组织出动坦克，将"布拉格之春"的改革运动镇压下去。如果没有苏联出现戈尔巴乔夫这样的人物，我想中东欧国家的经济转轨实际上也是不太可能的。俄罗斯的经济转轨是在苏联解体后，特别是叶利钦崛起于政坛之后发生的。

二、中东欧的转轨是不是已经结束了

　　首先从中东欧经济转轨的历史来看，它是从 1990 年开始的。我个人认为到 1995 年左右，应当说绝大多数的中东欧国家已经建立了市场经济的基本框架。1996 年世界银行发表了一份报告《从计划到市场》，试图对中东欧国家经济转轨的经验进行初步的总结。在经济转轨的过程之中，多数中东欧国家都经历了匈牙利经济学家雅诺什·科尔内所称的转轨性衰退，有些国家持续了两年，有些国家可能持续了 4 ~ 5 年，国内生产总值大幅度地下降。在经历了转轨性的衰退之后，多数中东欧国家走上了经济增长之路。波兰是一个值得关注的典型，是中东欧经济转轨最成功的一个样板。波兰 1990 年实行休克疗法，放开了 90% 的商品和劳务的价格，实行外贸的开放，经济的自由化，实行国有企业的私有化，它的国内生产总值下降两年，然后经济开始增长。后来波兰保持了经济的持续增长，即使在 2009 年全球经济一片萧条的背景下，当时所有的欧盟国家都陷入了衰退，只有波兰保持了 1.8% 的经济增长。而其他的那些中东欧国家，应该说在 2008 年之前的经济增长记录给人印象非常深刻。从统计数据看，一些中东欧国家的经济增长率达到 8% 甚至 10%。这些国家的经济增长应当说没有水分，其经济增长记录值得称道。

到目前为止经济转轨已经 20 多年，经济转轨是不是已经完成。这就涉及一个标准之争。实际上，在 20 世纪 90 年代中期，一些中东欧国家的经济学家围绕中东欧经济转轨是不是已经结束进行过一些讨论。有些经济学家认为，只要成为了欧盟成员国，应当说这个经济转轨就完成了。我们从欧盟哥本哈根标准来看确实有一个规定，要建立可运行的市场经济体制，能够应付欧盟内部的竞争压力。如果说以欧盟成员国地位来衡量，已经加入欧盟的 10 个中东欧国家已经完成了转轨。如果你的标准是发达的市场经济，那么从目前来看，这些中东欧国家的经济体制应当说还是和西欧发达的市场经济国家有相当的差距。但是如果从市场经济体制的一些基本要素来评判的话，就是产权私有化、决策分散化、资源配置市场化以及适应市场经济的制度框架，那么从这几个方面来看的话，应当说绝大多数中东欧国家基本的任务已经完成。

从产权制度变革来看，中东欧国家私有经济已经占据了主导地位。而在 1990 年之前，除了波兰保留了私营农业之外，其他东欧国家的私营部门在经济中的地位是微不足道的。根据统计资料，东欧国家国有经济占国内生产总值的比重占 80%～90%。在转轨之后，中东欧国家加快了国有企业私有化的步伐，新生的私营部门也在竞争的经济环境中得以成长。到 20 世纪 90 年代中期，1996 年的时候，波兰、匈牙利、捷克、斯洛伐克和阿尔巴尼亚的私营部门占国内生产总值的比重已经达到了 60%～65%，其他中东欧国家的私营经济也占据了半壁江山。与发达国家和发展中国家私有化的速度相比较，中东欧国家国有企业私有化速度应该说大大超出人们的预料。从之前智利私有化以及英国国有企业私有化的经验看，私有化进展的速度是非常慢的。

第二点是经济决策的分散化，经济决策的集中化是中央计划经济的一个非常明显的特征。在计划经济时期，东欧国家都有计委或者计划局，作为主要的中央计划机构，在经济转轨之后，东欧国家解散了中央计划机构，加快了国有企业私有化的步伐，促进了私营经济的发展，经济决策日益分散化。转轨之后，中东欧国家的经济决策实际上是由成千上万家的企业自主做出的。在转轨的进程中，取消了非国有经济进入市场的壁垒，各种所有制企业可以自由进入市场，个人或者企业可以自由从事各类经济活动，包括外贸。与此同时，这些中东欧国家采取了一系列的措施，如缩小政府的规模，减少政府对经济的过度干预，形成有助于企业经营的良好法律环境，保护产权。在转轨的过程之中，中东欧国家长期压抑的经济自由得以恢复，促进了企业家精神的复苏。中小企业获得了前所未有的发展机遇。

第三点是资源配置的市场化。1990 年之后中东欧国家实行了价格的自由化，放开了 90% 以上的商品和劳务的价格，那么在其他措施的配套之下，价格自由化取得了成效，价格的功能得以恢复。价格自由化的实现有助于恢复价格在资源配置中的主导作用，资源的合理配置也为经济运行提供了适当的价格信号。

第四是市场经济的制度框架得以确立。中东欧国家在过去的 20 多年，建立了适应市场经济的法律体系，尤其是中东欧的新成员国，法律改革取得长足的进步，实现了司法的独立。其法律体系上应当说与欧盟的法律体系相协调，建立了现代的法律体系。另外，中东欧国家建立了与市场经济相适应的统计制度、会计制度和审计制度，建立了现代的税制、银行体系和股票交易所，市场经济的制度基础设施趋于完善。

如果从上述四个方面来看的话，应当说已经入盟的中东欧国家建立了市场经济体制，已经达到了这个标准。但是显然中东欧国家市场经济的成熟度与西欧发达国家还有很大差距，而且在中东欧国家内部，中东欧的欧盟成员国与西巴尔干国家在市场经济的建立和完善方面进展也不一。所谓西巴尔干国家是欧盟为了制定对前南地区政策而提出的一个概念。西巴尔干国家是指去掉斯洛文尼亚之外的前南斯拉夫的继承国再加上阿尔巴尼亚。从 2013 年 7 月起，西巴尔干国家也将把克罗地亚去除，这样西巴尔干国家的数量又减少一个。在 20 世纪 90 年代，西巴尔干国家面临主要问题是解决由于南斯拉夫解体而导致的地区冲突和地缘政治的问题，转轨尚提不到议事日程上来。南斯拉夫解体后发生了几次战争，斯洛文尼亚战争非常短暂，对斯洛文尼亚的影响不太大。波黑战争持续了 3 年，非常惨烈。在 2000 年之后，特别是米洛舍维奇下台之后，这个地区地缘政治环境得到了改善，转轨才逐渐走向正轨。

三、经济转轨战略的争论是否有意义

经济转轨战略是一个在转轨之初经常讨论的问题。在转轨初期，中东欧的决策者和经济学家，对该问题的争议非常大。实际上在东欧剧变之前，当时捷克斯洛伐克的经济学家也曾讨论过如何实现向市场经济过渡的问题，当时他们也提到了日本和德国战后从统制经济向市场经济过渡的经验，也提到了小步改革的方式还是激进改革的方式。1989 年的剧变导致了新的政治力量的上台，这时候就面临着如何建立市场经济非常现实的问题。对当时新上台的执政力量来说，当务之急要确定向何处去，如何达成既定的目标，通过什么样的方式来建立市场经济。在 20 世纪 90 年代初期，事实上有两种转轨战略，休克疗法也被称为激进的改革和渐进主义改革。在 1989 年 6 月 4 日波兰半自由的选举结束之后，当时团结工会赢得了压倒性的胜利，波兰统一工人党一败涂地。当时团结工会政府还没有成立，就开始邀请美国哈佛大学的经济学家萨克斯到华沙为波兰的改革出谋划策。2001 年萨克斯教授回忆 1989 年他到华沙的时候，波兰团结工会的活动分子、社会学家雅采克·库龙跟他谈，说一晚上你给我拿出一个方案来。这表明当时团结工会的知识精英对当时的情况非常焦虑，确实需要就如何实现经济体制的转变提供快速的解决方案。团结工会政府 1989 年 9 月上台之后，萨克斯被聘为政府的经济顾问。1990 年 1 月 1 日波兰实行休克疗法。休克疗法也被称为巴尔采罗维奇疗法，巴尔采罗维奇是波兰经济学家，是波兰团结工会第一届政府的财政部长和第一副总理。他主导波兰的经济转轨计划，基本上接纳了萨克斯的主张，也就是通过激进的方式实现了经济体制的转变。其他的中东欧国家，除了匈牙利之外，在 90 年代初大多实行的是休克疗法。当时被称为捷克经济改革设计师的克罗斯，非常明确地说要放弃所谓的第三条道路，他认为第三条道路是通向第三世界最快的道路。那么，从目标模式上，波兰政府的经济纲领非常明确地提出，要建立在发达国家经过考验的这种市场经济。

根据萨克斯的建议，中东欧国家从计划经济向市场经济的转轨有三个要素，就是宏观经济的稳定化，价格及国际贸易的自由化，以及国有企业的私有化，也被简化为“三化”。后来人们在经济转轨问题的讨论中，也承认经济转轨事实上也是一个制度重建的过程。因为应运而生的这种市场经济需要指导经济交易乃至经济运行的新的机构，新的规范，新的法律，这其中也涉及国家作用的重新界定。所以说经济转轨也是一个制度重建的过程。后来人们也将经济转轨的几个要素概括为稳定化、自由化、私有化以及制度化。

当时主张经济休克疗法的，也有来自西方主流的经济学家，比如哈佛大学教授杰弗里·萨克斯，国际货币基金组织的副总裁、后来担任了以色列中央银行行长的斯坦利·菲舍尔，担任过美国财政部部长、后来担任过美国哈佛大学校长的劳伦斯·萨姆斯，大卫·利普顿，还有在波兰和捷克的经济学家如波兰经济学家巴尔采罗维奇，捷克经济学家克劳斯以及国际货币基金组织、世界银行以及主要西方国家的政府官员，特别是美国财政部的官员。主张渐进改革的学者，有匈牙利经济学家科尔内，美国经济学家彼得·莫瑞尔。激进改革的主张者意识到国家和市场失效的普遍性，但更担心国家的失败，而渐进改革的倡导者更为关注市场的失败，赞成国家干预，相信社会工程。激进改革认为转轨是有风险的一种事业，有可能失败，而渐进改革是认为依靠国家的力量提出详尽的最优的改革，那么市场经济的成功是理所当然的。激进改革者认为缺乏供给为主要的问题，而渐进改革者则希望通过需求管理刺激产出。实际上从激进改革和渐进改革的区别并不在于经济转轨的一些内容上，它的区别在于经济转轨的速度上以及经济转轨的顺序上。无论是实行休克疗法还是实行渐进的改革，都会涉及宏观经济的稳定化，资源配置市场化和国有企业私有化，以及适应市场经济制度的建立。到 20 世纪 90 年代中期，有些经济学家提出要超越休克疗法与渐进主义的两分法。克劳斯认为我们很早就了解人为采取休克疗法和与渐进主义两难选择的谬误，他说制度改革是整体改革中不同组织部门在不同时间内一系列不同的选择，而不是单一的选择。斯坦利·菲舍尔也强调，休克疗法与渐进改革的两分法过分简化了改革的速度问题，他认为实行休克疗法的国家，如波兰、前南斯拉夫的一些国家、捷克斯洛伐克、德国东部、保加利亚和罗马尼亚等国的实际差别，在于为转轨实施各项具体改革措施上存在差异。

目前中东欧的经济改革持续了 20 多年，虽然目前在讨论休克疗法与渐进主义哪种战略最优，已经没有了现实的意义。但是从比较经济体制以及中东欧经济史的角度来看的话，休克疗法与渐进主义，激进与渐进的这种争论，还是具有永恒的学术意义，它有助于增进我们对于转轨进程的了解。

四、关于被误读的华盛顿共识与未成共识的后华盛顿共识

在最近的十年，国内有些人在批评华盛顿共识，有些人对中东欧的情况不了解，但是他们说东欧、拉美是华盛顿共识的重灾区，华盛顿共识等同于新自由主义。我认为，称东欧是华盛顿共识重灾区这种说法并不符合现实。华盛顿共识事实上是对 20 世纪 80 年代末一种经济政策的简化和概括。一般认为威廉姆森的主张比较典型，他是华盛顿共识的提出者，他的十点政策主张被认为是华盛顿共识的主要内容。从这十点政策主张来看的话，包括如下内容：减少预算赤字，加强财务约束；重新调整公共支出的优先性；进行税制改革，扩大税基，降低税率；实行金融自由化，最终目标是市场决定利率；统一汇率；实行贸易自由化；以关税取代数量限制，取消外商进入的壁垒，鼓励外部直接投资；国有企业实行私有化；政府取消妨碍企业进入和限制竞争的法规，解除对经济活动的不当管制；法律体系应当保护产权。波兰的经济学家科沃德科教授认为华盛顿共识是休克疗法的理论基础，华盛顿共识是针对 80 年代拉美经济危机提出的政策建议，后来被世界银行和国际货币基金组织应用到转轨国家之中，其主要内容就是尽可能快地实现稳定化、自由化和私有化。它实际上是将休克疗法在某种意义上等同于华盛顿共识。之所以人们关注华盛顿共识，与 1998 年美国经济学家斯蒂格利茨教授在赫尔辛基的一次学术讲演有关。他后来获得了诺贝

尔经济学奖，他在这次学术讲演中，对华盛顿共识进行了直言不讳的批评。他说华盛顿共识往好的方面说，它是不完全的，往坏的方面说是误导的，他认为华盛顿共识过多地将注意力集中在通货膨胀上，而忽视了对宏观经济不稳定其他来源的关注，如薄弱的金融部门，华盛顿共识将注意力集中在贸易自由化，解除管制和国有企业的私有化上，忽视了竞争的作用，华盛顿共识拒绝国家在经济中发挥积极作用，认为国家越小越好，忽视了国家在转轨经济中可作为市场补充的功能。

如果要对比较复杂的转轨现象进行批评，轻而易举的方法就是给它做一个概念的设定或者概念的简化。对华盛顿共识的这种过于简化的理解以及偏颇地将华盛顿共识视为中东欧经济政策的主流，实际上是夸大了华盛顿共识对中东欧国家的影响。威廉姆森在华沙转型一体化和全球化研究中心所做的学术报告中，对华盛顿共识进行了澄清。他强调华盛顿共识是为拉美改革提出的政策框架，如果要为其他地区的政策改革提出一份具有可比性的计划，那么该计划将与华盛顿共识有重叠之处，但也会有所不同。"如果我一定要为转轨国家提供与华盛顿共识相似的计划，我将把建立市场经济的制度基础写入"。

瑞典经济学家阿瑟·林德贝克认为，将激进改革计划等同于华盛顿共识是不正确的，波兰初始的改革计划根据波兰的条件进行了调整，当波兰的财政部部长巴尔采罗维奇在制订波兰的改革计划时，他根本就没有读过华盛顿共识的文章。另外就是关于后华盛顿共识的讨论，后华盛顿共识提出者是波兰经济学家科沃德科，他曾经担任波兰的财政部部长和第一副总理，他的政治立场接近于左翼。他认为 1990 年波兰实行的休克疗法，是只有休克没有治疗。我认为这种说法是非常不客观的。他在 1999 年根据中东欧国家转轨十年的经验也做了一些概括，提出一些政策结论。他说应当提出新的后华盛顿共识。他提出的这些政策结论有以下几点：第一点是制度安排是实现经济可持续增长的最重要的因素。第二点是制度建立是一个渐进的过程。第三点与政府政策的质量和政府规模的变革方式相比，政府的规模并不重要。第四点如果制度安排受到忽视，让位于自发过程和自由化市场释放出的力量，非正式的制度就要填补制度真空。第五点必须进行司法体制的精简和改造。第六点将中央政府的权限下放给地方政府，对于转轨经济解除管制是必要的。第七点收入政策和政府对公平责任的关注在转轨中具有重要的意义。第八点短期资本自由化在国际金融组织的支持下由转轨国家财政和货币当局进行监控。第九点布雷顿森林体系当中，应当重新考虑对于转轨经济的政策与促进制度建立和支持公平的增长。这个就是所谓的后华盛顿共识。事实上，我认为后华盛顿共识并没有达成，后来在转轨经济的讨论中，关于后华盛顿共识的讨论逐渐淡出。当然从积极意义上来看，强调制度的作用还是有一定的积极意义。

五、如何评价激进转轨后的经济实绩

应当说转轨之后，多数的中东欧国家经历了数年的衰退，后来走上了经济稳定的增长之路。从 2004 年八个中东欧国家加入欧盟之后，从这些国家的经济增长记录来看，应当说新入盟的中东欧国家经济增长率普遍高于欧盟的老成员国。在国际金融危机爆发之前，也就是 2008 年之前，多数中东欧国家经济增长记录是非常良好的，以捷克为例，2004 年经济增长 4.7%，2005 年增长 6.8%，2006 年增长 7%，2007 年增长 5.7%。爱沙尼亚的经济增长记录也是非常良好的，2004 年经济增长 6.3%，2005 年增长 8.9%，2006 年增长 10.1%，2007 年增长 7.5%。波兰在 2009 年之前的经济增长记录非常良好，2004 年增长 5.3%，2005 年增长 3.6%，2006 年增长 6.2%，2007 年增长 6.8%，2008 年增长 5.1%。

第一，从经济增长记录来看，这些国家应当说在转轨性衰退之后，保持了经济的持续增长，一直持续到 2008 年国际金融危机的爆发。

第二，从生活水平来看，进行生活水平的这种国际比较就会面临一个汇率的问题，官方汇率计算人均国内生产总值可以反映国家间的价格差异，但是并不能反映实际的购买力，以官方汇率计算的国内生产总值有可能会低估实际的生活水平。因此以购买力平价来计算就可以处理实际生活水平的差别，有助于反映实际生活水平的变化。从数据来看，中东欧国家在转轨之后，实际的生活水平都有很大的提高，2008 年按照购买力平价计算的人均国内生产总值都要普遍高于 1991 年或者 2001 年的水平，如 2008 年捷克人均国内生产总值为欧盟 27 国平均水平的 80%，斯洛文尼亚为欧盟 27 国平均水平的 92%，匈牙利为 62%，波兰为 55%。有些经济学家认为，2008 年新欧洲，也就是中东欧的欧盟新成员国，它的人均国内生产总值相当于西欧水平的近 60%，假如东欧在第一个千年其人均收入并不比西欧高，那么到 2008 年，新欧洲达到了有史以来最高的物质福利水平。

第三，从劳动生产率来看，转轨之后中东欧国家的劳动生产率得到了提高，尤其是欧盟新成员国劳动力的使用更有效率，增长为内涵式的增长，转轨有助于劳动生产率的提高。如果 1990 年劳动生产率水平为 100%，那么 1999 年的时候，捷克的劳动生产率水平为 159.5%，匈牙利为 172.4%，波兰为 159.7%。

第四，从赶超的进程来看，中东欧国家赶超进程加快。1989 年东欧剧变的一个口号就回归欧洲，经济转轨的目的是要建立可行的经济体制，缩短与西欧发达国家的经济差距，实现经济的赶超。那么，在转轨后的第一个十年，由于经济的衰退，中东欧国家与西欧国家的差距是扩大了，根据国际货币基金组织的估计，转轨之后东欧国家平均的生产水平下降 28%，到 1998 年的时候，中东欧国家的生产平均恢复到转轨前一年平均水平的 90%。其中中欧国家，也就是波兰、匈牙利、捷克、斯洛伐克、斯洛文尼亚这些国家的国内生产总值已经超过了 1989 年的水平，而西巴尔干国家的国内生产总值仍然低于 1989 年的水平。

从 1990~1999 年来看，只有波兰和斯洛文尼亚与欧盟国家的差距没有扩大。从 1997~2007 年，在国际金融危机之前，绝大多数中东欧国家与欧盟的差距在缩小，以波兰为例，1989 年波兰为欧盟十五国水平的 38%，2007 年达到欧盟十五国平均水平的 49%，斯洛文尼亚 1989 年为欧盟平均水平的 74%，2007 年为欧盟十五国平均水平的 82%。

第五是福利的改进。因为福利的改进不仅仅体现在收入增长上，转轨 20 年之后，波兰人的平均收入比 1989 年要高约 80%，其中短缺经济的消除是波兰经济转轨取得的重大成就。因为转轨之前商品短缺是一个普遍的现象，匈牙利 1968 年改革后消费市场的状况略好一些，其他多数东欧国家都存在非常严重的消费品短缺，以至于排长队成了一个司空见惯的现象。匈牙利经济学家科尔内将这些东欧国家社会主义经济概括为短缺经济，日本的经济学家，日本研究社会主义经济的学者菊地昌典非常简明地将这个国家的经济称为"排长队的经济"。

在经济转轨之后，特别是价格全面放开之后，应当说中东欧国家告别了短缺经济。我在转轨之后的 1993 年、1996 年、2001 年几次去波兰，观察到消费市场的变化是非常明显的。1993 年波兰已经开始增长，短缺已不存在，街边的商品以及小商店里的商品还是比较丰富的。1996 年去波兰，我发现波兰中型的超市日益增加，到 2001 年去的时候，整个波兰消费市场出现一个比较大的变化，来自西欧的大型超市如家乐福等全面进入了消费市场，而且一个城市大型或超大型的超市数量是非常惊人的。超级市场和大型超市的发展，不仅为消费者带来了便利，而且也改变了消费者的购物习惯。中东欧国家逐渐进入了成熟的消费社会，从消费市场来看，它和西欧的发达国家并没有很大的差异。2006 年欧洲复兴开发银行与世界银行，联合举行的转轨中的生活的一个调查结果表明，中欧和波罗的海国家 18~34 岁的人群中，有超过 50% 的人认为经济形势要好于 1989 年。而 65 岁及 65 岁以上的人群，只有 35% 的人对此认同，中欧和波罗的海国家对生活满意的年轻人占到 65%，而东南欧，也就是西巴尔干那些国家年轻人对生活满意的程度只有 40%，这和西巴尔干这些国家的经济转轨要滞后于中欧国家还是有很大的相关性。有一位学者叫伊斯特里，他对中东欧的研究表明，从 1990~2005 年，除保加利亚、斯洛伐克外，其他国家平均的幸福满意感都有所提高。

六、全球化如何改变中东欧经济

东欧的剧变加速了世界经济全球化的进程。我们假定一下，如果说没有1990 年开始的苏联以及东欧地区全面的市场化，世界范围内如此规模的全球化市场实际上是不太可能的。中东欧国家向市场经济的转轨促进了世界经济的全球化。1990 年以来，由于苏联和东欧地区走向市场经济，推行国际贸易的自由化和经济的开放，过去斯大林所提的两个平行市场的这种理论，随着经互会议的解散不攻而破，世界经济全球化过程因此大大加速。一些中东欧国家纷纷加入了国际的经济组织，如世界银行、国际货币基金组织和世界贸易组织。中东欧国家加入全球范围的经济竞争是促进经济全球化非常重要的因素，如果没有这个地区的参与，我们很难想象经济全球化的浪潮会以何种大的力量冲击全球的每个角落。

东欧剧变之前，因为东欧国家主要的贸易伙伴就是经济互助会成员国，与西方国家的贸易额非常有限。在这种封闭的贸易环境之下，不利于提高国家的经济竞争力，也造成了东西欧的经济差距越拉越大。从国际经验来看，开放的经济与封闭的经济相比，提供了更多从国际贸易中获取比较利益的机会，中东欧国家实行了贸易自由化，而且加入到了欧洲经济一体化的进程之中，同时在这个进程之中逐步恢复与原来经互会国家的贸易联系，使中东欧的经济融入世界经济体系之中。

在经济转轨之后，特别是我所称的中欧国家——波兰、匈牙利、捷克、斯洛伐克、斯洛文尼亚——吸引了大量的外资，这种外资的流入不仅为这些国家创造了就业机会，而且促进了这些中东欧国家的创新和技术改造，提高了中东欧国家经济的效率。这些中欧国家有一种说法，说中国是世界工厂，这些中欧国家是欧洲工厂，因为西欧很多的制造业已经转到了中欧，包括斯洛伐克、波兰、捷克和匈牙利。

七、欧洲化如何影响中东欧经济

所谓欧洲化，就是欧盟正式的、非正式的规则、程序、政策范式、处事的方式以及它的信仰和规范在中东欧国家的构建、扩散和实行。欧洲化应当说是影响中东欧国家经济转轨非常重要的因素，当然从历史来看，经济转轨要先于欧洲化。但是到后来欧洲化日益影响到中东欧国家的经济转轨进程，作为目标的欧洲化有各种各样的目标，从欧盟的候选国到正式的成员国。加入欧盟需要中东欧的国家和欧盟进行非常全面的谈判，涉及法律制度的调整和经济政策的调整。另外作为手段的欧洲化，欧洲化实际上也被视为中东欧国家制度变迁的一种方式，那么这里面涉及中东欧的制度日益与欧洲趋同，它的经济政策日益与欧洲趋同，也涉及认同的建构，涉及政治精英的欧洲趋向，有助于加快中东欧国家经济的赶超。

八、国际金融危机对中东欧国家的影响如何

2008 年国际金融危机，应当说对全球经济都产生了非常深刻的影响，包括对欧洲经济。到 2009 年的时候，人们开始关注中东欧的经济，特别是关注匈牙利。当时国际上的一些商业媒体刊登了很多非常耸人听闻的消息，认为中东欧经济会导致全球金融危机第二波，中东欧的经济会将整个全球经济拖入更大的危机之中，当时媒体用了很多耸人听闻的表述方式，如风暴眼等。

但是从当时中东欧国家的经济数据来看，比如匈牙利，确实它的经济问题非常严重，但是它的影响力，对于全球经济的影响力，我认为是远没有那么大。我那时候参加了新华社世界问题研究中心的一次讨论会，明确表示中东欧的危机不太可能会拖累于整个全球经济。国际金融危机对中东欧国家的影响是有制度基础的，因为中东欧国家已经加入经济全球化的进程之中，特别是通过经济转轨实行市场化，经济开放，加入了全球化的进程之中，特别是中东欧国家金融部门的开放。因为在中东欧国家，国有商业银行改造的进程之中，绝大多数中东欧国家的商业银行都已经出售给了西欧的战略投资者。中东欧国家商业银行部门日益为西方银行所控制，使得中东欧银行部门直接受到金融危机的冲击。国有商业银行的改造进程始于 20 世纪 90 年代下半期，这时候外国银行大举进军中东欧的市场，参与国有商业银行的私有化。匈牙利是从 1995 年开始向外国战略投资者出售国有商业银行，1995~1996 年波罗的海国家，捷克、罗马尼亚、克罗地亚、波兰和保加利亚，外资参与的国有商业银行的私有化进程加速，到 2000 年绝大多数中东欧国家的商业银行被外资所控制。根据 2010 年的数据，外资银行占银行部门总资产的比率，斯洛文尼亚的比率较低，为 28.67%，其他的国家如斯洛伐克为 91.83%，匈牙利达到了 82.33%，波兰达到了 70.52%。而且在 2008 年之前中东欧国家经历了高速增长期，这时候外币贷款的扩张为中东欧国家的经济埋下了潜在的隐患，一旦发生本币的贬值，消费者和企业则无法偿还贷款，商业银行部门会直接受到冲击。因为欧元和瑞士法郎的利率大大低

于中东欧国家本币的利率，在这个情况下，很多商业银行向消费者和企业发放了外币贷款，但是他们没有考虑到汇率的风险，特别是本币贬值之后，这些贷款人偿债的负担大幅度地增长。比如，罗马尼亚、匈牙利那时本币的基本利率为6.5%～9%，而欧洲中央银行欧元的利率3%，利差非常大。匈牙利之所以受到金融危机冲击比较严重，就是和外币贷款扩张有很大的关系。而中东欧经济的一些脆弱性，降低了抵御外部冲击能力。中东欧国家也面临一些经济的问题，比如，预算赤字的扩大，经常账户赤字，以及外债的增加。国际金融危机对中东欧国家的影响，直接影响就可以反映到货币贬值、股市大跌、房地产市场走低、融资成本增加。间接影响就是导致这些国家增长放慢、经济陷入衰退、外部不平衡加剧，特别是经常账户的赤字扩大。

为什么在新兴市场中东欧率先受到冲击？这个主要是和中东欧国家金融体系的特点相联系的。中东欧金融体系是由外资银行控制，而且东西欧之间经济联系密切，特别是金融联系，金融的一体化，事实上使得这个危机扩散的速度大大加快。

另外就是与中东欧经济增长模式相关，因为中东欧国家多数是小型的开放性经济，它高度依赖外部的资金和市场，特别是西欧的资金和市场。而从国际金融危机蔓延的途径来看，就是美国到欧洲，因为西欧的银行业是2008年出现流动性问题，2008年9月雷曼兄弟公司破产对欧洲产生了危机。到后来又发生了欧债危机。大家最近两年也都比较关注欧债危机，去年应当说是欧债危机最严峻的一年，有几个月甚至国际上一些知名的经济学家，包括美联储的前任主席格林斯潘，都谈到了欧元的崩溃。

从目前的演进来看，应当说欧元区债务危机最困难的时期已经过去。德国总理默克尔说，要彻底解决欧元区的债务危机可能还需要4～5年。那么，欧元区的危机直接影响到中东欧国家的经济前景，2012年一些欧元区国家陷入衰退，对中东欧国家的出口影响比较大，波兰经济2012年下半年已经放缓，而之前波兰一直保持非常良好的经济增长纪录。中东欧国家之所以避免了对欧洲经济的那种大规模冲击，还有一个原因就是"维也纳倡议"的出台，维也纳倡议实际上是国际金融机构和西欧商业银行达成的一个协议，就是在面临危机的时候，这些西欧的商业银行不要从中东欧的分支机构撤资，事实上这些西欧的银行兑现了承诺，到后来又有了"新的维也纳倡议"，基本上是被称为"维也纳倡议的2.0版本"，基本的承诺是一样的。由于西欧商业银行没有出现大规模的撤资，这也保持了中东欧银行部门的稳定。

欧元区危机，实际上对于欧盟成员国还是有些影响的，直接影响这些国家加入欧元区的时间。因为中东欧的这些新成员国，根据入盟条约，是不太可能像英国或者丹麦都待在欧元区之外。从目前来看，匈牙利没有时间表，拉脱维亚是进入了欧洲货币机制 II 的这么一个阶段，预定目标是 2014 年加入欧元区，波兰希望在 2015 年之前满足加入欧元区的标准。捷克没有具体的时间表，罗马尼亚希望 2015 年加入。

在国际金融危机之后，人们在讨论中东欧经济模式的改变，但是这个改变非常难，因为中东欧国家的经济增长模式具有路径依赖性。它的外资主导的商业银行部门目前来说是不能改变的。另外它的贸易投资主要依赖西欧，这个格局也不太可能发生根本的改变，虽然在国际金融危机的这个背景下，比如匈牙利等中欧国家，对中资企业的这种期望值非常高，因为匈牙利总理欧尔班曾经讲到，我们现在坐在西方的船上，但是风来自东方。他提出对东方开放的战略，但是从中东欧国家的现实来看，确实在国际金融危机之后，来自西欧的资本确实在下降，它也希望吸引东方的资本。但是从目前来看，它的贸易投资高度依赖西欧的格局不太可能发生根本的改变。

九、后危机时代中东欧国家的改革加速

我认为，金融危机之后，应当说为这些中东欧国家进一步思考经济转轨的问题，为进一步深化改革提供了机会。在中东欧经济转轨取得重大进展之后，一些中东欧国家在入盟后，自认为它的转轨已经结束，实际上在外部约束减弱的条件下出现了改革的疲乏症。那么 2008 年之后，中东欧国家受到金融危机的冲击，2009 年绝大多数中东欧国家都陷入衰退。在面临危机之后，确实也为中东欧国家反思 20 多年转轨和发展的经验，为筹划进一步的改革提供了独特的机会。中东欧国家在转轨和发展中面临以下挑战：

1. 重新界定政府的作用。
2. 加强法制。
3. 国有企业改造。虽然中东欧国家在制度变革取得了重大的成就，就是说私有经济占主导地位，但是一些国有企业改造的任务还没有完成。比如波兰还面临一些重工业、矿业、造船、能源等私有化任务仍然面临阻力，那么国企的改革还是有文章可做。
4. 金融改革的深化。那么对于中东欧最近几年危机有不同的解读，有的学者认为中东欧的危机是类似于 1997~1998 年的东亚危机，根本的问题是在固定汇率下，短期银行信贷的过度流动，导致了私人外债的剧增。但实行浮动汇率的国家，实际上也遭到严重的冲击。中东欧的问题，我认为并不在于金融业的过度开放，而在于金融业开放后外币贷款的非理性扩张，忽视了汇率变动的风

险，因此，中东欧国家需要在金融业开放的过程中加强金融监管，防范金融风险，中东欧国家也需要促进非银行金融机构的发展，特别是引进创新性金融产品，使养老基金和保险公司的资产组合多元化。

5. 需要加快社会领域的改革。中东欧的经济转轨是具有社会后果，中东欧国家在转轨之后出现了收入差距扩大的问题。根据世界银行的资料，21 世纪初，中东欧国家的基尼系数在 0.27 ~ 0.37 之间，而在转轨之前，基尼系数在 0.19 ~ 0.24 之间。2007 年社会转移后陷入贫困风险的人口占总人口的比例，保加利亚为 14%，捷克为 10%，匈牙利为 16%，波兰为 19%，罗马尼亚为 19%，斯洛伐克、斯洛文尼亚均为 12%。因此中东欧国家需要高度重视社会领域的改革，关注经济转轨对人的影响。在未竟的改革中，中东欧国家需要进行养老体制改革、医疗体制和教育体制的改革。有些中东欧国家已经有所动作，例如，波兰已经将退休年龄提高到了 67 岁。一些公共部门，公共的医疗服务部门也面临着严重的挑战，特别是医生和护士的收入低微，导致了人才的流失，也直接影响到了医疗质量的提高。最近一年，有一些中东欧国家医生和护士进行了大幅度抗议，要求增加收入。医疗改革面临的任务也是非常繁重的，医疗改革包括增加私营医疗机构的作用，与国有的医疗机构公平竞争，改革拨款体制，确定国家医疗保险覆盖的医疗服务的范围，引进自愿的私人医疗保险，重新确定医疗服务的价格，使患者付费合法化。教育改革也刻不容缓。就是中东欧国家需要进行教育体制改革，以提高教育质量，需要加强劳动力市场的灵活性，鼓励终身教育，使劳动力政策的重点从直接创造就业机会转向支持就业和就业的再培训，减少结构性的失业。应当说社会领域改革的任务还是非常繁重的。

十、中东欧经济转轨的启示

第一点，政治转轨与经济转轨是可以兼得的，这是中东欧的一个经验。因为根据一个学者 1998 年的分类，他将不同的经济体制和政治体制做了一个区分，对后共产主义体制进行分类。捷克和斯洛文尼亚为民主的政治体制和增长的经济体制；俄罗斯和乌克兰是民主的政治体制与崩溃的经济体制；另外中国、越南被认为是非民主政治体制与增长的经济体制；北朝鲜是非民主政治体制和崩溃的经济体制。因为民主与市场，实际上涉及政治体制的变化和经济体制的变化，从以上的组合来看，民主既非良好经济的充分条件，也非必要条件。从中东欧国家转轨的经验来看，1989 年由于东欧剧变导致了政治体系的剧烈变化，同时在政治转轨的进程之中，中东欧国家实现了经济体制的市场化。应当说它和其他地区转轨的道路还是不一样的，中国的模式被认为是先搞经济体制的改革，后搞政治体制的改革。政治转轨和经济转轨是可以兼得这是中东欧国家的一个经验。

从中东欧成员国来看，欧盟新成员国应该说它的民主制度还是相对健全的。比如 2010 年 4 月，波兰总统专机在斯摩棱斯克坠毁，这次事件对波兰政治的影响非常大，总统在内的 96 位政治精英在这次空难中丧生。包括波兰军方的高级领导、陆军司令、海军司令、空军司令、总参谋长、特种兵司令，军事学院院长，外交部副部长，中央银行副行长。但这次事件之后，波兰社会陷入一片哀痛，波兰社会和它的政治体系非常平和地应对了这次空难，而且非常顺利地实现了权力的转移。这表明波兰的政治体制非常稳定，而且波兰也是中东欧国家中最为成功的转轨经济之一。

第二点，渐进改革的代价并不一定小于激进改革，因为在经济转轨问题的讨论之中，匈牙利和波兰是两个案例。匈牙利实际上是渐进主义的典型，波兰是激进改革的典型。但是从转轨 20 年的情况来看，应当说波兰的经济状况远远好于匈牙利。实际上在转轨之初的时候，匈牙利是中欧四国之中人均国民生产总值仅低于捷克，后来在转轨的 20 多年的进程中，斯洛伐克已经超过匈牙利，波兰赶超的速度也非常快，已经非常接近于匈牙利人均的国内生产总值。这就提出一个问题，匈牙利在过去实行渐进的改革，但是在 20 世纪 90 年代它的经济表现还是不错的，但是到转轨的第二个十年，它的经济面临的问题就越来越大。从匈牙利的案例来看，渐进主义或许可以短期内降低社会代价，但是从长期来看，增加了社会的代价。

从匈牙利转轨 20 年的实践来看，我认为卡达尔时期的 3 个重要遗产得以保留。第一个是影子经济的遗产。1968 年匈牙利实行新经济机制之后，它的非正式经济得到发展，影子经济成为非常重要的经济力量。实际上在 1990 年之后开始的经济转轨的进程之中，影子经济利用其信息优势占领先机，从私有化进程中获益匪浅。匈牙利的经济转轨与波兰、捷克、斯洛伐克的不同之处在于影子经济更加强大，主导影子经济的人可以通过腐败来改变私有化进程的方向，利用私有化为其牟利，影子经济直接造成国家税收的减少。第二个遗产是福利国家的遗产。匈牙利经济学家科尔内认为，匈牙利的福利社会提前降临了，在转轨的进程之中，那么社会主义时期形成的福利国家并没有解体，匈牙利利用这个社会主义时期福利国家遗产向失业者提供帮助，将福利国家的遗产纳入了新的市场经济之中。匈牙利的一位作家认为，在过去的 20 多年，匈牙利一直在关爱国家与法团主义国家之间摇摆，也就是在卡达尔传统和霍尔蒂传统之间摇摆，从政治上来看，匈牙利社会党代表前者，亲民盟是代表后者。在 2008 ~ 2012 年亲民盟执政时期，当时的总理欧尔班将国家的福利扩大到了居住在境外的匈牙利族。大家知道，匈牙利由于第一次世界大战造成的结果就是在匈牙利境外存在大量的匈牙利人，主要集中在斯洛伐克和罗马尼亚。他向境外匈牙利人提供福利，只要他们拥有匈牙利护照，就可以进入匈牙利就业，并享受医疗待遇。而后来的社会党上台之后，也是轻易地许诺提高公务员的工资，提高公务员工资，为退休者增加第 13 个月的工资，这些最后都导致了匈牙利公共支出大幅度地增加。第三个遗产是，这个也是卡达尔时期的遗产，就是通过大举借债消费的遗产。匈牙利自 20 世纪 70 年代开始大举借债，到 1989 年外债已经占到国内生产总值的 90%，剧变之后，这种借债的传统得以保留。与社会主义时期不同的是，借债的主体不仅有国家，而且有企业和家庭。2008 年第二季度国家企业的外债达到了 899 亿欧元，相当于国内生产总值的大约 93.8%，而且匈牙利 30% 的公共债务，60% 的公司个人贷款为外币贷款，主要是欧元和瑞士法郎。波兰、捷克、斯洛伐克，它主要利用贷款促进出口，提高经济竞争，而匈牙利贷款主要用于消费，这个外币贷款过程增加了匈牙利的风险。加上匈牙利的政治家在转轨的进程不负责任推动民粹主义，大肆增加公共支出，将国家推向了财政破产的边缘。从这个角度来看，与波兰比较成功的激进的改革经验相比，渐进改革的代价并不一定小于激进改革。因此匈牙利成为了在金融危机冲击之后，第一个接受救助的中东欧国家。现在正在申请国际货币基金组织和欧盟的第二次救助。

第三点经验是法制对于中东欧经济转轨的成功是至关重要的。用匈牙利经济学家科尔内的话，就是建立法制可以与经济转轨同时进行。这是中东欧国家经济转轨涉及法制的改革，特别是涉及立法和执法，司法独立以及欧盟法律体系的协调。

第四点启示是全面转轨中的价值观追求。因为从中东欧转轨的经验来看，它的转轨是全面转轨，不仅涉及政治的转轨，经济的转轨，法律体系的变革。从经济转轨来看，经济转轨建立市场经济体制以及经济增长并非最终的目的，用匈牙利经济学家科尔内的话来说，可能在经济转轨的进程中也涉及一些价值观的问题。比如，涉及物质观、公平观、稳定观、自由观、强国观、民主观，这些价值事实上是需要在转轨的进程中得到关注的。

第五点就是需要关注经济转轨过程中国家的作用，国家需要提供基本的公共服务，为公民提供基本的福利，这个是国家的责任。

第六点从中东欧经济转轨的经验来看，就是要利用机会之窗，形成政治共识，推进改革。以波兰为例，在 20 世纪 80 年代，波兰经济的状况应当说是中东欧国家最为糟糕的。当时团结工会和政府的对抗非常激烈，当时团结工会的会员达到了 1 000 万人，波兰人口也就 4 000 万人，这是非常大的一个工会运动和统一工人党政府对抗。而且到 1989 年波兰通货膨胀，达到了恶性通货膨胀的水平，就是月通货膨胀率超过了 50%。应当说当时波兰民众非常绝望，那么在 1989 年议会选举，特别是马佐维耶菠基政府组成之后，波兰的政治精英利用了这次机会，就利用了政治变革的机会之窗，寻求政治共识，推行非常痛苦的改革。在 1990 年，波兰全面放开 90% 的劳务，进行国有企业的改造，这些是非常痛苦的改革措施。在 80 年代，波兰老百姓曾在全民公决中否决了政府的涨价决定。在 1990 年波兰实行的这种激进的改革之中，价格自由化之后提价的幅度非常大，当时也被称为矫正性通货膨胀，提价的幅度很大，甚至有的价格上涨几倍。但是波兰社会平静接受了这个变革。所以说对于决策者而言的话，需要善于利用机会之窗，推进痛苦而必要的改革。

NAFMII 论坛第 74 期

政策若干问题：数量调控与利率调控，历史、理论与实践

中国人民银行金融研究所　金中夏

2012 年 6 月

金中夏：时任中国人民银行金融研究所所长，曾任中国人民银行美洲代表处首席代表，国际司副司长，货币政策司副司长，长期从事宏观经济、金融监管、货币政策、汇率政策等理论以及实务的研究，同时在各种核心期刊发表文章数十篇。

我今天要谈的是货币理论和政策面临的挑战。货币理论是博大精深的，恐怕很难以我的经历和学识来讲得特别系统、全面。但是我觉得至少从我这几年工作当中碰到的问题、参加国内外的会议所讨论的内容中，给它做一个简单的提炼和归纳。

一、金融危机与宏观经济学危机

这次国际金融危机以后，斯蒂格利茨曾经说，这次危机实际上是一个宏观经济学的危机，他指的是相对来说比较更高的一个层次，是整个宏观经济学层面的。他认为20世纪90年代以后，西方主流的宏观经济学认为市场基本上是有效的。因此，很多调控的手段也都是基于这样一个基础。但是斯蒂格利茨认为，金融危机说明我们一直假定有效的一些东西，特别是市场的有效性，可能不一定是无条件正确的。特别是他一直认为存在信息不对称和道德危害等问题，使得市场也有失效的时候，因此还得靠政府发挥一些适当的作用。

但是总的来说，斯蒂格利茨或者其他的学者们还没有把危机以后在货币政策或者货币理论面临的挑战，系统地梳理一下。实际上，无论是在国际的论坛还是国内的政策实践当中，你都会发现挑战是现实存在的。今天我就把它归纳成几个问题讨论一下。

从货币政策角度来看，最终应该调节货币数量还是调节利率？如果你调节数量的话，这个货币数量怎么样界定？如果你调节利率的话，还有一个调节的依据问题，就是均衡利率怎么确定？实际上不管你走哪条路，其实都有一个不确定性的问题。况且你到底走哪条路，还有一个选择的问题。另外也许这两条路还有一个组合的问题，因此我觉得货币理论和政策，最后可能都是归结到这些问题。

二、历史需要不断地回顾

在我们谈这个问题的时候，我们不妨看看历史，如果对这个问题不看历史的话，你会觉得很多我们现在看来是离经叛道的东西，实际上几十年以前曾经是正统，而相反我们现在是正统的东西，如果你要是看历史的话，它曾经不是正统。如果你把历史看得很远，甚至看上千年，有时候你会得到一些意想不到的收获。因为你会发现，在现代我们面临的很多经济问题，实际上古人至少在两千年以前都已经遇到过。

就比如我们都觉得货币数量论是 20 世纪 70 年代或者更早的二三十年代的费雪，或者是 70 年代的弗里德曼，他们是鼻祖，因为弗里德曼获得了诺贝尔奖。但实际上你看西方货币经济学历史书，它会说货币数量论是中国人在两千多年以前提出来的。因此实际上我们现在看起来很时髦的一些东西，其实古人都已经探讨过了。比如，凯恩斯的政府干预，他说在总需求不足或有效需求不足的时候，政府应该采取扩张性财政政策。胡继窗写了一本《中国经济思想史》，80 年代的时候他就已经写出来了，他说两千多年以前管子就已经说过了。管子提出当经济非常萧条的时候，就业不足，大家没活干，政府就应该花钱雇人来雕这个木头，实际上这个木头什么用处也没有，但就是花钱让工人来雕，雕完木头以后再给它毁了，再雕，就是为了创造就业。也就是说，凯恩斯的有效需求不足理论，实际上中国管子早就发现并提出了。总之，当你觉得研究一些政策或者理论问题走不下去的时候，如果你看看历史，你会得到很多启示，因为这些问题古人都在不同程度上经历过，有时候历史是惊人的相似，但是历史又不能简单地重复。

我们今天不一定追溯那么远，咱们就说到 20 世纪 70 年代，咱们看看当年。你看现在的主流观点是应当调节利率，特别在西方更是如此。但就在不太久之前，也就是 40 年以前，西方的主流是调节货币数量，而且就是基于货币数量论，但这个货币数量论也不是 30 年代就有，而是两千年以前就有。弗里德曼说通货膨胀从本质而言是一种货币现象。而这种理论应该说是 80 年代美国里根上台以后为了治理滞胀而在货币政策方面采纳的一个主流思想。因此当年美联储保罗·沃克尔上任以后就是治理通胀，他治理通胀主要就是靠控制货币数量 M2。因为那个时候 M2 与 GDP 和 CPI 都有非常稳定的相关关系。因为有这种稳定关系的存在，你就会知道应当调节 M2 到什么程度，这个 GDP 和 CPI 就会相应地变化到什么程度。

因此那个时候，沃克尔实行货币紧缩的力度很大，利率上调得很高，然后经济也出现了一些放慢甚至衰退，失业率也很高。在那种情况下，因为美联储这种相对独立性，即使里根政府都不高兴，对他很有意见，也一时拿他没办法。不过尽管沃克尔治理通胀很有效，但是他只干了两届。其实他自己也挺愿意继续干，但是已经干不成了。美联储的独立性也是相对的。实际上美联储公开市场委员会成员的选择跟政府特别是总统的提名很有关系。从一些历史书可以看到，最后因为美联储理事会里的一些成员越来越不听沃克尔的话了，美联储主席组织表决贯彻他自己的想法也很困难。到换届的时候，他也就走了。

但是不管怎么说，沃克尔干了两届以后，确实把美国的通胀给降下来了。而这实际上是为整个 20 世纪 90 年代以后美国经济的繁荣奠定了一个非常好的基础。沃克尔成功以后，形势也在发生变化，变化主要就是因为美国金融的创新。创新跟美国 20 世纪 80 年代以前的金融管制有关。美国一直到 80 年代初的时候还有利率管制，存款利率和贷款利率都受到管制。从 80 年代开始，美国开始了一个利率自由化的过程，但是这个利率自由化过程还没有完成的时候，银行存款就已经开始从银行那儿跑到了金融市场，已经开始了一个金融脱媒的过程。因此金融脱媒使得美国面临着这样一个问题，即以前传统的 M2 与 GDP 和 CPI 之间那种稳定的、可预见的关系，变得越来越不稳定和不可预见了。

在这个时候如果美联储继续控制货币数量，以 M2 作为中介目标的话，那可能就越来越不灵。因此美联储实际上就面临选择，一种选择就是把 M2 或者货币数量根据金融创新的发展与时俱进地扩大定义范围，然后把新的货币供应量跟 GDP 和 CPI 的关系重新建立起来。可能当时的金融创新发展很快，美联储在这个过程当中发现重新定义货币数量还是存在一定的困难。

另外还有一条路，这就跟金融自由化有关。20 世纪 70 年代麦金农和肖发表的金融深化理论，到了 80 年代在实践方面也酝酿得差不多了，当时整个西方搞金融自由化，以利率自由化为标志。利率自由化了以后，研究中央银行和货币政策的这些人就会发现，虽然数量工具不好用了，但金融资产价格其实是个很好的货币政策传导渠道。而且在自由主义经济学学派大行其道之时，市场和价格的作用正好是被大家所强调的时候。因此当时主流的意见转向调控利率，认为市场是有效的，市场上所有的信息，无论是过去的，现在的，还是有关将来的预期的信息，都最终会反映到价格里面。因此央行还是应调节利率。最有代表性的就是无风险国债收益率曲线，这个曲线我们只需要影响其短期利率，它就会传导到中长期利率上去，然后以此为基准，金融市场所有的利率都可以受到影响，前提是市场有效。

因此，应该说大量的事实确实也在不同程度上都在支持这样一种判断，这种判断在很大程度上也是没错的。应该说你回顾那个时候这样一种转变的过程，它还是有相当的科学研究的支持。至于这种转变，应该说是在 20 世纪 90 年代初期、中期，特别是格林斯潘上台以后基本上就确立了。尽管如此，当这个转变发生的时候，弗里德曼是提出了批评的，因为他一直认为还是应该调节货币数量，因为通货膨胀的本质还是一个货币数量问题。虽然他也承认调节货币数量面临着一些问题，但是他认为美联储如果把调节的工具或者目标完全定在利率上，实际上是调节了美联储不能够调节的东西，而该调节的东西却没调节，将来有可能出现通货膨胀问题。

当然了，就是从事后看，弗里德曼他说得也对也不对。他可能不对，因为到现在为止，危机以后，美国通胀也没上来，但是如果对他的通胀进行广义的理解，美国确实已经发生了资产价格的泡沫，已经有通胀了，而且这次危机跟资产价格泡沫确实是很有关系。美联储就是没有能够控制这个东西，而且美联储当年确实就是没有对资产价格的通货膨胀在利率政策方面及时作出反应。因此应当说弗里德曼当年有他的道理。

三、利率调控框架面临的难题

关于利率调控这个框架，我不是说要否定这个框架，应该说从它产生的时候就有很多道理。但我们回顾西方发达国家利率调控的框架在过去几十年的历史，已经可以看出其中有一些难点，这个对我们还是很有帮助的。

1. 第一个难点是首先是如何决定均衡利率水平。西方发达国家在放开了几乎所有利率以后，它对基准利率还是要干预的。它不是连基准利率都不干预了。但是当你干预基准利率的时候，就会出现一个问题，你怎么判断，什么水平是一个合适的水平。到 1993 年以后，泰勒顺应当时的形势，发表文章了，提出一个利率调节的规则。这个泰勒规则说，利率调节以自然利率为基础，根据产出缺口和通胀缺口来调节。如果产出偏离潜在的增长率水平，或者是通胀偏离了通胀目标，根据这两个缺口，就应该能够决定利率是升还是降，升多少还是降多少。但是这两个缺口一般来说是同方向的，因为出现产出正缺口，即产出高于潜在产出，则通胀必然是一个正缺口，即通胀要高于它的目标通胀，因此这两个缺口是同方向的。同方向的这个问题，待会儿我还会提到，因此泰勒是提出这么一个规则，这个规则后来被西方反复地研究，从不同的方面进行了论证，有不同意见，但是应该说它在西方的中央银行还是产生了很大的影响。虽然不能说西方的中央银行是完全按泰勒规则来决定利率的升降，银根的松紧，但是应该说这个规则构成了现代西方货币政策中均衡利率的一个基础。

虽然泰勒提出这么一个有关均衡利率的规则，但也有相应的一个问题：为什么美国出现了这么大的金融危机，金融危机是因为遵循了泰勒规则，还是没有遵循泰勒规则？有人画出图来，或者经过各方面数据的验证，认为美联储多少还是尊重了泰勒规则的，那既然尊重泰勒规则还发生危机，那泰勒规则有什么意义？有的人说，美联储其实是偏离了泰勒规则，那就说泰勒规则看来还是有用，如果遵循的话，也许能避免危机。但是这里确实是有争议的。

2. 第二个难点是利率的传导机制。在调控短期利率的时候，它是不是一定能传导到中长期利率，而且如你所愿，如你希望的那个程度去传导。这里涉及更根本的一个问题，就是长期利率是不是中央银行能够操纵的？如果短期利率和长期利率都是可以由中央银行去调控的话，那还有没有什么更本质的一种经济规律呢？利率水平本质上来说是由什么决定的？弗里德曼认为利率是不可操纵的。美联储在20多年的多数情况下可以将短期利率的变化传导到中长期利率，但是在这次危机之前出现了一个非常有名的案例，就是提高短期利率以后，在危机之前，长期利率没有相应地上去。这使美联储感到非常困惑，因此像格林斯潘或者是伯南克，他们都提出来一些解释。格林斯潘的解释就说是新兴市场国家，像前苏联、东欧和中国这些国家和地区进入了世界的生产体系，这样的话创造了供给冲击，这些国家过剩的储蓄以贸易顺差的形式转化为外汇储备，又回来购买美国的中长期国债，这样把长期的国债收益率给压低了，压低了以后，使得整个美国金融市场上大家都想找一些高收益的投资机会，这样的话，就把房地产价格全炒高了，因此价格泡沫乃至次贷危机都是因为新兴市场国家的过剩储蓄造成的。

这显然会遭到严重的质疑。有关收益率曲线的一个基本理论观点认为，当长期利率低于短期利率时，意味着市场预期经济会出现衰退。此外我觉得这件事情可以反过来想一想，如果某一类投资者专注于长期国债的投资，真的能把长期国债收益率压低到市场认为的均衡水平以下，那么按照有效市场的假定，这种情况是不能持久的。因为这必然导致长短期收益率之间的套利行为，投资者会借长放短，最后把长期利率抬升到一个市场认为均衡的水平。因此如果伯南克或是格林斯潘的逻辑成立的话，那也就意味着以前整个利率调控体系赖以生存的市场有效假定是有问题的。如果是没有问题的话，那么他们这个结论又是不对的。

3. 第三个难点就是如何确定通胀目标。央行调节利率的最终目的是调控通胀和经济增长，但是这个通胀目标如何界定？是CPI还是CPI加上资产价格？还是说调控CPI但参考资产价格？还是只调控CPI而不用理会资产价格，等资产价格泡沫破灭了以后再考虑救援的问题，就像格林斯潘在回忆录中所说的一样？这个也仍然是不确定的。而如果这个不确定的话，反过来推出来的利率调节就完全是不一样的。

4. 第四个难点就是说当调节利率时，最为重要的就是无风险的国债收益率曲线。这个无风险国债收益率曲线的基础是什么？它的基础应该说是在各个期限都有足够数量的国债发出来，而且不断地有新的发行，到期以后也有新的发行，这些国债在各个期限都有很活跃的市场交易，流动性很好，市场也很深。

这样的话，收益率曲线就可以作为货币政策传导的一个基础。但是我们一定能回忆得起来，在 20 世纪 90 年代的时候，克林顿政府时期美国经济曾经非常好，好到财政的赤字变成盈余，而且一度盈余还很大。我当时在国外念书的时候觉得美国的经济真是好得令人羡慕，人家都是逆差和赤字，它这个盈余都到两千亿美元。但是当时我就发现，美国其实有人不高兴。因为财政盈余多了以后，美联储首先是觉得难办了。盈余多了以后，国债慢慢到期就不用再发了，国债少了以后，国债的交易也就不活跃了，不活跃了以后，国债收益率曲线本身，即以前货币政策赖以传导的基础也就削弱了。不仅如此，国债数量少了以后，美联储公开市场操作的抵押品也越来越少。长此以往的话，整个美联储货币政策的传导或者实施的框架都要重新设计。但是好在财政方面的好景不长，布什上来以后很快就转入财政赤字，使得美国金融市场又获得大量的可以交易和抵押的国债，从而维护了一个比较完美的收益率曲线。

但这里就有一个问题，就是说美联储要传导货币政策是不是一定要以财政出现赤字来支撑？如果能形成一个足够好的无风险国债收益率曲线，"适当"的赤字规模不太大还可以，如果这个"适当"的赤字规模大到了中长期不可持续了，你这个传导机制还要不要？也许一个国家最理想的情况，是政府有一点赤字，这个赤字占 GDP 比例不高，但又足以形成一个有效的无风险国债收益率曲线。但是万一不那么巧怎么办？这个我觉得也是一个有待求证的问题。或者说如果其他国家本来财政没有很多赤字，但为了学习这么好的一个货币政策传导机制，那我们是不是干脆也让财政多产生点赤字，这样可以多发点国债，这样的话，对货币政策不是一个支持吗？

四、无法放弃的数量工具

同时我们看到，货币数量的调控在过去，从 20 世纪 90 年代到现在，其实西方发达国家一直没有真正地放弃。首先是从 90 年代开始，日本中央银行即日本银行因为要对付通货紧缩，就已经开始了量化宽松。然后在美联储这次危机以后，利率降至低点，因此它也是靠量化宽松。欧央行在欧债危机以后也采取了量化宽松的手段，当然这个可能还并没有足以让西方央行改变对数量调控的看法，因为它们觉得这可能是在一种特殊的、极端的条件下，对数量工具的一种使用。同时我们看另外一方面，新兴市场国家的量化工具从来也没放弃，一直在用。像中国、印度、巴西这些新兴市场国家，存款准备金率都在用，但是它们的方向是跟发达国家正好相反，发达国家是量化宽松，但是我们实际上是相继在提高存款准备金率，特别是在前一阶段，对应它们的量化宽松，我们是在量化紧缩。

从中国来看，我们事后看，比如，2008 年、2009 年以后，实际上我们利率调控面临一种两难选择。一方面我们面临的是一个外部失衡，国际收支顺差导致的流动性过剩，通货膨胀压力上升，国内经济过热。因此如果要应对国内的经济过热或者通胀压力，那似乎应该调升利率。但是利率调升以后，又可能使得资本流入加大，这样将加剧本来已经有的外部失衡，不光是资本流入有可能加大。因为利率调升以后，国内总需求紧缩，进口还会减少。本来就顺差很多，利率调升以后会进一步加剧贸易的失衡。因此这个利率，应该说在这种情况下是一个两难选择。当然了，你可以说这个两难选择跟汇率有关系，汇率如果完全浮动，任其足够的升值，那么利率方面的两难就会变成一难，顾一头就够了。但问题是，中国的汇率不能够充分的升值，这可能不是我们一个国家单独面临的问题，很多发展中国家面临相同的问题。这个问题被理论界归结为货币的错配，或者理解为发展中国家有一个原罪，它自己的本币不是国际储备货币，因此必然造成了国内交易的货币跟国际交易的货币不一样。在这种情况下，如果这些国家借债的时候，负债和资产之间造成错配，而汇率又是不稳定的，势必会造成还债时面临巨大的汇率风险。所以这就是原罪，这种原罪对发展中国家来说是没法解决的。因此调节汇率的时候，就不可能特别放开，这是汇率政策选择的制度背景。

因此，我们回过头来看，我们在利率政策上实行的是一个中庸之道。中庸之道在哪儿呢？就是说利率调升一些，但是调得又不像有些人期望得那么高，然后汇率升值一些，但是又不像某些人希望的升得那么快，与此同时，我们用数量手段釜底抽薪，把一部分流动性冻结住。从实际利率的角度来看，我们名义利率虽然没有升得那么快，但是我们通过数量调节，把物价给降下来了，通过这个办法我们又恢复了一个正的实际利率。因此我们是走了一条中庸之道，效果我认为还是可以的，虽然争议很多。

五、国际研究方向

从国际上来看，在危机以后似乎没有很多人直接质疑西方主流的货币政策理论或者货币政策调控框架出了什么问题。但是在 2009 年的时候，国际上对国际货币体系改革讨论得很多，主要是讨论到美元的特殊地位，以及特里芬难题等等。但是这些问题在美国非常敏感。在 2010 年的时候，有一个国际货币体系改革名人小组，这个名人小组当时是由 IMF 的前总裁康德苏发起，成员有美联储的前主席保罗·沃克尔，还有 BIS 的前两任总经理，还有美联储以前专门负责国际事务的杜鲁门，就是当年杜鲁门总统的一个亲戚的后代。另外请中国人民银行周小川行长，周行长推荐胡晓炼副行长作为代表，参加了名人小组，对国际货币体系改革进行了讨论。这个讨论最后形成"巴黎宫殿动议"，其中有重要的一条，就是要对全球流动性进行研究。这个全球流动性概念当时是法国人提出来并加以强调的。法国人在这方面还是有智慧的。法国人在历史上是想推动国际货币体系改革的，但他们也知道这个东西敏感性比较大，于是就提出研究全球流动性。全球流动性其实也就是全球的货币数量，什么货币的货币数量在里面起主要的作用，大家完全是可以好好地充分讨论的。因此这个动议提出来以后，影响到20国集团，20国集团在2011年成立了工作组，请国际货币基金组织和国际清算银行的专家，分别独立地就这个问题成立工作组做一些研究，然后汇总到在20国集团流动性工作组里面进行讨论。我本人参加了这些工作组的讨论。这些不同的研究涉及的问题是非常技术性的，也比较复杂。但总的结论就是，应该从数量和价格两方面来监测和分析全球流动性。

首先我介绍一下国际上对货币数量方面研究和讨论的一些动向。对于一国内部的流动性而言，可以将其理解为广义的货币供应量或货币数量。国际货币基金组织的研究认为，应该把流动性划分为核心流动性和非核心流动性，这个核心流动性实际上就是传统的货币供应量M2，而非核心流动性被认为实际上是在市场上新出现的一些金融机构的负债融资，这种融资机构既包括银行，也包括非银行的金融机构。这些银行和非银行的金融机构的一部分负债不是通过吸收存款来的，而是通过资产抵押的方式获得的。比如说，资产抵押的融资，或者就说一些回购，本质上也是通过抵押获得的一种融资。通过这种方式获得的融资，虽然不叫存款，实际上也都构成了流动性的一个重要方面。这在以前定义M2和M3的时候是没有的。根据这些研究，这个非核心流动性在数量上已经跟传统的核心流动性相当甚至超过。

BIS的研究认为，应该划分官方流动性和非官方流动性，官方流动性是IMF没有包括的中央银行的基础货币，即现金加存款准备金。非官方流动性，从实际内容来看，就相当于IMF提到的核心流动性和非核心流动性的总和。BIS还补充了一点，它说官方流动性从全球来看不仅应包括中央银行的现金和存款准备金，还包括中央银行的外汇储备。但实际上本来就有比IMF和BIS更广义的流动性概念。在国际货币基金组织的《货币金融统计手册》里面就有广义流动性的概念，即流动性总量的概念。这个流动性总量概念不光是涵盖金融部门的负债，还应该扩展到政府部门的负债，包括地方政府和中央政府的债务。另外公司部门的债务也属于广义流动性。

其实把广义流动性再进一步扩大到住户部门，比如说家庭住房贷款，也是广义流动性。因此这个流动性概念如果进一步扩展的话，就到了一个社会资金流量表里面所有四大部门的负债。但是关键是看研究的重点是什么。从这个框架里面能看到，这个流动性或者货币供应量，狭义的和广义的定义之间没有一个绝对的界限。概念的边界扩展到什么程度与金融市场的发展、金融业的发展程度是很有关系的。如果不同部门都产生大量负债，而且可以在市场上流通和交易的话，那一个国家的流动性确实就有可能扩展得非常广。

刚才说了一国国内货币数量的寻找、发现和界定，如果我们要研究全球流动性怎么办？全球流动性首先要看涉及什么货币，是所有200多个国家货币的一个货币供应量的总和？还是说只看其中一部分国家的货币？现在一般认为，应当考察主要的储备货币，美元、欧元、日元，然后英镑，有的时候加上瑞士法郎，就这些国家的货币总量加在一块，应该是全球流动性。但是这里边还有一大块，如果不重视的话，我们对货币数量的理解，对国际资本流动、主要货币汇率它的变化等问题的研究，就会是非常不完全的。这主要就是指一些主要国家的非居民存款。

非居民存款这个问题为什么会产生呢？在讨论全球流动性过程当中产生了这个问题。当发达国家和发展中国家在一块讨论危机根源的时候，美国会说危机根源是失衡，失衡是因为顺差国积累了外汇储备，外汇储备又投资到美国，把美国的利率压低。然后中国说，不对啊，我们的外汇储备增加多了，首先是你把美元发多了，美元发多了以后，所以我才积累啊，本质上还是你发多了。然后美国就说不对啊，你看我的 M2 增长率在危机之前不仅不高，而且还低。那这就逼着我们必须得看美国的 M2 到底是怎么回事，为什么美国的 M2 增长率低，我们积累的储备还那么多，全世界各国的储备总量还那么多，大宗商品，石油价格还在往上涨。当然了，美国人说这个上涨跟我的 M2 没关系，它实际上是被中国经济过热的需求拉上去的。

但对此我们是有疑问的。进一步分析表明，美国 M2 之外有大量的实际上是属于广义货币供应量或者是广义流动性的存在。而美国从 20 世纪 90 年代以后已经放弃了对货币数量的调控，甚至在一定程度上都放弃了严格的监测研究了，至少从公开数据或政策讨论上已经不重视这个东西了，而且它已经停止公布广义货币 M3 了。但是前一阵美国的一个跟这个看似无关的政策透露出一些有用的信息。奥巴马政府宣布，要对非居民存款征税。后来《华尔街日报》上一篇文章出来了，说是这样一来，大概有 2 万亿美元要被征税。当时我还在货政司，就赶快找大家查一查看是从哪个统计口径里面能看到它的这 2 万多亿美元，是从美联储呢？还是从美国财政部？后来进一步把这个问题拿到国际清算银行，跟那里的人讨论。那里边有长期研究这方面问题的人，他就告诉你，你可以在

国际清算银行各国银行的统计里面找，这些数据拿出来汇总以后，可能不比美
联储或者美国财政部的统计差，甚至可能还要全一些。于是我们就从国际清算
银行的统计里去找，最后确实找到了。找到了以后整理、归纳和加总，就是现
在给大家看的这个东西。最后我们把它拿到国际清算银行工作组讨论了以后，
被大家认可了。

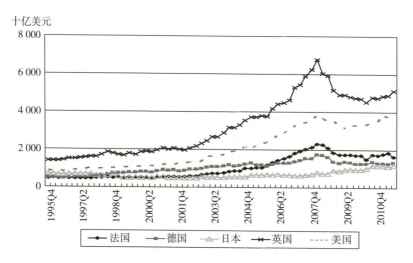

图1　主要国家境内银行跨境存款

　　如图1所示，就是在各国货币供应量统计里面遗漏的东西，像英国的银行
跨境存款，在2008年国际金融危机之前达到了将近7万亿美元。美国的M2也
不过是9万亿美元。在危机以后该项存款迅速下跌，这在美国的M2里面看不
到。然后在下面这个就是美国自己的跨境存款，这个跨境存款在危机之前将近4
万亿美元，危机之后又下降了，最近又开始回升。其他的像法国、德国、日本
也都是有一两万亿美元的跨境存款。而从全球来看，刚才只是一些主要的发达
国家，如果把一些比如新加坡、中国香港地区、开曼群岛、维尔京群岛等离岸
中心的跨境存款也都算进去以后，你能看出来，美元大概占了45%，欧元大概
占了32%，其他像日元、英镑占的比例大概也就7%~8%和5%的样子，主要
就是这些货币。但是美元和欧元是主要的。

　　再看美国的M2，应该说大体上增长平稳。但是仍然可以看出来，危机期间
以及之前还是有一个比较明显的上升。跨境存款从总量上来看，因为它的量比
较大，危机之前上升看得不太明显，但是如果看对银行部门跨境存款占M2的比
例，就能看出来危机之前显著的上升。

　　像离岸金融中心，它的跨境存款多到什么程度呢？它们的非居民存款比本
国的M2都多，像英国，英国的跨境存款是将近7万亿美元，但是它的M2只有

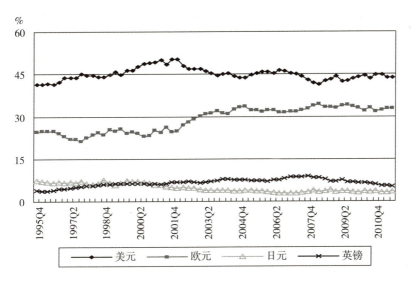

图 2　全球银行跨境负债币种占比

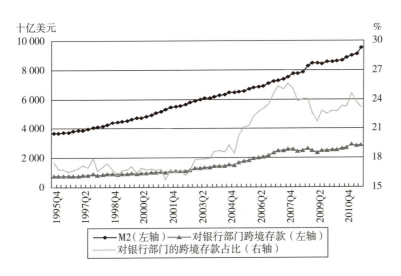

图 3　美国 M2 和外国银行在美存款

3 万亿美元，所以从这里也能理解，为什么英国是一个非常重要的国际金融中心。

　　另外像开曼群岛、瑞士、法国、德国的银行跨境存款也都是富可敌国，瑞士这样的国家，它传统上就是吸收世界各国存款的，就是一个很大的离岸金融中心，所以在它那儿也有大量的跨境存款，很多都属于欧元、美元。你看法国，它的跨境存款也是 2 万多亿美元，相当多。一个开曼群岛，那么小小的一个岛，

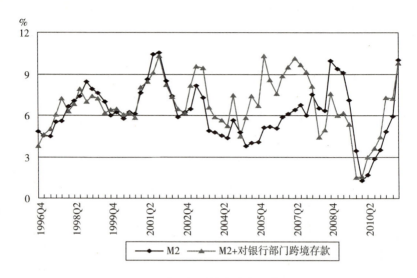

图 4　美国货币供应量占比情况

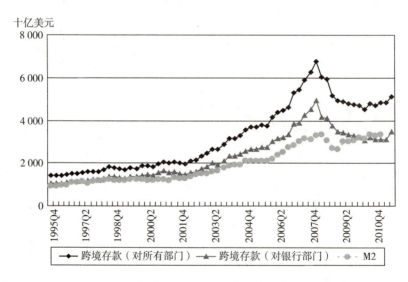

图 5　第一大离岸金融中心英国：非居民存款比本国 M2 都多

一万五六千亿美元的跨境存款，比瑞士还多。

我们可以看出，自从美联储或者西方发达国家作为一个整体，在 20 世纪 90 年代放弃了对货币数量的监测和直接调控以后，货币数量发生了巨大的变化。如果我们对货币数量的理解仍然是停留在传统的 M2，那么实际上你对整个货币数量的真实了解有可能是南辕北辙，也可能只是看到了冰山一角。

全世界在美国境外的，不算美国的跨境存款，在美国境外的跨境存款，就

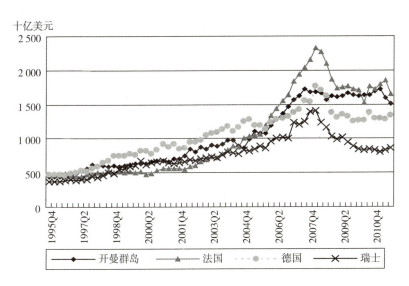

十亿美元

图6　开曼群岛、瑞士、法国、德国的银行跨境存款富可敌国

有大概 10 万亿美元以上，比美国官方的 M2 还要多。所以当你重视货币数量的时候，你会发现货币数量整个监测、研究和度量的范围，要有一个极大的扩展。否则你对这个问题是没法研究的。而且实际上如果你不研究这些数量的话，你很可能就无法对国际资本流动、主要国际货币汇率的波动有一个很好的理解。

六、关于均衡利率研究

当说到利率的时候，实际上利率本身是一个集合，是一整套概念，当你要具体讨论问题的时候，你必须说明你指的是什么利率，如果你说要放开利率，那放开什么利率？你说调节利率，那调节什么利率？如果你说利率不合适，那你说哪个利率不合适？所以在利率这个问题上，它确实是一个体系，它包括各种收益率、风险溢价，它实际上是整个货币数量的另外一面。这个货币从数量上看，是货币供应量，但是它另外一面就反映为利率高低。因此当你进行这个研究的时候，你需要确立一个参照系，不管研究哪个利率，都要有一个参照系。

从一个国家整个利率体系来看，通常是央行有一个基准利率。我们不妨把对利率考察的视角，弄得广一些，不用看非常久远的历史，只是看不太遥远的过去，就从 100 年以前看，如 Fisher effect（费雪效应），其实它也是一个货币数量论，说的是一个国家的名义利率应该是这个国家的自然利率加上这个国家的通货膨胀率。此外，一个国家通货膨胀率的变动，直接影响到一个国家名义利率的变动，而自然利率在中间就不受影响。自然利率是什么决定的呢？自然利率可以大体上近似地由一个国家潜在的 GDP 增长率决定的。在一般的研究当中都认为应该是用一个国家长期无风险国债收益率做代表。这个自然利率其实也就是均衡利率，因此从它这个定义看，实际上均衡利率跟货币因素是没有关系的，因此也就从这个意义上来说，一个国家潜在的经济增长率或自然利率应该说不是靠货币政策能调节出来的。

实际上这个自然利率或者均衡利率的概念，其实在欧洲应该是有渊源的。大家在大学的时候学过马克思的《资本论》，里边就提出过，利率本质上是从剩余价值来的，实际上是劳动创造价值以后，在流通领域、金融领域的一个再分配。因此如果价值完全是由劳动创造的话，利率不应该高于平均的剩余价值率。如果更广地把利息理解为是在生产领域创造的话，那应该说是劳动生产率多高就决定了利率水平有多高。如果利率水平明显低于劳动生产率，那就说明肯定有一些人可以大量地借钱，在生产领域创造利润，偿还贷款以后得到剩余利润。如果利率高过了劳动生产率，那就使得多数人都借不起钱。所以本质上，均衡利率的概念是从这里产生的。

还有一个均衡利率的说法就是泰勒规则。泰勒规则是说，名义利率应该是一个均衡利率或者自然利率加上通胀率，再加上产出缺口和通胀缺口。我这是非常简化的表述。因此泰勒认为，名义利率还是以均衡利率或自然利率为基础，但是如果你产出缺口和通胀缺口显示出需要调整的时候，名义利率就是根据这个等式所确定的规则进行调整。因此实际上你可以理解为，泰勒规则是在费雪假说基础之上的一个发展，它是便于中央银行进行货币政策操作的一个规则。

另外还有一个有关均衡利率的不同研究角度，就是利率平价。实际上我们现在很多情况下，都是用利率平价来研究汇率的，人们一般是从利率平价来推导出合适的汇率水平。但实际上在汇率一定的情况下，你也可以倒推适合的利率水平，这两个方向都可以用的。古典的利率平价理论是凯恩斯 1930 年提出来的，然后到了 1979 年的时候，Jeff Frankel 从芝加哥大学刚毕业，发表了一篇文章，建立了一个实际利率平价模型。在那里边，他把利率平价里面的名义利率换成实际利率，使其有了进一步的发展。

我们可以看一看，现在不同的一些研究人员、机构，用不同的方法对国内外的利率水平是怎么研究的，我们可以做一个参考。比如欧央行，根据费雪假说估计美国和主要发达国家的均衡利率。图 7 中左边的这个图是美国的情况，右边这个图是主要发达国家的情况，主要发达国家是美国、德国、日本、英国。然后你看左边这个图，虚线是他按照费雪的假说估计这些国家的均衡利率应该是什么水平，从这里看，美国现在十年期的国债收益率曲线，应该说是从 2000 年以后到 2007 年之间有一个非常大的向下的一个偏离。到了

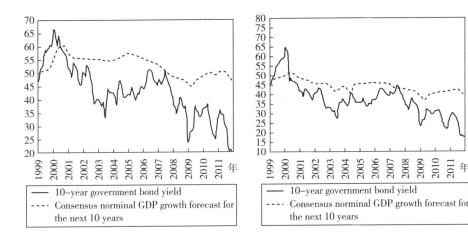

图7　欧央行根据费雪假说估计美国和主要发达国家的均衡利率

2007 年一度回归均衡，但是 2007 年以后又再次偏离，到现在仍然是大大的偏离，而这个偏离从这个图上的幅度看多达 3 个百分点。从主要发达国家的情况看跟美国是差不多的。

再看欧央行用泰勒规则来估计新兴市场国家和发达国家的均衡利率，如图 8 所示。你能看出来，同样的一幅图，不同的人，他强调的重点不一样，比如说欧央行就说新兴市场国家从危机以后利率偏低，偏离均衡。但是你从新兴市场国家的角度来看这个图，就会说新兴市场国家的利率跟发达国家的利率，从长

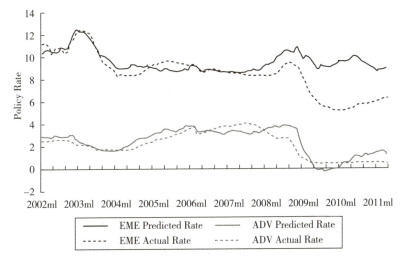

图8　欧央行用泰勒规则估计新兴国家与发达国家均衡利率

期来看是有个利差的，这个利差从长期来看似乎又是大致稳定的，而且新兴市场国家的利率大体上是跟着发达国家的利率走的，至于说新兴市场国家的利率是偏离均衡还是不偏离均衡，这里边是有争论的。

再比如美联储，它自己也用泰勒规则估计出均衡利率，图 9 中左边是欧元区，右边是美国，你能看出来他用两种泰勒规则来估计。一种是泰勒规则的原始公式，原始公式里面是什么呢？首先就是自然利率，也就是它的潜在增长率，它认为发达国家是 2%，特别在美国是 2%，它的通胀目标是 2%。然后它的产出缺口、通胀缺口，前面的系数各是 0.5。美国或者一些其他国家就直接用原始的公式来求自己当时的均衡利率是多少，如果要用原始泰勒规则来算，那结果就是那条浅灰线。然后实际央行利率就是中间深灰线，你能看出来美国与欧元区利率相对于均衡水平的偏离是非常大的。但是泰勒规则后来有一些不同的发展，特别是有的人认为泰勒规则里面缺少汇率或者金融稳定的因素，把这些因素加进去以后，系数重新估计，结果很不一样。所以美联储进一步地修正了这个规则，它估计出来一条黑线，从黑线来看，跟利率实际水平的偏离就少一点，但是仍然能看出来有时候高估和低估还是会出现的，但是没有系统性的、长期的、持续的偏离，从这个图上似乎是没有。

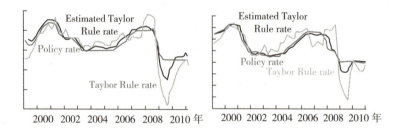

图 9　美联储用泰勒规则估计美国和欧元区均衡利率

国外对我们国家的利率水平也有很多讨论。国际货币基金组织、美国财政部、商务部，在不同的场合，在不同的背景下，都说我们国家利率低了。美国有一个著名的中国经济研究人员，说中国 1997 ~ 2003 年，一年期实际存款利率平均是 3%。2004 ~ 2010 年，实际存款利率平均是 - 0.3%。而且根据他的观察，2004 ~ 2010 年，发生在美联储量化宽松政策之前。因此他认为，这个负利率是中国自己造成的，不是美国后来的低利率造成的。但他这个说法是有问题的。从图 8 就能看出来，如果欧央行的估计是对的话，其实发达国家的利率早在2000 年以后就开始偏低了，2007 年以后一直持续的明显偏低。因此总的来说，从 2000 年到现在，美国的利率趋向均衡是一个偶然，低估是一个常态。但是不管怎么说，我觉得对一国利率水平均衡与否这个问题的考虑，你确实得从全球背景来判断。

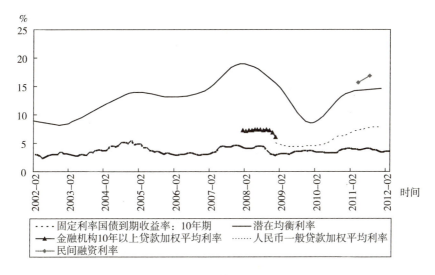

图10　用费雪假说估算中国均衡利率

另外我们可以把国外的方法拿来用于分析中国的情况，看看中国的均衡利率应该是什么，我们实际的利率在哪儿。图10就显示这样一个结果，上面平滑的粗线就是费雪假说的均衡利率，因为假说是要用名义GDP增长率来计算，因此我们必须把我们实际GDP增长率，比如9%、10%，再加上当年的通胀率，这样的话，你就会看出，通胀率高的时候，GDP名义增长率非常高，到了17%、18%，即使在现在也百分之十几。再看最下面的这条线，这条线是中国十年期固定利率国债的到期收益率，这在市场上应该说是没有人干预的，是市场交易的水平。然后中间这条线，一段是锯齿状的，一段是虚线，这是商业银行的贷款加权平均利率，其中考虑到部分贷款利率有不同程度的上浮。但是这个利率可能实际上也还不是真实的贷款利率，因为有些贷款还收了一些费，它是把利息变成收费了，所以实际条件下利率可能比这个还要高。右上角比较高的那一段是我们自己估算的民间借贷利率，民间借贷利率还有风险因素，它比费雪假说估计的这个均衡水平还要高一些。

也许费雪假说在中国仅仅只是一个假说而已。我们可以看看在其他发展中国家怎么样？以印度情况看，它的名义利率在20世纪60年代好像跟均衡利率比是差不多的，但是从2002年以后基本上就大幅度低估，而且它的低估达十几个百分点，比我们的低估程度还要多。我们这个低估程度最多不超过10个百分点。

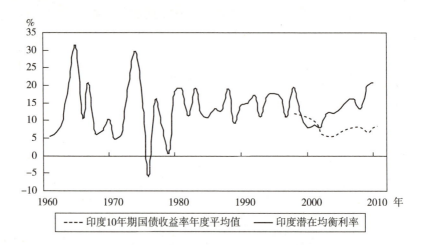

图 11　用费雪假说估算印度均衡利率

再看俄罗斯，俄罗斯的十年期国债收益率年度平均值相当稳定，但是应该说从 2005 年以后，或者更早追溯到 2000 年，比根据费雪假说估算的均衡利率低了十几个百分点，到 2010 年也是低了四五个百分点。似乎费雪假说至少在一些大的新兴市场国家不成立。为什么不成立？这个值得研究。但也不是说完全不成立，在有些国家，比如巴西，利率特别低，好像与计算的均衡利率又比较近。这里边确实有很大的争议。

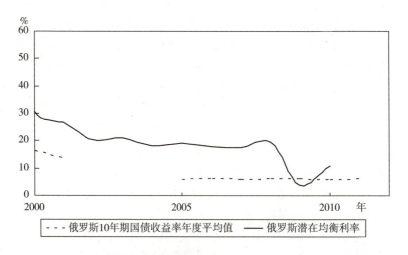

图 12　用费雪假说估算俄罗斯均衡利率

国内有不少人这些年用泰勒规则估计我国货币市场的利率失衡程度。这里只是显示出其中的一个研究，它是用最原始的泰勒公式，也就是美国用的那个，即自然利率2%，通胀目标2%，两个系数各为0.5，然后就把中国数据套进来算。我们会看到中国的利率跟均衡水平比根本就搭不上，远远偏离均衡。但是参照国外的一些做法，可以根据中国的情况对泰勒规则做一些调整。泰勒本人就说，泰勒规则实际上适用于一个封闭的经济体，而封闭经济体这个假设对美国是适用的。为什么呢？这个大家觉得非常奇怪，为什么美国那么开放的一个国家，但是它在做模型的时候是一个封闭的经济体呢？实际上这是有道理的。因为美国的进出口占GDP比重并不太高，也就是20%多一点，更重要的是，美国的汇率是自由浮动的，而且国际交易货币和国内交易货币是一种货币，所以汇率变不变动对它来说没有什么本质上的影响。泰勒认为在汇率自由浮动的国家，实际上汇率算不算进来并不是特别重要。尽管他是这么解释，但你也能看出来，包括美联储在内的国外的很多研究人员，仍然是用汇率因素对泰勒规则进行修正。比如说我们国家，如果把汇率因素考虑进来，然后看我们的自然利率，我不规定它必须2%，那是美国的情况，我就让它经过回归估计出来，看回归结果中的常数项到底是什么水平。此外通胀缺口和产出缺口前面的系数我也不事先规定，让它自己经过回归被估计出来看是什么样。

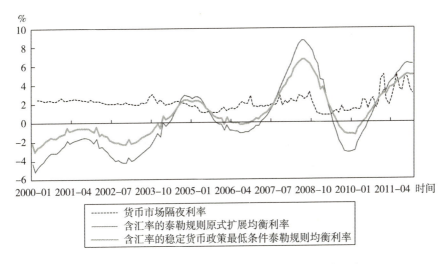

图13　根据泰勒规则计算的我国货币市场利率偏离程度

这样的话，你根据回归估计出来一个中国的泰勒规则，然后我们算出均衡利率。你能看出来，像中间两条波动的曲线，就是泰勒规则所对应的均衡利率。它们波动幅度不同，因为对公式略有不同的调整。如图13所示，中间的虚线是货币市场的隔夜利率，也就是假定如果我们关注的是货币市场隔夜利率，那我们这个隔夜利率跟均衡利率到底差多远，从这张图似乎能看出来。在2004年以后，基本上是围绕均衡水平有上有下地波动，但是没有系统的偏离。但是从这张图上来看，好像波动的是均衡利率，而不是我们实际的市场利率。因此，用这个泰勒规则来判断我们的利率是否偏离均衡，还远不是一个有把握的办法。

再从另外一个角度看均衡利率。利率平价也是估计均衡利率的一种理论框架，它考虑到国际资本流动和汇率的因素，利率平价表示两国利率水平的差距与两国货币汇率的升值或贬值预期相等时市场处于均衡状态。这里首先看中美实际利差，这个利差计算时用的是中国银行间市场的回购利率，美国用的是它的国债收益率。回购利率和国债收益率分别用两国的通货膨胀去调整，算出实际利率，然后再一减，成了实际利差。从实际利差你能看到，从长期来看，应该说这个利差是在零的水平上下波动的，但是在 2004 ~ 2009 年，特别是 2008 年，好像我们的实际利率比美国的实际利率偏低，如果你再用利率平价换算成汇率的话，就能看出来这有一个人民币的升值压力。在上述时间段内这个升值压力一直存在。只有 2008 年国际金融危机之后，明显地有一段贬值压力。

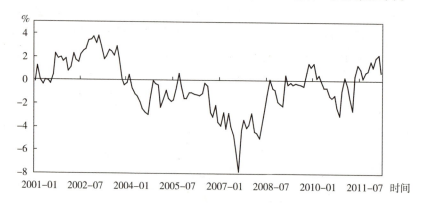

图 14　中美实际利差

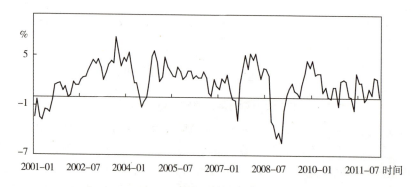

图 15　根据实际利率平价计算的人民币升值压力

可以看出，当人民币名义汇率比市场预期水平偏低时，即使我们的实际利率比美国的实际利率有一段时间偏低，那个低利率也仍然高到足以维持升值压力了。这似乎又从另外一个角度告诉我们，判断均衡利率是应当考虑的因素。

　　最近我和同事在考察研究上述均衡利率理论的基础上，来了一个大综合。所谓大综合就是，我考虑费雪的自然利率，也考虑以此为基础的泰勒规则，但进一步我也考虑开放经济条件下汇率的影响，也就是利率平价机制，把这些纳入一个"动态随机一般均衡模型（DSGE）"。图 16 显示了模型模拟的结果。这个虚线是我们银行间的质押式回扣利率，然后实线是模型估计出来的均衡利率。把上述因素都考虑进去以后，似乎我们的银行间利率没有系统性地偏离给定汇率条件下的均衡利率。

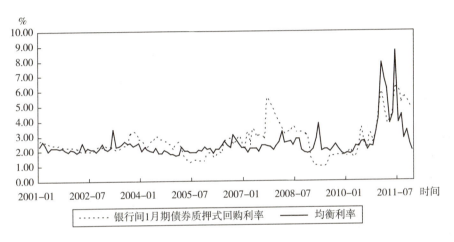

图 16　用 DSGE 测算均衡利率

　　我们比较一下用泰勒规则、利率平价和 DSGE 模型对 2007～2008 年的利率进行的评价。泰勒规则认为当时我们的利率偏低，而利率平价认为我们的利率开始偏高，后来偏低。但是 DSGE 模型则认为当时利率偏高。那时候我们是在升息，准备抑制通胀的时候，大家一定能够回忆起那个时候。但是为什么 DSGE 模型说我们这利率还偏高呢？我认为原因在于我们的利率政策在危机之后确实面临着一个两难境地。按照泰勒规则，如果当你国内出现通胀缺口和产出缺口的时候，你应该升息，这是泰勒规则告诉你的。但是我们国家那个时候通胀缺口、产出缺口恰恰是由于外部失衡产生的。当时的外部失衡一个表现是经常项目顺差，一个表现是资本流入。因此若升息，结果一是吸引资本流入进一步增加，二是抑制内需以后会减少进口，从而进一步扩大顺差。因此实际上那个时候利率政策是一个两难局面。泰勒规则告诉你应该升息，但是利率平价告诉你应该升值加降息。

七、寻找结论

实际上回过头来看，我们那时走的是一个中庸之道。所以对这个问题的研究，总的来说是反映了一个事实，即任何一种理论都是有假设前提的。你看费雪和泰勒在研究这个问题的时候都是有前提的。费雪那个前提，是个封闭的经济。泰勒那个研究他自己也承认是个封闭的经济。对这个问题更早的研究其实在凯恩斯，一九三几年的时候，他自己在《货币论》中就提到了。他承认各国有自己的自然利率。但是他提出了三个概念：自然利率，政策利率，还有一个国际利率。因为他考虑到了不同国家，不同国家自然利率是不一样的。因为发展水平、发展阶段不一样，有的国家自然利率高，有的国家自然利率低。这国际利率水平往往是由大国决定的。如果两个国家规模相差并不悬殊，那么两者博弈的结果决定国际利率的水平，通常可能是在两国自然利率中间取一个值。有人用泰勒规则估计中国的自然利率，就是泰勒规则中的那个常数项，最后估计出来的数值是高于美国的那个自然利率，但是低于我们的潜在增长率，更靠近美国的那个自然利率。这是不是从一个侧面反映了凯恩斯所说的国际利率与自然利率之间的关系？

难能可贵的是，从理论的框架来看，当时凯恩斯就已经看到了不同国家在开放经济条件下，利率水平不一样。这样的话，一国的自然利率、国际利率和政策利率就不一样。他认为只要这三个利率不一样，就不是一种均衡状态。最终在全球均衡状态下，这三个利率要一样。但是这三个利率一样的话，凯恩斯那时候认为，要存在金本位那样的货币发行约束，要有资本流动，并有因资本流动导致的国际收支自动调节。也就是说，如果黄金从低利率国家流到高利率国家，高利率国家的利率会降低，低利率国家利率会升高，这样的话，最终刚才说的那三个利率会趋于一致，趋于均衡。但是凯恩斯说的那个金本位，现在已不存在了。现在如果资本从低利率储备货币发行国流向高利率非储备货币发行国，这个资本流动可能是无限的，储备货币发行国的利率似乎可以无限期地维持在低的水平上。

在金本位下，一个国家黄金的流出会自动地导致资本输出国货币的紧缩和利率的上升。而现在的资本输出国，资本的流出，不会自动地导致货币的紧缩和利率的上升。在这种情况下，我们作为资本输入国这一头，我们的利率政策怎么弄呢？实际上这是个挑战，可能就没有一个特别标准的答案，这是我们作为一个发展中国家，大的新兴市场国家，在利率或者货币理论和实践上面临的一个问题，这需要大家更多地去思考和研究。

今天我针对国际金融危机以后，货币政策在数量方面和价格方面面临的一系列问题和挑战，把自己的一些思考，以及和同事们一段时间以来进行探讨的体会和想法，跟大家做一个沟通，主要是起到一个促进大家进一步研究思考问题的作用。一定还存在很多不成熟甚至错误的地方，请大家批评指正。

提问1：您如何看待中国利率化的进展和前景。

金中夏：中国利率市场化，这个我觉得是逐渐地在进步，现在咱们银行间市场已经完全放开，贷款利率也都放开，就是一个下限，下限下浮的幅度，然后是存款利率，首先就说存款利率本身，如果你要调控的话，我觉得也不是不可以的，关键就是说你这个水平要合适，只要合适的话，调控仍然是可以的。我觉得任何一个国家，他不可能什么利率都不调节，因为现在还没有任何一个国家说我的利率我都不调节了，只不过区别就在于我调节什么利率。如果你调节的利率是处于比较均衡的状态，你调节利率的原则大体上是对的，那仍然是有可能取得比较好的效果。但是我觉得现在在真正的挑战，还是说国内外，在开放经济条件下，利率均衡的决定，确实有它的困难。利率市场化，另外是直接融资进一步的发展，这就可以更多地让储蓄者不经过金融中介，直接地从生产领域拿到回报，这样的话，可能就有利于储蓄者得到更公平的一些待遇，而不是说被中介寻租寻得很多。

当然这样的话，直接融资它要求的条件还是很高的，它对信息的要求，对投资知识技能的要求很高，它又不像存款一样，存款虽然利率低，但很容易拿到，因为你省事，有保障，也不会赔钱，国家肯定给你保障，所以你利率就低。但是你要把钱拿到生产领域里面去，又不经过中介，然后拿到生产领域的高回报，这个其实是要承担风险，而且取决于是不是有这种专业技能。所以我觉得这里面就是一种权衡取舍，我觉得现在没有一个特别十全十美的办法。但是从外部来看，如果美国等发达国家经济逐渐、逐渐地恢复了，通胀上来了，利率回升了，外部失衡的条件就会缓解。另外中国潜在增长率也会逐渐、逐渐地下来，因为以前我们高增长，现在我们中速增长，这样我们这边降下来了，美国这边开始上去了，另外我们的汇率可以波动幅度大一些，这几个条件如果逐渐向均衡方向发展的话，在那种情况下，利率如果完全地放开，可能也就不会产生很大的震动，我觉得现在关键是内外开放以后，不同国家的资本流动的一个问题，这个问题我觉得还是很严重。

提问 2：从现在货币政策的操作来看，您觉得中国货币政策操作是否具备了从以前的数量调控转向利率调控的一个基本的情景条件，未来货币政策调控的思路是不是跟以前相比会有一个较大的转变？

金中夏：这个问题我也很难回答，但从学术理论的角度对它的一个回顾来看，我觉得实际上数量调控和价格调控在未来可能同时都会有，即使比如说我将来价格调控的方式、程度会发生变化，但是如果说中国由此而放弃数量调控，我觉得好像还看不到这种前景。其实发达国家现在也不是这样一个趋势，包括像欧央行，欧央行跟美联储就有这个争论，就是在现在，美联储说它现在已经放弃数量调控，只有价格调控，欧央行说它是两支柱，就是价格和数量是并重的。所以中国我觉得恐怕也不会一下子走到一个极端去，只调控价格，不调控数量，我认为是不会的。

提问 3：现在即使在资本缓冲条件下，哪怕这个国家的货币在缓冲条件下不是很流通，但它境外也能自发形成针对这样货币的市场，就相当于没有一个国内市场，一个单独体系的封闭的经济体。就在这种情况下，模型建设的时候应该怎么调整这种情况？

金中夏：不同的模型也不一样，这也很难说。我觉得你只要考虑到利率平价这个机制，就说明你肯定是一个开放的经济。

提问 4：有两个问题想请教您一下。第一个问题就是，在央行制定货币政策的时候，现在由于中国与美国和全球联系越来越紧密，以前我们主要考虑到国内经济的通胀或者是一些因素就可以制定政策，但是现在可能要考虑的因素有一些国际上的，比如说进出口贸易顺差这些因素，乃至西方国家的一些货币政策，都会影响我们国家的货币政策。我想请教您一下，在央行制定货币政策，比如说数量调控或者利率调控这些政策的时候，它基本上考虑的关键因素是什么？然后第二个问题就是，考虑到中国经济发展的过程，实际上我们知道任何政策手段都可能对经济发展都有一定的滞后性，或者有一些影响，频繁地使用这种货币数量政策或者价格政策，是否对保护经济平稳发展有好处？

金中夏：我觉得这个货币政策考虑的因素，最权威的你就看周小川行长在答记者问的时候，他说的那些因素，我觉得他说得其实已经非常清楚了。也包括对存款准备金率应用的考虑，也包括利率，他都说得非常清楚。

另外你提到的存款准备金率频繁地使用，我觉得关键看发展中国家使用它的背景，它的背景是发达国家大量的使用量化宽松，其实我们这边实际上是对应的一个量化紧缩，它的这个频繁或大量，比如说是中国紧缩的程度，吸收多余的流动性，超过了资本流入或者是因为外部的顺差所导致的这种流动性的增加，那说明我这个量化的手段好像用得多了。但是如果反之的话，那好像并不过分。

国际金融形势与中国经济转型

中国证监会研究中心　祁斌

2012 年 7 月

祁斌： 时任中国证监会研究中心主任，1991 年毕业于清华大学物理系，1992 年赴美国留学，分别获曼彻斯特大学生物物理学硕士和芝加哥大学商学院 MBA 学位，并于 2006 年获清华大学经济学博士学位。于 1996－2000 年就职于华尔街高盛集团等投资银行。2000 年应中国证监会邀请回国工作，长期从事资本市场研究工作，是国内研究该领域的资深专家，曾主笔《中国资本市场发展报告》，同时翻译出版很多著作，其专著《伟大的博弈——华尔街金融帝国的崛起》曾被多报刊评为年度最佳经济管理类和金融类图书。

一、什么正在悄悄改变中国？

对于证监会改革的一些背景和思路，我想谈一点个人的体会。去年年底至今年以来，资本市场的改革措施比较多，前两天郭树清主席在陆家嘴论坛中谈到，大家都说证监会的新政，每次添一个新政，没有那么多（措施），其实我看也确实挺多的，我想谈一谈理解，为什么有这么多的措施出台，它的背景是什么。

这个背景是两句话：一个是国际经济金融形势，在一个大的国际背景下；另一个就是中国经济转型这个背景，就是这两个背景。我们来谈一谈中国资本市场的改革与发展。

一说到资本市场，大家容易想到股票市场，实际上债券市场和资本市场应该是一个大的整体，我们是一个大资本市场的概念。有一个引言，是一个小故事，我在不同场合提到过。2011 年的时候，美国有一家知名的报纸，《华盛顿邮报》，其中有一篇文章题目叫做《美国人应该真正看上中国什么》，这是什么意思呢？这篇文章很抓眼球，美国当年是竞选年，竞选年大家都要争取话语权，这是美国竞选文化。一般竞选年炒作中国的话题会比较多，现在大家可以去看看美国的主流媒体基本上都是反华的言论，现在西方政治很有意思，它已经变得非常两极化，上台前和上台后完全是两个表现。比如上台前都是反华的，因为不反华拿不到选票，上台后基本上首先访问中国，因为寻求发展，上台前都是反对资本，上台后第一个团队就是华尔街，也是很有意思的现象，我把它概括为现在政治的表现。

中国为什么这么抢眼？中国对美国来说心理上是一个很大的挑战。我回国的时候是 2000 年，中国 GDP 排在全球第五，那时候美国最流行"中国威胁论"，中国现在全球第二，所以威胁比较真实。美国这个国家一直是比较强大，尤其是"冷战"结束以后更强大，基本上是独步天下没有对手，这样的民族也比较有危机感，所以它经常找对手，找来找去发现中国比较强，所以有了这一篇文章。

有的时候我跟媒体说，中国的媒体应该好好学习一下西方媒体的专业性，西方媒体用照片说话，以前有一首歌怎么唱的"一张好的图画，超过一千句语言"，照片的确很好。大家如果注意《FT 金融时报》，你会看到每天早上那一幅照片是多么经典。有这样一张照片很经典，拍了一个中国人戴了一个面具躲在五星红旗后面，背景是天安门广场。它的意思是什么？是说中国这个国家很可怕，每天都在轰轰隆隆往前发展，究竟有什么秘密武器，中国有什么竞争力，这是它的文章内容。文章内容很有意思，美国的精英层对中国很担心，因为中国发展太快了，比如中国学术论文发表很多，居全球第二，跟 GDP 排名相当，中国现在每年专利申请数量很多，很快就超过美国了，到三年以后的 2015 年，文章说美国人的精英层感到担心是对的，但是担心错了对象。为什么呢？因为中国的学术论文多是无关痛痒或是剽窃之作，这肯定是诬蔑，我们不能同意。但是我最近听说有一个教授剽窃了本科生的论文，我觉得我们本科生水平确实提高得很快。

当然这些论文除了提高国家的自豪感之外没有什么好处，文章还说国家资助的研究所基本上没有什么真正的创新，这是歪曲。说中国这么多的专利也不是真正的创新，都是为了在这些地方砸一个坑，钉上桩，将来老外到了中国以后，若用这些方面的专利必须向中国交钱，说是中国人向美国人学的，美国人就是这么干的，这些我们都可以不同意。

我对它的一个判断还是非常深刻的。其中谈到中国现在要是真正有什么优势的话，应该是中国的下一代。这代人在干什么呢？他们从中国的顶尖学府毕业，走出校园，走向市场，开始创业，这些人非常厉害，他们即将或者已经成为企业家。他讲这句话我是比较同意的，因为中国今年谈经济转型也好，谈创新经济也好，最核心的还是要有一批人能够从草根开始，走向高科技产业，而且能够跟资本结合。

我相信诸位现在做的工作也是这个领域中的一部分，因为你们做银行间市场，在给很多企业，包括中小企业提供融资的渠道和发展的空间。有这样一个有意思的地方，在北京海淀街上你们可以去看，有一个咖啡馆，车库咖啡，我去了四次。这个咖啡馆有什么特点呢？它每个桌上有一个创业团队，创业团队大概三四个人。现在的互联网时代，创业成本很低，只要搞一个互联网，搞一个无线上网，搞一个计算机就可以创业，也不需要买拖拉机，或者搞一个车床，太复杂了。所以每天有三四十个创业团队在这儿从早上开始一直待到晚上，然后每天有很多的天使投资者，很多都是煤老板，他们都来钓鱼，一说谁比较好，撒点钱，然后换点股份。

《华盛顿邮报》的记者来到这儿，写了一篇文章，谈到中国的草根很多地方都有这样的咖啡馆，这点很可怕。德国周刊也来到这个地方，看了之后说这个世界上有可能有一个国家会超过美国的规模，就是中国的中关村。大家说有没有可能呢？听他们说有点夸张，也不是完全没有可能。2009 年的时候，从硅谷走出来的 IPO（上市公司）是 1 家，因为那年正好刚刚发生金融危机，2008 年从中关村科技园区走出来 23 家，也就是说，完全有可能在未来的若干年中，这些地方会走出中国的乔布斯或者中国的苹果。美国人认为这是中国经济中最有竞争力的部分，尽管它们很小。

同志们，我们也要记住，25 年以前或者 35 年以前，乔布斯和比尔·盖茨就是在这么一个小小的屋里开始创业。这个地方小到什么程度呢？我去了四次，去过三次之后，我说去拍张照片吧，第四次我竟然找不到地方。前三次是怎么去的？前三次都是陪领导去的，不需要自己找，门口都有人迎接，第四次没有人迎接的时候，我竟然找不到这个地方，就是这么草根，因为它在二楼，没有门脸，一楼是一个旅馆，每天有这么多人在这儿忙活。现在它非常有名了。咱们中国的东西出口转内销，老外不去，谁都不知道，老外一去领导全去了，现在平均每个礼拜有一个副部级干部去，全国省长、省委书记都来调研，这是一个好事，如果每个省都这样去推动创新企业，而不是去发改委找项目，我觉得中国更有希望，这是一个引言，我觉得这个会悄悄地改变中国。我们大家做的工作，有可能很辛苦，但确实是中国走向更高层次经济发展模式或者道路的一个组成部分。

二、纷乱的世界，纠结的中国

我们在了解中国未来经济和增长发展之前，最好了解一下今天我们所生存的世界。我把它概括成十二个字，"世界上有点乱，中国比较纠结"。2012 年第一季度全球经济增长分成两个阵营，一个是发达国家（old economy），一个是发展中国家（emerging economy）。发达国家中欧洲国家是负增长，－0.1%；美国是 2%，2% 还算是比较温和的复苏；发展中国家中印度 6%；中国 8.1%，当然第二季度会比第一季度形势严峻一点，但是大致也不会太差。印度原来是7.5%，现在掉到 6%，但是还可以。

我们今天观察，过去 20 年世界发生了最深刻的变化。有一本书叫《世界是平等的》，全球化（globalization）代表世界的公平，就是很多信息的共享，交通很多方面的变化是非常深刻的。但是其实你会发现，它也带来很多的不平等，竞争更加激烈，因为大家面对的信息源都是一样的，人和人挨得更近了，经济体和经济体挨得更近了。

所以我们发现 20 年之后，全球化之后，世界上发生两个巨大分化，非常明显，一个分化是东西方世界的分化，刚才我讲新兴国家毕竟在迅速地崛起，不管它有遇到多么大的困难，发达国家相对来说是处于饱和或者有一点相对衰退的意思，还不断地出事，不断地出危机，这是其一。另一个分化就是富人世界，发达国家的富人俱乐部迅速分化，这个我觉得非常深刻。针对我们今天的中国有很重要的借鉴意义，就是我们要往哪儿走，要走哪种模式具有很大的意义。

最有意思的一个观察就是，金融危机于 2008 年 6 月发生在美国的，以华尔街为代表，金融危机三年之后欧洲垮了，也就是美国地震，欧洲垮了，这事非常有意思，美国还能相对温和增长，欧洲是负增长。我后面要分析一下为什么，简单地分析一下。我讲欧洲的问题，这个现象有点像什么呢，我经常说有点像咱们中国，比如说唐山地震了，唐山的楼还没有倒，乌鲁木齐的楼倒了，为什么？简单说是乌鲁木齐的楼盖得不好。有什么不好？欧洲有三个重要问题。

第一是高福利，而且是比较严重的高福利主义，我记得 2011 年有一次论坛，我讲了一个例子，后来微博上传得挺多的。我说希腊有一个修道院，大概几十个园丁，养了 30 年，还准备再养 30 年，最近大家发现修道院没有花园，几十个园丁都是吃空饷，是这么一个福利社会，这样的福利习惯以后很难往回走，人的生活越来越好，不能往回走，所以一旦紧缩财政，希腊人就上街游行，所以希腊这个国家，金融危机以前，民众基本上都在海滩上晒太阳，金融危机之后，一半人在街上游行，一半人是防暴警，全部在街上。这个很厉害，好在这一次投票还比较理性，在这之前，民意调查显示极左占据民意主动权，如果真是走到这一点则非常危险。这就是高福利主义，我们经常说马列主义有很深刻的道理，很多东西我们可能以前理解得也不够深刻。现在想想欧洲这种发展模式，欧洲的发展实际上是违背马克思主义的。生产力首先没有达到足够的水平，提前进入共产主义，所以最后只能往回找。这是第一个问题。

第二是欧元的设计。欧元的设计中有一个比较大的问题，就是它没有充分考虑到劣币驱逐良币的效应，实际上是"大锅饭"的问题。我本人 1997 年的时候刚毕业，去华尔街工作，第一份工作是在法国的一家投资银行，BNP Paribas。第一份工作是在伦敦，干什么呢？就发欧元债券。1997 年的时候还没有 EURO，它是 ECU，是一篮子货币的组合，当时我们还发到第一名的成绩，所以对欧元还是有点感情。没有想到出了十年差不多就完蛋了，当然没有真正完全完蛋，但长期来看它是无解的。

为什么呢？就是"大锅饭"的问题，竞争力完全被不同国家捆绑在一起，最后可能会共同趋向一个比较差的状态。所以我经常开玩笑地讲，欧元的问题就是没有找中国人设计，要是找中国人设计就可能不会出这么大的问题，因为中国人吃过"大锅饭"，吃"大锅饭"是要完蛋的，要提前有预警措施，但是它没有。所以第二个原因是欧元设计有巨大问题。

第三个问题是什么？我觉得是最深刻的，今天大家讲欧洲不行，意大利不行，希腊不行，西班牙不行，德国还行，问题是德国也可能不行，为什么？因为德国在全球化浪潮之下也面临巨大的冲击。如果说德国都不行的话，欧洲还有什么行的？没有。为什么德国也可能不行呢？这个大家都认识，Jaguar（捷豹），一个汽车的名牌，两个月以前到了奇瑞，至此没有一个主要的品牌没有到中国。欧洲比较优势的产业将纷纷被中国的企业并购，被并购走还是幸运的，萨博不可能被并购，结果就破产了，沃尔沃被中国人并购之后，三年时间扭亏为盈，还是中国一个农民买了他们的百年品牌名车，问题是你不被并购，你就破产。欧洲主要的产业汽车、化工统统都会转移。像宝马和奔驰，宝马现在在中国的销量超过世界上任何一个国家，这个趋势还会增加，有一次我在北京一个胡同会车，等了一会儿，五辆车过来有四辆宝马，而且现在宝马的价格是严重的高估，宝马 3 系卖 30 多万元，在美国卖 2.4 万美元，相当于十二三万元，所以宝马起码有再降一半的空间。中国的劳动力成本是德国和美国的 1/2，是世界上的 1/10，价格再降一半，所以要等若干年买宝马的话应该是降 4 倍，8 万块钱买一辆宝马 3 系。所以你等几年买宝马，我就说北京买菜和卖菜的开的都是奔驰、宝马，这是一个基本判断。中国人民有能力把全世界所有的 luxury goods（奢侈品）做成 commodity（大宗商品），一定是如此，这在十年之内一定会发生。也就是说欧洲面临一个尴尬。德国的精密仪器是很容易学会的，再精密总精密不过瑞士表吧。劳力士这些表非常贵，我前两天去瑞士开会没有戴表，我没有表是因为老丢，后来也懒得买。我同事说建议你去瑞士开会可以买一块瑞士表，瑞士表在瑞士便宜，我信以为真，到那儿一看完全不是，随便到柜台一看，看得上眼的，一看价格 5 万欧元，咱也买不起，我们要买得起就有问题了，证监会一个月也就几千块钱的工资，售货员特别热情，以为我是煤老板了，看了几次我说不好意思，别看了，咱们走吧。

陪我的一个老外特别有意思，是个中国通，他在上海工作 12 年，荷兰人，不仅中文讲得特别好，还特别懂中国国情。看我有点没有面子，给我打圆场，说这个表千万别买，我说为什么？他说在深圳就卖 200 元，我说谢谢，很给我面子。回来以后，有一次碰到世界经济研究所的所长跟我聊，聊到瑞士表，他说现在天津海鸥手表厂，每年向瑞士出口手表机芯 60 万个，出口地哪里？瑞士。所以大家要是特别喜欢瑞士表的话，可以考虑一下海鸥，没准用得是同一种机芯。

为什么会有这样的差别？全球化时代以后，学习变得易如反掌，以前方鸿渐去一趟欧洲要坐一个月的船，回来还要坐一个月，现在不用，你睡一觉就到了，现在去一趟深圳和去一趟欧洲没有什么差别，学习起来非常容易，而且中国人很好学。所以一旦学会了就很厉害，咱们先说高科技，现在 iPhone 是高科技，中国农民工在深圳组装没问题，更别说有文化的，那就更没有问题了，所以学习一遍，这是硬件。软件也一样，你说现在的金融，我记得我们去华尔街是 1996 年年底的时候，那个时候确实很崇敬华尔街，就跟现在的农民进了上海浦东一样，想看这个楼究竟有多高，一看帽子掉地上了，基本是这么个水平进去的，进去一看好多屏幕放在眼前，好多数据在滚动，到了那儿，坐下来的第一个反应就是他们为什么叫我来，肯定搞错了，因为我确实什么都不懂。但是给了我三个月，基本上天天抄定价，为什么？因为不会推导方程，期权（option）啊，exotic option（奇异期权）啊，这些奇异期权定价，好多人干了一辈子 trader（操盘手），他怎么定价的呢？都是猜的。比如巴西的市场加两个 BP（基点），俄罗斯掉期减一个 BP（基点），就这么掐指一算，你别说他掐指算得很准，因为他 market intuition（市场直觉）非常好，但是他从来不知道怎么算出来。中国人都会推导各种公式，像我还在清华教过量子力学，用不了两三天就整明白了，小数点后第四位都能算出来，所以他天天跑过来找我抄定价。

什么意思？就是对于中国来说，在这样一个全球化的时代，对外开放，得来的是整个世界，因为总体的判断是中国人学习老外的东西，比老外学习中国人的东西快得多。中国人现在用英文考什么托福、GRE，中国的高中生考美国的 SAT，比美国人都考得好，都是用美国语言，美国人拿中文考，门儿都没有，好不容易学会中文了，中国那种人际关系根本整不明白，所以若要看谁能坚持，谁是赢家。所以全球化时代是全球竞争力重新排排队，欧洲有可能成为第一个输家，最大的输家，为什么？从劳动力成本来说，没法跟中国、印度、巴西比，从创新能力来说又比不过美国。

2008 年金融危机之后，紧接着我们证监会于 2009 年年初主持召开全国证券监管工作会议的时候，写了一份材料对全球金融经济形势作了一个分析。当时我们有一句话，说金融危机使大家站在了同一个起跑线上，面向未来战略新兴产业的竞争，中国和发达国家第一次站在了同一个起跑线上，我们有机会了。三年之后美国找到两个产业，第一个以苹果为标志的平板电脑和智能手机，第二以 Facebook 为标志的社交网络，社交网络成为一个新兴产业。我们找到一个，叫光伏产业，到今天全国 60% 亏损，美国为什么有能力在危机之后迅速地重新挖掘出这么两个非常强大的产业。苹果强大到什么程度？2009 年的股价是 79 美元，那个时候它已经是世界级企业，三年后的今天，苹果股价是 600 美元，我们且不说它有没有泡沫，这不是我们可以判断的，是分析师去判断的。由此可见，美国经济的强大，就是它的弹性是不可思议的。

我们联想集团刚刚并购了 IBM，还没有来得及高兴，人家有 iPhone，联想做"乐 Phone"；人家有 iPad，我们联想做"乐 Pad"。因为跟联想比较熟，他们送给我一个"乐 Phone"，用了半天也不会用，就放弃了。我们现在搞家电下乡活动，市场比较广阔，也比较有深度，有的是不同的消费者。这是第一个差距。

第二就是 Facebook 成为一个新兴产业，这是个社交网络，我前年和发改委的同志，搞了一个战略新兴产业规划，人民银行也参与了，所以跟产业规划领域这些同志关系都很好，前段时间开会碰到，我说社交网络能够成为一个产业，你们发改委的同志有没有想到？他们说没有想到。我说没有关系，美国发改委也没有想到。其实美国没有发改委，日本通产省年年都做产业规划，却没有找到一个新兴产业，过去 30 年全部错过。那么我们究竟怎么去发展中国的战略新兴产业，基本上我们不去绝对地说，大概只能依靠市场，最重要的是依靠金融市场，因为新兴产业变化太快，你要迅速捕捉，任何一个地方政府官员等他想明白的话，不是错过了，就是提前了。至于为什么光伏产业在全国大面积亏损，而且还要继续亏损。我们讲为什么这么重要，我们做的工作，金融市场的发展，资本市场的发展非常重要，因为这几乎是中国用来追赶全球新兴产业最重要的工具。

我们说到中国经济也是走了 30 年的高速增长，我们非常习惯于 9.8%，突然发现"保 8"成了问题，今天都不说保了，都说稳增长。但是你要简单地去保增长，有两个手段，一个货币政策，货币政策容易带来通胀，还有就是上大项目，那就容易延缓我们经济转型的进程。所以中国经济现在有三个目标，第一个保增长，咱们叫稳增长；第二个叫做抑通胀；第三个是促转型。要同时实现这三个目标非常难，而且是相互矛盾的。

我去年看过一部爱国主义的教育片，建议同志们都看看，很好看，现在爱国主义拍得比较生动，不像以前那么呆板。片子叫《太行山上》，有一句经典台词是阎锡山说的，我借用一下，他说："你看看我多难，要在三个鸡蛋上跳舞，一个国民党，一个共产党，一个日本人，都不好惹。"今天中国经济的三个鸡蛋，一个是通胀，一个是增长，一个是转型，都不好惹。

与此同时，中国外部环境比原来变得异常复杂，中国最近比较热的事情是南海，南海黄岩岛全世界人民都想来。黄岩岛离菲律宾我看是挺近的，所以菲律宾有想法我觉得可以理解，离越南也不远，所以越南发表意见也可以理解，但是它离印度不近，印度人也来了，日本人也来了，不仅如此，美国人也来了，欧洲人也来了，现在俄罗斯人也来了，俄罗斯站在我们这边。美国跟菲律宾搞军演，中国就跟俄罗斯搞军演，俄罗斯说过两天再跟菲律宾搞军演。南海问题背后是什么？一方面是领土，另一方面是资源，以前大家没有把石油看得这么重，或者以前不知道底下有这么多石油，可能有点差别。其实最根本的是全世界人民对黄岩岛和南海事情上对中国表的一个态，就是我让不让你继续成长。

中国发展速度太快了，快到什么程度？快到全世界谁都有点受不了。大家如果观察中国周边的国家会发现，它们经济上基本都依附中国或者依赖中国，政治上一律都反对中国，这是一个基本的判断，除了一个例外，就是巴基斯坦，但它在国际上基本没有发言权。就是因为中国的发展这么快，引起全世界的不安，所以大家都要来，要表一个态：就是要遏制你，要是遏制不了就来参与分享你的成功。

因此，我觉得南海事件或者黄岩岛事件，是全世界人民在这个事情上的一个会战，一个大国的博弈。非常明显地，为什么原来中国很弱小、经济很落后的时候，还没有那么多人跟你讨论这个事情，今天中国比原来强大很多倍，竟然有这么多不同的声音。答案很简单，你现在是比原来强大了，但是你还不够强大，就在你将起未起的时候，全世界各国，尤其是主要大国在试探你的底线，这是这个问题的本质，也是中国现在面临的外部环境。

但是从正面来看，这是中国正式迈入大国时代的标志。我们中国一直是大国，我们文化大革命的时候就是大国，为什么？因为我们有原子弹。改革开放的时候，邓小平同志跟很多国家的元首首脑都谈过话，说希望你们好好支持我们改革开放。说如果你们不支持我们改革开放，我们就把中国人全都放出去，你就受不了了，原来我们是这么一个意义上的大国。今天的中国，全球经济总量第二，然后在各个地区都有参与，我们现在听到全球不管是非洲、南美洲什么地方地震了，或者飞机掉下来了，上面有没有中国人？一般都有，中国经济活动已经走到了全世界各个角落。这个阶段，应该说是一个非常敏感的阶段，但是走向一个真正大国不可回避的阶段。历史上一百年以前，美国人就到我们这个阶段，那时候全世界流行的理论叫做美国威胁论，那时候遏制美国的急先锋是美国的老祖宗叫英国。所以英国人那时候也是非常纠结，我让不让美国继续成长，遏制不住了就要进去投资、分享，反正没去的现在还在英国放羊呢。当时也是一个很难的判断。但是美国真正崛起之后，形势完全不一样，小布什说我要打伊拉克，所有人都说这是一个很 stupid（愚蠢）的决定，但是布莱尔说我第一个报名，以表忠心。所以我们可以看到，一定要以实力说话。对中国来说现阶段最重要的还是中国坚定不移地成长和坚定不移地发展。

三、"中等收入陷阱"之谜

那么中国怎么去成长，怎么去发展？这是经济发展阶段中一个非常著名的时期，叫做中等收入陷阱。这个世界上有诸多关于这方面的研究，有的人认为有这个统计有效，有的人认为没有这个统计有效，总体来看是有的。在一个国家进入人均 GDP 三千、四千美元之后，是一个矛盾多发期，最有名的例子是阿根廷，你不要看不起阿根廷，阿根廷在一百年以前达到我们现在的水平，即人均 GDP 4 000 美元，美国也达到了人均 4 000 美元，所以一百年以前，阿根廷和美国是同一个起跑线，当然今天我们都知道结果了，差距很大了。阿根廷一百年没有走出中等收入陷阱，没达到人均 1 万美元，美国现在是 46 000 美元。那么阿根廷究竟发生了什么事情，与阿根廷类似的有墨西哥和巴西，阿根廷进入这个著名的中等收入陷阱，这里面包含了十个陷阱，哪十个呢？

第一是经济停滞，第二是民族乱象，第三是贫富分化，第四是腐败多发，第五是过度城市化，第六是公共服务短缺，第七是就业困难，第八是社会动荡，第九是信仰缺失，第十是金融体系脆弱。阿根廷非常不幸，十个陷阱一个都没有落，全走了一遍，到今天还没有走出来。我们要想中国有没有这些问题？我们可以仔细分析，有些问题我们是有的，有些问题我们是没有的。有些问题我们以为没有，但是可能我们有，有些问题我们实际上有，我们还不好说，所以这是一个非常困难的阶段。其中最主要的问题有两个，为什么资本主义国家有中等收入陷阱？

第一个问题是被经济学者称作的全要素的生产率提高很难。你要从初级加工走向所谓的创新经济，在全球有谈判力，这个跃迁很难，很多国家上不去，例如在底层的墨西哥、阿根廷，阿根廷现在还出口牛羊肉、毛皮、矿产，还是很低端，马来西亚很低端，墨西哥很低端，上不去这个层次，比较有名上去了的是美国、日本、韩国，实现了这样一个跃迁。

第二个难点是人民的期望值提高很快。人民期望值的提高超过了经济社会发展能够提供的增量，就会出巨大的问题，很多国家实际上是差在这两个问题上。

中国会不会有这个问题，举一个例子就会一目了然，这个例子背后同时有这两个问题，第一个是富士康事件。富士康事件给中国社会的启示是多元化的、多层次的，但是其中两个最深刻的是：第一，全要素生产率提高非常难，一个 iPhone，今天它的硬件组装在中国，软件 programming（程序）都是中国人在加州写的，都是我的同学，清华大学我们那届 103 个同学，去美国 60 个，58 个帮助美国进行创新经济，很多都在苹果写软件，所以，硬件是中国人做的，软件也是中国人做的。在销售方面，今年苹果在中国的 iPhone 销售是爆炸式的，苹果股价飙升的重要原因就是在中国市场销售量剧增，但是我一直没有想到为什么中国人的 iPhone 买这么多，美国人咬牙买一个 360 美元的手机要花好长时间，中国人一买就是 100 个，为什么？公款消费或者送领导，不计成本，当然我相信这是个别现象。

这个增长太快了，所以一个产品，它的硬件在中国，软件是中国人写的，中国占销售很大一部分，360 美元中富士康拿了不到 7 美元的加工费，还不是利润，只是加工费。所以大家可以想想，中国经济在全球谈判力多么可怜，你还要记住，富士康在中国的产业是绝对高端，我们大部分远不如富士康的谈判力，这是中国经济在全球大致的平均水平。

你要从富士康到苹果这个跃迁非常难，你的利润很低，所以不够分，大家很郁闷，最后就跳楼了，13 连跳。你有没有听说过苹果 13 连跳，没有的，因为它的奖金很多，大家心情很好。

第二个是这个期望值增加非常快。像我们这一代人，还比较能吃苦，我们父辈就更能吃苦，我们说领导让多干点活那得感激涕零，虽然不发奖金，但是我们有奉献精神。我们要去企业干，多发钱给你多加点班，那很感谢。下一代就不行，就跳楼了，它的生活期望不一样，我们今天要认识到中国社会管理成本增加的速度很快，离我们不远的地方，有个地方在拆迁，我不说具体在哪里，一平方米给的拆迁补偿是 12 万元，不同意的话底线是 20 万元，你能想象吗？五年以前能想象吗？十年以前能想象吗？不能想象，所以我觉得这个社会的期望值增加得是比较快。

所以我最近看到习近平同志有一句话，大概是说，"不要去说做不到的事情，就是不要 over-promise，要实事求是"，一方面加强全要素生产率的提高，另一方面不能够去许诺做不到的事情。

富士康出了事情，在深圳是老鼠过街人人喊打，大家不欢迎就到了河南，河南人趋之若鹜，大家知道我们中国有很多穷地方，中国还很落后。我们的 GDP 总量是全球第二，是因为我们有 13 亿人，平均下来非常落后。所以我们讲这就是我们今天中国的发展阶段。那么怎么跨越中等收入陷阱，中国一直讲跨越中等收入陷阱的门槛，我们讲要跨出去，跨出去大概要十年，就是未来的十年。

怎么算呢？2010 年年底中国 GDP 人均 4 300 美元，但是我们 2011 年年底是 5 400 美元，现在还没有公布，如果按照"十二五"规划的 7%，连续 10 年复利就是两倍，2020 年大致是 8 600 美元，人民币升值 10%-20%，这都是人民银行定的，大概就是 1 万多美元，如果 2020 年前后中国人均 GDP 达到 1 万多美元，什么概念？美国是 4 万多美元，美国也增长，增长速度比较慢，大致是美国的 1/4，人口大致是美国的 4 倍。所以我们一个非常粗略的匡算，2020 年左右，中国经济总量赶上美国，超过美国，全球第一。这个对中国非常重要，为什么？有两点。

第一是中国如果达到全球经济总量第一，无论是黄岩岛的事情，还是钓鱼岛的事情，谈判力度就会完全不一样。在钓鱼岛事情上，中国一直讲我们要共同开发，日本说我要把它买下来，这不是胡来嘛。如果中国成了全球经济总量第一，可能他说咱们就共同开发，都会更理性。第二是中国如果人均GDP达到一万美元，正式宣告突破了中等收入陷阱。突破中等收入陷阱之后，这个国家发展道路相对来说会更加顺畅，会简单一些，为什么？因为每个人都有所失去，我们就更容易推动更深层次的改革。

所以无论怎么看，对中国来说最重要的都是未来十年。未来十年有两个基本目标。第一要保持稳定，第二要保持增长，但是这两个目标是相互依存的，没有稳定，就没有增长，没有增长同样不可能有稳定。所以还要推动改革，改革有很多方面，最重要的方面之一是金融改革。金融改革中最重要的方面之一是发展资本市场，中国的金融资源更多地被市场配置，而不是被商业银行配置，尽管商业银行相对我们以前的传统计划经济是进了一步，但是它相对于市场来说还是相对落后的。

我去年有幸在全国人大常委会作了一次汇报，在10月底，题目叫"资本市场与中国经济社会发展"，当时是吴邦国委员长主持，讲一个花絮，这个讲完了以后，我要去纽约开个国际会议，直接去机场了。到了纽约，下了飞机，进了宾馆，打开手机，一堆电话打进来。我不知道出了什么事，一接电话我说什么事？那边说主任新闻联播看见没有？那一天新闻联播没有什么重要消息，就把这一条给播了。而且巧的是什么？那一天总书记去瑞士开会，没有图像传回来，讲了八秒钟。接着就是吴邦国同志，一分二十一秒，刘士余行长每次见到我说就是一分二十一秒，我们好多同事掐了表，因为政治局常委通常几秒几秒都是有数的。我回来以后，我们会里好多人碰到我，说看见你上了新闻联播头条，其实不是，显得好像是头条，我看他们比我还高兴。为什么呢？因为他们搞资本市场搞了二十年，资本市场方面的内容从来没有上新闻联播的头条，这个事情很悲哀。为什么呢？因为我觉得对今天的中国来说有一千件必须要干的事，资本市场排到前三，这是必需的，很不幸我们的很多领导好像不是这么想的，基本上都不是这么想的，所以很麻烦，需要我们大家继续做工作，继续去推动。

为什么我们讲必须排到前三呢？因为今天中国无论是经济发展，还是社会稳定，都跟这个市场有关系。尤其是全要素生产率的提高，如果没有一个有效的社会资源配置场所，无从谈起，毫无意义。没有一个国家是靠行政手段来推动经济转型，靠行政一定会失败。

我讲个例子，从社会稳定的角度来说，我们大家都讲中国社会呈现贫富分化的问题等，我们必须要有一个制度安排，能够让中国老百姓的财富和中国经济的成长挂钩，我们讲一个制度安排，而且必须是一个组合，这里面包括债券市场工作的部分。我想我们今天理解中国经济转型，最需要了解的还是历史。我经常说年轻人，我看在座很多是年轻人，80后、90后都有，你们要读历史。但是我觉得也不要只读中国的历史，中国历史好多都是宫廷史，斗来斗去的。大家读一读经济史，我觉得经济史比经济学重要，金融史比金融学重要。因为人的行为中很多东西不理性，所以只有通过一段统计平均，有一定的统计，今后一段时间，你再来看可能会比较有效。我经常说，如果20世纪30年代评选最伟大的经济学家，我估计有两个人肯定当选，一个叫斯大林，一个叫希特勒，他们都很快把本国经济搞得非常红火，又很快就完了，大家一看还是不行，还得搞市场经济。所以一定要回归，究竟社会是走什么样的道路。

今天的中国，就是道琼斯指数，150多年的历史，我们要理解中国经济的今天，就是美国历史两个阶段的叠加。第一阶段就是工业化，在1900年以后，美国四大产业最重要，第一钢铁，第二汽车，第三化工，第四石油冶炼。今天中国基本如此，中国正在重工业化，重工业化过程中美国企业纷纷通过资本市场迅速扩大、并购、整合、上市、发股票、发债券、扩张，尤其是它的并购（merger andacquisition），在这个阶段，美国的并购多达几百起，光石油冶炼这个行业就400起，最著名的人物叫Rockefeller（洛克菲勒），中小企业炼油厂跳楼的跳楼，卧轨的卧轨，很不幸，但是对经济来说是一件好事，大家都知道洛克菲勒最后20年就是捐款，洗刷心灵的罪恶感，但是他做的事是符合社会发展规律的。

并购主要是发展资本市场，美国1901年钢铁产业达到什么样的集中度？它的一个钢厂，卡耐基钢铁公司，已经超过英国全国的钢铁产业，英国那个时候是日不落帝国，是全球第一强国。就像今天我们宝钢有没有美国全国的钢铁产量？还没有，但是卡耐基那个时候做到了。但是J. P. Morgan来找卡耐基了，他说你的工厂办得不错，但是有一个问题，什么问题？他说你老兄规模太小了。卡耐基都听傻了，我一个小小的钢厂都超世界第一强国了。J. P. Morgan讲了一句名言，我要把你买下来，我要把美国其他几个大钢铁公司都买下来，把你们拼在一起，最后形成的企业叫做美国钢铁集团，它的注册资本金是美国联邦政府该年预算的2.75倍。什么叫富可敌国？一举奠定美国钢铁产业在全球的绝对垄断权，今天中国也是号称全球钢铁产量第一，我们有多少家？2 600家，2 600个土豆，谁都吃不了谁。谁要想把别人并购了，那边工厂所在地的市长、市委书记、省长一块跟你干。我们今天的市场经济遭遇了行政管制，这样就没有竞争力。但是不管怎么样，我们预计未来的十年，并购风潮在中国一定会是风起云涌。因为任何符合经济发展规律的事情，你喜欢也好，不喜欢也好，它都一定会发生。任何人去阻挡都只会自己吃亏，谁去顺应这个时代的潮流，谁就会成为受益者。有一次我们讨论并购，我开玩笑说应该跟中组部联手来做这个事。哪个地区的领导允许当地企业跟别人并购，我们给他提一级，全国并购就马上风起云涌了。

第二个是美国新经济的发展。正好是两个世纪的最后 30 年，20 世纪最后 30 年，美国四大产业，第一 PC、第二电信、第三互联网、第四生物制药，在毫无征兆的情况下突然崛起，依托资本市场，纳斯达克。1970 年的时候人类甚至不知道有这四个产业，在随后 30 年成为人类最主要的四个新兴产业。类比一下，我们今天也没有任何理由知道未来 30 年究竟什么是真正的新兴产业，是物联网、云计算、干细胞还是风能发电，我们已经发现有几个不是的。像光伏产业，像风能发电，还比较遥远，所以我们这些都要交给市场。

四、历史上的今天

我们看到美国，《伟大的博弈》我希望大家都去看看，这是我译的。我想它揭示美国这个国家为什么会崛起，从美国经济的心脏，华尔街来观察美国为什么会崛起。

美国为什么会崛起呢？有两个主要原因。除了很多别的原因，咱们不谈其他原因。第一个是它从第一天起就搞了自由经济，美国 1789 年建国，倒退两年到 1787 年，13 个州在一起搞了一个约定，约定什么？我们 13 个州，州和州之间不允许贸易壁垒。这个今天是 common sense（基本常识）。我们从天津运点海鲜或者大麻花到北京来卖，中间没有收税，这是很正常的，应该是这样。1787 年从法国里昂到马赛运一车货物，要交多少次税呢？要交 50 次以上的税，分别有 50 个不同的王公贵族来收税。美国人在 1787 年的时候在内部搞了一个自由贸易，所以一旦立国后迅速超越。这是它第一个了不起的地方。第二个就是它充分利用资本市场，它的社会资源的配置很大程度上依托于市场，而不是通过商业银行，而且越来越如此。这个为什么很重要呢？因为我们讲社会资源配置效率是至关重要的，社会资源配置效率高，就相当于你这个人气血比较旺盛，哪儿有点小病小灾，过两天就没问题了，就好了。如果这个人气血不行，或者心脏血液循环不行，过两天就不行了，道理很简单。

那么这个资本市场资源配置对国家来说有多么重要？我们举一个比较通俗的例子，在我们国家的西部怎么卖牲口，在袖口里面谈价钱，手指头谈价钱，这是什么行为呢？一个生产要素的定价方式，通过手指头。这个生产要素叫什么？叫牲口。这个定价方式好不好？很好，很方便，什么都不用带，带着两只手来就行了。但是它有问题，第一不透明，第二不标准化，万一没有掐好，两个人打起来了。如果一个社会所有生产要素能够在一秒钟，在电子平台上全部交换完毕，你说哪个快？后者就是资本市场。一秒钟全部交换完毕。你说现在经济社会上什么东西不能证券化？股份变成股票，信用变成债券，潜能变成期权，电子平台全球化一瞬间交换完毕，这个市场是不是完美的？不是，是很不完美。为什么很不完美？因为人很不完美。在股市六千点的时候，说一万点不是梦，一千六百点，没有一个人敢进去。但是即使这么不完美，从长期统计平均来看，对于社会资源的配置远远超过其他任何方式。

就说资本市场，我们听说的资本市场上的事情全是坏事情，美国 1929 年有问题，2008 年出问题，它再有问题也比没有市场好，这是一个基本的判断。况且我们今天站在历史的肩膀上，我们可以少犯点错误，我们可以干的比美国人好一些，发展债券市场时可以少出一点雷曼这样的问题，少出点 1929 年这样的问题，美国从有资本市场那一天起，133 年没有证券法，133 年没有证监会，133 年没有基本的研究，完全是纯投机，搞了一百多年。这么乱七八糟，依然世界第一。所以你要想一想，这个市场还是一个了不起的发明，但是没有办法，人类没有别的办法。

我们为什么要发展市场，发展资本市场，就是要通过一个长期来看相对有效的方式，来配置中国的资源。一切很多所谓的创新、经济转型才有可能发生，才有可能不再度落后。而且我们要确保这个市场有效，我们搞个市场，若它乱七八糟也不行，它会崩溃，会出问题。

最近我去印度参加中印经济对话，还是人民银行组织的。很早以前就有机会去，大概是 2005 年，后来我没去，为什么？因为我向党校同学打听了一下，听说印度特别脏、特别乱，我的民航总局的同学跟我说，说你要去得自己背一桶水过去，这太麻烦，他说你要不背水，就会得一场大病。我说，那算了，不去了。这几年印度发展比较快，每年都是 7.5％的经济增长率，而且西方都说印度很快就会超过中国，印度人自己也真是这么想的，我有一次在纽约开会，他说听说你们上海发展非常快，过两年就超过孟买了，我说还差得比较远。我很好奇，我说去看看。中国很多人都很好奇，不知道印度最近怎么回事。到了之后中国驻印度大使馆的大使请我们吃饭，张大使跟我们聊，说外交部有一位老同志，什么国家都去过，就是没有去过印度，总听说印度要超过中国，就特别担心，要求领导在退休前派他去一趟印度，后来去了。回来以后他说，这下我放心了，还没有那么快。

这次我去了，去了以后我发现一个特别有意思的现象，中印经济对话，讲印度问题的时候，我们几个，包括人民银行的领导都说不出啥来，不太有研究。讲中国问题的时候，印度人个个抢着发言，而且基本上比较准确。当时我很感慨，我说中国人是真不关心印度，印度人是真关心中国，天天盯着中国研究。中国人总得关心点谁，中国人天天盯着美国。所以为什么这么多人愿意看美国的历史，美国的历史美国人自己都不知道，只有中国人最清楚。你仔细想想也可以理解，美国人是暴发户，哪个暴发户天天研究自己的历史，一般都是掩盖自己的历史。谁关心暴发户的历史？是下一个想成为暴发户的。

五、金融结构与经济弹性

我们讲经济结构与经济弹性的关系，这是过去的，金融危机爆发前的，1960－2007 年的 47 年，IMF 两个经济学家做的图，全世界发生 84 次危机，有 17 个经济体，它们的金融结构。

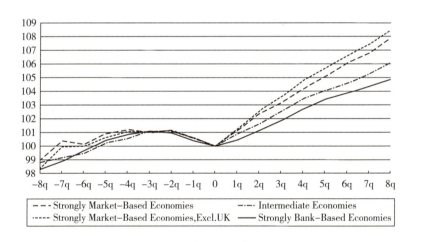

图1　金融结构与经济弹性

图 1 左边的比较多，是资本市场为主导的金融体系，包括美国、英国、澳大利亚、加拿大。最右边是奥地利、西班牙、葡萄牙、比利时，基本上今天发生欧债危机的几个。你可以看这是它们的金融机构，它们在危机之后的恢复能力，看图 1 的中间，这是危机，从零开始，你可以看到恢复的速度，一律统计有效，就是以资本市场为主导的金融体系的恢复能力远远高于商业银行为主导的经济体系。这基本上没有任何争议。

六、金融体系的演进趋势

选一个国家为代表，美国的演进趋势也是如此。1913 年美国股市市值和银行存款比例大致是 1：1，1999 年这个比例变成 9：1，大致的说法是 1913 年美国金融资源一半对一半，一半在银行，一半靠市场配置，一个世纪下来之后，90% 金融资源通过市场配置，美国是一个行政管束比较少的国家，这两种资源配置方式也是一种自由竞争，竞争下来最后证明市场的方式比较有效。也就是说，从人类社会发展的基本趋势来说，越来越多的金融资源走向市场配置是不可阻挡的趋势，我们中国人要学会尊重人类社会发展的基本规律，同时尊重我们中国的国情，但是我们一定不能够违抗人类社会发展的基本规律。

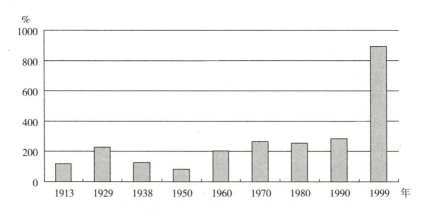

图 2　美国金融体系的演进趋势

这个发生的变化对中国来说，对今天中国金融体系改革来说有两个事情：第一发展资本市场，包括债券市场；第二改造商业银行。怎么去改造商业银行？让商业银行主动上市是第一条，中国人做了，让商业银行发展中间业务是第二条，中国人做了，第三条是推动资产证券化，也正在做，所以我们讲中国人站在历史的肩膀上，我们做的这些事情都是对的，大的方向都是让更多的金融资源把它推到市场上去，通过市场来配置，同时我们优化这个市场的效益。这个对中国经济的贡献是无形的，你可能看不见、摸不着，但是它最后反映出来很多很多，奇迹就会发生。那么我想对我们今天，对我们大家所从事的工作，可能会有一个更好的方向感。

七、中国为什么没有乔布斯

去年中国社会有一个广泛的讨论，说中国为什么没有乔布斯，乔布斯的去世引起中国社会广泛的同情和关注。我看在中国悼念乔布斯的活动比美国还多一些，中国人实际上不是悼念乔布斯，而是突然想到我们怎么没有乔布斯，是替自己悲伤呢。为什么？我一直的观点是，乔布斯并不是一个人的奇迹，他实际上还是制度安排的结果，是个制度的产物。很简单，一个苹果手机，很奇迹，2005年的时候，我听人说这个手机翻页，我觉得不可想象，现在已经是稀松平常了，也就是说要创造出苹果这么一个美轮美奂的产品，确实要付出很多努力，苹果是46000人加班了3~5年，天天都加班，你说让46000人天天加班，光靠做思想工作估计是做不到的，靠学雷锋也很难做到，其实非常简单，就一个东西——期权。就是每个员工跟苹果的股价挂钩，一个员工有1万股苹果股份的话，它79美元的时候，你就是79万美元，它变成600美元的时候，你就是600万美元了，就是这么简单。你说乔布斯本人，大家说他是一个很纯粹的人，一辈子就热爱创新，你不要忘了，他1976年创立苹果，1986年上市，已经是billionaire（亿万富翁），拥有10亿美元，所以他有机会成为一个更加纯粹的人，况且上市之后，其实它很多技术都是组合的，都是把别人的技术给拿过来。它没有资本市场去发股票，发债券，一点可能性都没有。你再说，美国何止一个乔布斯，中国忘性大，前两年特别崇拜比尔·盖茨，现在都没有人提比尔·盖茨，其实美国大大小小的比尔·盖茨、乔布斯数不胜数。

所以我们讲发展创新经济还是以制度建设为本，我们很欣喜看到今天的中国到处搞科技园区，非常好。我想提醒大家，有机会一定去硅谷看一下，年轻人应该多出出国，如果去美国的话，主要是去两个地方，第一去看纽约，美国经济的心脏，第二去看硅谷，美国高科技的翅膀。美国的奇迹就是华尔街加硅谷，如果你实在有空的话，还可以去看看芝加哥，我在那里念过书，芝加哥是自由经济的鼻祖，还是值得一看，期货市场比较发达。

我们原来读了很多自然科学的学科，走了很多弯路，我学物理是在清华，后来学计算机，去美国学分子生物学，还学过有机化学，我学的任何一个领域中，全球前三名都在硅谷，这个小地方占美国面积的很小一部分，占美国GDP的1/12，不是一般的1/12，而是最先进的1/12，而且是全球最先进的。所以我们对硅谷是很崇敬的。我1992年到美国，1995年去芝加哥读MBA，1996年实习的时候，去了硅谷。想象中的硅谷满地都是硅金片，那么多高科技公司，到了硅谷以后一看到处是沙漠，那时候突然意识到硅谷没有什么奇迹，唯一的奇迹，就是一个叫 Thirty Miles Rule（30 英里规则），就是任何一个创业者在 30 英里之内能够找到一个风险投资家给你投资，任何一个风险投资家到这儿在 30 英里之内能找到所有你想投资的技术。说来说去就是资本和科技的结合，这个我们今天看到，非常欣喜地看到在中国大地到处都在忙活，我看现在连县城都有科技园区了，这个稍微夸张一点，但是意愿还是好的。

八、我们离成熟市场有多远：市场机制

我们讲了半天中国的金融市场，尤其是资本市场，在这么一个伟大的转型中，它责无旁贷。现在我们市场怎么样呢？应该说很不怎么样，为什么呢？因为我们还差得很远。我想问这么一个问题，我们离成熟市场有多远？虽然这个成熟市场也经常犯错误，经常表现地很不成熟，但是我们必须保持一个清醒头脑，我们还差得很远，随便讲三个方面，第一市场机制，第二市场结构，第三市场文化。

第一，市场机制方面，全球的交易所，IPO 叫注册制，全世界只有两个例外，一个是上海证券交易所，一个是深圳证券交易所，名曰核准制，实质是审批制。我们都知道审批制很落后，大家都说郭主席来证监会以后问过一个问题，说 IPO 不审行不行？郭主席说我没有说过，不管说没说过，反正人家都在说，全社会都异口同声地说，不审不行，不审不就乱套了嘛。所以我们讲不可能一步到位，但是方向要坚定不移，必须往那个方向去改革，我觉得非常欣喜，银行间市场做出了第一步，做得非常好，基本上离注册制就不远了。

这次我向你们学习中小企业私募债，也搞了一个备案制，基本上是完全风险自担，也是一个很大的进步。但是股票市场排队，同志们可能也有所耳闻，以前说 300 个，郭主席来了公布一下是 500 个，我现在跟大家说远远超过 500 个，我不能说具体多少个。

第二，市场结构方面，差距还是相当大。美国的市场，主板咱们假设纽交所，和纳斯达克掐来掐去，谁也不承认自己是主板还是创业板，咱们假设纽交所 2300 个，纳斯达克创业板 2700 个，场外市场（OTCBB）加上 Pink Sheet 9000 个，再往下 Gray Market（灰色市场）6 万个，美国是一个很深的市场，6 万个公司的 quote 报价，不一定有买卖，是个金字塔，我们是正好相反。我们的主板大概 1 400 个，稍微多一点，中小板 600 个，创业板 300 个，场外市场 115 个，我们是倒金字塔。中国什么多呢？博士多。博士比谁多？比小学生多，这就是我们股票市场的结构。这是 Equity Side，这是讲的股票，或者股权市场。所以为什么我们讲加快底层市场的发展，为什么搞三板，就是场外市场，为什么搞四板，

就是区域性股权转让市场，根本就解决不了问题。

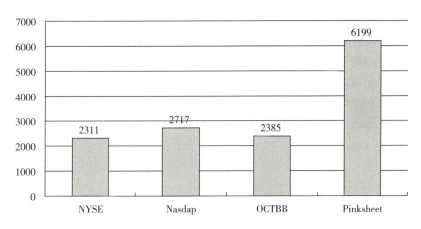

图 3　美国的市场结构

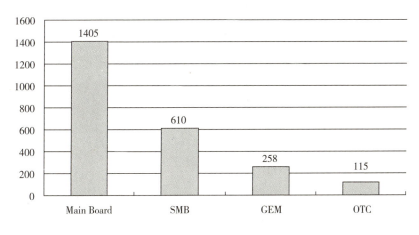

图 4　中国的市场结构

　　大家有没有一个概念，北京市中关村科技园区财务指标基本上符合创业板市场条件的有 1000 家，在一个好年景，就是说市场基本比较稳定，老百姓没有天天怒火万丈地说不许你 IPO，证监会可以审批 300 个 IPO，要完成北京市任务需三年半。中国有 31 个省，这就是我们讲中国资本市场承载着解决不了问题，远远解决不了问题，咱们这说的是股票市场。再看债券市场，我们要从绝对数从公司债来说，跟股票市场差了四倍，当然有赖于人民银行的努力，现在已经有中期票据、短融，但我们债券市场发展得还远远不够，投资人结构还是有点问题，比较单一，大部分国家的债券市场是比股票市场规模更大、更深、更机构化、更专业化，我们还差得很远。衍生品就差得更远，我们过去几年忙活了一个衍生品，股指期货，扬帆起航，写了很多文章表扬我们自己。美国金融衍生品至少 1000 个，我原来到华尔街，第一件事是做欧元债券，第二件就是 Equity Derivatives 股票衍生品，我那时候交易 option（期权），你只要能想到，一下午就能弄一个出来。

大家说美国人走偏了，尤其后来我们走了以后走得比较偏，2000 年后真是一发不可收拾，走偏了，它也很复杂了，也很 Sophisticated System（复杂系统）。不能说美国人开一辆法拉利开到沟里面去了，你说还是骑自行车比较得劲，我们早晚得同台竞技。而且今天我们的国企走出去，不会 hedging（对冲），不会规避风险，动不动就损失几十亿美元，都不敢回来告诉我们的人民，这些只是你不知道而已。

第三个问题是市场文化。一个比一个难，市场文化还是相当有差距。图 5 里面全球最投机的两个主板：一个是韩国交易所，一个是上海交易所，最投机的两个创业板，一个是纳斯达克，一个是深圳交易所。我们两项都追平并超过了世界纪录，这是 2010 年的换手率，就是我们市场倒腾得比较忙活，一年倒腾一次，我们上交所换手率 179%，1.79 次，超过了韩国的 176%，深交所 344% 超过了纳斯达克 340%，这还是一个比较好的年份（即换手率较低），因为这一年股市比较低迷。

给同志们看一个比较夸张的年份，2007 年，全世界平均换手率 150%，中国是两个市场，上交所投资者换手率平均 927%，深交所 987%，这就是我们的市场。仅次于中国的是韩国，210%，韩国交易所搞过一个金融创新，干什么呢？韩国人比较有创意，它搞金融衍生品的时候把它切细了，放在哪儿卖？放在超市卖。就跟卖彩票似的，所以你要去韩国旅游的话，去买洗发膏，买完了售票

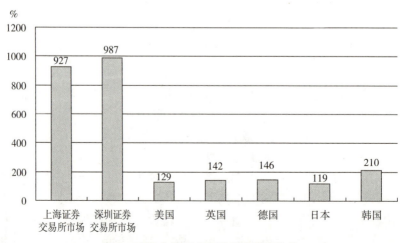

图 5　2007 年股票市场换手率国际比较

员会问你，你要不要股指期货呀？你可以要一点，一要韩国金融衍生品的交易量就全球第一啊。同志们知不知道全球金融衍生品怎么排名？美国第一，韩国很厉害。韩国人到中国是小巫见大巫，韩国人210%，中国人927%。这个当时很火，问题是什么呢？1997年亚洲金融危机袭来，全球市场上韩国第一个崩溃，越投机的市场崩溃越快。所以为什么我们发展机构投资者，要增加理性，增加专业水平，这是必然的，还要发展债券市场，才能有一个对冲，有一个互补。这是我们市场过去的一个表现，乏善可陈，我们就不看了。

九、中国资本市场的发展与改革

我们讲今天中国的资本市场发展有一个非常重要的背景，中国走到今天这个阶段，改革开放30年我们遇到一个非常大的困境，这个困境是什么？前30年没有钱，然后大家就省吃俭用攒钱，攒出了钱，这个钱成了问题，成了危害，因为这个钱没有地方放，放在银行里利息太低，去买房子，房地产被打压了，前两年炒矿什么的，最典型的就是温州。所以温州搞了个金融综合改革试验区，也是不得已而为之，你能想象，同样是一个城市，第一就是中国最有钱的城市，我2005年去温州一看，市委请我去作讲座，秘书长把我接到市里，我一看满街都是奔驰、宝马，2005年满街奔驰、宝马，我估计中国除了温州，别的地方不可能，我当时跟秘书长说，温州若发生交通事故，多半是撞了奔驰或者撞了宝马，就这么有钱。同样的一座城市，企业因为没有钱，逃跑、破产，这很不可思议。温州人的钱到处去炒，前两年到山西炒煤，到鄂尔多斯炒煤，到新疆炒棉花，老外最理解不了中国人为什么炒棉花，我说我们还炒洋葱，你知不知道？还炒绿豆，什么投机炒什么。

然后还去澳大利亚炒房，现在澳大利亚人买不起房子了，中国人还是很厉害的，但就是不好好地投资企业，为什么？因为金融市场不发达，没有渠道，资本市场不发达，缺乏一个对接的平台。我经常说这很像中国今天社会大龄男青年一大堆，大龄女青年一大堆，就是找不着对象，最后怎么办？一咬牙把自己IPO了，上了《非诚勿扰》，所以《非诚勿扰》很火，就是因为有需求。这里有一个很有意思的故事，一个在逃犯本来过得挺好，后来上《非诚勿扰》，去了一次被抓到了。所以我们今天要做的一件事是让两者对接，中国证监会，中国人民银行，我们大家做的工作就是创造一个市场，让两者能够互相见得到彼此，能够有效地对接。我们干的工作并不一定比电视台《非诚勿扰》的技术难度高多少，我们只要去做就是了。今天中国企业对资金的需求，对发展的需求如滔滔江水，中国的股份制公司12万家，中小企业1 000万家，大量的企业期望能够跟资金对接，而且中国社会还有资金，资金还很富余，竟然不知道怎么办。三百家也好，五百家也好，几百家也好，排队，十万红军带到江边，一看眼前就只有一座浮桥 IPO，怎么办呢？无非就是，第一疏通浮桥，进行发行方式改革，再架三座桥，第一个三板市场，第二个债券市场，第三个 PE 市场。给它多种渠道，还有一个是四板市场，区域性股权交易市场，争论了这么多年必须要搞，解决不了，销售过亿元还能不能叫中小企业？我就不知道了。一万家企业，这一万家企业都能拿 IPO 吗？不可能啊。就好像说这孩子 11 岁就要上大学，不可能。高中考不上，初中考砸了，怎么办？上补习班。孩子待在家里总不如上一个补习班，我们就让中国的企业都能上一个补习班，完善治理结构，优化科学决策，中国的经济会上新的台阶。企业发展到一定程度之后转板，升板。

区域性市场在中国至少有两个方面的需求非常迫切，第一个是经济相对发达地区，像浙江、江苏、广东、北京，甚至天津、重庆这些地方很明显需求非常大。它如果能去上市，能去挂牌，能让股份有人约束，有人报价，有人天天买它卖它，它就会老实很多。你不要小看这个市场对人的约束力，我这么多年来，体会最深刻的就是市场对人的约束是巨大的。

我举一个自己工作中的例子，比如我们研究中心，现在大概有十四五个人，这还是人最多的时候，而最少的时候五个人。五个人很难管，都是知识分子，国家部委两种部门比较难管，第一是最有权的部门，第二是最没权的部门，最有权的部门要防腐败，最没权的部门没有激励机制。后来我实在没办法，就在内网系统里搞个研究网，每个人写完了研究报告，就把自己的报告挂上去，就出点击率，年底会排点击率，只是系统内，我们全系统 3 000 多人，现在平均每天的点击率是三千多，一个人一个点击率，基本上全系统的人大概一半以上天天都看。这个研究焕发了活力，天天写完了报告就挂上去数点击率，然后在楼道里奔走相告，到年底一数，第一名、第二名优秀，第三、第四、第五名良好，其他全是及格、称职。结果有些老同志天天跟我说要提前退休，原来一年就写一篇研究报告，现在每个礼拜都写两篇，这就是市场。市场约束不可思议，我觉得这招大家都可以用。所以我们讲，加快区域发展，第一是发达地区的这些需求很明显。

第二是战略地区。我举一个例子，乌鲁木齐要有一个特别活跃的四板市场，会发生什么事情，同志们想一想。有可能哈萨克斯坦、吉尔吉斯斯坦的企业会到中国来上市，来融资。为什么呢？因为乌鲁木齐在方圆一千公里范围内没有一个城市能跟它竞争，它是最繁华的城市，如果这件事情发生就意味着什么？意味着东突问题可以迎刃而解。因为这些国家会帮助你打击东突，而不会天天培养东突，这是有可能发生的，而且会帮助人民币国际化。同理，我们在南宁放一个东盟十国的经济纽带会议，我们的关系会更加紧密，越南本来天天和中国闹。我们在厦门放一个，台湾就跑不了了，因为台湾企业没有地方融资，它可能会来这个四板市场。

所以我们考虑金融问题，考虑金融战略，要放在国家战略上考虑，我们做的每一个工作如果能符合中国的国家战略，就是最有意义的，对你自己来说也是最好的出路。而不能光考虑这个事我做完了以后，风险少一点，我少干点事。我们想办法去创造、开辟这么多市场，开辟了之后就要提高监管水平，要让市场公开、公平、公正，才能够有效。

第三个我们要强化投资者保护机制，完善退市机制，这些我们都不讲，大家都知道。还有一个是发展长期机构投资者，中国这个市场太缺乏机构投资者，机构投资者里面太缺乏长期机构投资者，这个差距不是一点半点。

前段时间"养老金入市"之辩，这个名字起的就很荒唐，参与这个讨论的是大量的业余经济学家，中国现在最不缺的就是经济学家，所以我们有时候出去，别人称经济学家，我们说千万别，第一我不想当，第二经济学家在中国基本上是骂人的词。很多讨论这个问题的人连基本常识都没有，都不知道养老保险是有基本养老和补充养老。至少有两个支柱，再加一个就是三个支柱，基本养老在全球绝对安全，美国97%是它的国债，补充养老要兼顾安全性和成长性，所以它应该有股票、债券，等等，包括 VC、PE，包括国际股票的一个组合，所以很多人并不知道，以为是要拿这个钱去救市，这个非常荒唐。我们讲的就是制度建设，这个建设对中国非常重要，现在不建，十年以后重新开始。

我去华尔街工作的时候，第一天填了一堆表，自己都不知道，每个月 1/3 的钱进去了，而且每个月源源不断，每个在美国工作的人都是一样。大家还比较穷，咬咬牙，这个月省出 1 000 美元，放到养老金里面去，公司会匹配 1 000 美元，无形中会变成 2 000 美元，如果放进去 2 000 美元，公司就会匹配 2 000 美元，就会变成 4 000 美元，所以每个人会尽可能多放。到 59 岁半退休以后拿出来，可能要交百分之十几的税，如果之前拿出来大概要交 40% 多的税，所以全美国的每一个人都会源源不断把尽量多的钱放入养老金，钱源源不断地进入市场，一放就是 30 年，这就是这个市场一个基本的动力源，大量的长期资金在里面，然后通过专业投资，专业判断，通过组合投资，通过长期投资，实现相对长期稳定的回报，要说美国这个国家有什么秘密？这就是美国一个重大的秘密。

我们在这个方面的尝试是全国社保，过去平均将近 9% 的回报率，跟中国GDP 增长率差不多，它有什么秘密吗？什么秘密都没有，从他们搞这个团队建设第一天起，那时候我在基金部也有参与，就跟我以前在高盛干养老金的时候一样，我们干的事，无非就是这套东西，第一是资产组合，第二是选拔选秀，第三是风险管理，第四是业绩分析，完全照搬国际基本做法，中国市场这么多的波动率，波荡起伏幅度最大的市场还有9%，很多人说社保肯定有不可告人的信息优势，我跟社保投资的人挺熟的，他们说领导确实喜欢干涉，他们比较烦领导干这个，领导干涉的50%以上是错误的，没有什么帮助，用的还是一套基本科学的制度安排。我刚才讲，今天中国尊重人类社会发展的基本规律，尊重就可以，不尊重就一定不行，没有什么奇迹，也没有什么巫术、神奇之术。如果大量机构投资者都是按照这一套来管理，我们的市场会稳定很多。我们问中国投资者说，明年可以买9%的回报，你愿意不愿意？肯定不愿意，他肯定说我明天就想涨100%，这就是我们市场的文化，远远没有到那个阶段，但是我们必须要有制度安排，才能够帮助中国大部分主要的资金是以这种方式，而不是以投机的形式参与。

推动这些改革会不会很快见效？我觉得很难，因为它是一个系统性工程。前两天我在想，什么东西能出淤泥而不染，说荷花出淤泥而不染。那天碰到徐晓歌，说他是湖南人，说到了湖南才知道，荷花还是出清水更好，就是出淤泥的还不如出清水的好，我说这个讲得很有道理，我说这么多年一直以为一定是要淤泥才能长得特漂亮。也就是说很难有一个市场超越中国社会现在的文化、社会方方面面的文明程度，独树一帜很难，但是你要不去推动，就更难。

30年以前，邓小平如果不推动改革开放，今天我们基本上已经可以被开除地球球籍了，所以我们还是要主动去推动。而且我们看一看小平同志当初讲得很多话还是有效的，我经常说我们以前是走过了，天天学毛选，学各种选集，现在什么也不学，我觉得还是学学邓选，尤其是第三卷，里面每一句话都有用，我选了其中一句，第一不要怕犯错误，第二发现问题赶快纠正，就这么简单。未来的十年、二十年，中国资本市场的发展会彻底改变中国经济的格局，这是过去十年中发生的事情，在过去十年中，中国有70个公司跻身全球500强，全球前15名就是这15家，基本上就是过去10年走向了资本市场。

表1 　　　　　　　　　**中国跻身全球500强的前15家公司**

公司名	销售额（百万美元）	财富500强排名（2011）	上市时间和交易所
中国石化	273421.9	5	2000 NY
中国石油	240192.4	6	2001 SH
国家电网	226294	7	N/A
工商银行	80501.3	77	2006 SH
中国移动	76673.3	87	1997 HK
中铁集团	69973.3	95	2007 SH

续表

公司名	销售额（百万美元）	财富500强排名（2011）	上市时间和交易所
中国铁建	67414.1	105	2008 SH
建设银行	67081.4	108	2007 SH
中国人寿	64634.5	113	2007 SH
农业银行	60535.6	127	2010 SH
中国银行	59212.4	132	2006 SH
东风汽车	55748.2	145	1999 SH
中国建筑	54721.1	147	2009 SH
南方电网	54448.7	149	N/A
上汽集团	54257.2	151	1997 SH

十、中国经济的现代化进程

最近中国社会也好，美国也好，都在讨论中国国企过于强大，这可能是个问题，是不是要有《反垄断法》，等等。我们不要忘了五年或者六年以前，全世界都在讨论中国的国企怎么办，是要崩溃，还是要破产。2005 年世界银行给中国的工商银行（ICBC），我们说的"爱存不存"，给它一个评价就是要破产，美国认为国家注资一次就是破产一次，国家注资了三次，成为今天全球第一大银行。我想你如果去问一下工行的领导，他可能会认为在资本市场上市以后有了很大变化，如治理结构，科学决策流程，透明度。中国在国有企业方面的经验是非常深刻的，西方人比较极端，前一段美国一些经济学家来讨论问题，他们讲中国很多国企不好。我说那怎么办？让它崩溃了好吗？他说不好。我说那咱们就私有化，他们说好，我说你告诉我怎么分？你们家是抗日战争的，我们家是老红军，怎么分？一分打起来了。东欧和前苏联，一分就崩溃了，而且出现大量的腐败，今天也没有搞好。

中国人想出一个什么办法呢？中国 30 年改革开放最重要的经验是四个字，叫"有限改进"。我们不能一天时间实现共产主义，我们把它上市了，让它一天比一天好，因为它有市场在管着，在约束，13 亿人看着，没有 13 亿也有 1.3 亿，现在中国投资者账号就有 1.3 亿，1.3 亿人后面，每个人后面有 3 个人，一家有 3 个人关心这个市场。这就是透明度加上互联网。我们想中国十年之内会发生什么情况，美国有个财富五百强，2020 年的时候中国会有多少富豪？我们现在可以告诉大家，从第 1 个公司到第 499 个公司全部都是上市公司。所以对中国的企业家来说你不需去判断，如果不走这条道路，你就会被中国经济边缘化，这是基本判断。所以我们看到现在很多发达地区，东南沿海不需要做思想工作，全都想来上市，而且从人类社会发展基本规律来看，这个世界的竞争在不断加速，100 多年以前出现一个企业叫做 GE，一百年之后成长为 1000 亿美元的市值，这个过程在微软花了 25 年，没想到吧，大家说微软创造了一个奇迹，结果谷歌只花了 7 年，就是世界的竞争是不断加速的，中国的企业要走向世界，你要不跟社会化的资源平台结合是没有机会的，这是基本判断，尤其将来要参与国际并购，靠传统手段是根本没有希望的。

十一、中国社会的现代化进程

我还想讲一个不仅是对中国经济，对中国整个社会来说都是高度相关的。图 6 是过去 30 年美国道琼斯指数和美国每一个老百姓平均养老金账号的资产增加的数量，你看两者相关的系数高达 98%，就是美国每一个老百姓都因为参与了这个市场，而不是通过自己傻乎乎抱着一堆钱进去，才实现了这么一个非凡的成长。当然相关的逻辑就是美国的市场也正是因为这些长期资金，以这种专业的方式，以长期的方式参与，才实现了这么一个稳健的成长，两者是鸡生蛋，蛋生鸡的关系。

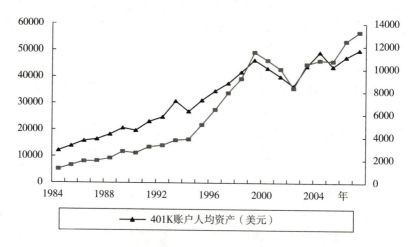

图 6　过去 30 年美国道琼斯指数和美国每一个老百姓平均养老金账号的资产增加的数量

我们讲这么一个过程对中国社会的现代化都是高度相关的，因为你没有别的办法让这个国家现代化。它能够缓解很多社会矛盾，我们讲，现在中国到这个阶段有很多贫富的分化，这都是必然的。社会要经济发展就必须要市场化，必须让干得好的多拿一点，但是走得太远了以后，社会就分裂了，就是怎么找这个平衡点。怎么找这个平衡点呢？这就是一个很好的手段。我经常讲这个事情的伟大意义，重要在哪里？我们小时候都读过一个课文，叫做《半夜鸡叫》，我经常讲这个例子，《半夜鸡叫》讲了个什么故事？周扒皮和高玉宝的故事，现在年轻人都不知道了，因为这个故事现在被拿掉了，说这个故事是编的。它讲了一个典型的劳资矛盾。我后来就想到，我说周扒皮要是聪明一点，给高玉宝搞一个股权激励，结果会怎么样？高玉宝自己会3点钟爬起来，他再也不用半夜学鸡叫了。这就是对中国社会这个制度安排的重要性。

我们要建设和谐社会，这可能是最重要的抓手，你再往深处想，你再往下走一步，就是马克思的社会主义，我们还真有可能建成一个社会主义。所以我们讲这个制度安排非常非常重要，我们现在回头来想，周恩来总理提出四个现代化，中国的四个现代化其实就是中国的企业和中国社会财富走向资本的过程，就是这么一个制度安排。

所以我们很多时候看美国的情况有很多的误解，报道说占领华尔街运动如火如荼，好像美国不行了，过两天要巴黎公社起义了，你去纽约看一看，你才觉得那是一个笑话。在里面闹的人，基本上是闹着玩的，路上的行人是行色匆匆，都没时间看一眼，因为每个人都有养老金，每个人都是有房子的，每个人都是美国经济的股东，社会的文明是超乎我们想象的。

十二、当十三亿人遭遇市场经济

中国经济现在有一个比较大的放缓，大家都很担心。我想技术上的放缓是必需的，因为你需要调结构等方面。但是我们应该有一个总的判断，中国经济会怎么样？我觉得大致应该还是不错的。为什么呢？因为中国过去30年发生的故事就是一件事，我把它称作13亿人遭遇的市场经济。未来30年是什么故事呢？就是这个故事的延续。越来越多的人走向市场经济，越来越多的人参与，然后越来越多改进这个市场的效率。首先中国经济的成长是超预期的，超预期到什么程度，超预期到了一个不可思议的程度。

2000年我回国的时候，中国全球第五，2001年高盛总裁叫桑顿，桑顿老先生来到中国，他放弃了高盛的总裁，到清华来教书拿一块钱年薪，听说我原来是高盛的，到北京请我吃饭，我就问他你为什么到中国来？他讲了一堆理由。后来我说是不是想竞选美国总统？他说我还没想好，他实际上还是有这个想法，后来一看没戏，奥巴马上去了，与他没什么关系了。他说除了想竞选总统以外还有一个原因，他想来中国见证一下，他说我想来想去，我这辈子有可能在我有生之年发生最重要的事情就是中国超过美国，中国经济总量成为全球第一。当时中国经济总量超过美国预计是2050年以后，当时我听了以后就没有往心里去。后来金融界一个很著名的领导跟我聊天，说桑顿到中国来刚跟我吃过一顿饭，他问桑顿为什么来中国？我说他来见证中国经济要超过美国经济成为全球第一，把咱们这领导给说愣了，后来领导想了半天开了个玩笑，说这个桑顿这辈子想活多少年，桑顿那时是 50 岁，2050 年就是 100 岁，最近预测是 2016 年，我们比较理性的预期是 2020 年，桑顿目前还活得挺好，就是为什么差出了将近 30 年。当时世界银行都在预测，2000 年的时候，我们学了这么多年经济学，我们最后去思考什么是经济？经济的本质就是一个词，叫 free trade ，"自由贸易"。

自由贸易是有加速效应的，两个人做一个 trade，再加一个人三个人，再加一个人四个人排列组合是六个，五个人是十个，六个人是十五个，七个人是二十一个，最后是 financial，13 亿人到一块搅合，就是爆炸性增长。为什么中国经济总量超预期？比方像浙江这样一个省和德国来比，面积比德国小很多，人口差不多八千万，每个浙江人都很忙活，每个人干十件事，但是德国人一天大概能干一件事，希腊人十天干不了一个事，你说这种排列组合，这种天天折腾，最后这么一个省的经济总量赶上德国，有没有可能性？不是不可能。这个如果要是发生，中国得有多少个德国？得有 30 个德国。如果光是在一块瞎折腾，瞎交易的话，都是噪音交易，不产生真正的价值，恐怕还要提高交易的质量。但是无论怎么说，中国 13 亿人走向市场经济之后，这个结果是不可思议的。所以总体来说，中国的动力是有的。

图7　竞争激烈的广告牌

我给大家看一张照片，我觉得这张照片比什么都管用。这是我有一次偶然所得，我有一次到北京郊区搞党建活动，焦庄户地道战遗址，偶然看到这么一个广告牌。一个农家菜广告上竟然有27家广告并排排列在一起。我说你要理解中国经济，这张照片就绝了，这可能是全世界竞争最激烈的广告牌。这老外理解不了中国经济，老外搞不清楚为什么中国经济天天往上成长，而且看到中国人突然这么多钱了，很郁闷。去年年底证券界有一个人跑到佛罗里达州的奥兰多去过春节，怎么跑到那么远过春节？说北京不让放鞭炮，这是有钱烧的。结果到那儿以后，看到600多个中国家庭在那儿过春节，不光他一个人，这个事惊动了奥巴马，说赶紧给他们签证，因为他要竞选连任，要拉动内需。美国老百姓觉得很纳闷，怎么中国人一下有这么多钱了，而且中西部比较闭塞的，保守的老百姓觉得世界上一共就这么多钱，中国人突然多这么多钱，肯定是从美国人的手里弄走的，所以他一想中国13亿人天天忙忙碌碌地在挖美国人墙脚。所以有时候我到国际论坛上给老外看这张照片，外国人一看傻了，我说在中国经济的每一个行业、每一个角落、每一个环节，全都是这么一帮人，全都全心全意拥抱市场经济，丝毫不害怕竞争，这是中国经济往前发展生生不息的动力，中国人自己创造出了财富，不仅创造财富还给美国分享，以前美国产品多贵，装点一个圣诞树1 000美元，现在200美元，为什么？Made in China（中国制造），很便宜的，这就是中国背后的动力。

中国人的竞争意识不可思议，什么鞋子、袜子、纽扣，任何一个村里，做同样一种纽扣的有几百家。在广东中山市灯具之乡，一个中山市有多少家灯具厂？注册600家。这就是中国人。所以中国这个国家你放心，从来不缺动力，地方政府也基本都是企业家，都是CEO，我到县级市，因为全国各地有时候叫我去给作培训、讲座，去一看县长、市长忙活的，县级市基本上一晚上三顿饭，而且每顿都得喝白酒拉项目，基本上就是CEO或者是投行家，这个竞争意识是不可思议的。

中国人从来不缺竞争意识，但往往缺竞争规则，一般都是胡乱竞争，一般都是过度竞争。你说这27家谁家能挣钱？没一家能挣钱的，这还是生产队比较有组织，弄一个广告牌，搁到一个广告牌上，要是生产队不管，基本上27个广告牌全贴地上，而且能晚上出来把人家全拔了，基本上没什么规则可讲。所以我们要帮助中国经济建立竞争规则，优化竞争规则，发展资本市场就是让中国经济在更高的层次上竞争，能够更好地发展。所以我们讲中国经济的进步是两部分，第一部分让更多的人参与到这个自由交易的过程中，第二部分让这个交易的过程更加透明，更加有规则，规则越来越提高。我们作为政府要做的事情是后者，把规则建立好，让它透明，让它更加有效。

美国人有一句话，叫做"每个中国人天生都是个资本主义者"，他本来想表扬中国人，因为在英语里这个词是褒义词，在汉语里却是贬义词。所以为尊重原意，汉语给他翻译成"每个中国人天生都是创业者"，是不是呢？我给大家讲一个小故事，去年去了一趟桂林，很漂亮，桂林我去过五次。去年桂林市政府来找我，说他们准备搞一个金融节，请我去给企业家们作个讲座，我一听很感动，桂林有什么金融啊，地方政府得多少努力搞金融节，我是义不容辞，我支援西部，就去了，去了以后组织得很好。我觉得中国现在有什么优势？一个是后发优势，一个是社会主义市场经济优势，很多人不爱听啊，但真的是有优势。

一个市长，一个市委书记，一个省长，一个省委书记，往那儿一坐，三百、五百名企业家听明白了，全都排队来上市。硅谷今天这么发达，很多创业者搞不明白，碰到一个高盛上市，碰不到死了，过两天被人消灭了这很正常，中国制度优势发挥好真的是一个优势。很多很穷的地方，我去过内蒙古的巴彦卓尔，只要改变一个地方首长的理念，能改变很多企业家的命运，你改变一个企业家理念，就能改变成千上万人的命运。去给他们讲了讲，讲完以后赶着回来，因为还有好多工作，秘书长说很不好意思，饭也没吃送你去机场，他说除了金融节，还有旅游节、动漫节，一堆节要忙，拉动 GDP，我说你们继续忙节吧，给我派一个司机老徐。

我们俩一出来，收到一条短信，说国航晚点一个半小时。我说正好，我来桂林五次没去看过一次风景，我跟老徐商量能不能带我看看象鼻山啊？他说象鼻山很近，没问题啊，我们俩就去逛了逛象鼻山，半个小时。这半小时我们俩聊了一会儿，真是经典，我说老徐你这么大年纪（他大概五十六七岁），怎么还开车谋生，多辛苦。他说我不是司机，是旅游公司老板。我说那怎么回事？他说司机派光了，活动太多，最后只好自己来，我说还是说明你们桂林市对我们证监会比较重视，派一个老板给我开车，很感谢。人家不是一个普通司机，人家是一个老板。到了这个象鼻山，我说照个相吧，没有相机，就有 iPhone，我说老徐你会不会 iPhone 帮我照个相？他说我会，我是桂林 iPhone 总代理，这个老兄身兼二职。后来时间不多，我就上路去机场。他突然主动问我，他说主任你们 IPO 排队的多不多？我说你想干什么，你一个小旅游公司还想上市，他说不是，他说我投了个 PE，我那个公司差不多可以上市了。当时我就想起美国说这句话"每个中国人天生都是个创业者"。一个普普通通的老徐，身兼三个老板，我说中国 13 亿人有多少老板呢？数不清楚。

十三、中国经济的两个"三十年"

所以中国资本市场，多层次资本市场有几个层次，谁也不要下结论，我们要尊重中国社会的需求，尊重经济发展的需求。我们想中国人均 4 000 美元之后长期竞争力究竟是什么？肯定不靠大跃进，不靠天天搞运动，还是要靠制度安排。美国和阿根廷最后的分化非常明显，阿根廷资源非常丰富，人均资源肯定超过美国，面积大概只有美国 1/3 多一点，耕地面积竟然和美国一样，所以1900 年前后，那时农业很重要，工业也不差，铜矿、白银都有，水资源有多么丰富，中国向它进口多种资源，就差进口水了，但是一百年下来被美国远远甩在后面，当初很多美洲人移民的时候，去美国去阿根廷犹豫不决，很多人都移民去阿根廷，那边气候好，正好去错了，今天正在阿根廷放羊，美国当时是乱七八糟，现在是全球第一强国，当然最近也比较乱。不管怎么讲，这个变化非常深刻，说明长期竞争靠制度优势。

　　无独有偶的世界很奇妙，人家说一百年之后是印度和中国的竞争，所谓龙象之争，究竟印度怎么样呢？最近我去印度，感慨万千啊！印度有一个广告，叫 Incredible India，在印度新德里，我们看了以后，觉得咱们派一个县委书记去都能管得比他好，脏乱差到不可思议的地步。仔细观察印度还是有很多优势，我觉得我们生活的目标不是为了超过美国，也不是为了压低印度，我们的生活目标是让中国社会一天比一天更文明，一天比一天更进步，不光是物质文明，还应该有精神文明，还应该有社会文明，包括政治文明，这是我们的目标。但是我们顺便看一看，我们大家做一个比较参考。印度也有很多优势，比如说印度这么一个乱七八糟的情况，它还能够发展出曾经这么璀璨的古代文明，真是不可思议。克林顿来了以后，说世界上只有两种人，来过泰姬陵的和没有来过的，中国大部分人没有来过，为什么？印度小导游跟我说，他会讲中文，他说中国的国旅想组一个印度团，组了一年没组出来，一个团要多少人？25 个人，全中国找不出 25 个人想去印度，印度的旅游业是够呛。

　　印度曾经非常辉煌过，现在这个五星级酒店要进去，也是不可思议的，酒店非常得高端，比我们的五星级酒店高端多了，但是门口有安检，我问他为什么安检？说防止恐怖主义，其实是防穷人的，里面是天堂，外面是地狱，门口有一堆乞丐。印度人心态很平和，我觉得很不可思议。到印度第一个不可思议是它的 PM2.5 比中国低，第二就是满街都是乞丐，基尼系数比中国低，搞不清楚谁算错了，可能是美国人算错了，故意埋汰我们。所以它的反差很大，但是它社会很平和，基本上能够接受事实，可能是跟它的宗教有关系。相对来说，我觉得还是比较有秩序的一个国家，还有很多优势我们不能理解。

　　第一英语好，这个英语好我们不要小看，因为英语代表了发达国家，当初在延安的时候，谁俄语好，就可以跟斯大林同志沟通，很容易被认为是党的领袖，毛泽东同志就是这样，所以发达国家对印度的高科技转移是很容易的，对中国来说是门都没有。这里面也有语言的障碍，有人种的差别，印度人挺黑，但人家是白人，我们不是白人，我们是黄种人。还有什么呢？我们还有意识形态的差距。西方人不知道我们其实很民主，这个差距使跟西方之间的交流非常困难。

第二是印度这个国家在西方的根基很深，很多印度人在西方都做到 CEO，麦肯锡的全球 CEO 是一个印度人，美洲航空公司的 CEO 是印度人，我们在美国怎么混也混不过印度人。我在商学院的时候读两年 MBA，有一个举手发言分，占 20%，我是一分都没有得过，为什么？你根本抢不过，老师一问问题，美国人一堆手举起来，讲了一堆，老师急了，"What's your point?"讲了半天没有进正题。结果印度人跟美国人竞争，超过美国人，比美国人还厉害。班加罗尔发展非常快，比我们中关村科技园区也不差。

还有一点，我在印度碰到一些小事，不值一提的小事，但也还是有点意思。我们去泰姬陵那一次，人民银行的同志组织的，泰姬陵离新德里不到 200 公里，按照中国现在的基础设施，别说高铁了，就高速公路，一辆车来回，早上八九点钟出发，中午 12 点以前回来了。印度完了，五点钟叫早，先坐一辆大巴，再换乘火车，下了火车坐一辆驴车、坐一辆马车、还坐一辆骆驼车，然后 1 点钟回来了，凌晨 1 点。就这么一趟，可见它的基础设施有多差，但是路上碰到一些小事。印度的火车，我一听说坐火车就很激动，因为印度火车头上能站一千多人，我想亲眼目睹一下，结果没有看着，因为我们坐的是超豪华的火车。超豪华火车什么样的？就是咱们 20 世纪 80 年代的绿皮车，这个车上黑乎乎的都不敢摸，不知道上面是什么东西。

这么一些小事很有意思，有两排座位是对着的，我们一看可以打牌，但是连续换四个座位是比较难的，国内火车上换座位挺难的，很多时候有些人心态不好，宁可自己坐着不舒服，也不能让你舒服了，所以大家一想这个事够呛。结果完成了一点没有问题，印度人和和气气，都非常礼貌，当时我一想这个国家还是有它的魅力。我当时总结了一句话，火车这趟旅行，说明这个国家物质文明很落后，精神文明还可以。

长期来看还是一个制度的竞争，社会方方面面总体的竞争。中国有没有可能突破中等收入陷阱，并且实现我们说的中国能够真正的崛起呢？我个人还是比较乐观，但是有很多工作要做。有好多人说我们预测一下，预测是毫无意义的，预测就是看你今天干什么，你要主动积极推动改革，就很有可能实现，你要去走相反的道路，可能就很难实现。未来十年，我们且不说大的角度，我们从小的方面，就一清二楚，中国有很多地方可以市场化，也必须市场化。比如金融，我们大量企业找不到钱，大量的钱找不到企业，这是我们能干的。又比如说我们的医疗，中国大量病人找不到医院看病，大量医学毕业生竟然找不到工作。这两个领域至少可以市场化，我们过去30年的奇迹，是以一个产业，就是农业包产到户，结果是什么？结果就是20世纪80年代美国人写了一本书叫《谁来养活八亿中国人》，人很多、土地贫瘠，中国人要吃饱，世界就要乱套了，中国现在13亿人，估计一半人在减肥，同样的土地，有什么差别？就是一个差别，就是把一个产业市场化了，所以我们未来能推动这些产业的市场化，金融也好，医疗也好，我相信释放出来的潜能足够支撑中国未来十年的发展，能够跨越中等收入陷阱。如果走过这一点，我们再走后面，邓小平讲过，中国有两个三十年，第一个三十年就是到20世纪末达到人均收入1 000美元，现在我们达到4 000美元，我们从1979年算起的话，2009年是第一个三十年，第二个三十年就始于现在，所以我们今天是站在前后两个三十年交界点，那么我们后面三十年走下来需要什么条件？

前一段时间我接待了美国的Peterson Institute for International Economics（彼得森国际经济研究院），是美国前三位智库，他们来了12个经济学家，"中国通"，非常了解中国。说你们前三十年都是鞋子、袜子和纽扣，我说对，他们说你们后面三十年都是搞高科技，我说这个我们已经知道了。他们说搞高科技需要有效金融市场，尤其是资本市场，我说这个我们也知道，他说但是你们资本市场都是内幕交易，都是过度投机，我说这个我不能同意，我说你们的市场也是内幕交易，也是过度投机，你们133年没有证监会，133年没有证券法，140年基本没有研究，美国人傻了，因为他们还不如我了解他们的历史。话虽这么说，其实我们心里很着急，他们说的不是没有道理，我们要加快资本市场改革，加快方方面面的进步，尤其在金融市场资本上提高效率，才能有效支撑中国的三十年。小平同志讲如果我们能够再走三十年，我们可以赶上中等发达国家水平。

中国如果人均达到中等发达国家水平，中国将是全世界从来没有见过的一个巨大的庞大的经济体。不是说我们的目标是成为这么大的经济体，而是不断改善中国社会方方面面的文明水平，同时我们也能够为很多其他国家，包括非洲国家，有一个示范效应，一个落后国家怎么去发展，怎么去超越。小平同志说只有我们做到这一点，才能说中国对人类作出了贡献，我想他是语重心长的。我们作为一个具有五千年文明史的民族，也应该有这个责任和义务。

十四、打造中国资本市场的"布鲁金斯"

最后借这个机会提一句，我们正在搞一个北京证券期货研究院，我们想把它打造成中国市场的金融中心，我们也希望跟各位有一个合作，大的背景是中国走到今天这么一个阶段，无论是国内还是国际都需要一个更加完善的科学决策机制，从国际环境来讲，一个南海问题，我们必须要有很多解决方案，究竟怎么着，打不打，打大仗，还是打小仗，打完了怎么收场，这些都是需要有人考虑的。美国人打伊拉克战争，据说找了很多智库，有一个很不错的智库给做了一个评估，说小布什总统如果去打大致死 3000 人，小布什很高兴，一算 3000 人可以承受就打了，打进巴格达，死了 120 人，他说这个远远不够，然后在伊拉克多待了几年，最后撤军的时候正好死了 3000 人，所以你看人家智库还是很厉害的，预计比较准确。

从国内来说，大家都在说改革在启动，20 世纪 80 年代改革的风潮，对我们这一代人影响很大，为什么非常愿意推动改革，可能跟那个时候的文化和那个时候对我们的影响还是有关系的，所以从这个背景来说，我们想组建这么一个研究院，既想推动资本市场的发展，也希望对中国经济社会发展提供一点参考意见。

我最近刚去美国转了一圈，跟布鲁金斯谈了一下，跟美国彼得森最著名的智库全部建立合作关系，我们在美国招人，能从华尔街挖人，因为我们研究院现在的薪水是比较有竞争力，基本上高级研究员可以给到 150 万～200 万元，当然最好有得诺贝尔奖的人，我们更欢迎。我们在美国转了一圈，和 1800 多名中国留学生、专家做了交谈，现在我们收到简历 500 多份，才三个星期。希望大家将来跟我们有所合作，也欢迎你们加入，我们都是为中国培养人才，你可以来了以后再回来，都没有问题。

我们研究哪些问题？比如中国资本市场上的新国九条。比如中国中等收入陷阱，作为一个国家有哪些可能潜在的风险，怎么去规避，国际上有过哪些经验，哪些教训。比如欧债危机与中国机遇，这个名字起得不太好，有点趁火打劫的意思。但实际上中国有企业并购欧洲产业，是帮助欧洲人，我们想找一个资深的欧洲问题专家，像柳传志这样的人，能够帮中国企业真正"走出去"，能够去并购，又比如说全国区域性市场怎么建设，怎么铺开。又比如说未来十年中国金融改革的路线图，这个我们是一定要和你们合作的，因为中国的利率市场化，人民币国际化和资本市场建设必须是环环相扣，不能单兵突进。又比如两岸三地的交易所有没有合作的可能性，将来有没有可能建立成为一个统一的交易平台，如果在未来若干年中，我们把香港交易所和台湾交易所收购了，那我们基本上就提前实现了祖国统一，而且会形成一个全球从来没有见过的巨大资本市场。

那会有什么效果呢？就是韩国交易所、日本交易所、新加坡交易所必须加入，否则就会被彻底边缘化。还比如说中国正在大规模推动城镇化，城镇化过程当中我们还需要地方政府融资，老靠地方政府融资平台，可能很不现实，那么还是要靠市场化手段，还是要靠推市政债。这些都需要我们大家来共同努力，咱们共同推动资本市场的发展，支持中国经济的转型，支持中国经济的崛起，我相信是非常乐观的，未来在我们大家手里，尤其在座的有很多年轻人，希望在你们的手里能够看到，能够推动中国的崛起。我们这一代人比较幸运，我们经历了中国的贫穷，也见证了中国 30 年的剧变，我们还有机会参与未来的发展，但主要还是靠你们这代人，所以大家要共同努力，不辜负时代赋予我们的良好机遇，谢谢大家。

提问 1：非常感谢祁斌主任今天给我们带来一场非常精彩、生动的讲座，让我本人受益匪浅。我是从工科跨行转专业学金融的，您当初翻译的《伟大的博弈》对我影响非常大，同时您今天讲的很多市场化理念，也是协会，包括我本人在内对市场化发展方向都是坚定的信徒。非常难得跟您有面对面交流的机会，我想问您两个关于债券市场方面的问题。

第一个，最近几年来证监会在债券市场方面发展动作非常大，措施也非常多，比如简化公司债审批流程，成立专门的审批部门，比如近期又推出中小企业私募债，我想请教一下祁主任，证监会在今后债券市场发展方面的思路和规划，这是第一个问题。第二个问题：中国债券市场多头监管的局面因为历史原因长期存在，包括银行间市场和交易所市场互联互通的问题也一直在讨论，我想请教一下祁斌主任，您对这相关问题有什么看法，谢谢！

祁斌：我觉得一个是证监会工作主要还是把公司信用债方面发展起来。这次为什么搞中小企业私募债呢？最核心的是中小企业没有办法融资，但是我们知道创新企业、高科技企业，一般都孕育于中小企业甚至中小微企业，我觉得这个目标是对的。当然国债和高等级的债也很重要，但是这个非常重要，而且我觉得两个比较大的创新，一个就是真正给了中小企业渠道，第二就是比较市场化的发行，而且尝试了一个合格机构投资者概念，基本上不管，这次好像没有个人，基本上都是机构管，将来个人的话，我记得好像是 500 万元的资产要求，这样的话，真的我们政府就可以放手了，自己去弄。

美国中小企业，在 20 世纪 70 年代末 80 年代初就两个东西，一个是 VC，风险投资，一个就是 junk bond（垃圾债券），junk bond 培养很多著名企业，大家都听说过 CAN 都是靠 junk bond 起来的，还有 MCI 出来是非常小的一个公司，最后能挑战 AT&T，第一笔 50 亿美元就是从垃圾债券起来的，所以还是有机会成为一个比较大的市场。

　　刚才讲互联互通和协调的问题，我觉得它其实是两个问题。很多人往往会考虑到机构的整合，其实关键是标准的统一问题，底线是 regulatory arbitrage，即防止监管套利，你看美国和英国很多国家搞监管体制，最后搞来搞去就是两种模式，一种是整在一起，一种是分的，其实各有各的好处。英国曾经搞的（FSA）整在一起，结果部门打架，比原来的部委打架还厉害，这说明什么呢，说明核心还是协调。所以现在证监会、人民银行和发改委几个部委，搞的五统一标准很重要，这个是非常关键的，所以还是要强化一个协调机制，这是我们现在能做的，而且应该做的。

　　提问 2：感谢祁斌主任今天给我们作精彩的演讲。让我们很多人有醍醐灌顶的感觉。问您一个简单问题，可能问得也不太成熟。祁主任今天一直在讲的就是基础的市场对于资本的配置作用，特别是咱们具体工作的资本市场。我们知道前两年在中国经济学界出现了一个争论，北京大学他们自己争论，林毅夫老师觉得市场的基础作用更基础，张维迎老师觉得产权制度改革比市场还基础。刚刚您也一直在讲资本市场，也讲到制度建设，我想问一下，您觉得在中国未来，包括资本市场，整个市场经济在演进过程当中，我们还需要在政治文明、社会文明、这些方面做哪些改革，为资本市场和其他市场改革提供更好的外部环境，谢谢。

　　祁斌：我觉得张维迎和林毅夫的争论，当然我不知道他们具体怎么争论的，但是这个问题是很深刻的问题，我 1995—1997 年在芝加哥读 MBA，芝加哥是市场发源地，因为后面很多别的学校都是从那儿带出去的人。我在那儿两年左右，最深刻的印象就是跟我们一个老师聊天，咱们关起门来讲，所以好多事可以说。当时东欧和苏联正在私有化，privatization，很乱，很乱以后，各有各的做法，东德国是 one dollar one factory，就是一美元就把一个工厂拿走了，把它的问题也拿走了，将来下岗了，你都得给解决。俄罗斯好像是拍卖，反正各种各样的方式，当时我就问一个教授，那个教授很有名，他差一点点拿诺贝尔奖，我觉得真正的经济学家就应该这样，别天天忙着出去，包括现在很多诺贝尔奖获得者都被中国人给收买了，到中国来天天来走穴，像芝加哥这种教授是真正的经济学家，天天坐在办公室，我们认识以后跟他聊，我发现他很有智慧，我觉得中国将来早晚可能要 privatization，要走私有化道路。我说你有什么好办法没有？别像俄罗斯后来就很腐败，厂长就把它全拿走了，出了很多石油富翁，我说你有什么更好的成套的办法没有，更公平？他很吃惊，说没有。

　　我说那怎么办呢？我说你这么聪明的人都没有，那我们怎么办呢？他说私有化的初始化无公平可言，privatization 没有公平可言，他说最重要的是分完了以后有一个公平的交易规则，说你把工厂拿走了，但是你们家儿子不行，富二代，最后弄丢了，他就 trade，交易着就交易没了，然后你拿了很多很多公司股权，但是公司破产了，变成了负债，他说最核心的就是这个社会要有一个 ongoing process（不间断的进程），就是公平的长期的交易规则。

　　这个话对我的影响很大，因为我们总想着有一个特别好的解决方案，我们能不能把它给分了，就我刚才说你们家抗日，我们还是红军的，没法分，最后中国的做法，我觉得在全世界还是比较聪明，就是"有限改进"，我先让你上市，上市以后大家公平参与，公平交易，包括全国社保，包括养老金，包括你自己个人的财富，全都可以进去交易，当然这个过程中也可能是不公平的，因为如果你有优势你还可能让规则有利于你，但是你可以看到二阶导也是越来越公平，因为这这高的透明度，这么多压力，它也会越来越公平，早期资本市场会坐庄很容易，现在坐庄试试看？坐不了，或者比之前难度很大，总体来说规则也越来越透明。

　　所以我觉得中国这条道路其实可能走得比很多国家更好，就是我给你创造一个市场，然后不断改进规则，大家都可以用你的钱来置换，你可以选中国经济的股份，只要你判断好了，当然也有人买了半天跌了，从长期来看，我相信是没有问题的。所以我说这个办法对中国来说还是很好的，这是第一。

　　第二是中国经济和社会的配套改革，我坚定地相信改革是个系统工程，不能等，不能等法律体系更完善了，你等不到，大家从每一个自己所在的位置上推动改革它就会成功。我原来学理工科，印象很深的一个事我以前也讲过，晶体的结晶过程很有意思，大家看金融的很多东西跟理工是一样的，分子在最开始结晶的时候，先形成一个叫 cluster，一簇，形成个晶核，这个过程是可逆过程，很多分子跑过来，很多分子跑开去，很多搞着搞着就散掉了，但是达到一个临界点就成为不可逆，金融中心的形成都是这样，你要去努力，到某一个程度就不可逆了。

　　中国的改革就是这样，大家说经济领域好像触动不到大的问题，你说有什么问题不是相关的？所谓的民主，不就是决策机制吗？Democracy，所谓民主就是决策的分散化，如果中国经济越来越庞大，市场经济越来越强大，它本身的决策已经很分散化了，你说它不是经济民主吗？所以很多问题其实不能那么孤立看待，西方人很容易孤立地看。所以我一直的观点是，资本内部改革也好，中国整个社会发展也好，都是要从每个人工作岗位上一点一滴去推动，到某个临界点它就成为不可逆，中国崛起就不可阻挡。我就讲这么多，谢谢大家。

宏观经济的前沿研究与经济指标分析

中国银河证券　潘向东

2012 年 7 月

潘向东：时任中国银河证券首席经济学家，清华大学经济管理学院应用经济学博士后，《经济研究》和《世界经济》两个重点经济类期刊的审稿专家。曾主持或参加过国家社科重点项目，国家社科基金、国家自然科学基金、博士后基金等，于2008－2011年任光大证券首席经济学家，2011年加入中国银河证券。

各位下午好。非常荣幸有这个机会与大家一起探讨中国宏观经济问题，我给大家讲三部分。

第一部分，宏观经济前沿方面的研究。为什么讲前沿方面的研究？因为我们很多时候会讲经济政策，理论分析当前的宏观经济形势，但是理论框架从哪儿来？没有一个理论框架，后面搞出来的就像天书一样，很多人讲中国的人口红利，为什么中国人口红利会影响到经济增长？影响经济增长框架从哪儿来？有的人讲制度红利，为什么会有制度红利，它的理论根源从哪儿来？今天我花一个小时做框架性的理论根源的探讨，也是与大家一起共享，因为在座的很多是经济学的研究生以上学历，肯定学过西方经济学，所以很多问题肯定也知道，所以我是从一个学者的角度来探讨经济理论研究方面的脉络，以及最新研究的一些框架。

很多人觉得自己有一个框架来分析宏观经济问题，但是到目前为止，真正能够建立这个宏观经济理论框架的估计也就两三个人，所以我也没有建立过，我只能是从别人已经建立的框架里面来分析我们现实的很多问题，这是第一个方面。

第二部分，分析一下当前大家感受到的宏观经济指标，怎么去看这些宏观经济指标，每个月统计局都会公布一些宏观经济数据，然后不同的人有不同的观点，不同的看法，我们该从一个怎样的角度或一个怎样的经济框架内去看这些宏观经济数据，然后得出一些宏观经济的结论。否则的话，我们看每一次公布数据的时候，市场学派就是天天在那儿说没事，凯恩斯主义学派天天在那里说政府应该加强调控，或者政府应该开始搞扩张性政策，或者是货币收紧，反正现在争议挺大的。就不说别的，银监会包括央行开始说没有房地产放松之说，为什么会有这种争议？我们从哪些指标方面或经济增长的原动力方面去分析经济问题。

第三部分，分析当前的经济形势，其实大家最关心的就是当前的宏观经济形势。当前的宏观经济形势，我用的是一个"稳中求生"，现在是稳增长和稳健的货币政策，这种情况下是一个无奈下的选择。稳增长的情况下，可能未来的经济增长有一条生路给咱们，但是操作不当的话，我们未来经济增长的麻烦会比较大。不要觉得放松就是好事，前段时间股票市场跌了，然后发改委准备放松的时候，股票市场再次下跌，然后银监会开始准备对第二套房松动的时候，或者央行说对第一套房享受 7 折利率的时候，股票市场再次下跌，原因在哪儿？就是说有些时候放松政策不是好事。就像我们之前所说的打吗啡一样，人病危的时候，身体状况好，打吗啡的时候可以给他救活，但是人慢慢变老的时候，身体衰弱的情况，再给他打吗啡，会把这个人打死的。所以我就说稳中求生。

为什么会有稳中求生？我们从开始就来探讨，从理论框架方面来探讨，否则的话，公说公有理，婆说婆有理。

一、宏观经济前沿的研究

（一）凯恩斯经济学及其理论发展

我们首先来看，大家从书本上学到更多的是马歇尔，马歇尔是创造性的，我们称之为"黑板经济学"，什么是"黑板经济学"？课堂上讲是讲得头头是道，但是一点实际意义都没有。要去分析实际问题的时候，你会发现它的边际效应理论，你怎么分析这个实际情况都会身在此山中，云深不知处就是这样一个状况，为什么？因为它的限制条件太多了，跟学生讲得很有道理，但是联系实践的时候，或者进行操作的时候，它的意义就微乎其微了，这就是我们平时所学的，主要就是马歇尔。

从亚当·斯密然后到后面的李嘉图，是从马歇尔到瓦尔拉斯开始出现分叉，奠定基础的不是马歇尔，应该是瓦尔拉斯，瓦尔拉斯是更贴近于现实，把多重的要素都考虑进去，然后求到一个均衡的解，在这种情况下，特别是对于价格方面的判断，它更贴合实际。不是只考虑两个因素，就考虑成本，考虑收入，考虑成本的情况下，你可能得出的是一个结论，但是你考虑多方面一些因素的情况下，那么往往答案就不是那个答案了。所以瓦尔拉斯他是开始比较贴近于现实，当然使瓦尔拉斯的理论最终得到证明的是后来的阿罗。

但是在这里我们也看到李嘉图的相对比较优势理论，比较优势理论使马歇尔的理论得到一个发展，可能大家都熟悉。卡尔·马克思，他说共产主义必然胜利，资本主义必然灭亡，它其实是有理论基础的。它的理论基础其实就是来自马歇尔追溯之前的李嘉图，我们所说的边际收益递减。当边际收益递减情况下，不断投入资本的话，收益越来越少，当收益越来越少的时候，到一定时候资本家就不投入了，这就形成了它一个理论的根源。

第二个理论的根源在哪儿？来自它的马尔萨斯的人口理论，马尔萨斯的人口理论得出了重要的结论是什么呢？就是人口的增长是快于食品生产的增长，在这种情况下，一方面资本家又不开始投入了，另一方面人口增长又快于食品的增长，那最后就形成了一个不可调和的矛盾，不可调和的矛盾怎么办？马克思就说只有通过革命，所以就来了一次革命的根源，最后是无产阶级会成为资产阶级的追梦人。

但是我们现在发现的是，李嘉图和马歇尔的边际理论不是现实的，不是现实在哪儿？1979年斯蒂格利茨做过一篇文章叫"规模收益"，规模报酬递增。其实不是收益递减，是规模报酬递增，在规模报酬递增之后，后来形成经济增长理论的内生经济增长理论，所以从经济增长理论来说，其实就是在瓦尔拉斯之后，再到1979年，后来研究的报酬递增，就是我们现在所熟悉的卢卡斯的一些理论。

我们今天就是研究这种脉络，最后分析一下卢卡斯他们内生经济增长理论，只有从内生经济增长理论我们才能慢慢探讨出中国未来可以做进一步的释放。现在天天网上，包括国家领导人也好，天天所说的只有在改革情况下才可以把潜在增长力提高，中国才有未来有希望的十年，就是经济快速发展的十年，其实就是沿着这种脉络的一个过程。这是从微观经济学的一个角度来探讨。

从微观经济学探讨到了马歇尔和瓦尔拉斯，特别是到了瓦尔拉斯，微观经济学的探讨已经发挥到了极致，包括后来1954年证明的这个理论，已经是趋于完善。趋于完善的过程，其实我们知道，经济学和现实它的差异是很大的，因为经济学它只有强约束情况下才有后面一系列，才可以得出一系列的答案。也就是说，我们在探讨一个价格的时候，我们假定其他的很多市场或者很多价格不变，其实现实情况不是这样的。

那么我们再从微观里面慢慢往宏观形成一个大的集合的时候，我们发现微观的问题本身都解决不了，更别说集合体了。很多人在分析银行信贷的时候，分析债券的时候，分析股票市场的时候，单单凭着强约束理论去分析根本无从着手，甚至觉得你得出的东西可能某个时点是对的，但是不具有一般规律性，这是很多人觉得他的东西是可以发现股票市场的。我在股市上已经待了四五年，每次跟机构路演的时候很多人跟我说，中国的A股只要看M2就行了，甚至可以拿M2做相关性分析，M2见底股市见底，M2往上，股市往上，M2到顶，股市到顶。我说首先得不到这种相关性和科学性，因为它们之间，我们做回归理论叫做完全的一个多重性，单纯就其本身来说，这个相关的东西谁先谁后你哪儿知道？到底判断股市见底，还是M2见底，我觉得两个差不多难度，做这种本身的相关性有多大意义？因为你不能预测未来，因为你做股票是要预测未来的，既然预测不了M2的未来，你怎么预测股票的未来，你做的相关性有什么意义？更别说宏观经济里面曾经有卢卡斯批判，把整个过程说得很直白了，就完全把它推翻了，这是 1976 年卢卡斯写的一篇文章，说做这种相关性宏观经济完全是一个伪规律，于是把它推翻了。

我们看经济研究的时候，2002 年之前很多我们主要的学习杂志上都在做宏观经济层面的相关性分析，其实人家 1976 年的时候就已经把它批判得一无是处了。只是后来到 2002 年的时候我们再看我们的典型杂志，我后来当经济研究的审稿人的时候，就没再做这种分析了。还有的人说我们股市只要看流动性，从一个单变量的角度去思考它的问题，那流动性是会影响，但是钱多就会影响股市吗？假如是这样的话，去看看津巴布韦，大家还谈什么估值，只要是钱来决定估值了。现在钱也不少，债券起来了，为什么股市还没有起来？因为它还有一个方面，就是宏观经济层面决定了一个企业的业绩，企业业绩不好的时候大家也可以想到这个问题，不是流动性好大家就有信心了。所以很多问题的话，比如股市上涨，一个方面的变量可能是决定它的第二条件，但绝对不是一个充分条件。它上涨必然有这个因素，但不是这个因素一定就会引导它上涨，一个宏观经济变量的话，因为它是一个复杂的经济体，它不是由一个方面决定的，但是少了这个方面也不行，有些时候是这样的一个关系。

既然微观经济体都这么复杂的话，并且理论像空中楼阁一样，看上去很美，但有实用价值的问题，这个时候对政府决策很难起到决定性作用，很难影响政府怎么去引导经济的决策。尽管我们开始于亚当·斯密，他们以前的经济学叫做政治经济学，他们都没有把政府政策干预市场撇开，亚当·斯密之所以提倡市场，就是因为在当时的环境下，也就是在当时资本主义建设初期阶段的时候，发现了亚当·斯密学说，政府在做资源配置的时候，效率远低于市场本身做这个资源配置的一个效率，所以他就建议还是回归到市场，但并不是说政府不要干预，这是一个方面。要不要干预市场他并没有说，他只是在当时的环境下，觉得市场会有效率，所以我们提倡市场。第二块他也没有考虑到，特别是我们以后分析中国经济的时候，政府应该做的一个事情，就是怎么样让市场变得有效率，像目前，假如法规都不完善的情况下，你去强调市场原教主义的话，最终就是投机，因为这不是一个市场经济体，就像当时的关岛关系一样。到了 2011 年的时候，我们的高利贷，市场本身存在着一种扭曲，没有完全释放，假如一味强调用市场行为来做这个事情，结果它就是一个畸形，其实它跟政府干预的结果一样，这是一个畸形体，就是这样一个过程。这是从市场和政策的角度。

他们当时提了一个框架，是说市场能够起到很大的作用，但是没有完全把政府对经济的干预程度完全撇开，在这个框架下政府怎么去干预经济？有什么样的指标或者体系让政府更加直观？这时候凯恩斯横空出世了。凯恩斯的理论，可以说是一个什么呢？是一个没有基础的理论。他是把微观的一些理论推倒了，然后直接建立自己的理论框架，而且这个理论框架是很直观的，就像我们的出口，就像我们的投资，就像我们的消费，看得见、摸得着，其实整个经济增长，特别是分析中长期的经济增长，哪是这三个方面？根本就不是这么回事。

你要出口增加，你的员工从哪儿来？你要投资增加，你的动力从哪儿来？你要有投资的地方，否则的话，就会产能过剩，现在天天去投钢铁，那么就会产能过剩。你要消费拉动的话，要有钱消费，或者经济体本身有这个动力，能做到消费拉动，但是凯恩斯理论对于短期决策确实很起作用，因为大家一看到"三驾马车"，哪一驾马车不行的话就刺激另外一驾，然后直接把经济体做起来了。但是这都是一个短期行为，它的铁杆粉丝是谁？它的铁杆粉丝其实是肯尼迪。

很多人觉得凯恩斯是不是就是罗斯福新政的一个追逐？其实不是，凯恩斯理论的形成是罗斯福新政的一个结果。所以理论往往是来自实践的就在这儿，这是先有罗斯福新政，后来促使了凯恩斯思考这些问题，真正凯恩斯的铁杆粉丝是肯尼迪，肯尼迪在20世纪60年代的时候，对美国大幅刺激，凯恩斯总是觉得有效需求不足，那么有效需求不足的话，我不断搞财政扩张和货币扩张，结果导致70年代持续的滞胀。70年代滞胀的出现，可以说是凯恩斯理论的一个破产。

凯恩斯理论的产生当时就是说，"一战"之后的持续萧条，以及大危机之后发现产能过剩。产能过剩情况下，大家就会想，"萨伊定律"说供给能够自动创造需求，那为什么供给出来了，需求就没有了呢？通过对"萨伊定律"的思考，一般觉得是有效需求的不足，这就完全否定了"萨伊定律"，只有需求才能创造自己的贡献。所以宏观经济政策不是刺激供给，而是应该刺激需求，这就是凯恩斯理论的根本原因所在。

有了这些理论的存在，还探讨一些有效需求不足，也就是说存在一些市场总不是完全的就业状态，总会存在一些非自愿失业的存在，既然非自愿失业存在和有效需求不足，政府就应该搞扩张，特别是赤字财政政策，赤字财政政策和扩张性财政政策，当然后面有个更理论的货币政策，在这个基础上，凯恩斯过多地依赖于财政，他觉得货币更有效。这么一个理论的来源，大家就觉得很直观，也很有说服力，若需求不足，供给过剩，那就是消费能力不足，消费能力不足的话，政府就要搞扩张政策，或者是刺激消费政策出台，就来了一个政府投资和政府消费的一些政策的出台。

那么这些政策的出台，一直到"二战"之后哪怕到现在，全球的政府都对此乐此不疲，因为政府的在任都是短期的，它不会去想到中长期发展，那么中长期发展我们才会从另外一个经济增长理论去探讨怎么才能够实现一个中长期发展，也就是探讨我们潜在增长力的一些事情。

既然这个东西这么实在的话，那么政府也乐此不疲，政策不断地出台，我们 2006 年突然发现我们的产能过剩，有效需求不足了，之后不就来了四万亿元，马上经济上去了，需求一下起来了，开始觉得房地产不知道有多少库存，结果一下消化完，然后价格暴涨。当时觉得水泥、工程、机械、钢铁不知道有多少剩余，结果刺激一下之后，马上订单蜂拥而至，生产一下就不足，我们去调研三一重工，把钱全部都交完了，都还可能要一个月或者两个月之后才能够买到他们的一个供应机械的设备，所以这确实很直观，但这种直观是靠透支未来。

李嘉图有一个等价定义，等价定义探讨的就是税收的问题。税收的问题，现在减税，将来一定是要偿还的，现在征税了，也是将来要偿还的，作为中长期来说，它是一个平滑的过程。凯恩斯的问题，就是跟我们讲整个经济研究也好，科学研究也好，探讨的都是同一个问题，就是一个时间维度的问题。虽然它的短期是特别见效的，但是对于终期的话，是透支未来的。所以刺激之后，必然会有后遗症，就和我们说四万亿元之后必然会有后遗症一样。

凯恩斯理论的发展必然因为它有很多粉丝，我们知道的典型就是萨缪尔森，把凯恩斯的理论不断完善，像萨缪尔森这是理论方面的，不是咱们的探讨，这一块不做分析，因为大家在宏观经济学理论书上都已经看过了。

我们现在来看看凯恩斯的不足。凯恩斯不足，第一个理论方面的不足，缺乏微观经济，它是横空出世的，凯恩斯这个人很怪。经济学怪人有很多，我跟大家说几个。第一个是凯恩斯，凯恩斯的父亲老凯恩斯，是剑桥的终身教授，也是经济学的终身教授，但是这个老头活得比他儿子长，他 90 多岁，凯恩斯只活到 60 多岁，凯恩斯一辈子也没有获得教授职称，但是他父亲是终身教授，凯恩斯理论在经济学是跨时代，但是在当时不被理解，这个人就是一个怪胎。他小时候很聪明，接受能力很强，有那种家庭的环境，但是很叛逆，叛逆到什么程度呢？在剑桥读书的时候，他都是不遵守校规的，就是这样一个人。他在哪儿想小便就小便，他就是不遵守规则，同时这个人一直到他 30 多岁前他都是同性恋，同性恋活动他一直去参加，只是后来找了一个俄罗斯的跳芭蕾舞的人，跳芭蕾舞的话，我们都知道，剑桥大学现在有一个剑桥剧院，就是他为了这个芭蕾舞演员建的，他特意建了一个剑桥的剧院给她，他自己去投资，这使他后来慢慢转到正轨。

还有另外一个人，有抑郁症的穆勒。大家都知道穆勒，穆勒在经济学上也很强势，但是他在 12 岁之前已经把所有的数学、天文学、逻辑学、经济学学遍了，已经学遍了的情况下，他觉得他没有什么好干的了，然后开始消愁，就是抑郁，得了抑郁症，因为老穆勒也是著名的经济学家，在老穆勒的影响下，他当然学得很快，相当于一个天才一样。但是很遗憾，后来得了抑郁症，直到他 28 岁的时候，他一下又开始醒悟，然后再一次回到经济学，回到他的逻辑学，然后在经济学上也划了时代。他就是这么一个人。

当然我们知道，瓦尔拉斯这个人是划时代的，但是老瓦尔拉斯是法国皇家学院的经济学的终身教授，是他慢慢把小瓦尔拉斯培育出来，但是他虽说是终身教授，也没有任何理论方面的建树。小瓦尔拉斯当时一直还饱受质疑，因为当时马歇尔特强势。1954 年的时候，即 20 世纪 50 年代的时候，才把小瓦尔拉斯的理论挖掘出来。

说到凯恩斯，也就是因为他这种性格，他的理论是横空出世的，就是没有任何的理论基础，没有任何的理论基础的话，就很难得到验证，不知道是对还是错，但是很直观。后来到了 20 世纪 60 年代，有一个人是他的铁杆粉丝，肯尼迪，在美国实施了整个凯恩斯政策，整个凯恩斯政策到了 60 年代末，整个 70 年代，滞胀出现了，这个时候才开始对凯恩斯的理论产生质疑。大家学宏观经济理论书的时候，都没有质疑过凯恩斯，大家都学的是凯恩斯理论的发展。

（二）凯恩斯后的当代经济研究派别

后面的一些发展，伴随着这种质疑，新古典主义重新抬头，回到亚当·斯密的自由主义，后来有一个新凯恩斯主义的探讨出现，有新制度经济学，就是以克鲁斯为代表，那个时候不说是新制度性，而是说把变量拉到一个新古典框架，去解释交易费用，交易费用的产生是由于制度的原因，所以最后定义为新制度经济学，跟制度学派是相差不止十万八千里。真正制度经济学探讨之前，在里斯特他们，他们的制度经济学应该是比较接近实际的，考虑了方方面面的框架，它会涉及很多学科，包括社会学、政治学、经济学方面的一个集合体，去探讨经济方面的问题，有点偏于之前政治经济学的过程。但是新制度经济学后来为什么又成为一个主流经济学？而之前的制度经济学一直不被承认，就是因为他们的分析框架不在整个新古典分析框架之内，这是其一。

其二的话，制度经济学说得太多，科学性太弱，这就是一直以来经济学和现实的矛盾就在这儿，假如科学一点的话，离现实就很远，想现实一点的话，就离科学很远。你要现实一点的话，就要不断把前提假设释放出来，要想科学一点，就必须严假设，科学是很严谨的，数学都能够推导出来，像马歇尔那样可以画图画出来，你就知道那是科学。但是你要现实一点的话，就要把假设全部放开，符合你的经济体，那么这个矛盾不断出现。

我们知道经济学最后的发展，就是在放松约束，放松约束就要开一点，后来大家为了时间维度和空间维度的一个放开，特别是时间维度，因为最初的微观经济学和凯恩斯的宏观经济学，它们两个都是短期时点的问题，没有把距离拉得更长，因为我们探讨的价格均衡，就是某个时点上的均衡，而不是某个时间段上的均衡，也就是说不能分析这个时间段里面怎样才能均衡的问题。探讨凯恩斯短期的一些政策出台产生的效果，它很难拉到一个更长时间，怎么把经济得到一个复苏的问题。那在这个方面的话，特别是微观经济学，当然宏观经济学里面后来也得到发展，微观经济学怎么发展呢？后来大家开始学微观方程，从微观方程之后，慢慢地开始走非线性的一个决策。再发展的话，就有集合论，再发展就有博弈论，这些发展都是慢慢使它从一个静态的短期的过程实现到一个动态的过程。

也就是说，最初的瓦尔拉斯的均衡是一个静态均衡，一个时点均衡，到了后期是动态均衡，看上去是接近现实，其实不是。我为什么说不是？原因是还是离现实太远。我们现在的博弈论，博弈论最终有一个强假设，就是偏好是固定的。你说在座的每一位，你的偏好是固定的吗？当你有房子的时候你想车，当有车的时候想钻石，当有钻石的时候想旅游，地球旅游完的时候你就想太空，是不是这样？就是说偏好是不断变化的过程，你怎么能把偏好假设为固定的呢？既然这种假设是有严重缺陷的话你要想凭着这种经济理论分析我们的股票市场，分析我们的债券市场，分析我们的外汇市场，会不会有问题呢？也就是说，约束与现实总是在矛盾的。

我们再讲讲前沿研究的过程。新自由主义研究的过程大家也比较熟悉。第一是哈耶克是主张一个完全的释放，他是自由主义，包括后来的货币主义，供给学派，新古典宏观经济学，包括巴罗这些人，都是主张新自由主义，就是政府不要干涉，市场是有效率的。就像 2011 年的时候，张维迎教授也说，我们决策者应该看看亚当·斯密的书，就是相信市场是更有效率的一个过程。所以你看到这些理论的时候你就会知道，为什么我们现在很多网上或者我们看很多经济学书的时候，他会提出这些，其实他们的理论根源在哪儿？其实没有一个东西是万能的，没有一个东西是完美的，关键看你信仰什么。假如你是信仰新自由主义，你就找这些人的书看就是了，他们形成了一个完整的理论体系。当然它的理论体系有弊端，凯恩斯主义也在完善，也在批驳新自由主义，新自由主义也在批驳凯恩斯主义，这就是说理论之争就在这儿，其实没有谁对谁错。

　　我作为一个研究者的话，新自由主义认为市场的效率是要远高于政府的效率，那么它建立在一个框架之下是什么？第一在法律框架里面它是完美的，第二它的政府所有这些盘根错节，所起到的一个作用，就是它不及市场本身对资源配置的作用。因为在它的框架之下，市场运转是非常有效的，但是假如碰到一个运转无效的政府，像缅甸，你现在去跟谈市场，估计一段时间他就会施行。不说别的，就说国有企业，大家都说把国有企业卖了，卖了以后，好不好？当然好，市场更有效。

　　卖了以后，这个时点到另外一个时点，它当然会更有效，咱们探讨是两点之间的一个问题，在这个时点上国有企业是无效的，但是完全变得民营化以后，它是有效的。但是怎么卖？卖给谁？你的机制有没有？你可以说。现在你把中国移动卖给谁？老百姓受益了吗？最终会不会形成国有资产的竞买，最后过程是怎么样的？我们90年代不是卖了一次嘛，国有资产的流失形成了。因为法律大框架没有变，也就是说，我们在这个大框架里面再来探讨小问题，现在是大家撇开大问题来探讨这个小问题，那就跟谈改革一样，很多人批评政府也好，批评市场也好，我说没有谁对谁错，都对，关键问题是大家都没有谈最上面的，到底这个国家是不是法律至上呢？有约束的。

　　不管对政府的行为有约束，还是对市场有约束，假如你这个没有决定好的话，那你所倡导的市场经济其实就是上位经济，政府起到一种决策作用的时候，让哪个企业起来就起来，让哪个企业下去就下去，不是它参与或不参与的过程。就像一个地方一样，可以让一些民营企业做起来，但是那些民营企业起来以后都是正确的马仔，你说这个经济体好不好？其实也不好。所以探讨是没有谁对谁错，包括新自由主义，他们探讨的理论跟我们的实际其实差距挺大的，所以有些时候咱们不要完全被他这种理论所忽悠了。

　　凯恩斯方面，现在大家在探讨这个问题。我们知道凯恩斯主义特别是新凯恩斯主义，其实都是政府，包括萨姆斯、伯南克、曼昆、费希尔他们是支持政府干预经济的过程，他们赞成政府干预经济，如果强调完全市场化，哪个总统还请他，凯恩斯主义就是从这个角度。它典型的一个理论就是市场是短时化的，政府可以做得更长期，因为政府做得长期，做的投资是会在未来形成生产能力，导致生产力的提高，理论是很完善的。对吗？当然都对。但是作为原教主义者，在政策绝对过程当中，政府决策并不是最英明的，政府决策是受人的一个限制，有时候是会被蒙蔽，而市场是最英明的。

　　但是我们现在很多人就把他们这个理论搬到我们国内来用，包括原教主义那一套市场新自由主义放到国内来用，政府这一块也把凯恩斯主义放这里来用，其实我们的经济体离他们的理论太远了，不管政府也好，市场也好，四万亿元投下去，哪能形成未来的产能？估计百分之几十都不知道放到哪儿去了，最后把房地产推起来，整个体系就是不断地露出，不断地露出，最后很多都形成了豆腐渣工程，所以在这个无效的情况下，你去谈这些，它的意义是不大的。所以这时候都不去争论这些，原因就是在这儿。

我做了一个调研，春节的时候，我们搞水利建设，水利建设投四万亿元，我就看到一个修水库的，我有一个同学，我同学包了这个水库去做。我就问他，我说这个水库是政府工程吗？他说是。我说你包这个水库怎么样？他说我作为一个工程人员，首先要保证，我要修，肯定是要赚钱的。我说这个没错，做工程不可能做义务工程，你肯定要赚钱，他说行。那我要赚钱前提下我再来考虑设计和施工的问题，所以假如你知道这个情况的时候，你就不会想起当时1997年朱镕基总理在那里痛斥豆腐渣工程，其实痛斥的豆腐渣工程最后都是建筑公司和建筑单位背了黑锅，其实不是。他说我知道这个水库，真正放到承包商那儿是四百万元，真正国家做的预算是八百万元，但是一层拨下来的话，给他只有四百万元，其实八百万元是最科学的，可以把水库建得特别好。但是也不知道什么原因，层层剥离，只给四百万元，那他只能按照四百万元这个框架去施工，那么难免偷工减料，难免做得不完善，他说就不是一个百年工程，这就是政府效率的问题。所以它在层层剥离。

我们觉得豆腐渣工程关系到建筑方、施工方偷工减料，我们还记得2010年有一个高速公路，在湖南的湘西，修了一个桥，最后塌了，最后把路桥公司给抓起来了，大家其实都知道这个事情，其实事后有更深层次的原因，你只给他这么多钱干，所以他只能干这么多事。为了形成产出的时候，应该是有效率的，它的理论是对的，关于这方面可以去探讨。但是当这个方式是无效的时候，你探讨是没有意义的，所以你搞政府扩张也好，只是咱们宏观经济里面说的，后面估计都没有。

还有一个经济增长理论，萨缪尔森的，包括后面罗默的"溢出模型"，这些方面研究探讨也就会成为我们今天的一个主要的探讨方面，为什么要探讨这些方面？我们可以从它这个框架里面得出我们怎么去分析当前的一些经济运行状况，怎么样去改革才能够推动经济的长期增长，也就是提升我们现在的增长率，这是从它的理论框架去找原因。

我们从它的理论框架里面去找原因，为什么我们潜在的增长能力下降？为什么会下降？原因在哪儿？其实可以用一个一个的因素去探讨。包括后面的制度经济学，当然不是我们探讨的范围。我只是从一个专业的角度来说，所谓制度经济学其实就是科斯、诺斯将其放到新古典框架之内，交易费用是由于制度方面的原因，所以形成新制度学，还被接受，原因就是在新古典框架之内，新古典框架有几个方面缺点是很大的。

第一方面，就是刚才所说的偏好，偏好是变化的，但是我们整个理论框架偏好都是不变的，你说它离实际远不远？

第二方面，他认为人是经济，然而我们有两种假设，第一个是经济人假设，经济人假设从亚当·斯密就可以看到。第二是马克思道德人假设，可以实行共产主义，改革开放之前都是道德人的假设，都是希望自律，党内也自律，所有方面都自律，因为你是道德人，当然你可以做到，你是崇高的。所以基于这种框架之下，我们形成了我们的一个体制或者经济体系。但是后来改革开放之后，真正释放就是把道德人的假设慢慢变成一个经济人的假设，就是自律性享乐主义。关于经济人的假设也是错误的，其实我们知道，在一定的时候，可能大家的行为是自私的，但是一定行为的时候是无私的，假如完全按照经济人假设的话就没有那些无私奉献的行为，也没有那些大家愿意去提倡改革的行为，因为是为自己，那他永远是维持这个体系的。特别是在制度经济学里面就很难做这件事，为什么改革把自己的总统都改掉了？是提倡新思维，可能就很难去解释很多经济学。

为什么有些人，包括路易十六，为什么他非去推动一个改革，然后把位子的权力削弱，自己走上了断头台，其实有些时候他的行为是无私的，确实为了国家或者民族的富强，或者人民的幸福，从这个角度去考虑，因为他已经是超脱了物质本身，但还有精神上的一些追求诉求。所以这些方面的问题，新制度经济学也是基于这种框架，包括后来我们知道的，现在有一个研究，就是日本做的一个博弈论理论，新制度经济学里面，这个博弈论理论还是把偏好的理论固定了，它的缺陷也是很明显的。

说到这里讲一下发展经济学，发展经济学也是在现在这个背景下产生，发展经济学的典型是当时二元经济模型，这些理论主要解释一个经济体，就是当时苏联经济体为什么快速发展。那种计划经济时代，得到一个快速发展，使整个发展经济学开始提倡这个事情，希望通过计划的方式得到一个后发优势。那么随着 20 世纪 90 年代苏联解体，发展经济学走到了尽头，90 年代的时候大家不再提，就是这样一个过程，所以在特定经济环境下，会用一些理论来解释。

还有一个就是杨小凯先生，杨小凯先生研究的是新兴古典经济学，新兴古典经济学里面有一个重要的假设条件，就是抨击我们的新古典理论。新古典理论仅仅有一个条件，我跟杨小凯比较熟，交流了许多次，包括他以前来大陆，包括我去澳大利亚都跟他交流，用他的话说，最简单的一个解释是什么？他觉得他的理论是划时代的，为什么呢？经济学是解决什么问题，就像两个人谈朋友，一个男，一个女，你是把看电影分配什么时间，吃饭什么时间，一起逛公园什么时间的时候，就是探讨这个边际效用的问题，就是什么效益最大化，然后寻找它的最优解。

但是他没有探讨的问题是，一个男的可以找到一个女的，然后在女的身上去探讨最优解的事情，在这个女的身上花多少时间逛公园，花多少时间看电影，花多少时间去吃饭，但同时他所谓的新兴古典，就是探讨假如有 4 个女的情况下，怎么样在这 4 个女的身上，每个人怎么分配时间，他说这就是探讨了更本原的一个问题，就是分工的问题，接近实际的状况。他说经济学只看到了下游端，就是把它的前提假设给固定了，没有探讨到这个假设在放松的情况下的场景，所以它的理论探讨就是因为后面有固定它的条件，我刚才说的是 4 个，假如有 N 个呢，那就是 2 的 N 次方解，这就是复杂的数学问题。之前没有这个条件出来，所以不知道怎么去解释，去求解，所以把这个撇开了，就开始探讨后面的问题。现在困扰它的条件出来之后，那就可以更进一步地往上探索，所以他觉得他的理论，新兴古典学理论是跨时代的。当然这是后话，可惜好景并不长，后来 2005 年过世了，后面继承者也有一些，包括日本东京大学、台湾，莫拉什大学都有做这方面的研究，但是后续的研究肯定都没有那么强烈。

（三）新经济增长理论

下面我们谈新经济增长理论，新经济增长理论，我们知道凯恩斯采用的是近代短期的分析方法，它有一个前期假设，就是人口资本基数是不变的，也就是我刚才一直反复强调的，他没有考虑一个时间的维度。没有考虑时间维度的话，那很多方面就探讨不了整个潜在增长的问题，特别是像中国，现在用货币政策也好，现在的 M2 都快 80 多万亿元，比以前大很多，所采用的财政政策也是积极的财政政策，但是为什么经济增长就比前几年低了那么多，那之前一直是百分之十几的经济增速，现在的货币和财政政策比以前还相对宽松，以前新增信贷有两三万亿元是不得了的，当然经济体量是大的，自从 2008 年之后，2007 年我们当时都是 3 万亿元，自从 2008 年转换之后，现在没有 8 万亿元的信贷好像过不了日子了，整个就起来了，但是经济增长为什么下降了？也就是说，短期的政策没有考虑到中长期，没有考虑到潜在增长力下降，一味再去放货币或者刺激财政，结果很容易滞胀。我前几天写过一篇文章，我说只要银监会和人民银行，把房地产政策再松一松，就会形成中国式的滞胀。

所谓中国式滞胀，中国经济增速继续下台阶，然后房地产价格往上走，与其他的物价相反，形成一个单一的市场，叫做房地产市场，最后对房地产市场要么会有更严厉的政策出台，要么整个宏观经济硬着陆，要么就形成日本式的泡沫，然后通过二三十年来消化，可以啊，因为慢慢变成那个市场发了这么多货币，导致整个国民收益严重不均衡，不均衡就形成富人很多，穷人很多，中产阶级没有。

富人很多情况下，他的财产怎么办？要么转移到国外，转移到国外也挺麻烦的，海外遗产所有人也挺麻烦。放在家里不行，放在银行账户也不行，怎么办？他就买房子，所以形成房地产市场十个人只有一个人有房，一个人有十套房，形成这种状况，一个畸形，最后把房地产市场演变成一个富人的游戏市场。富人游戏市场跟股票坐庄一样，直接拉上去，然后不断地出货币，富人最后发现他也要养老，将来也要用钱，穷人也发现人口在一步步老龄化，就不再抛售了，慢慢抛，抛十年、二十年，像日本东京一样。我上上周去东京聊的时候，没有人愿意买房，为什么？买了就跌，谁买啊，还不如租房。就是说1989年泡沫之后，20多年还在消化。

当然，好在今天我看到网上银监会和人民银行又辟谣了，最后大家就接受了，不要想到经济高速增长一定就是常态，不成功的例子也很多，盯着日本、韩国、中国台湾、中国香港、新加坡，这是人家成功的，美国成功的，人家的制度很完善。东亚的这些小经济体也成功地迈出中等经济陷阱，那是有一个大的经济体，美国这样的一个大经济体，所以韩国20世纪90年代连抓三个总统，才有后来台湾地区把整个国民党推翻了，才有日本80年代抓了1/3的自民党官员，才有整个70年代香港的公检法廉政肃清，才会有这些，是有一个大的经济体，没有大的经济体情况下，那就像苏联，最后来一个休克疗法，这是必然的。像没有成功的有很多，像阿根廷，阿根廷也是一个民主社会，也是选的，一旦政策走歪的情况下，50年代实施了一个出口优先战略，后发优势追赶，80年代人均收益超过美国，但是90年代末期回到了50年代生活水平，所以经济发展到一定时候，必然要有政策去跟进，制度方面去改革，为什么在这个时点上也进行提倡，原因就在这儿。我们经历30年的改革开放，其实是经历两次改革，一次是1978年释放出来了，大家那个时候都愿意改革，没有阻力，因为1978年的时候，文化大革命被抑制坏了，不管是当官的还是平民，不管是发财的，还是耕地的，文化大革命大家一直很反感，所以提倡一下，马上就释放出来了。

但是第二次改革是90年代的改革，其中我们知道1992年南巡讲话，邓小平同志，改革开放的时候邓小平的威信多强，但是在这之前的南巡讲话之前，他是去了上海的，报道了吗？都没有报道。1992年大家还在干什么？1991年、1992年，天天都在说教的事，根本没有说改革开放的事。直到后来邓小平去了湖南，把当时省委书记给撤了，然后再去广东，带着总参谋长去了，然后《解放日报》可以说，要为改革开放护航，才整个扭转乾坤，才有后续的改革，再进一步地走市场化，才有后来的猫论——"不管黑猫、白猫，只要抓住老鼠就是好猫"，改革才进一步地推进，现在麻烦也挺多。

这个经济增长问题我们需要新的增长，目前就是探讨这个问题，不是我们短期的一个凯恩斯的问题，而是探讨新经济增长理论的问题。现在新经济增长理论核心思想就是经济能够不依靠外力的情况下，能够实现持续地增长。那时候的技术进步是保证经济持续增长的决定因素，所以这一块我们也意识到了，所以在 2007 年的时候我们国家提出来一个很重要的政策叫做自主创新，自主创新后来发现也很麻烦，为什么麻烦呢？2007 年我们提出自主创新的时候，突然发现这个理论是颠覆性的，什么是颠覆性的呢？因为我们改革开放 30 年，最成功的是什么？最成功的经济是什么？我们所谓的后发优势，就是不尊重知识产权，就是复制你的，学人家的，因为我们便宜嘛。

这个时候提倡自主创新的话，首先就得扭转过来，开始尊重知识产权。但是那个不尊重知识产权的复制模式的话，包括我们的中低端制造业的一个模式，是我们成功的一个最宝贵的经验。后一步你要提倡自主创新怎么办？所以到了后来就又不提了，2008 年之后开始提产业结构升级，开始提经济结构转型，其实产业结构升级还是这样的，包括现在我们提倡的加大进口力度，也就是这句话，就是人家有先进设备了，咱们再把它学过来。咱们还是不提知识产权这个事，先学过来，达到产业结构升级再说，学完了，我们再发展，形成核心竞争力了，就像我们的高铁一样，假如形成了核心竞争力，我们再提这个事。所以现在的当务之急还是从中低端制造业往中高端制造业转移的过程，那么这个时候人家已经有先进经验了，有先进的技术了，再说要继续进步。这是它的一个核心思想。

那我们来看看，它也是以完全经济假设为条件的，有代表性的主要是收益递增，就是开篇所说的规模式报酬递增，和技术外部解释经济增长的思路。在这种思路之下，我们看到有一个"索罗—斯旺模型"，我们来探讨一下。我们看"索罗—斯旺基本微分方程"（见图 1），我们下一步的增长，人口是靠不住的，因为 2013 年第一次刘易斯拐点已经来了，第一次刘易斯拐点来了的话，你依靠人口增长来推动经济增长的模式已经结束了，所以它的这个提倡是对的。很多人讲中国人口，刘易斯拐点已经显现，中国经济要下台阶，但它只是一个片面的。为什么？它就是犯了我们之前的一个假设，把其他的都假设为固定，就是一成不变的情况下，只探讨这个 N，就是只探讨人口增长率，那当然是这样了，人口红利没有了，那经济增长就下来了，把其他假设条件不变。所以你看到这种文章的时候，你看看就得了，为什么？因为它说的是一个盲人摸象，它是摸到了象的一个大腿或者摸了一个耳朵，他说这个象就是这个样，所以很容易形成这种印象。

索洛——斯旺模型

$$新古典生产函数：Y = F(K,L)$$

满足三个性质：第一：对所有 $K > 0$ 和 $L > 0$ 且 $F(\cdot)$ 呈现出对每一种投入的正且递减的边际产品：$\dfrac{\partial F}{\partial K} > 0 \quad \dfrac{\partial^2 F}{\partial K^2} < 0$

$$\frac{\partial F}{\partial L} > 0 \quad \frac{\partial^2 F}{\partial L^2} < 0$$

第二：$F(\cdot)$ 呈现出不变规模报酬：

$$F(\lambda K, \lambda L) = \Lambda \cdot F(K,L) \text{ 对所有 } \lambda > 0$$

第三：稻田条件：$\lim\limits_{K \to 0}(F_K) = \lim\limits_{L \to 0}(F_L) = \infty$

$$\lim\limits_{K \to 0}(F_K) = \lim\limits_{L \to 0}(F_L) = 0$$

科布—道格拉斯函数的集约型式：$y = AK^\alpha$

其中：$k \equiv K/L$ 是资本—劳动比率；$y \equiv Y/L$ 是人均产出

$$f'(k) = A\alpha k^{\alpha-1} > 0$$
$$f''(k) = -A\alpha(1-\alpha)k^{\alpha-2} < 0$$
$$\lim_{k \to \infty} f'(k) = 0$$
$$\lim_{k \to 0} f'(k) = \infty$$

索罗—斯旺模型的基本微分方程：$k = s \cdot f(k) - (n-\delta) \cdot k$

其中：$s(\cdot) = s > 0$ 是储蓄率；δ 是资本折旧率；n 是人口增长率

$$K = I - \delta K = s \cdot F(K,L,t) - \delta K$$
$$L(t) = e^{nt}$$
$$y = f(k)$$

稳态增增长：$k = 0$

索罗—斯旺模型中的人力资本：$Y = K^\alpha \cdot H^\lambda (AL)^{1-\alpha-\lambda}$

其中：Y 是产出；

　　　K 是物质资本；

　　　H 是人力资本

　　　A 是技术水平

　　　L 是劳动

图1　索罗—斯旺模型

还有一个问题就是现在我们资本过剩了，经济增速也要下台阶，因为资本回报率下降了。其实这都是盲人摸象摸出来的一个方面，就是说只注意到一个方面的因素，而没有注意到所有的因素。其实我们根据这个方程，未来经济的潜在增长率提高的话，有一个方面我们是可以做的，就是提高我们的技术，所谓提高技术就是提高劳动生产率。

要得到劳动生产率的提高是什么？就是发展我们的人力资本化率，发展人力资本化率这是一个方面。还有另外两个方面我们可以做到。就是可以推动劳动生产率的提高，第一个方面，我们的农村土地是不是劳动生产率挺低的，一个人才有几分地，为什么我们不让劳动生产率提高？假如一个人可以耕几亩或几十亩或几百亩耕地的话，他的生产率是不是一下就提高了，所以我们可以做土地流转。那么同时这些人口被释放出来的话，我们还担心我们的人口红利吗？现在一个人耕一亩地，中国现实情况是十个人耕十亩地，以后是一个人耕十亩地，那九个人就释放出来了，那你还担心什么人口红利？这不是再一次的人口增长对整个经济再次推动嘛。

但是土地流转有一个很麻烦的事，就是我们私有产权的事情，有长远的一个发展，或者它可以交易的情况下，才可以流转。所以其实我们是出了一些方针政策的，我们觉得你可以不改变，但目前你要修改宪法是很难的，因为我们现在的宪法是公共财产神圣不可侵犯的，将来要把它变成私人财产神圣不可侵犯的话，估计改起来挺难，一代人改变不了。那可以想一些办法，可以把那些耕地变为股权，你走了以后你可以享受股权，像投资一个公司，可以享受它的资本回报，可以享受它的分红。通过这种方式是可以发展的，在推广过程当中遇到了 2008 年的金融危机，2008 年金融危机，地方政府想到这一条就开始圈地了，去搞房地产了，被领导调研发现，变相搞开发，又把它叫停，所以很多事情也是不容易的，这是一个。

第二个方面，刚才讲的是农村土地，其实很多方面可以想象的到，把几大块一分你就知道我们能做什么，这是农村劳动生产率的提高。另外一块工业方面能够使劳动生产率提高，农业打不上主意就打工业，工业产业结构要升级，这个时候就要中低端制造业往中高端制造业转移，也就是只有提高劳动生产率才能使经济增长率往上提高。过去 30 年劳动生产率提高也体现在工业方面，所谓工业方面典型的一个就是，我们进口很多商品，然后实施出口替代的作用，这个时候对我们整个产业结构实施外溢，我们生产率急剧提高，以前我们是通过合作方式，跟日本做黑白电视机，后来做彩电，然后再慢慢因为技术外溢出来，所以我们有民族品牌的彩电，就是这么一个过程，这就是劳动生产率的提高。别去想建房子可以建出一个生产率来，那是建不出来的，建房子可以推动一个经济增长，那是无本资源，生产率的提高是必须有技术进步提高情况下，别想到消费可以提高一个劳动生产率，消费本身可以提高经济增长吗？不可以，只有技术进步往上提，这一块才能导致经济增长的上浮。然后在这个技术进步的过程中，你的收入水平是提高的，然后你才会去消费，再次拉动的一个过程。

所以作为中期的经济增长过程，凯恩斯的理论是没有用的。当然另外一个例子说，可以在未来形成产出，这确实可以提高。这是我们所说经济增长理论的一个框架。说到这个理论框架，我们有一些模型。讲到这里，基本上把这一块讲完了，当前的经济形势，咱们探讨的是中期的问题不是探讨短期的问题。

二、宏观经济指标解读

我继续讲实战性比较强一些的，宏观经济指标公说公有理，婆说婆有理，说得也比较多，根据我的一些实际情况，给大家做一些解读。

第一方面，宏观经济分析基本方法就是总量分析、结构分析。我有时候跟很多机构投资者去交流的时候，包括投资经理交流的时候，包括社保、人寿大的保险机构交流的时候，有时候提出的问题你还真没办法回答，是什么问题呢？你在那里讲经济形势不好，他就给你说我那天去调研南昌，我觉得挺好的；你说中国经济、宏观经济有问题，他就说我去南昌调研不觉得有问题，人家还准备投资多少亿元，准备翻多少番，这是一个。第二个，2008 年、2009 年的时候你说保管经济会好，当时我说砸下去肯定就会好，很多经济学家对我说，说潘向东你是不是说错了，我去调研企业都活不下去了，你怎么去回答？这就涉及一个总量分析的问题。

因为你说的是整个中国的情况，你拿一个南昌来说，怎么来说呢？南昌是不错，那整个宏观经济不错的情况下，你现在去看新疆也挺好的，2011 年经济不好的时候，你说经济增速要下来，那喀什投资怎么那么快呢？你不能拿一个点的东西来说一个总量，它是不具有全部代表意义的，因为是整个宏观经济问题做的一个分析。你拿一个微观企业，就是再差的宏观经济体，哪怕负增长情况下，也有一个企业盈利，你的样本不具有全部的代表意义，就是取样有问题。现在目前在下行过程当中，经济平稳下降的情况下，你拿鸡蛋价格来说，那鸡蛋价格确实是在涨，但我说的是一个总量的过程。

总量分析有哪些反映？反映整个宏观经济的因素，包括生产总值、消费额、投资额、银行贷款总额及物价水平的规律，它主要是一个动态的规律，动态的分析。你跟我说这个季度 GDP 增速多少，这就有一个概念了，探讨增速的问题就是一个动态的过程，所以总量分析主要是一些动态的分析。

第二个方面就是结构方面，结构方面我们所说的国民生产总值，包括 GDP 增速8%、9%，研究中国经济增长的时候是很关注这一块，为什么？因为现在更关注的是9%消费多少，投资多少，进出口多少，然后第一产业、第二产业、第三产业情况怎么样，你的服务业比重是不是提高了，你的附加值是不是增加了，跟我们的经济结构转型的时候是不是相关的？单提总量的时候，是不是能耗的问题都要考虑，所以探讨是一个增长质量的事情。

消费的比重提高，投资的比重是不是下降，如果还是延续以前投资比重继续提高的话，那增长9%其实意义不大了，假如6%的情况下就业还挺好的情况下，就没有9%了。为什么保增长，为什么一定要保呢？保就是保就业，保稳定，你发现6%的时候失业率就没有多少。2012年第一季度降到8.1%的情况下，我们的失业率并没有上升，这时候你是保什么增长呢？到了第二季度降到7%左右，假如还没有什么变化的情况下，也不要去保增长，就要更关注7%的比重情况，是不是消费的比重在上升，而投资比例在下降，这样有没有达到一个经济在不断地转型？包括我们的出口，质量在提高，产品结构在发生变化。因为以前的一个低附加值产品是不是慢慢过渡到一个高附加值产品，以前出口的都是钢锭，现在出口的是不是钢材产品，这就是高附加值的一些东西，所以这是结构方面的分析。

所以结构分析的话，往往对一个经济体，特别是对转型经济体来说，其实比总量分析更重要，不要再去执着于 GDP 增长，增长一个总的指标，其实目前来看，意义是在淡化，不再像以前很贫穷的时候，很贫穷的时候是在做量，企业刚刚发展的时候，考虑的是量的问题，怎么把量做起来，然后扩充它的市场占有率，市场占有率上去了，这个时候就要考虑它的附加值，是不是盈利赚钱。

就像我们现在的这个经济体一样，80年代的时候很穷，我们追求 GDP 的增速，追求 GDP 的总量慢慢地上升，但是现在 GDP 增速总量已经达到目前这个水平的时候，我们应该更关注经济增长质量的过程，所以是从这个结构方面我们更关注。假如还像以前一样更多的是通过透支我们的环境，透支我们的能源，形成了一个经济增长的话，作为慢慢富有的一些人群来说，是没有必要的，因为很反感。包括我们现在有的人就开始关注于空气的质量，关注于我们的绿化率，关注于我们的水是不是受到污染，关注于我们的食物是不是安全。这要是在以前的话，战争年代，20世纪五六十年代，有的吃就行了，还吃面包，面包是梦想的，鸡蛋是梦想的，牛奶更别说了，哪还会说牛奶是不是有三聚氰氨，以前不会考虑这些问题。但是现在不一样了，这是你提高的过程，你开始关注这些问题，所以我们现在更关注于结构方面的一个分析。

因为结构方面的分析主要还是一些静态方面的分析，就是说去探讨本身的一个时点方面的问题，消费里面东中西怎么样，是不是与中产阶级消费相关？都是密切相关的。这一次消费下降，下降到政府没招了，为什么没招？因为这次主要下降的是中产阶级的消费在下降，中产阶级的消费下降你拿什么招去刺激？谨慎，还是使中产阶级变得更富有？这就涉及一个体制改革的事情，短期的刺激政策能够刺激什么，以前的家电下乡，那一块的消费没有消费变化，你还刺激什么？刺激的话不是透支吗？只有下降情况下才想去保证怎么样，恰恰这一块是中产阶级，中产阶级是与房地产、汽车行业密切相关的，这一些在2009年刺激的时候，已经出问题了，房地产再刺激就泡沫化了，汽车再刺激，北京就开不动了，就是说下降过程当中到底是什么在下降？这就是我们所说的结构分析一步一步要出来，这才是经济分析。包括我们的决策也好，包括我们做一些市场分析也好，才能够得出一些结论。

所以很多人就在那里说，看到工业下降的时候，觉得中央是不是要刺激消费，我说它刺激什么东西呢？因为无产阶级的消费和富产阶级的消费都没有什么变化，唯有下来的就是中产阶级的消费，而中产阶级的消费是和社会分配有关，那么既然是这种情况下，短期是没有政策区扶持的，那只能被动地接受。接受就想其他的招，就不是刺激消费，那就要想这些事情，所以结构分析不是做总量分析。所有经济学家都在预测 CPI 3.2%、3.3%、3.1%，有意义吗？其实意义不大，很多人都预测 GDP，前段时间渣打银行7.7%，摩根士丹利8.1%、8.2%，其实意义也不大，反正都是下来的，多一点、少一点意义大吗？不大，但是结构变化就能够找到一些机会，也就是说知道未来到底会怎么样，所以做结构分析是这样的。当然它们之间是相互的，就是在做总量分析的过程当中总结的结构分析。

我们看一下国民经济指标，我们回到凯恩斯方面，因为做短期分析，短期分析是最实在的，中期经济是探讨本原的问题。我去调研的时候，他们就说我们就应该看凯恩斯的分析，我说为什么？他说领导人想问题都想三个月，我们想问题想三天，哪会想那么长远的事，他说想三年，我在不在这里执政都不知道。包括公布也好，数据也好，都是很实在的，这一块包括消费、投资，政府支出，还有进出口这一块，还有工业增加值。工业增加值为什么很重要？因为每个月公布的工业增加值，比如公布9.6%的工业增加值，马上就能够折算出来当个月 GDP 是 7.1%左右，为什么可以这样？可以把国民经济体系里面可以折算出来，第一产业、第二产业、第三产业的比重各是多少，工业占的比重是多少把它折算出来，在短期内，甚至一年之内，结构调整都是省区的经济，我们现在天天在外面说调结构，调结构，就是大跃进，你一年能够调一点都不容易，因为结构是一个缓慢的过程。

所以很多人说调结构有机会，我说一直就在调结构，不是你现在说调结构马上就会调结构，其实我们一直持续都在调结构的过程，你意识到的时候，与其说是调结构转换经济增长方式，还不如说一个更实在的，接受潜在增长率下降的事实，就不要去搞刺激，就是接受已经下降了。在市场选择的过程当中自然会调结构，现在所有人都喜欢说好听的，就是说调结构，看到希望了。这个方面来看工业的话，可以从比例方面直接可以折算出来，整个 GDP 的状况，这是工业方面的一个表现，所以为什么大家特别关注。

失业率指标，美国是特别关注失业率指标，因为总统是选出来的，选出来的话，失业率高了的情况下，他就选不上了。都让人失业了，谁还投你的票，让人有工作发财了，自然投你的票，不同民众当然会做这样的选择。一个人不管一个单位也好，一个什么也好，领导让你发财，你当然支持他，领导让你日子过得特别难受，投票的时候肯定投反对票，美国也是这样，政府是民选的，民选要看失业率。所以从经济分析方面也可以看出失业率，就业增加情况下，后续的消费不会增加，会形成一个正反馈，消费增加了，就有就业的增加，有收益率的提高，也就增加了消费，所以是从这个角度来看的。在失业之前还有一个投资，这是另外的指标。

还有一个是通货膨胀的指标。我们说通货膨胀在中国应该更着眼于物价上涨，讲到 CPI，反映真实情况下，百分之三点多是通货膨胀的，只是因为咱们的 CPI 是有问题的，有问题的话，大家看到的版本也挺多的。若说为什么有问题，是因为我们的调查统计采样有问题。

我们 CPI 的一个构成，包括食品占 33%，为什么占这么多比重？是通过调查得出来的，老百姓的支出，一个月支出多少，食品方面多少，交通方面多少，衣着方面多少，把比重算出来的情况下，我再来算 CPI。调查的时候，在中国就出问题了，为什么出问题？因为调查最终统计局的人，统计官员是找的社区那些人，街道办事处的大妈，大妈肯定把调查的问卷给没有钱的人，这是人本性善良，因为填一份就有钱啊，他肯定就给那些偏中低收入人群去调查，这就导致我们食品的比重偏高。所以每一次我们看食品价格，它的比重比较高，而实际情况你会发现，你的支出感受到这一轮的通货膨胀，你的钱是在大幅地缩水，其实不是 CPI 反映的一个情况，整个过程跟中低收入相匹配的时候，你才发现这一块。

我跟一些机构交流的时候，有一个湖北人，一个总监跟我说，说我们都不看 CPI 了。对于通货膨胀我说一个很实在的事情，他告诉我说，十年前我回老家，吃人家喜酒的时候，我 10 块钱、20 块钱足够，我现在去的时候，我拿两三百块钱拿不出手，你说变了还是没有变？是不是十倍以上了？但是你把这十年的 CPI 折算过来，你算算符合增长率吗？CPI 是不反映真实情况的。所以拿 CPI 去衡量通货膨胀是失真的，所以这个时候我们更应该用 GDP 的平减指数去算，GDP 实际增速大概是百分之九点多，CPI 应该是百分之七点多，其实整个物价上涨是百分之七点多，但是我们的 CPI 只有百分之五点多，是这么一个水平，所以往往是一个偏低的过程。房价的事情，十几年前的房价跟现在的房价是不可比的，所以是影响整个居民的支出构成，从本原的角度，这个权重设置估计就有一些问题，是没有反映真实情况的，这是我们从做研究的角度来看的。

但是没有办法，咱们还是要分析 CPI，今天我跟大家说 CPI 的话，其实大家不要关注 CPI 的一个同比，同比意义不大，应该关注的是 CPI 的一个环比情况，CPI 同比是由翘尾和新增产生的，新增代表一个趋势，像最近 CPI 同比虽说还有 3% 左右，刚刚公布的 3% 左右，其实媒体有一点误导，天天说同比收入很高，但是没有反映出环比的真实情况。就是说有时候看东西，专业和非专业就是在这儿，你看一个非专业的，觉得还挺高，但是一个专业的，就得看环比的情况，是增长还是下降的。

环比下降了 0.3%，更专业的情况下，应该考虑有没有季节性因素，是不是季调下的一个增长，假如季调完了之后，那它的 CPI 会是多少，这是更专业的。但是往往现在我们看到的是停留在第一个层面，同比增长多少，其实同比增长很容易受翘尾因素的影响。所谓的翘尾就是过去 11 个月，因为一年是 12 个月，那么过去 11 个月的一个环比的乘积，那就是一个翘尾，就是翘尾因素。过去 11 个月影响到当月的指标，你说参考意义有多强。

所以我们在做这个环比的时候，也应该更看重的是趋势的变化。所以别人说的同比，也没有算的多准，很多经济学家都在做预测，各大媒体都在做预测，我自己是懒得去做的，我让我的助手去做了，把翘尾看一下，看看新增的有没有变化趋势就行了，更多的是看大方向。就像股票市场一样，我会告诉机构投资者，是冬天还是春天，还是夏天，还是秋天，但我不会跟他去说今天多少度，我不会说明天多少度，也就是说我不会去预测这个股市今天多少点，明天多少点，可以涨到多少点，跌到多少点，但我会告诉你，按照这个分析来看，是不是适合投资，是春天还是夏天，还是秋天，还是冬天，我能做的是做这个趋势的分析，我做不了一个时点的分析，就是很准确的一个过程，因为它的宏观经济本身受扰动的方向很多。但是完全做测算的时候，我那时候还在光大证券的时候做过，做新增的时候，就拿随机过程，随机过程季调之后八九不离十，所以说宏观经济没有大幅度变化。

像 2010 年 7 月那种大变化，那预测的方向都会偏离，当时胡总书记和温总理来了二次刺激，2010 年 7 月再次往上，整个扭转，往上狂升的过程，4 月、5

月、6 月环比往下走，突然 7 月加速往上走，那预测的方向，随机过程去做的话，方向就做反了。没有那种情况的话，一般情况下变化不是特别大，经济本身是比较平稳的一个过程。这是说 CPI 的一个测算，其实也没有什么，我们大家都在预测 CPI，其实就是很简单的，因为翘尾是算的出来的，只要算一个新增，我的助手是怎么算的？不可能把随机过程的演算过程告诉人家，写一个报告说是根据随机测算的结果，这是根本没有任何说服力的。

我们现在做了一个结构分析，我们会把食品价格和其他的价格一个、一个地拆分，拆分的话，食品有几大类，我都把它拆分出来，像蔬菜价格、水果价格、水产价格、肉类价格、鸡蛋价格，所有东西全部拆分出来，让助手去做。商务部的公布是领先于统计局，商务部每个新季度都公布数据，蔬菜价格后来我们发现不能采用商务部的数据，我们采用寿光的数据，一步步慢慢地接近，就知道它的采样过程。这样的话，就更贴近于最后公布的实际公布的 CPI，所以做的预测是这么一个过程。这是新增的。翘尾过去 11 个月的数据早有公布了，没有什么秘密，所以最后数据就出来了，我们的测算给大家说一下。

还有一个是国际收支。国际收支现在关于人民币这一块，国际收支主要压力就是来自于人民币升值，这个理论是有问题的。因为它没有考虑一个国家的经济增长结构，像日本和中国这样的国家，日本假如日元能够贬值，它一样很强，但是在美国的强压下，总是有贸易顺差，因为美国贬值的汇率里面，你有顺差，那你就是被低估了，你有逆差情况下，它的货币就被高估了。人民币老是有贸易顺差，当然被要求升值，这种贸易舆论理论没有考虑一个国家的经济结构，所以我们国家在谈判的时候，也秉承另外一个理论，国民收支平衡利率。

我们认为，那是因为你消费不足，取之过度，所以我们肯定有贸易顺差，美国认为是因为消费过度，所以就没有贸易逆差，我们秉承的就是这么一个理论来做的。我们提出贸易谈判理论是什么？我们觉得美国要控制你的消费，让国民取需，你要调整你的经济结构，当然我们也要调整我们的经济结构，贸易失衡问题是双方的问题，不是人民币单边升值的问题，但是美国就认为是人民币升值的问题，其实很多方面是有理论根据的探讨。因为理论方面本身就争论不休，所以在实际方面，那就更麻烦了，那就谁强就听谁的，所以中国在谈判方面，弱于美国，所以只好人民币升值。

投资的话，我们也要分析一个结构的问题。投资进度包括新开工和施工，新开工项目会决定未来的投资增速，假如现在投资增速很高，更多是施工项目的考虑，所以有一个先行指标。第二方面我们看投资主体和资金来源，假如所有都是国内贷款或者预算内资金在做，不是自筹或者其他资金在做，就会觉得其可持续性很麻烦。2008 年、2009 年一样，很多都是国家贷款，地方资金在做，就觉得不具有持续性，随之而来财政透支是有限度的，只有民间起来了，企业自己起来，这个投资才具有持续性，政府总是受财政约束，不约束的话，最后就和希腊一样了，希腊不是做投资，而是做民生，做低保，所以人家还能接受一点。假如都去做投资了，那就翻天了，所以资金方面主要是从这些方面分析。

包括对固定资产投资，我们也要考虑是机械投资，还是房地产的投资，2011 年关于投资分歧就很大，有的人认为投资还非常平稳，有的人认为投资会降下来，我们当时认为投资要下来，因为有两大块，第一块是不可持续的机械投资，除非再次刺激，否则当时四万亿元的到期，四万亿元投资是 4－5 年期，4 年期是通常情况下是 1：4：3：2，到了最后一年期成 2 了，也就没有增速了。假如是 5 年期的话，是 1：4：2：2：1，这么一个规律，我们的投放是有这个进度的，所以到了最后一年也就没有了。在没有的情况下我们增速的量就没有了，那就影响到投资的增速。

第二方面是房地产投资，房地产投资在 2011 年投资那么迅速的情况下，2012 年还要延续的话，开发商还会投资。进行史无前例的调控，调控有一个重要的指标，实施了土地收回制度，所以很多开发商被迫进行开工，但开工的话，进行宏观调控又不让开发商融资，结果就导致开发商到民间借钱，高利贷横行，所以所有这些东西联动在一块，就能看到这个情况。去年高利贷横行的时候，中央政府肯定不会解决，那是朝着它的方向在走，调控之初就想好了。我做房地产调控是什么样的，目标是什么呢？第一我把房地产企业的融资给断了，你不是囤房子不卖了，我就不让你融资。第二你囤积土地，减少供应量，我就做土地收回制度，囤积这么多年的土地跟你无关了，那就开工上去了。房子建起来了，同时限购，我不让你去卖，我就是让你打折销售，最后开发商扛不住，只有打折，打折房价就降了，调房价的一个简单逻辑就在那儿走。

为什么扛不住，让你打折，因为又不让你融资，又让你开工，只有民间高利贷，高利贷要不断偿付利息本金，人家是找你要的，一旦扛不住，只有把房子卖了，才能还清本金和利息，所以整个调控过程当中就是这么一个逻辑在演绎。去年高利贷出现情况下，温家宝去温州调研，最后采取政策吗？没有，那就知道是这样的，所以出现资金链紧张的事情。很多人归结于人民银行收紧，当然也可以说是收紧，主要是针对房地产调控，所以有民间高利贷，是这么回事。

当然它也会有副作用，为什么有副作用？民间高利贷为房地产开发商借那么多钱，那么高回报，大家想我也不投资，我也去放高利贷，借给房地产开发商，赚 20% 多划算，投什么有这么划算，除了投赌场卖毒品有这么高，20% 的高利贷，当时一看就觉得房价要打折，但是很遗憾，刚刚房地产要松动的时候，现在又开始放风，一些地方开始要刺激这个市场，所以前几天当我看到说人民银行也要把这个利率回归到 7 折利率的时候，银监会说又要搞 50%，第一套房跟第二套房同等待遇的时候，我说完了，就那么一点点，两年多的调控前功尽弃。

大家想房地产价格再往上走，会怎么样，未来经济增长靠什么稳住？不可能一天升完，或者一个时间段一年升完，怎么可能？人家会把技术给你，消化这些技术需要一个很长的过程。靠什么？那当然只能靠城镇化，十多年的高速增长还留下了城镇化，工业化远超城镇化，这个时候还可以把这个蛋糕做一做，其实就是享受过去 30 年劳动生产力提高遗留下来的问题，就像 2002—2007 年美国经济增长，小布什挺聪明的，上任之后，当时经济下降，互联网泡沫破灭，经济往下走，他想到了一点，开始降消费税，把居民税收降下去。为什么？因为克林顿时代通过互联网和知识经济快速发展，老百姓积累大量财富，这些财富反而弄不出来了，那就让大家消费，结果刺激一下，导致 2002—2007 年的过度消费扩张。

现在我们经过 30 年劳动生产力急剧提高，劳动财富慢慢积累，积累情况下要把它掘出来，是为了经济的发展，在转型之前靠什么维持这个经济体？只有靠城镇化。城镇化是跟这个国家密切相关，房价过高情况下，刚性需求是没有办法的，这就变成富人的游戏，富人坐庄的游戏跟股票是一样的，股票坐庄和正常的一个投资回报是两种不同的东西，大家看看庄股和价值投资者的股票，价值投资者的股票是一年不断上涨，但是上涨幅度跟企业增长的幅度差不多，但是整体作为一个股票投资者是一个上升通道，但是庄股几个月就搞完了，等出来之后，你再也看不到了，透支完了，就会出现这种。房地产市场是一个资产属性，资产属性很容易导致负增长，况且十几年来一直获得丰厚的回报。

所以很多人有钱的话，当时山西收煤矿，很多山西煤老板到北京买楼，当时没有限制的时候，就半栋半栋地买，囤积在那儿，不让他开发煤矿，拿着钱不知道干什么，又不能投资股市，股市还是有一定的技术含量，没准拿几十亿元就没了，买债券觉得收益率还是有点低，因为他开发煤矿开发惯了，所以就去买房产，就囤积。所以很容易导致房地产市场出现一个畸形，房价的预期我们要打下去，就很容易导致市场过度透支，过度透支的结果就是跟不上了，跟不上的结果就会消化这个市场，消化这个市场有可能导致别人不再参与这个市场，哪怕城镇化加快过程当中，这个市场也很萎靡，也带动不起来，那个时候不是想买房子的问题，顶多就是租租房子，那在这种情况下，整个经济会形成一个负反馈，负反馈就是这一块起不来了，然后失业也增加了，老百姓的财富再度缩水，不买房，20 世纪 90 年代的很多人，咱们的父辈天天想着实业的时候，他哪会买房子，房贷还不还得了，那是次要的问题，关键是有没有吃的，上有老，下有小，他们那个年代哪会去考虑买房的问题。经济好的时候，大家会去追资产市场，所以我们担心再一次往上走的时候，出问题的时候，有形成一个负反馈，就会很容易导致一个持续的低谷。经济下去的时候，会加大转型力度，社会的稳定性都会成问题，所以我们忧虑的地方是一步步地在探讨。

还有一个消费的指标，现在我们看到的投资指标，固定资产投资是折算 GDP，我们按照支出法去做是有问题的。因为投资说的是一个固定资产投资，固定资产投资还不错，为什么经济就下去了？主要看资本形成。消费的指标其实也有问题，因为它没有把整个消费状况纳入到里面去。

这里讲到一个金融指标，我个人理解的 M0、M1、M2，跟一般的理论方面我觉得还是有差异的。更直观的一个理解，M0 就是现金流通的，M1 就是 M0 + 企业的活期存款，M2 是 M1 + 企业的定期存款，当然后来还有 M3 或者其他的，其实不要搞得这么复杂，这样简单的时候，就更有利于你去分析这个结构。M2 上来了，为什么 M1 没有上来？那说明活期，居民的储蓄上来了，但是企业的活期没有上来，这说明什么问题？大家还是没有投资，或者企业利润在下降，所以经营指标里面都可以发现这些，是从这些方面去考虑，当然还有货币基金的投放。金融指标，在座各位都是从事银行业的，都很了解，我在这里不再做描述。

经济政策，包括财政政策，财政政策扩张、紧缩、稳健，中国最喜欢稳健，紧缩的政策用得很少，扩张政策有那么几年，其实都是稳健，稳健说明一个什么问题？就是灵活操作。它也不知道方向，所以不知道方向就稳健，反正稳健的操作余地可大，它可以操作到紧缩，也可以操作到扩张，看它怎么说了，它都说是稳健。按照经济形势，在不断做一些变化，所以稳健这个词，哪年提稳健，就知道它是一个灵活操作，灵活操作就是动态操作，动态操作说得不好听也是摸着石头过河的操作，未来怎么样不知道，是这样一个操作过程。说不定哪一天，刚刚做完的一个增加准备金，几个月之后又开始降息，做这种事情，实施一个动态。

操作水平是差了一点，为什么差呢？我说不只是中国，整个新兴经济体在做货币政策操作和财政政策操作的时候，整个宏观调控都是暴饮暴食，不像美国，美国做得很好，就朝着一个方向不断地循序渐进地朝着这个路在走，因为政策执行之后有一个滞后效应，但是我们由于偏短期化，往往一个月就见到效益，三个月就见到效益，哪有这么快？它有一个滞后期，在不断传导过程当中有一个消化期，当然不光我们这样，印度、俄罗斯、巴西都是这样，印度降准可以降2%，提准也可以提2%～3%，这就是暴饮暴食，暴饮暴食的结果就是经济体波动。一个正常的经济调控出现一个危机之后，就像学物理中有一个阻力振荡，但是在新兴经济体，是政策的失误，偏短视的行政性太强。

从2008年之后美国经济体一直在走，没有哪一天不降息，降息又加息，只有我们4万亿元盲目跟进，准备金提了万分之十几，又来了一次技术性的操作，发现经济体又不行了，这不仅仅是降准备金，还要把利率降下来，一系列的政策都出来了，中间的时隔，两个季度还不到。在正常情况下，利率调整都是要观察未来一年的变化，很多事情是这样的，一年前的基准利率，就是未来一年期CPI变化程度做判断基础上做的利率判断，新兴经济体是不断地在折腾这些事情，说明在暴饮暴食了，暴饮暴食很容易出问题，把稳定性降低。

三、当前经济形势

下面利用一点时间给大家讲讲现在的经济形势情况，估计大家也比较关注，关注的话，这些话还不能在媒体上大张旗鼓地去讲，觉得是唱空。研究这么多，不希望中国辛辛苦苦几十年的高速发展，最后像阿根廷一样退回去了。我们提出稳中求生，我们要生存下来的时候，不管是政策方面，还是经济方面，要平稳，不要走得太过，就是这么一回事。

我们看看增长路径。我在2008年的时候，那时候刚进入券商，我提出一个内忧外患的中国经济，当时出了危机，2008年12月经济开始复苏，当时很多人质疑。当时推出四万亿元情况下，因为海外的出口问题，再加上全球刺激的情况下，肯定会反转了。但是反转之后最好情况是呈现L形，为什么L形呢？高速下降有一个平稳，因为开始接受潜在增长力下降，因为海外不行了。

为什么海外会不行呢？也就是说，全球经济透支，不仅仅美国透支，中国也同样透支，导致全球经济不平衡。这个不平衡到再平衡的过程中，大家都要把经济增速降下去。因为第一，你的出口产品全球的占有率达到接近10%，再生产的话，再出口扩张的话，再往上走的话，人家都实践了，在2007年西班牙烧中国的鞋厂，包括俄罗斯，你把就业都改善的情况下，人家是失业，透支了人家，所以这个时候再发展国际矛盾必然增加，必然增加的结果要么就是贸易摩擦，要么就是人民币大幅升值，把整个基准利率降下去。

房地产快速增长，经过一轮的时候，也透支了。我们的国企改革，经过一轮国进民退，20世纪90年代中后期，朱镕基同志做的三大改革，制度释放得差不多了，第一是加入WTO，第二是房地产改革，第三是银行体制的改革，这些改革快速拉升经济，使经济高速发展，达到百分之十几的经济增速，同时CPI

在增长，当然房地产在快速发展。这其实就是当时的制度完善的结果，也就是我们所说的，刚才讲索罗—斯旺模式，达到一个发展。

发展的结果，你不接受，当时不接受，过去十年 10% 以上的经济增长是常态，我们潜在的增长率，包括所有的专家去看，都说我们潜在增长率有 9% ~ 10%，我说你们是怎么来的？每一次做学习交流的时候，包括去社科院、发改委交流的时候，我就会问他们，我说你们潜在增长率怎么来的？他是按照过去 30 年的平均，我说这无语了，我说潜在增长率这算是可以糊弄别人，但是这样糊弄自己去决策的话，会出很大问题。会出现一个什么问题？会把它当做一个常态，过去十年平均值作为一个潜在增长率，那种高速增长是不正常的，再回顾到正常状态下来探讨这个问题。就像股票一样，拉升的过程中，你就觉得肯定有下跌的过程，那你在探讨均值的过程，这个均值的过程，既然有一个拉升，那就可能会跌到均值之下，股票就是这样。拉到均值之下，你被高估了，PE 跌下来，会跌到一个均值之下，增长率就会下来，可能直接导致潜在增长率，在 2008 年是断崖式下垂，不是大家想象的一个普遍式过程。在接受潜在增长率下降的情况下，将来会出大问题。

2011 年中期的时候我写了一个棘轮分析，棘轮只能往前转，不知道往后转，也不知道停下来歇会儿，停下来就是齿轮断了，现在不接受潜在增长率的下降，还一直接受高增速，通过财政政策、货币政策来透支做这样的事情，哪一年把你的政策透支完了，第一步把地方财政透支完了，第二步货币政策透支完了，那你就是断崖式下降，直接由正增长到负增长，我说那是崩盘，2008 年美国崩过，你还不接受？说下去还真有用，到了 2011 年中央经济工作会议开始把经济增长幅度下调，下调到 7.5%，潜在增长率下降了，说明这是一个大的信号。这说明我们的决策当局已经接受潜在增长率下降，已经不再会把保 9% 以上的经济增速作为它的目标了，就是它的观念在发生变化。我一看到观念发生变化，我觉得这是好事，有救了。所以我后来就提出，即 2011 年提出一个混沌增长，所谓混沌增长是什么样的？混沌理论，这是蝴蝶效应，蝴蝶效应是南美有一个科学家说南美蝴蝶在那儿飞，结果引起得克萨斯州的气候变化。

第一过程是复杂的，很难做预测，接受潜在增长率下降过程当中，其实不知道到底潜在增长率是多少，所以踩油门、踩刹车，边走边看，5 个月下来发现经济还在往下走，它的力度就加大，房地产价格一上去，发现不行，就在不断地交替使用，没有目标了。他都没有目标的情况下，要预测经济的走势，那是完全不容易的，这是其一。但是结果是确定的，结果确定就是经济开始台阶式的下降，过程难以预测，但是结果是可以确定，经济是下台阶的。同时系统是不稳定的，系统不稳定的情况下，黑天鹅出现的概率很高，欧债出黑天鹅的话，是德国的退出。德国人辛辛苦苦天天工作努力，储蓄了很多钱，结果无偿地支援这些南欧的懒汉，天天不干活，还没完没了，那还支持啥，不如自己退出算了。就像一个富人，天天支持一个人，借钱给他希望他致富，而不是无休止地借钱，如果突然发现借钱是无休止的黑洞借钱，那就不借了，打住，关系断了就断了，算了，就是这样，德国最终的选择会是这种选择。从经济学角度，欧元被低估，德国制造业得到迅速发展，老百姓不会这么想，老百姓会想到辛辛苦苦上班，一天到晚工作 8 小时，最后南欧人天天在地中海晒太阳，会这么想，最后就不支持默克尔，说政策有问题，左派开始上台，自己退出，真正退出的话，谁知道风险有多大。欧盟整合，欧元整合，就像两口子结婚，都是向好的，肯定是好的，两个合力一产生，吃饭有规模效应，住房有规模效应，成本就下降了，但是现在欧元若分崩离析，那相当于两口子要离婚，不要看别人，就看看小说，看看网上报道就知道财产官司、抚养权官司，什么官司都来了，反目为仇。所以那个风险是没有办法控制的，所以欧元真要分离出来，这个黑天鹅你也不知道，因为它可能会连续爆出一些事情，银行信用危机等其他所有东西都会有。所以就说混沌增长。

假如形成一定周期的话，那就只有改革，制度释放，刚才我说的理论框架，产业升级的话打破垄断，进行一些制度方面的改革。第二方面农村耕地是不是能流转，这也是改革，所以我们所提倡的经济结构转型，其实是表象的，所蕴含的深层次问题都是改革的问题。所以大家都不愿意提，有时候说是改革，但是怎么改都不知道，都回避这些事情。调节国民收益分配，2012 年中央经济工作会议说了几次，2011 年也说了，但是怎么改，没有一个方案。国民收益率就是把消费做大，必须以中产阶级为主导，为什么美国能够成功，中级消费，政府消费和个人消费占比重83%，一个社会以中产阶级为主导的社会经济体，不要担心它会发生任何变化，其实所有居民生活质量都提高了。

所以我们现在就要开始把橄榄球社会经济体给培育起来，最核心就是国民收益分配，国民收益分配点到了，但是没有往下走。为什么？国民收益分配很简单，我们在做经济学分析就很简单，有两大块，一块就是政府让利，因为GDP的增速，名义 GDP 增速17%，税收 GDP 增速30%，GDP 增速折算只有三大块，一块是企业利润，一块是政府税收，还有居民收入，去年企业利润增速也是30%，还有一块肯定不及 GDP 增速了，那要把它调过来，企业利润增速很难调，当然第一方面可以增加劳动力成本，第二方面可以增加环境成本，第三方面可以提高企业的运行成本，所以找了一个最容易做的，就是针对企业的。但是没有针对政府的，政府每年30% 多的增长，这是完全的透支老百姓收入，所以有些经济学家在睁着眼睛说瞎话，说我们居民收入增速超过了 GDP 增速，这是瞎扯，为什么？因为算是名义 GDP，还有一些人更说瞎话，说我们的收入超过物价增速，那整个 GDP 增速跟它无关了。真正是要超过我们的名义 GDP 增速的过程，现在三大块里面超过名义 GDP 增速就是企业利润，政府税收，所以我们现在要把政府税收降下去，降下去怎么降？就有中资产阶级这一块。这是其一。

其二，培养中资产阶级，往高收益增长其实不是每个月的工资，现在每个月工资高收益率阶层征到 45%，再往上征的话，很多金融企业还可以把总部移到香港去，人家征 25%。作为富人的话，中国的富人来自它的存量收入，存量收入就是它的不动产、资本这些收入，吸引他往这方面去走。资本金敢开吗？不动产税敢开吗？海外最好的一招，遗产税敢开吗？这些都不敢。所以说国民收入分配调节的话，只是动动企业，企业动多了，不盈利的话，最后就不生产了，失业率又出来了。所以真正要动的是政府这一块，从这个角度去做。所以我不做这种预测了，新周期咱们别去谈，就讲讲混沌增长这一块，混沌增长估计还要混沌几年。

我去年在三亚做这个报告的时候，其中有一个中海基金的副总裁，在电梯里碰到一个大妈，那个大妈，我做完报告以后她没有明白混沌怎么理解，结果中海基金的副总裁就说"我告诉你大妈，我知道"，混沌就是，早上吃馄饨，有时候喝汤，有时候吃面皮，有时候吃点肉，有时候啥都吃不到，最后大妈跟我说理解得对不对？我说理解股票市场估计是对的，可能有的人吃了一点面皮，有些人就喝汤了，有些人就吃吃肉，有些人就看一看，啥都没有。

下一步海外经济体，欧债这一块，我们说风险很难控制，核心资本的比例占了这么多，特别是像西班牙这样的国家，这么大的比例，所以银行出问题是不足为怪的。像意大利这些占比又上升，所以我们有这个方面的担心。第二方面的担心，当时大家说一季度就完了，但是我们看看一些债券的路还长着，包括第二季度、第三季度、第四季度，西班牙情况还在往上累积，国债收益率还在往上走，希腊的国债收益率是下来了，因为它到期的不是特别多。下一步国债收益率大的情况下压力大的就是西班牙，意大利、法国，这些要关注。

第二它是一个死结，北欧增长很好，南欧增长不行，恰好又是北欧支持南欧，所以两极分化在走。就像我们一样，中国政府是很强势，所以就要求中部平衡发展，西部不行，就要求东部支持，其实就是转移支付，但是由于欧元区是不同的国家，假如像中国这样一个整体，要德国去支持南欧，也不会出问题，但由于是不同经济体，德国也会出于自身考虑，然后经济增速也在不断地变化。葡萄牙、意大利、希腊做财政紧缩，经济进一步的下行，因为德国经济好，欧央行不会做进一步的宽松政策，对它们来说不会起到刺激作用，经济不行最好的一个办法就是经营财政和货币扩张，现在德国要紧缩，经济哪能好得了，好不了的话，怎么还债？所以这个体制就决定没完没了，德国就像挤牙膏一样，不是进行扩张的财政政策。所以在这种情况下，这是一个无解的过程。我们来看看失业率的情况，会导致中长期化。

第一个问题，是北欧支持南欧的话，除非进行财政整合，爱尔兰游行，爱尔兰国民预算，等德国人签字之后，再拿到本国进行讨论，政府就是一个摆设，所以爱尔兰大呼不行，不能让德国人来统治。德国人也是乐意，现在通过货币的手段支持，就能把人家买过来，那挺好，所以德国提出更严格的财政整合方案，但是其他的国家愿意吗？所以就很麻烦。很麻烦的话，所以希腊的选择，道理也没有错，就是脱离欧元区，赖债，一次性贬值，贬值完了就进入良性，但是这就会有示范效应，一旦希腊可以不还债，那意大利和西班牙，觉得这个哥们好，可以效仿，因为不用还债了，无债一身轻，贬值就贬值，重新开始。并且贬值之后，还是一个经济体，脱欧可能性就会有所增加，所以这是中长期发展过程。

第二个问题就是走强。2011 年 12 月，国内为什么配债券？国内好，经济很难，经济不好，概念偏高就调控了。调控就从货币往下走，要考虑估值，所以股市是很难形成合力。债券行业，在经济不好的情况下，CPI 一下行，降息所有的都来了，并且货币市场就宽松了。那海外呢？海外当然买美元了，经济好也好，经济不好也好，美国经济就很强，2008 年危机成功转嫁给欧洲了，它的经济指标都在不断恢复，经济好了以后，全球投资者第一个想到的事情就是让美元退出，开始进行新一轮加息进程。假如经济不好的时候，欧洲出事了，转嫁给欧洲了。欧洲要出事的话，资产的风险就去追逐美元，美元只是 53%，就是这么一个简单的逻辑。

到 2012 年 12 月的时候债券市场还不错，美元也在回升，其实美元回升是很麻烦的。假如是前一种回升的话，新兴经济体就有麻烦，假如全球经济复苏，美国率先退出，每一次美元走向都有金融危机产生，因为会导致全球资产重新归置，所以是这样。后一种因为欧洲的原因，那也不是什么好事。

我们来看看"三驾马车"的一些情况。分析的过程我们发现，其实"三驾马车"都还不错，没有大的变化。但是经济增速下降了，主要是由于基钦周期，加速了经济的回落。你要看实际增速，消费要看实际增速，要剔除物价，这种回落不是由于物价原因，所以实际没有多大的变化。在这种情况下，经济出现回落的话，是由于基钦周期的事，所以要去库存。库存的情况，从工业增加值可以看到，重工业下滑快于轻工业，从需求和生产角度可以看出来。这是一个方面。

第二方面投资走势有一个朱格拉周期，主要是往东中西在走，东部在减弱，但是中部和西部还维持一个不错的过程，中西部还在进行设备投资，起到一个主导。看消费，消费在下降，这是一种刺激，没有什么招，从这些指标方面，都能够分析。之前跟大家说了，我这里不详细说这个过程了。

货币供应量是唯一的一个好事，是在一个低位，十几年来的一个低位，这样下一步会随着一些宽松政策会导致一些回升，所以这就是为什么要说在这个市场的一些情况。再一个方面是物价的形势，物价不是问题，在 CPI 和 PPI 里面，PPI 反映的是通缩，CPI 还在维持一个过程，但是也不是问题，现在唯一的畸形就是房价问题，因为这些钱刺激的机会就会导致经济畸形，就像我那个同学搞工厂一样，是一个严重的畸形，所以还是一个麻烦的事，导致房地产市场很麻烦，一旦这方面没有把握，那经济下降，政策用不完，然后同时房价市场往上走，最后抑制这个过程的话，经济衰退的时候，房地产调控老不着陆，所以是从这些方面来考虑。

提问 1：中国未来的经济必须是一个低速的增长，目前领导层也接受这个现实，您看中国未来经济增长维持在哪个位置是一个比较合理的位置？

潘向东：做一个潜在增长率的测算，我们其实有很多办法。我做测算的时候，我发现经济增速下来的时候，物价还在往上走，我觉得这种现象有点不正常。这说明经济在往下走，物价还在往上走，也就是说潜在增长率还在进一步下降的过程中，所以我们今天用菲利普斯曲线法去测算，不同的物价水平对应不同的经济增速。但是这个测算法是很有问题的，我现在自己回过头来觉得很有问题，但是对别人可以用，前段时间发改委把其中的一些标准拿出来用，就形成他们的政策观点，我们可以承受更高一点的物价水平，我们的经济增速更高一些，这是菲利普斯曲线法的结果。既然算不同物价水平对不同的经济增速，那我要追求更高的经济增速，那我就要追求更高一点的物价水平，那整个社会对物价的水平都提高了，就提出这样一个观点。

我之前一直分析经济理论，你的测算做的是很多假设条件下的结果。因为这种测算做了很多假设条件，以前任何经济结构变化跟现在变化不是特别大，才会去做，因为很多测算是根据历史数据去测算的，其实结构是在变化的，你是动态化的，就像投资一样，同样的环境，哪怕假设任何条件都是一样的，在这个时点上和在那个时点上，它的结果也是不一样的，哪怕你的经济增速，你的企业盈利，你的估值，你的海外情况都一样的，但是在这个时点上，它的结果会不一样。可能那一天，所有的环境一样的情况下，那一天涨了 100 个点，但是这一天涨了 10 个点，经济体也是一样，在那个时点上，过去十年或者二十年的时候，所有的变化都基于那种情况下所导致的经济增速，和那样情况下对应经济增速，对应的物价水平，但是在目前情况下，整个经济结构发生变化，这个结构很简单，就是第一产业、第二产业、第三产业发生变化，整个货币的结构也发生了变化，由于以前是相对中等化的，所有的人都差不多，像文化大革命的时候。在这之前，富人相对少一点，穷人相对多一点，或者中产阶级相对多一点，但是现在结构发生变化，所以在这种变化情况下，结构发生变化的情况下，潜在增长率是存在的。

当时觉得 7%－8%，按照以前的话，我们承受的一个物价水平是 1%－2%，这是对应的一个测算。但是我现在自己回过头来测算，再回来思考这个问题，用这种量化的手段去来描述这么一个变化很大的经济体，也就是一个伪科学，也就是不对的。所以我个人比较赞成的，这种潜在增长率是为了边走边看的，为什么边走边看？就是我们的物价水平，我们的经济增长的增速，不断地去适应未来的一个过程，走出来的时候慢慢就知道了。就像预测股市，有时候很难预测这个点位，只能是慢慢看，只是现在接近底部了没有，现在 7% 的话，物价开始下降了，应该是慢慢地达到潜在增长率水平的过程，可能有些时候估计 6.9% 的时候，在目前阶段上还是偏低了。

但是未来又会怎么样？这也是一个动态过程，因为现在还有房地产市场没有考虑，在整个释放的过程，价格再往上走，会导致潜在增长率再次往下跌，所以我个人认为，做经济预测不是做数量预测，做的是逻辑预测，是这么一个过程。谢谢。

提问 2：潘老师您好，问您两个简单问题。您刚才说中国现阶段稳住经济增速，现阶段唯一可行的选择是城市化进程，或者城镇化进程，这个观点我也很同意。但是有一个问题，这个城镇化最终的目标是多少？因为国内做发展经济学他们一般是把 80% 左右作为城镇化最终的一个目标，如果按照 80% 那个 S 曲线的理论，在 30%～50% 的时候依然是比较快的，那我们依然可以认为，靠城镇化中国经济还有一个中轴期内一个增长动力，您认为城镇化最终目标是不是能达到 80%？因为有些发达国家到了 80% 甚至以上，最后中国经济结构会不会到这一点？

再一个，您刚才提到菲利普斯曲线，现在有些学者提出开放条件的菲利普斯曲线，中国主要的贸易伙伴它的产出缺口对中国通货膨胀缺口也会有影响，您觉得这个逻辑在现实当中成立不成立？谢谢。

潘向东：这个问题不简单。第一方面城镇化的问题，城镇化目标是80%，我觉得肯定是高估了，不能拿某些小国为参照，像韩国，它就一个城市，全国就一个城市，所有人都跑到那里去了。很多人会拿这些国家或者经济体作比较，我觉得拿这个经济体作比较，对中国来说仅仅是一个参考，每个国家的民族、文化习惯、军事习惯、经济结构不一样，会导致经济体的城市化水平是不一样的。

我个人觉得现在目前是40%多的一个城镇化水平，按照其他一个样本，包括美国所有这些国家的一个样本，大概达到60%几乎就会止步了，差不多了，况且中国还有一些传统的人，因为在大国的情况下，传统人在进入城市，中老年人不愿意回归到城市。所以你看到很多人打工，但他觉得根不在城市，还是在农村。所以这种传统文化观念在作怪的时候，就会跟其他的国家不一样，所以要考虑这个方面。

为什么说是60%差不多了呢？在发展中的过程，美国和其他一些国家城市化水平，再加上未来土地流转加快的话，估计会差不多，这是很准确测算的。但是在55%之下的话，城镇化都还是一个加速的过程，所以我们只是说下一步，第一次刘易斯拐点在2012年和2013年出现，现在出现第二次刘易斯拐点，第二次刘易斯拐点的出现之前我们城镇化前半部分已经形成，我们看到了城镇化已经在加速，还有后半部分，因为按照正常情况下，人口的一个结构变化，后半部分为什么会享受人口红利？这是我们制度管理所带来的。刚才我一直反复所提到的，一个农村土地劳动生产率的提高，一方面是土地流转，另一方面是耕地的流转，会加速一部分人往城市转移，所以这个过程我们未来还是可以期盼的。第二次刘易斯拐点我们很难做预测，按照正常的逻辑来讲，大概是2023年，2020—2025年，所以我们做这个判断的时候，房地产那个时候就要开始卖房了，因为人口结构的变化，第二次刘易斯拐点来了之后，它是减少的。

做一个很不好的比喻，两个家庭其实至少有三套房，这套房将来归于一个孩子，两个家庭，在两个家庭这种组合的条件下，相当于6套房子，形成未来一个家庭。男方一个孩子，现在结婚有一套房子，父母有一套房子，岳父、岳母有一套房子，两个只有一个孩子，归到你的名下，你又生了一个孩子，你的孩子将来有三套房，他的女朋友也有三套房，将来他们一家子再生孩子，这样下去，就可以算得出来，相当于一个孩子，两个人结婚的话就有6套房子，假如人口还不进一步放开的话，就会形成这种结果。第二次人口红利，第二次刘易斯拐点出现的时候，就开始抛售房地产。

但是在这之前，农村人口还是会有加快的过程，所以我们期盼政策不变，但是就怕政策变，因为改革不是那么容易推进的，推后五年做的话，那就会滞后五年，所以往往有时候不一定有这个准确的预测。城镇化率最终的一个水平，宏观经济也是动态的，在假设的情况下再来算，所有东西都是良性情况下，我个人觉得，大概是60%，当然很难做出一个准确点的预测，达到80%是很少的，全球都很少，在发达经济体全球都很少，到北欧去看看，到欧洲去看看，它们也做不到。唯一一个畸形就是大城市的首尔，韩国就这一个城市，都集中到这儿来了，这是第一个问题。

第二个问题是刚才问到有关菲利普斯曲线的问题，开放经济条件下的菲利普斯曲线，很多人在这个问题上有探讨通货膨胀的问题，我们的通货膨胀不是货币政策决定的，我们的通货膨胀也不是由本国经济需求决定的，因为你开放经济条件下很多大宗商品也不是中国决定的，这就造成一个膨胀，我们只能说是主因，在我们这个国家主因肯定是货币政策。到底什么会导致通货膨胀？为什么反映在食品价格方面？海外怎么涨，只要自身不放松的话，哪有什么通货膨胀，理由在于高利润，那是别人，况且还有第二个经济体，你对全球是靠投资拉动的，把全球实业价格抬高了，你还怪人家，肯定是你自己把大宗商品做成全球最大的矿资源的消耗国，你还说人家。所以这方面我觉得是很难完全成立，但肯定也受一些影响。所以我们所说的菲利普斯曲线，它过去也是一个开放经济体，我们会考虑这样一个方面。

论析中国经济两个拐点：
刘易斯拐点与库兹涅茨拐点

牛津大学　约翰·莱特

2012 年 10 月

约翰·莱特：著名劳动经济学家，牛津大学经济系资深教授，曾担任牛津大学经济系主任；研究领域主要在劳动力市场、收入分配以及人力资源，尤其是发展中国家的劳动力市场。他的著作《走进中国劳动力市场》曾荣获2005年的理查德·莱斯特"优秀劳动经济学书籍"大奖。曾担任诸如英国政府、非洲发展银行、世界银行联合国发展委员会等政府机构和国际组织顾问。

一、引言

重新来到 NAFMII 论坛我感到很荣幸，这是我第三次来这里，我也很期待我们的讨论。我的主题是中国离两个拐点到底有多近。我接下来将要讨论的两个拐点，都是经济发展著作中的著名理论。

第一个是以诺贝尔奖获得者亚瑟·刘易斯命名的刘易斯拐点。另一个是以诺贝尔奖获得者西蒙·库兹涅茨命名的库兹涅茨拐点。我将对它们进行阐述，并且证明它们对于中国的相关性和重要性。接下来我要解释中国离这两个拐点有多近。

刘易斯拐点是关于经济发展下的劳动力市场和工资发生改变的理论。库兹涅茨拐点是关于经济发展下收入不平等发生改变的理论。两个拐点都代表了经济发展从一个模式过渡到另一个模式的界限，它们本身部分相关，但也存在着明显的不同。

二、刘易斯拐点的引入

刘易斯关于经济增长的模型为评估发展中国家的成功与否提供了一个很好的框架，对解释福利以及福利如何在经济发展中延伸也有一定帮助。通常来说，只有当非技术工人变得稀缺，实际劳动收入才能增加。

很多国家和地区为成功跨过刘易斯拐点提供了很好的例证，比如，日本、韩国和中国台湾。中国的刘易斯拐点可能会产生一系列重要的影响。但是相互矛盾的迹象也同样存在：一方面有关于劳动力短缺和农民工工资增加的报道，另一方面也有关于农村持续劳动力过剩的报道。

三、刘易斯模型

经济发展有两个阶段：古典阶段（劳动力过剩）和新古典阶段（劳动力稀缺）。城乡迁移现象转移了乡村农业部门的劳动力。一开始充足的非技术性劳动力供给会将农村进城务工人员的市场工资率维持在较低水平，但是最终会导致农民工劳动力的短缺。农村人口的外向迁移提高了农村部门的边际产量和劳动平均产量，而且随着劳动力逐渐变得稀缺，市场工资也随之上升。

但是作为经济学家我们会对刘易斯模型进行一定的限制和修正：由于农村地区巨大的收入差距和劳动力的不完全流动，因此并没有一个具体的拐点；相较于内生反应，农村地区经济进程中的工资水平提高也可以是外生性的；农村地区的劳动力增长率可能会超过城市的劳动力需求；由于和市场力量不相关，正规部门的真实工资水平可能超过市场决定的工资水平；这一进程可能产生某些压力集团，从而扰乱农村地区人口力量和政策的平衡。

由于以上这些原因，预测和识别经济中的刘易斯拐点是非常困难的。

四、中国劳动力市场的发展趋势

过去的中国为劳动力过剩的经济提供了绝佳的例子。经济的快速增长与劳动增长率的下降（之间的矛盾开始显现）。比如，1995 年有 3 000 万的农民工人口，而最近这个数字已经超过了 1.4 亿。

城市居民工作者的实际工资水平迅速提高，不仅仅是因为资源短缺和向农民工工资看齐，也是由于城市工人的工资水平是制度导向和政策推动的。

另一方面，农民工工资更多的是由市场决定的。户口问题造成了工人间出现了农村和城市劳动力的市场分割局面。因此，我们需要检验农民工工资，但是这一部分工资并没有包含在官方的统计数据里。

五、方法论

中国迎来刘易斯拐点了吗？这个问题应该如何研究？我们可以研究农民工工资行为并且通过估计农业生产函数来计算劳动边际产量的改变和进行劳动力预测。

六、数据

可以应用什么样的数据呢？我们选择了"中国家庭户收入调查（简称CHIP）"数据。我在一开始就是 CHIP 小组的成员，我们使用了 2002 年到 2007年农村调查、城市调查以及农民工调查的数据。CHIP 调查有很多与社会经济学特征相关的高质量数据，这些数据包含家庭抽样和很多迁移信息。

农村调查可以用来检验劳动力储备、劳动力使用和迁出状况。农民工调查可以用来检验农民工工资行为和城市迁入状况。

七、农民工工资行为

接下来让我们关注农民工工资行为。农业部2003年到2009年的面板数据显示农民工的实际工资水平在逐年增加。我们可以看到一开始增长率并不高，但是到了2009年就达到了17%。

农民工工资平均每年增加7.6%，但是农村人均家庭收入的增长速度比平均农民工工资水平增长更快，那么，如何解释2009年的现象呢？

这里有一个非常值得关注的地方。2009年农民工工资增加了17%，与之相伴的是1500万农民工失去了工作并返回农村。因此不应该存在劳动力短缺。

我们调查了2007年农民工工资的决定因素并且调整了城市之间的价格差异。我们用一个变量来表示城市对农民工的需求（如果依据城市户口工人的工资函数，农民工会挣多少钱）。

通过比较2002年和2007年的调查数据可以发现：农民工的工资每年实际增长10.5%（工资）和12.4%（个体经营收入）。但是调整后分别是6.1%和7.8%（对技能最差的劳工有效）。这大致与农村收入的增长（7.5%）保持一致。我们并不能确定到底是内生的还是外生的农村劳动力供给价格增长拉高了农民工工资。只有内生的增长才标志着刘易斯拐点的到来。

总之，农民工工资的增长很大程度上由市场力量决定，尤其是农村劳动力供给价格的上升。我们注意到城市户口工人的工资水平增长得更快。

为了使结论更加完善，我们还需要农业部发布的关于2010年到2012年平均农民工实际工资水平的最新数据。

八、潜在的农民工储备

如何测量可供迁移的农村劳动力储备的规模呢？我们的方法是估计农村样本的迁移函数来计算并预测每一个农民工和非农民工迁移的概率。2002年农村样本的23%是农民工，到了2007年达到了27%。我们通过估计概率等式来预测农民工的状况。

你可以想象一个人如果是年轻未婚男性（年龄峰值在21~25岁），健康，受过更多教育，拥有较少耕地，那么所有的这些因素都增加了其迁移到城市的概率。

2007 年，非农民工被问及不迁移的原因时，三个主要理由（各占 25%）如下：

1. 较难在外面找到工作；
2. 感觉年龄偏大；
3. 需要照顾家属。

如果考虑到这些因素之后，面对增长的农民工劳动力需求，这些工人是否有可能在迁移方面存在一定的灵活性呢？针对于理由 1（难以找到工作），答案是肯定的。如果针对于理由 2 和理由 3（年龄过于大，照顾家人需求），那么就部分取决于对内生政策的反应程度。

那么如何测量潜在农民工的储备呢？通过预测的迁移概率我们可以计算出 2002 年到 2007 年的农民工和非农民工的人数。

由于概率 P 大于 0.5，因此农民工比非农民工更多。这种差异在 2002 年较小，但是在 2007 年有所扩大。许多农民工的概率在 0.3 到 0.5 之间（3 500 万人），但是有更多的非农民工（4 500 万人），还有 8 000 万的非农民工概率大于 0.3。很明显，在中国的农村地区，依然存在巨大的潜在农民工储备。

因此我们尝试用另一种方法，即计算实际工作天数与可供工作天数的比率。根据 CHIP 的调查，有一半的农民每年的工作时间小于 200 天（包括农务工作和非农务工作）。如果可供工作天数为 300 天，那么农民剩余劳动力的比率为 39%，全部农村工作者的比率为 25%。

九、关于未来的预测

假设城市增长的劳动力需求使城市户口工人继续向上攀登其职业阶梯，而农村户口工人来填补他们的职位空缺，那么城市劳动力需求与城市户口劳动力之间的缺口就是对农民工的需求。在此基础上，应用 2005 年 1% 的人口调查数据，我们可以预测 2005 年到 2020 年的情况。

在需求端：从 2008 年开始城市劳动力需求每年增长 3%。

在供给端：根据五年期的分年龄死亡率和劳动力参与率来估计城市出生的劳动力每年进出的数量。

由此可以得出，城市户口劳动力在 2005 年之后的 15 年里下降了 6.4%，而且在 2010 年以后下降明显。我们对农村劳动力的自然增长率进行相同的处理，得出的结果是在 15 年内仅增加了 2.6%。在前五年上升，接下来的五年保持平稳，在之后的五年下降。

这一结果是很让人吃惊的，也许很多人并不知道。

中国的人口政策在过去几年经历了剧变，毛泽东领导下，20 世纪六七十年代的婴儿潮造成了八九十年代的回声婴儿潮，而现在则是计划生育政策开始影响劳动力市场的阶段。

2005 年，城市就业人口中有 40% 是农民工，但是到了 2020 年，这一数字就上升到 68%，即 2.92 亿"农民工"。农村的就业人口每年下降了 2.5%：从 2005 年的 4.85 亿人下降到 2020 年的 3.34 亿人。刘易斯拐点看来并不遥远。

接着我们重新进行检验以区分农务工作、当地非农务工作和迁移，得到的结果是相似的，除了下述条件：在与迁移相比，人们更倾向于非农务工作的情况下，农村工业的表现会影响未来农民工的数量。但是目前这一增长依旧较为缓慢（2000 年开始每年增长 2.3%）。

十、刘易斯拐点的结论

持续的剩余劳动力和增长的农民工工资同时存在的证据：劳动力市场分割限制了迁移；制度上的约束造成农民工在城市地区生活的困难；在良好和有保障的工作、公共服务以及住房问题上存在歧视，使农民工很难得到保障。这些因素都使农村工人至少在未来很长一段时间内不想离开村庄。

如果对农民工的需求决定了他们的供给，那么这些阻碍因素可以通过政策得到克服。否则这两种现象在未来几年里会持续共存。

这是一个转折的阶段，而不是一个转折点！

但是政策的调整也是可以预期的。当农民工开始向上攀登其职业阶梯，临时的迁移可能使经济效率变得越发低下。政府、雇主和农民工可能更倾向于允许在城市集居。农民工的相对剥夺感可能逐渐侵蚀户口政策的特权。农民工会变成无产阶级工作者！

大范围的劳动力短缺对改变发展路径提出了要求，一个价值链的上移使生产开始向技术密集型方向转移。这需要对人力资本的积累给予更多的关注。

这就使各种证据同时存在：一方面，农村人依然在接受教育的数量和质量上受到贫困陷阱的限制。这些未来的农民工需要得到更多的教育。虽然农村基础教育的费用在最近被免除，但是教育基金依然非常分散。另一方面，高等教育规模在过去十年迅速地扩张。1998 年的入学人数为 340 万人，到了 2008 年就达到 2 010 万人，增加了近 6 倍。这在短期是劳动力市场调整的问题，在长期则是人力资本吸收的问题。

十一、库兹涅茨拐点的引入

西蒙·库兹涅茨认为收入不平等（以基尼系数来衡量）与收入水平（以人均 GDP 衡量）之间的关系呈倒 U 形。

在开始阶段，基尼系数会随着经济发展而增加，但当人均 GDP 达到某个水平后就会到达一个拐点，随后基尼系数开始下降。

基于早期不平等上升的论断，库兹涅茨给出以下两个主要原因：

1. 劳动力开始从较大规模的低收入农业部门向较小规模的高收入非农业部门转移。

2. 只要低收入部门依然持续吸收大规模的人口，这些人口的转移就可能以不平等程度的加剧表现出来。

劳动力转向的高收入、非农业城市部门的收入不平等程度会更高：基于实物资本和人力资本的掌握程度不同的现实，更多不平等部门比重的上升提高了整体的不平等水平。

关于不平等水平为什么最终会开始下降，库兹涅茨也给出了以下两个主要原因：

1. 当高收入部门吸收了大多数人口后，劳动力从低收入部门的继续转移就会降低收入不平等程度。

2. 随着经济的发展，重要的社会经济变革也会随之发生。比如，当人们变得更加富有，接受了更多的教育，他们的影响也就越大。社会会变得更加民主，这也会给政策制定者施加一定压力使其降低收入不平等程度。库兹涅茨通过西方国家中福利国家的增加来举例证明这一过程。

在这里我们可以引入另一个讨论：刘易斯拐点的到来所产生的市场力量会提升非技术型工人的工资。这些市场力量在农村部门同样存在，因此农民的工资也会随之增加。这也是随着经济增长收入不平等程度开始下降的另一个原因。

实证检验也支持了库兹涅茨倒 U 形曲线的假设。但是这些证据并不有力，而且也存在一些例外情况。不平等在某一个较宽的收入区间水平内会达到峰值。每一个国家的基尼系数取决于很多因素，而经济发展水平只是其中之一。我们并不能确定一个国家的收入不平等程度何时会达到拐点，也不知道与此伴随的经济发展会到一个什么样的水平。

所以我们需要检验一下中国的情况。

十二、中国收入不平等程度的加剧

中国在启动其经济改革时，收入不平等程度很低。但是新的领导层意识到更大的不平等对提供市场化经济中的劳动刺激是必要的。因此，在改革期间，不平等程度迅速加剧。2007 年人均家庭收入的基尼系数达到 0.49。中国也成为亚洲地区收入不平等程度最高的国家。这样的不平等程度也引发了中国领导层的担忧。

为什么不平等程度加剧会如此之快呢？中国这种不平等是会继续加剧，还是即将迎来库兹涅茨拐点？为了改善经济刺激，不平等程度增加到何种程度才是合理的？不平等问题为什么这么重要？这些问题都是我将要讨论的。

在中国，衡量收入不平等有两个主要的数据来源：一个是国家统计局的年度全国家庭调查。另一个是 CHIP 的一段时期内全国家庭调查。CHIP 的调查样本较小，但是会问到更多细节的问题，而且家庭可以作为衡量收入不平等的单位。我担任 CHIP 项目组成员已超过 20 年。

根据两个口径的家庭数据调查显示，基尼系数已经接近了 0.5。与 CHIP 调查相比，国家统计局的调查显示出更强的上升趋势。这可能是因为 CHIP 对于收入的定义更加广泛，而且包含城市居民的各种补贴。它们的逐步淘汰拉低了以 CHIP 衡量的收入不平等的增长率。

十三、收入不平等程度加剧的原因

1. 库兹涅茨所应用的第一个理论假设是适用的。

劳动力和人口从规模较大、低收入的部门向规模较小、高收入部门的转移；在 1980 年，超过 80% 的人口被定义为农村人口，但是现在这个比重已经小于 50%。

2. 库兹涅茨所应用的第二个理论假设可能并不适用。

在 2007 年，城市基尼系数是 0.34，农村基尼系数是 0.36。所以城市基尼系数实际上低于农村基尼系数。农村基尼系数之所以这么高是由于巨大的区域性收入差距。

3. 收入不平等程度加深的重要原因是城市与农村的人均家庭收入的比率不断提高。

在 2007 年，全国的基尼系数是 0.49，因此，全国的基尼系数比城市和农村的基尼系数都要高。这是由于我们把低收入的农村人口和高收入的城市人口结合为统一的人口。

4. 在农村地区，非农务岗位收入比农务岗位收入高。非农务岗位属于较小的高收入部门，其扩张会提高农村家庭间的收入不平等程度。

5. 在城市地区，经济改革的开始阶段，政策的目的是使城市工资水平变得均衡。

如果劳动力市场运作是自由的，生产率的提高会得到相应补偿。比如，高中后高等教育的工资溢价从 1988 年的 4% 增加到 2002 年的 44%，但是最近高等教育的大幅扩张降低了年轻人在劳动力市场上的工资溢价。另外，对工作能力、努力程度、风险承担等生产特征的补偿也有所增加。

6. 一个富裕的企业家阶层在中国迅速扩张。

私人部门可以获取较高的利润。半市场经济、脆弱的法律体系，以及不清晰、不牢靠的产权制度混合在一起，使一部分人从中获取了收入或收入机会。

7. 收入不平等的测量并没有包括实际资本利得，但是原则上是应该包括的。

城市居民以较低的价格买下他们的房子并享受了巨大的资本增值收益，他们之前的住房津贴很少被资本化。中国监管中关于经营责任的弱化导致一些人可以通过低于市场价值的价格获取资产并从资本增值中受益。

十四、库兹涅茨拐点会即将到来吗

有一些理由可以证明收入不平等程度很快就会停止上升，并且开始有所缓解：库兹涅茨认为，高收入的城市部门会变得比低收入的农村部门范围更大，并且农村部门的人口会降到总人口的 50% 以下。

刘易斯拐点在中国的一些地区已经到来，在中国的另一些地区即将到来。通过市场力量的作用，非技术工人的相对工资水平会有所上升，而且这些市场力量同样也会在农村地区发挥作用。

在富裕的东部沿海省份，劳动力和土地等资源变得越发稀缺，这会促使公司将经营转向较为贫穷的中西部内陆地区。当这些较为贫穷的省份经济迎头赶上的时候，之前区域不平等加剧的趋势就会得到改观。

但是我们也必须注意到也有一些因素会导致收入不平等的趋势持续下去。这很大程度上取决于当前的政治经济。我们也很难预测中国的政治经济在未来的很长一段时间内会有怎样的改变。我们有两个情景假设：

一种情景是压力集团的力量更加强大。资本家和官僚可能联合起来向政策施加影响，从而保护甚至继续扩大他们的利益。这是不平等趋势保持或继续加剧的重要驱动因素。

　　另一种情景是制定政策者面临日益强烈的减少收入不平等诉求的压力。从官方的声明中可以看出其对社会不稳定威胁的担忧，这个从 2005 年构建和谐社会的政策中已得到体现。另外，有调查显示人们对生活的满意度不仅仅取决于他们的绝对工资水平，还包括他们的相对工资水平。因此，如果社会不稳定造成的威胁加剧，并且不平等被视为其中的诱因，那么降低收入不平等的政策力度就会继续得到加强。

十五、结论

　　我认为中国已经接近了刘易斯拐点，而且同样有一些证据表明库兹涅茨拐点也即将到来。如果我的预期是正确的话，那么这实际是件好事情。

　　刘易斯拐点可以使发展的福利成果得到更加广泛的传播。当然，这需要中国改变其发展策略，向技术密集型和科技密集型发展转变。中国也会开始发达的经济体系进程。

　　另外，如果库兹涅茨拐点到来并且收入不平等状况得到缓解，这同样也是有好处的。社会价值观会有所改善，不平等的社会将在道德上不被接受。与此同时，收入不平等程度的降低也会缓解社会的不稳定情绪，从而保证经济的稳定发展。

　　人们对生活的满意度不仅仅取决于他们的绝对工资水平，还包括他们的相对收入水平。因此，如果社会不平等程度加深，那么政策上减轻这种失衡的力度就会加强。

　　提问 1：莱特教授，您在讲座中提到我们即将迎来刘易斯拐点和库兹涅茨拐点，那么到底有多接近呢？是一年还是两年？

　　约翰·莱特：关于刘易斯拐点的问题，我认为不单纯是一个时点，而是一个阶段，比如十年，因此更准确来讲，它是一个信号。我认为有可能是从 2010 年到 2020 年的这十年。

　　这是一个渐进的过程，并且依赖于外部政策的改变以及将农村人口转移并安顿在城市的方式。我认为这对于缓解现存的劳动力短缺至关重要。刘易斯拐点所代表的十年就是我们克服这些困难的关键十年。至于库兹涅茨拐点，我并不确定。我们掌握的刘易斯拐点即将发生的事实可以帮助我们的判断，但是与刘易斯拐点的平衡相比，其他经济的关注点可能更加重要。

　　到目前为止，我们没有发现任何库兹涅茨拐点已经到来的迹象。最重要的一个事实就是中国的大部分人口依然来自农村。从库兹涅茨模型中我们可以预计，当有越来越多的来自低收入农村地区的人口迁移到高收入水平城市的时候，不平等程度就会有所下降。

所以我认为，最重要的理由和事实就是刘易斯拐点即将到来，我认为（也不可能下结论）会在2020年之前，中国的基尼系数曲线会比现在更低，大约达到4.5。但是由于是猜测，我们还要考虑其他因素，比如，中国力量日趋强盛的利益集团有可能改变政策走势从而在一定程度上延长不平等的时间。

提问2： 莱特教授，非常感谢您的演讲。我这里有一个问题，您提到我们即将迎来刘易斯拐点，而中国的一些经济学家却在推迟拐点到来的时间。如果我们以一些合理的判断做一些情景假设，并将它们现代化，就可能出现规模经济。您认为这会产生更多的农民工并推迟拐点的到来吗？非常感谢。

约翰·莱特： 这是一个很有趣的观点。我们之前仅仅关注的是市场表现，但是我们也要通过关注中国的政治经济情景来推测刘易斯拐点的到来，因为政策在一定程度上具有本土化特性。

我赞同你关于大量人口离开农村会带来土地归整的问题。而且如果出现土地归整，就有可能进一步鼓励人们离开农村。

因此越来越多的人愿意迁移造成刘易斯拐点推迟的可能性是存在的。如果农村家庭迁移到城市后可以获得与城市人同等的福利，那么这些人就倾向于迁移到城市，他们手中留有的在农村的土地也就不那么重要了。

如果多数人愿意迁移并且造成了刘易斯拐点的推迟，那么刘易斯拐点就可能根据政策而进行移动，而政策本身也会影响拐点到来的时间。当然人口因素是非常重要的，令我吃惊的是预测的数据显示，到2020年有66%的城市人口之前是从农村地区迁移过来的。如果这个预测不是想象而是正确的话，那么刘易斯拐点就会推迟相当长的一段时间。

提问3： 我的问题是，您知道当前人口老龄化在中国是一个比较严峻的问题，您认为人口老龄化会推迟库兹涅茨拐点的到来吗？

约翰·莱特： 这同样是一个好问题。人口老龄化会改变不同群体的比重，并可能涉及不同年龄群体的收入分配。虽然很难具体描述这一机制是如何运行的，但是到目前为止我们必须有更多的耐心并期待工龄可以支撑人到老年的负担，并进一步影响收入在老年人和年轻人之间的分配。

现在的年轻人可能面对很多问题，我们知道 20 出头的年轻人买房非常困难，不断上升的房价造成两代人之间的收入再分配。老一代人在房价较低的时候获得房子并且受益于巨大的资本增值，结果是年轻一代买房遇到一定困难，所以另一方面他们也处在收入再分配的重要阶段。

让我们来举另外一个例子，在世界很多国家，高等教育市场规模在上一个十年增长了 60%，这样一个快速增长很大程度上增加了劳动力市场上毕业生的数量。

然而这种影响很可能是特定的。即老一代人接受了职业训练从而保证了其在市场力量中受益，市场力量创造的新入口却很难让新人找到工作，以至于让他们不得不接受更少的工作和更低的工资预期，这样，老一代人实际上通过接受特殊的训练而被市场机构所保护。

对他们来说高等教育的回报并不会以同样的方式减少，所以这就造成了一个有趣的不同年龄间收入再分配的影响。迅速的年龄更迭对到底谁为老年人埋单来讲意味深刻，这主要存在于工作人群和退休人群之间。

提问 4： 您好，莱特教授，能聆听您的演讲我感到十分荣幸。您在演讲中将中国经济定义为半市场经济，我的问题是您认为这样的经济像您说的进程那么快吗？

约翰·莱特： 我并不确定可以很好地回答这个问题。我认为中国在某些市场上，比如金融市场，依然是半市场化。半市场化对资本利得有影响，以较低成本借债的人可以获利或获得资本收益。

这也是中国目前有这么多区域经济的原因之一，但是我不想把这个定义应用到更广泛的领域。我想我的答案是半市场经济造成了不平等，所以我推迟了库兹涅茨拐点到来的时间。我认为完全的市场化经济可能会加速库兹涅茨拐点的到来。

提问 5： 这两个拐点在其他国家发生过吗？是否可以具体举例说明？

约翰·莱特： 这是一个好问题。以日本为例，日本经历了相同的阶段，不平等开始下降。不平等程度在日本并不是很高，刘易斯拐点在 20 世纪六七十年代到来。

因此日本经历了这两个拐点，日本的经济变得更加市场化。日本曾经为西方市场生产劳动密集型和非技术性产品。但是当日本转而向高科技发展，你可以看到这对日本发展的影响是多么巨大。刘易斯拐点的到来意味着不平等在次增长阶段的日本开始下降，而且并不像其现在的经济阶段这么低。

另一个国家，韩国也经历了相同的阶段。韩国大约在 20 世纪 70 年代迎来了刘易斯拐点，并在之后明显地改变了发展策略，重新走向市场。与此同时，劳动力短缺和工资不平等有所减少，这都有利于缓解韩国的不平等程度。

我认为中国台湾也是另一个例子。中国台湾在 20 世纪七八十年代到达了刘易斯拐点，并且同样改变了其发展策略。与此同时，中国台湾的不平等程度并不是很高并且随着刘易斯拐点的到来而下降，接着便迎来了库兹涅茨拐点。

我认为还可以再参考一下其他一些西方国家，比如，英国就在 19 世纪某个时段迎来了刘易斯拐点。而美国可能由于劳动力短缺永远不会遇到刘易斯拐点，但是英国在 19 世纪后期迎来了刘易斯拐点。

我也猜想英国不平等程度开始下降还有一个重要原因，即英国抓住了社会经济的变革。人们在"第二次世界大战"后希望一个更好的社会，因此减少不平等的欲望非常强烈，福利体系也在 20 世纪 40 年代成型。所以你可以看到这对英国不平等的影响是很重要的。然而之后不平等又有卷土重来之势，我认为这和银行有关。

提问 6：您提到社会经济事件在英国非常活跃并降低了不平等程度，作为一个学生，我很好奇中国如何解决社会经济问题。比如在英国，很多企业都承担了相应的社会责任，但是您认为在中国这些企业有动力去承担相应的社会责任吗？英国民众如何对待社会经济问题？

约翰·莱特：我认为这和社会群体有关，这也是为什么在英国社会责任如此普遍，因为他们都设有相应的社会责任部门。动机在哪里？来自舆论群体给公司的压力。来自这方面的压力非常重要，英国有许多公益组织，加上其他国际组织，这些都给政府带来一定压力，以督促其改变政策从而营造更加良好的环境。

所以我的问题是对于发展中国家来说，到哪个阶段来自舆论群体的压力可以开始影响政策制定。我认为这是在经济发展中值得关注的问题，但是因国家而异。

让我告诉你一个真实的故事，我在 15 年前造访过世界银行，递给他们一份关于世界发展报告的论文，并看到高级官员在会议上对这篇文章进行探讨。突然世界银行行长来了一通电话，全部官员马上去见行长，我们的会议被搁置了一天。

　　第二天我继续参会，并询问之前发生了什么。那里的人说："哦，实在不好意思，我们遇到一个问题，需要行长处理。他说一个非常聪明的经济学家写了一篇很有思想的文章，文章很简单，说贫穷国家的人只关注基本的生活需求而并不在意环境，富裕国家的人基本需求已经得到保证，因此对环境有所担忧。所以我们干脆把污染行业全搬到贫穷国家，把环保行业迁到富裕国家。当然这是一个很好的经济学理论，但是你可以想象这在政治上会造成多大的影响，因此我的朋友必须赶在文章发表之前将其撕毁。"

　　我在这里想指出的是舆论群体在西方社会非常重要，他们会给政府不断施加压力从而使其开始关注环境等问题。

NAFMII 论坛第 140 期

变化的世界与中国

国家创新与发展研究会　吴建民

2015 年 1 月

吴建民：时任国家创新与发展研究会副会长，曾经为毛泽东、周恩来等老一辈国家领导人担任过法语翻译，曾任外交部发言人、中国驻法大使、全国政协外事委员会副主任、外交学院院长等。

是搞了一辈子外交，1959 年大学毕业之后就被外交部录用，经历的事情不少。1974 年当时在纽约召开第六届特别联大，特别联大就是中央派毛主席、派邓小平率领代表团出席，当时我就在常驻联合国代表团里面，邓小平复出之后又到联合国，我们这些代表团的工作人员都很兴奋，都很注意他的行动。开会发现邓小平很干脆，邓小平到了 4 点钟，他主要是汇报情况，到 4 点钟就说差不多了吧，不喜欢开车轱辘会。早晨老先生一大早就起来，喜欢散步，我们当时说是为了照顾他的安全，联合国代表团是一个板楼，现在房子已经拆了，邓小平早晨起来，五六点钟，就在走廊里面，那个板楼中间过道大概有 40米，小平同志来回走、来回走，喜欢散步。他在纽约期间，邓小平到纽约去是中国领事馆在联合国第一次露面，大家很注意，外交活动很多，外事活动很多。

那个时候你们看外交人员很疯狂，其实那个时候外交人员在纽约工作当然很好，但是我们平常有两个地方跑，联合国代表团，常务会代表团来回跑。那时候是二人同行，什么叫二人同行？我要出去散步，对不起，我得拉上一个人，夫妻两个人不算是二人，夫妻两个人还得加一个人，就是这种状况。我们那个时候到了周末，因为这受到很大限制，周末的时候大家就想关在这里面一周了，得出去散散步。邓小平去了之后，正好一个周末，周末大家也没有活动，大家就建议小平同志是不是到公园里面散散步，知道邓小平喜欢散步。他很有意思，他说我去华尔街。你想周末啊，看不见什么，没什么好看的，老先生说我还要看。当时不是很理解，邓小平喜欢散步，华尔街那个地方车水马龙，周末好一点，为什么要去那个地方？当时中国派联合国里面担任副秘书长唐明照，他是在美国长大的，英文讲得很好，他就陪同小平到华尔街走了一圈。后来就说邓小平为什么要去华尔街？后来我明白了，1991 年邓小平到上海，大年初四，朱镕基陪他参观，到了新锦江最高层，那个转盘的地方看了看之后，朱镕基给他汇报浦东发展情况，优先发展金融，邓小平讲了几句关键的话"现代经济，金融是关键"，"这步棋走活了，满盘都活了，过去上海外汇是可以自由兑换的"。后来看了这个之后我明白了，邓小平太厉害了，他看出金融的重要性，我刚才跟秘书长讲，在座的诸位都很年轻，都是好学校出来的，进这个单位的门槛也很高，我真是希望有一天中国进入高层领导里面有多一点人懂金融，太重要了这个事情。金融看清楚之后，有些事情你会更加清楚。所以请我来跟大家讲一讲，特别是跟年轻人讲一讲我是愿意的。因为不管你愿意不愿意，过 20 年，你们这一代人掌握大权，这个很重要，对中国来讲、对世界来讲都很重要。

我今天准备给大家讲三个问题：第一个问题讲认识世界的重要性。第二个问题讲 2014 年的启示。第三个问题讲中国。

一、认识世界的重要性。

2014 年，电视台请我去做"百家讲坛"，说吴大使我们正在评点《战国策》，《战国策》这本书不知道你们看过没有，它把战国时期外交活动，战国时期的历史做了一段记述。开始我有点犹豫，专门学历史的老师来评点一定很好，我又不是专门学历史的，我跑去评点，评点不过他们。后来编导一句话打动了我，他说战国时期中国外交很活跃，你搞了一辈子外交，你从这个角度来评点一定会跟别人不一样，我觉得有道理。这样我就把战国时期的一些历史书看了一些，慢慢才发现很有意思。中国春秋战国 500 多年，这个时候外交很重要，当时的中国诸侯国林立，外交涉及到国家的生死存亡，很重要，贡献出一批非常著名的外交家，苏秦、张仪、范举……可以列举一大堆人的名字，但是一个有趣的现象是什么呢？公元前 221 年，秦始皇统一中国之后，外交不重要了，大一统了。所以中国到了第二次鸦片战争之后，在列强的压力下才有一个管外交的部门，叫做总理事务衙门，在 1861 年成立，过去中国政府的六部里面没有外交部，这管了 40 年。然后 1901 年，八国联军入侵之后签订了《辛丑条约》，规定中有一条，中国要建立外务部，外务部是《辛丑条约》里面第 12 条规定的，这很滑稽。1912 年中华民国成立的时候成立了正式的外交部。想想看，2000 多年中国没有外交部，世界上大概是绝无仅有的。所以我们这个国家为什么在近代大大落后？眼睛向内，不看世界。连外交部都不存在，研究什么世界？所以我讲的第一个问题就是认识世界的重要性。

我搞了一辈子外交，观察世界，正确的认识世界太重要了。过去 600 年是人类社会当中发生重大变化的 600 年，世界大变化从大航海开始的，这 600 年当中，我们曾经有着非常好的机遇，被中国人自己放弃了。大航海是谁开始的？哥伦布 1492 年发现新大陆，其实大航海是郑和开始的，郑和下西洋是 1405 年，比哥伦布发现新大陆早了 87 年，郑和下西洋的规模和哥伦布发现新大陆的规模二者一比较，不成比例的。郑和下西洋两万七八千人，六七十艘舰艇，浩浩荡荡七下西洋，从 1405～1433 年，这个规模大得不得了，去了东南亚，去了中东，进入印度洋，最远到了东非。2010 年世博会有一个馆可能你们没有注意，因为我是上海世博会的评委，所有官方的展览我看了两遍，有一个馆是非洲的肯尼亚馆，展出来的是郑和下西洋带去的东西，那是很了不起的。郑和当时坐的船叫宝船，可以装1000人，你想1405年造出这么大的船，南京发现了明朝造船厂的遗址，我去看过，令人震撼，在14世纪末15世纪初，中国有那么大规模的造船厂，那是很了不起的，七下西洋。哥伦布发现新大陆，3艘船、87人，规模跟郑和下西洋不成比例。中国明朝时候造船技术是全世界最先进的，郑和所领导的舰队是全世界最强大的，我们去的地方是最多的。但是让人非常惋惜的是，七下西洋之后，明朝皇帝犯下了给子孙后代带来灾难的错误——海禁，全世界最大的舰队不许下海了。你看看这个比较，哥伦布发现新大陆以后，西方人走的是什么道路，西方人到一个地方宣布这个地方是我的。我是去年底12月份到澳大利亚去，1770年英国人去了之后宣布是英国的，中国人去了之后没有宣布这些地方是我们的，所以全世界研究历史的人都说如果那个时候中国明朝，郑和之后明朝的皇帝们决定继续沿着郑和下西洋的道路走下去，世界历史要改写，而且这个时候中国所面临的机遇大概是有史以来中国人走向世界最好的、能够取得最大发展的机遇，这个机遇给中国人丢掉了。如果抓住，过去100多年中国受到的屈辱就不可能发生。

后来也有机遇的。中国最后一个王朝康乾盛世，你们看看历史，比较一下满清王朝，满族人的皇帝跟汉族人的皇帝不大一样。清朝的皇帝接受了明朝皇帝、明朝衰落的教训，清朝的皇帝是非常勤勉的，康熙大帝早上3点－5点就起床了，早上7点就开始听证，非常勤勉的皇帝，不像明朝的皇帝，明朝皇帝是非常无能的，清朝这些皇帝都还有些本事。清朝应当说给中华民族还是立了功的，首先它是马背上的民族，它很注重开疆拓土，汉族的皇帝就不一定了，满清皇帝康乾盛世的时候，中国的疆土面积增加了890万平方公里，这不是一个很小的数字，当然后来由于满清的腐败丢掉了300万平方公里，外蒙原来是我们的，后来丢掉了。沙俄把150万平方公里弄过去了，但是清朝皇帝很勤勉。

你看看康熙大帝，康熙帝很了不起，他也很开明，他请了一批外国的传教士给他当顾问，向他介绍现代科学知识，一个皇帝有这样认识应当是很不错的。他看到西方世界，欧洲走在中国前面，有这个印象。据说康熙帝一辈子喜欢喝红葡萄酒，是法国人教给他红葡萄酒的。康熙帝在统一中国的过程当中镇压准噶尔叛乱，从国外引进2000支洋枪，这个热兵器比冷兵器杀伤力要强多了，在统一中国当中发挥了作用。当然在明朝末期，中国就开始从西欧引进兵器，当时袁崇焕打败努尔哈赤就是靠着所谓从荷兰、葡萄牙引进的"红毛大炮"。康熙帝本人也比较开明，他还有很多其他措施，比如取消了人头税，这是很了不起的措施。康乾盛世的时候，中国人口从1亿多增加到3亿多，人口剧增，这是非常了不起的。

　　但是我觉得毛主席一句话讲得很有道理：有比较才有鉴别。康熙帝很了不起，但是你把他跟其他皇帝比较一下，沙俄同时有皇帝，沙皇彼得大帝，一比较起来就看出二者的长短。彼得大帝跟康熙大帝有共同点，彼得大帝、康熙大帝都是很小就当皇帝了，康熙大帝 8 岁当皇帝，彼得大帝 10 岁当皇帝，彼得大帝年龄比康熙大帝小，彼得大帝是 1672 年出生的，1682 年当沙皇。但是彼得大帝在他当沙皇的时候，他听了他身边一个谋臣的谏言，这个谋臣原籍是瑞士的日内瓦，他给彼得大帝出了一个点子，说陛下你是不是到欧洲去看一看，他们那边发生了很大的变化，你需要亲自去考察一下。彼得大帝听了他这个意见，在 25 岁的时候去欧洲考察了一年半，带了 200 多人，他怕用沙皇这个名义出去看不到真实的欧洲，化了名，叫鲁尤特尔·米海伊洛夫，带了 200 多人到欧洲各个地方都去看了，欧洲的发展情况，科技取得的一些突破他看到了。

　　我是 1994～95 年在荷兰当大使，95 年因为荷兰政治首都在海牙，实际上它法定的首都是阿姆斯特丹，阿姆斯特丹那个地方很多大公司总部都在那儿，我有一次到阿姆斯特丹，我去了之后非常重视经贸合作，我去拜访一个很大公司的老总，拜访完之后，他说吴大使我带你去看一个地方你一定会感兴趣，把我带到什么地方？当年彼得大帝在荷兰工作的一个车间。他在荷兰当过船长，因为荷兰那个时候很了不起，彼得大帝在造船厂做木工干了半年。在欧洲看了一年半，回到俄罗斯之后，整个执政理念变了，开放，向欧洲学习，办法跟我们现在差不多，走出去、请进来，沙俄在他手下崛起。你们到圣彼得堡去，你看那个城市的设计有点像巴黎，很多标志性建筑，从欧洲引进的建筑，是意大利、法国的设计师搞的，所以在他手下崛起了。把大量的人派到欧洲去学习，把欧洲的一些人才引进到本国去。当年在沙俄的贵族里面，宫廷里面讲的是法语，不是俄语，以讲法语为荣誉，托尔斯泰《战争与和平》，很多地方是用的法语，这使得沙俄发展起来了。

　　彼得大帝是 1725 年去世的，1724 年深秋他到圣彼得堡视察一海港市场，看到海员掉到海里面了，沙皇衣服一脱跳到海里面救人，把人给救起来了。他当时 50 多岁了，受了风寒，一病不起，1725 年初就去世了。这件事情你想想中国不会发生，中国会发生吗？不可能，皇帝要下海，好多太监都说万岁爷你不能去啊，早把他抱住了。彼得大帝为什么想去呢？这就受了当时欧洲启蒙运动人文主义思想的影响，对生命的珍惜，这一点你还不能不佩服他，沙皇的地位是很高贵的，彼得大帝和康熙大帝都是很了不起的皇帝，但是二者，都看到了欧洲在某些方面走在前面，沙皇彼得大帝开放，我们不开放。彼得大帝那个时候沙俄经济总量比我们大，那时候中国人开放，向欧洲学习，那也是一个机会，但是我们没有抓住。所以我想这 600 年的历史，要正确认识世界的重要性，中国落后根本原因就是不开眼看世界。林则徐被称为是中国开眼看世界的第一人，林则徐什么时候生的？1775年生的，鸦片战争四年之后去世，1775年中国人才开眼看世界。

我想举三个例子说明，在近代凡是中国人正确认识世界的时候我们的事业都大踏步前进，凡是中国人对世界看错了的时候，你就倒大霉。今天中国在一个新的起点上，正确认识世界太重要了。

第一个例子，1946年4月，这是中国国家的关键时刻，46年抗日战争胜利之后，蒋介石三个电报给毛主席，邀请他到重庆谈判，美国人也出来劝毛主席去并担保安全。毛主席去了，签订了《双十协定》，当时大家都以为和平会在中国降临，但是毛主席对当年蒋介石的一些做法看得非常清楚。1946年4月，二战结束了，冷战已经开始，美苏两大阵营对峙的形势已初见端倪，所以这个时候国际上对世界形势议论纷纷，有人说很快会打第三次世界大战，有人说美苏会妥协，这个时候大家要问了，资本主义世界国家的人民应当怎么办？斗争是继续下去，还是看着美苏妥协就妥协、美苏对抗就对抗？当时《毛选》里面有一个短文章，1946年4月《关于目前国际形势的几点估计》，这篇文章就是一页半多一点，毛主席在这个文章当中对三个问题做了明确的回答。第一个问题是会不会打第三次世界大战？毛主席说可以推迟。第二个问题是会不会妥协？毛主席斩钉截铁讲一定会妥协，妥协是一个时间迟早的问题。第三个问题，最重要的问题是资本主义国家人民到底应该怎么办？毛主席很清楚，以其人之道还治其人之身，现在能消灭的就消灭，现在不能消灭的将来消灭，我们反其道而行之，就是要坚决地斗争下去。这个时候，一篇短文，统一了党内的思想，对当时我们面临的三大问题做了明确的回答，这是1946年4月。1946年6月蒋介石的158万大军向解放区进攻，全面内政爆发，1949年10月1号中华人民共和国成立。世界认识正确了，国内方针正确了，我们的事业就大踏步前进。

但是我们也有倒霉的时候，1958年12月，当时我在北京外国语学院，现在叫北京外国语大学，我上大学三年级，中央八届六中全会在武昌开了会，发表公告，我们这些学外语的学生对公告里面有关国际部分很注意，公报发表之后组织大家学习，其中有一句话"当前国际形势总的特点是敌人一天天烂下去，我们一天天好起来"，这是毛主席的话。当年我们这些人，大学生对毛主席的话那是笃信不疑，对中央方针也是笃信不疑。看了这个公报很开心啊，现在不大讲了，当年我们年轻的时候有一种革命的热情，认为世界革命成功之日不会太久了，我们好起来了。59年毕业之后，我在海外住了25年，美国住了10年，欧洲住了15年，先后在不同的国家，到了外交部接触的信息多起来，到了海外接触的信息更多，回头一看58年是西方世界一天天乱下去吗？不对啊，不论美国也好、日本也好、欧洲也好，都是大发展的时候，我们却说它一天天乱下去，完全看错了，对世界看错了，国内方针也出了大毛病，大跃进、超英赶美、大炼钢铁……58 年我 19 岁，外语学院在篮球场修了两个土炼钢炉，我还是炉长之一。炼钢的原料是什么呢？都是砸碎的生铁锅，怎么会用砸碎的生铁锅呢？这跟当时中国的政策、中国的宣传很有关系。

1958 年那个时候中国人发疯了，都说亩产可以产生万斤粮食，说这个稻子长在上面可以站小孩，这怎么可能呢？还照了照片，完全是弄虚作假。但是毛主席从农村里面出来的，居然也相信这种谎言。之后就觉得粮食多得不得了，放开吃饭，所以《人民日报》出了一篇文章，全国上下举国欢腾，叫做"放开肚皮吃饭"。今天对你们青年人没有吸引力了，但是你们知道吗？中国几千年改朝换代的动力是什么呢？是饥饿。中国革命的动力是什么？是饥饿。96 年我到日内瓦联合国当大使，跟美国人吵架，吵人权问题，他说你们不讲人权？我说不对，我说你知道中国人为什么会起来革命吗？没饭吃啊，49 年之前人口 5 亿没有饭吃，没有饭吃才革命啊。《人民日报》说放开肚皮吃饭，大家都开心，人民公社吃食堂，现在没有了，那个时候食堂非常时髦，然后形成一种舆论，吃食堂是革命的进步，一家一户做饭是落后的、保守的，这个舆论不得了，结果人们纷纷把家里的锅给砸了。我们是一个多子女家庭，我父母 56 年到西安工作，我 55 年到北京上大学，八个孩子里我排行第二，父亲在西安郊区一个建筑材料厂里面当汽车司机。那个时候厂里面也有食堂，就是觉得要吃食堂光荣，一家一户做饭落后。我弟弟回家把家里的锅给砸了，人的思想被支配起来就像发疯似的，把锅给砸了。所以那个时候生铁炼钢，锅都是砸碎的锅。

怎么想起来大炼钢铁呢？1958 年北戴河开会的时候，毛主席突然高兴起来，说 58 年的钢铁产量要在 57 年的基础上翻一番，这就是 58 年要生产 1070 万吨钢，今天我们一个大的公司就能生产上千万吨钢，在那个时候不得了。一年已经过了 2/3 了，哪能生产那么多钢呢？这就来了大炼钢铁运动，那是中国历史上，也是世界历史上绝无仅有的，7000 万人去炼钢，破坏了多少资源，砍了多少树？没有知识乱来，就搞这个大炼钢铁。毛主席号召学生也去炼钢，我是学外语的，不是钢铁学院的学生，哪懂什么炼钢呢？人家跟我们讲开了闸、鼓风机，然后就开始炼钢了。但是大炼钢铁到了 1958 年 12 月，国家统计炼出了 1100 多吨钢，后来一核查是 300 多吨废钢，大量浪费资源人力物力财力。

但是大炼钢铁期间有一件事情给我印象很深，就是吃夜餐不要钱，农村里面放开肚皮吃饭，我们外语学院晚上吃夜餐不要钱，你想我们 19 岁，炼了大半天钢，跑去吃夜宵不要钱，很开心。但是好景不长，59 年～61 年三年大饥荒，饿死了几千万人，河南有的村庄，一个村庄的人都死绝了。这个大灾难，这就是世界看错了，国内方针也错了，那就倒大霉，这是 58 年发生的事。

20 年之后 1978 年。1978 年三中全会前夕，邓小平访问日本，我觉得他在第三次复出之后，在外交上做了周密的谋划，其中一个重要行动是搞好关系。在他的领导下中日签订了《中日和平友好条约》，4 月 22 号小平访问日本，由头是《中日和平友好条约》换文，所谓换文就是双方立法机构批准书，一换文，1978 年 11 月 23 号生效，现在还是有效的。之后邓小平做日本各界工作，从天皇、首相到企业，邓小平很会做工作，你现在到日本去，日本企业的一些大佬们还记得邓小平，邓小平当时怎么跟他们谈，都还记得。除做政界的工作之外，邓小平也了解日本经济发展情况，他去看的第一个企业就是日产汽车制造厂，今天在中国有合资企业。邓小平不是走马观花，邓小平他很注意，一边看一边比较，比较日产汽车制造厂的劳动生产率和当时中国最先进的汽车制造厂，就是长春第一汽车制造厂劳动生产率，二者一比较，人家是我们的几十倍。看完之后邓小平感叹了一句"我现在明白了，什么叫现代化"。邓小平话不长，他看了人家搞了这个之后才明白什么叫现代化，这是非常实事求是的态度。之后去看新日铁，新日铁那么大的钢厂，人那么少，能不能给我们搞一个一模一样的？这就是宝钢，上海宝钢就是这么起来的，所以对世界认识正确了，回来三中全会的方针大家也知道了，改革开放以经济建设为中心，78 年到现在中国发生了太大的变化。

二、2014 年的启示

2014 年是中国改革开放以来，各种舆论讲战争的热潮最高的一年。我到全国各地讲话，上到领导干部下到老百姓，跑来问我吴大使是不是要打仗了？我听说去年征兵的任务完成的难度很大，都是独生子女啊，马上要打仗，送到前线去，父母有点犹豫。2013 年底西方出现一种舆论，说 2014 年很像 1914 年，这是一战 100 周年，1914 年以前的世界经济史和今天的国际形势相比较何其的相似。1914 年之前，英国、德国之间的经贸往来很频繁，当时很多人都认为战争打不起来，但是之后战争爆发了，打起来了，打得很惨烈，是人类历史上迄今为止打得最惨烈的一次战争。2014 年很像 1914 年，这个潜台词很厉害。然后 2014 年 1 月 22 号日本首相安倍晋三在达沃斯讲的一番话，就说今天的日中关系很像当年的英德关系，此话一出，世界上包括中国国内也跟着跑，看军事频道介绍中日要打起来，双方什么武器，会有什么结果，讲得非常热闹，世界上也在讲东亚是全世界最危险的地方。我不知道你们听到这个话是什么感觉，我听到很不舒服。你这里马上要打仗了，你还发展经济，你都那么危险，还不赶紧走，但是中国人我不知道有没有想过这个问题，跟着跑，越讲越热闹，出现一些人好像也很有知识，信誓旦旦说中日必有一战、中美必有一战。

新加坡国立大学李光耀学院的院长马凯，他是我的朋友，我 85 年第一次去联合国工作，他后来是新加坡常驻联合国的代表，很能干，能言善辩。今年年初，他写了篇文章，指名道姓欧洲、美国你们有些人，你们预言 2014 年东亚要打仗，2014 年过去了，没有打呀。证明什么问题？你们的预言是错误的，你们为什么错了？你们不懂亚洲。以此为根据来讲，你没有办法来驳斥他。他们不懂亚洲，欧洲人、美国人不懂亚洲，中国人是亚洲人，为什么也看不清楚呢？有些人还很有知识，为什么错了？错在什么地方？没有看清楚当今国际关系中最大的变化是什么，我不知道你们想过这个问题没有。大家都说世界变了，你说最大的变化是什么？统领一切的变化是什么？最近两三年我在 20 多所大学里面讲话，讲话之前我就问他们，我说你们都说世界变了，告诉我，最大的变化是什么？学生们举手很踊跃，回答问题，说最大变化是全球化，最大变化是金砖国家崛起，最大变化是信息革命等等。我说你们都没讲对，最大的变化是时代主题变了，时代主题的变化是国际关系当中最大的变化。20 世纪初 1916 年，列宁在布尔什维克党内做了一个重要讲话，指出当时他所处的时代是帝国主义战争和无产阶级革命时代，这个论断是列宁"帝国主义论"重要的组成部分，这个论断对不对？后来的两次世界大战，1916 年一战已经打响了，两次世界大战，十月革命、中国革命和战后的民族解放运动，证明他这个论断是对的。

什么叫时代主题呢？就是一个时期，世界上各种主要的矛盾交织在一起，它最主要的矛盾是什么、解决途径是什么。20 世纪很长时间在战争与革命当中渡过的，为什么？因为世界积累着三类矛盾，太尖锐了。一是列强，西方大国，世界被瓜分完毕了，新兴体又不干，要重新瓜分，这个矛盾怎么来调和？二是西方列强与全世界被压迫人民的矛盾，这个也非常尖锐，全世界被他们瓜分完了，殖民地、半殖民地。三是各个国内内部的统治阶级和被压迫者之间的矛盾。中国曾经想搞戊戌变法，但失败了，最后毛主席搞革命成功了，这是那个时候20 世纪很长时间里面当时时代的主题。但是时代主题跟世界一切事物是变化的，而不是不变的，80 年代初期邓小平反复讲一个观点，我们当今世界面临两大问题，一个和平，一个发展，两大问题一个没解决。你们当时看这句话觉得很对，我们这些人天天研究中央有什么精神，一看这个话不得了，了不起的变化，主题变了。主题变化对中国有没有影响？影响太大了。改革开放前，毛主席挥之不去的忧虑是什么？战争。国内是没完没了的阶级斗争，一个运动接一个运动，国外就没打仗。改革开放之前，中国分三线，沿海是前线，不发展，我们年轻人做翻译，很多老同志都说这个话"打吧，趁我们这些老家伙在，打吧，打完之后再建设"，这种话我翻译了好多次。沿海不发展，可是改革开放之后我们首先发展的是沿海，对不对？改革开放之前，靠近台湾、香港、澳门是最前线的，那更不能发展了，改革开放之后我们首先发展的是四个经济特区，四个经济特区都靠近台湾、香港、澳门，过去的前线现在变成了地利，180 度啊。十一届三中全会虽然没有讲时代问题，但是它有一个大的判断，就是战争在可预见的将来打不起来，所以改革开放之后首先发展沿海。

中国的大发展大概是在 1992 年南巡讲话之后，1992 年邓小平南巡讲话，这篇讲话是了不起，是改变中国的。截至 91 年进入中国外资的存量是二三百亿美元，现在是 1 万 5 千亿美元，这是不可类比的。中国的大发展是 92 年之后。92 年国际形势怎么样？苏联垮掉了，东欧发生了巨变。如果思想还停留在战争与革命时代，那会认为这是西方大举进攻的时候，中国人应当关上大门，固守阵地。邓小平说，胆子再大一点，步子再快一点，中国的大门不仅没关上，开得更大了。91 年中国的 GDP 才一千多亿美元，到了去年突破了 10 万亿美元，这么大的发展，说明邓小平的决策是非常英明的，根据是改变，时代主题变了，这是非常了不起的。

去年很多人预言战争，预言必有一战的这些人，他忘记了时代主题变化了。时代主题变化了意味着这个时代解决问题的路径要变了。《董仲舒传》有几句话我觉得讲得蛮有道理的，他说"道之大源于天，天不变道亦不变"，反映大的环境没有变，这个道就不变，但是大环境变了之后，这个规则就变了。世界上也一样，人类几千年的历史上，国与国之间发生的争论，谈判解决不了问题那就诉诸武力，人类几千年就这么过来了，战争能解决问题。可是你们大家想一想，进入 21 世纪，美国人打了两场半战争，阿富汗战争、伊拉克战争，利比亚战争，解决了什么问题？我跟美国人谈过多次，有些人苦笑向我摇摇头，不仅没解决什么问题，而且惹了一大堆麻烦，因为这几场战争加剧了基督教文明和伊斯兰文明的冲突，你们会看到这些战争带来的麻烦，要花很多时间来开辟，这个不是那么简单的。

2014 年是甲午海战 120 周年，甲午海战割地我们割去了台湾和澎湖列岛，赔款我们赔了 2 亿 3 千万两白银，原来是 2 亿两，因为原来割让的地盘包括辽东半岛，这个辽东半岛也割给日本了，但是后来条约签订之后列强不干，欧洲的列强纷纷出来反对，辽东半岛不割了，中国增加 3000 万两白银。2 亿 3 千万两白银割地赔款，相当于日本 7 年的财政预算，他赚了大钱。到了 21 世纪，美国打阿富汗，阿富汗有非常丰富的矿产资源，美国敢叫阿富汗把矿产资源都割给他吗？他不敢。伊拉克战争也是这样，伊拉克是石油储藏量最多的国家，打完之后美国敢叫伊拉克把这些石油资源都割给他吗？不敢。敢叫这些国家签订不平等条约吗？不敢。利比亚把卡扎菲赶下去了，利比亚石油资源也很丰富。为什么不敢？时代变了，如果美国这个时候要强迫人家签订不平等条约，割地赔款，全世界会骂你强盗。在今天这个全球化的时代，你站不住脚。

为什么不敢？世界进步了。今天的世界跟 17 世纪、18 世纪、19 世纪、20 世纪的时代不一样了，这是人类共同斗争的结果。再想一想美国人打的这几场战争，那耗费得不得了。美国人 2013 年 10 月 1～16 号，奥巴马政府关门了 16 天，原因是没钱了，政府的债务上限 16.7 万亿美元到了，再要提高，要国会提高上限，国会给他捣蛋，就不通过，就这样拖了 16 天，美国政府说没钱，关门 16 天。奥巴马原来要访问亚洲，出席东亚峰会的，出席不了了。但是要问阿富汗战争、伊拉克战争花多少钱？美国人自己算，大概花 6 万亿美元。如果不打这两场战争，美国人的日子应当好过。你看战争，天变了，道变了，战争不能解决问题。但是我们有些人的思想还停留在过去，以为战争能解决问题，这就糟糕了。所以我想世界变了，整个大的环境变了，时代主题发生了变化，这个对中国人来讲非常重要。在时代主题发生变化之后，出现一个现象，就是进入 21 世纪全世界发生了各种各样的战争，没有一场是成功的，为什么不成功？战争的时代过去了。这个时代时兴的是改革。中国人的长项就是占了改革的先机。去年 8 月底在巴黎举行了夏季大学，法国这个国家很有意思，法国人的思想非常活跃，他搞一个夏季大学，把工人组织起来，企业家也组织起来，每年夏季休假结束的时候搞一个大学，大家到这里来交流一些心得体会，对形势的看法，有什么新事物。

2014 年他们找我去给他们讲话，参加一场电视辩论，我就去了。夏季大学开幕式有法国总理讲话，对企业家表示赞赏，说法兰西需要你们，有你们才能创造就业机会。这是社会党的总理，因为左翼一般不大讲这个话，会上他讲完话之后，全场起立鼓掌，他走了之后，搞一场电视辩论，四个人参加，一个法国前总理阿兰·朱佩，一个是法国专家，还有一个重要企业家，还有我，我们四个人在台上，电视前场直播，用法文辩论，辩论主题是法国的福利是否太丰厚，是否需要改良，讨论过程当中大家都觉得需要改良。当时主持人就问我，说吴大使你什么意见？我说我在欧洲当了 9 年大使，我回到北京之后发现一个很有趣的现象，就是法国、欧洲老百姓对改革的态度和中国老百姓不一样。中国人在大街上采访老百姓，问你说这个改革怎么样？中国老百姓会觉得很好，没有改革中国不会有这么大的变化。你到法国去讲改革，老百姓害怕呀，因为法国福利制度太好了，就怕既得利益受到损失，谈改革色变。我说我们在座的大家都赞同改革，我说我的问题是，政治家一旦执政之后他有没有勇气来改革。我是 2012 年初见了德国前总理施罗德，我们一起出席会议，我就问他，我说总理先生，现在欧洲金融危机蛮厉害的，可是德国不错，为什么不错？施罗德就跟我讲，很有感慨地讲，他说你知道吴大使，我在 2003 年当总理的时候，就看到德国的福利太丰厚了，不改革不可持续。所以我就提出了一个纲领，叫做《2010 年议程》，其中就是要削减福利，改革福利制度，使之能够可持续。他说我当时觉得这个对德国有好处，可是这个一提出来之后我下台了，我的后任默克尔夫人得利了。我就举这个现象，然后我就问了一句，我说政治家们有这个勇气吗？当时会场上千人，我问了这个问题之后，鼓掌鼓了三分钟。主持人就问朱佩，因为他要竞选总统，法国总统的权利是很大的，说阿兰·朱佩你什么意见？朱佩说我如果现在说，我有勇气进行改革，你们可能不相信，你们让我到台上去试试吧。这一讲之后，下面的人笑了，然后主持人很高兴，说吴大使你真有本事，你把朱佩本来不想讲的话你给逼出来了，大家都很开心。发达国家需要改革，今天时兴的是改革，但改革很难，这就是现实。时代变了之后，需要的是改革，中国人占了改革的先机，我们 78 年就提出改革了，这一点我们中国人心里要有数。所以 2014 年给我们最重要的启示，世界不能看错，世界不能看错就要抓住世界上最大的变化，就是时代主题发生了变化。

三、中国的三个问题。

第一个问题，21 世纪中国最大的利益是什么？我觉得 21 世纪中国人最大的利益——邓小平做了界定——发展是硬道理。为什么要讲最大的利益呢？因为大战略是跟大利益是联系在一起的，中国最大的利益理清楚了，大战略的核心清楚了，具体到 21 世纪是保持发展的势头。我们的国家鸦片战争以来有三次势头，第一次 1861 年~1894 年的洋务运动，这场势头被甲午海战给打败了。第二个势头 1927 年~1937 年，那个时候还是发展得蛮快的。还有就是目前的这个势头，中国目前形成的势头可以说是鸦片战争以来最好的势头。大家应该都读过《孙子兵法》，它有一个《势篇》说，形成这个势头，这个事情就容易了，这个势头要过去了，那这个事情就做不成了。保持发展的势头意味着必须保持开放的势头。

过去 2000 多年，我们在人类历史上领先了 1000 多年，后来为什么落后了？封闭导致落后。毛主席和邓小平发展中国的理念是不一样的，邓小平两次开放改革，两个市场、两种资源。毛主席以为关起门来能搞成，毛主席编了司徒雷登那篇文章，就是五评"白皮书"。49 年美国发表对华政策的"白皮书"，这个白皮书发表之后，毛主席亲自写了五篇评论文章，里面有这么几句话，"封锁吧，封锁个十年、八年的，中国什么问题都解决了"，他认为封闭起来能够搞成。在今天全球化的世界上，封闭起来搞不成。过去毛主席时代和邓小平时代，它的发展理念是不大一样的，所以邓小平是两种资源、两个市场，毛主席是关起门来，关起门来不行，要保持发展的势头，必须保持开放的势头，必须同时保持对外合作的势头。如果对外合作的势头中断了，发展的势头肯定就断了，这三个问题是联系在一起的。所以我说这个问题中国人一定要想清楚，21世纪我们要有一点全局的眼光，最大的利益是这个，最大利益抓住了，其他问题就看得比较清楚了。

第二个问题，中国现在来到世界舞台的中心，我们如何来到世界舞台的中心呢？你们可能会说改革开放政策，我说对。但是只有这一条不够，中国来到世界舞台中心，我认为是三个因素综合作用的结果。第一个因素是天时，第二个因素是地利，第三个因素是人和。

1. 天时什么意思？世界变了，我不去详细论述了，我花了很长篇幅讲时代主题变化，这个对中国的发展很重要。世界变了，对中国发展应当说提供了比较好的环境，和平发展。

2. 地利，地利什么意思？我们在亚洲，亚洲特别是东亚这块地方越来越重要，东亚这块地方是全球经济增长的中心，过去几十年增长是最快的，是全球经济当中最有活力的地方。我们处在这个地区，处境很有利。从二次大战结束之后，亚洲经过五个浪潮才起来。第一个浪潮日本，日本在二次战后，在亚洲是第一个崛起，你不能不承认，日本采取了出口导向性的发展模式，这个模式很适合日本情况，也适合全球化的需要，所以日本第一个崛起。日本1968年经济总量超过了当时的西德，成为全球第二大经济体，战后日本经过了一段高速发展时期，差不多快30年起来了。第二个浪潮亚洲四小龙，台湾、香港、新加坡、韩国，在上世纪六十年代，学了日本出口导向性的发展模式起来了，接着台湾起来、香港起来，对中国大陆有很大的刺激，这是第二个浪潮。第三个浪潮在上世纪七十年代初，东南亚国家联盟，印度尼西亚、马来西亚、泰国这些国家起来了，也是学了出口导向型的模式。第四个浪潮中国，78年中国实行改革开放，我们发展的模式应当说出口导向型的模式起了很大的作用。第五个浪潮印度，印度91年搞改革，印度改革之后就是辛格，前不久下台的印度总理，91年搞改革。我记得91年12月当时李鹏总理去了，我是外交部发言人也去了，当时印度总理叫做拉奥，辛格也在场，他们向李鹏总理介绍为什么要改革。李鹏总理非常赞成，需要改革，还引了邓小平的话，不改革开放死路一条。你看看亚洲，战后五个浪潮一个接一个，这说明什么？亚洲这些国家在崛起过程当中是相互支持的，而不是相互拆台的，是相互合作的，而不是相互对抗的，是相互包容的，而不是相互排斥的，亚洲这种状况很有意思。中国从计划经济向市场经济过渡非常痛苦，我们派了多少人去台湾，去香港、新加坡、日本学习，到新加坡还可以讲中文，这对于中国进行以市场为导向的改革太有利了。

3. 人和，就是改革开放的政策。没有改革开放的政策，天时、地利都不能发挥作用，但是我们中国人看到的是天时、地利、人和综合作用的结果。天时，世界变化了，中国人我们发展到今天这个地步，一是要感恩于世界的变化，世界变化是全世界人民共同奋斗的结果，包括中华民族。二是我们要感恩我们这个地区，亚洲地区，现在还是全球经济最有活力的地方，这个地区对中国太重要了。2013 年习近平主席亲自召开了周边国家工作座谈会，把周边这个地方搞好，不能一天到晚吵架，天天吵架怎么发展，就跟邻居一样，天天跟邻居吵架，你怎么过日子，那不行的，所以要感恩于这个地区。人和，改革开放的政策太重要了。就是我们如何来到世界舞台中心，我们这个路径也很清楚。很清楚之后我们不糊涂走错方向，就是沿着邓小平这个方向走下去。这是第二个问题。

第三个问题，就是中国再往前走最大的条件是什么？不是外部因素，最大挑战是中国人自己。我有一个看法，中国人不怕大灾大难，中华民族应对灾害的能力大概全世界很少有其他民族能够与中华民族相媲美，中国人这个能力太强了。但是中国怕的是什么？怕头脑发昏。习近平主席一再告诫全党全国戒骄戒躁，大家看到这个问题，中央看到这一点非常重要，我刚才讲到毛主席 58 年头脑发热大跃进，怎么会出现的？我们回顾一下新中国成立以来的历史，你发现 58 年出现这些头脑发热的情况它不是偶然的，为什么呢？新中国成立之后我们几件事干得很漂亮：

1. 朝鲜战争跟美国打了个平手，那个时候的中国是经过内战、抗日战争打得筋疲力尽的时候，这个时候跟美国人打了个平手，朝鲜战争中国是被拉进去的。开始金日成到北京来见毛主席，要我们支持他南进发动战争，毛主席犹豫，不愿意。最后金日成跑到莫斯科，找了斯大林，斯大林支持他，他回过头来见毛主席说斯大林支持我南进。当时我们听了不相信，当天周恩来总理兼外交部长连夜召见苏联大使，说金日成跟我们说斯大林支持他南进，有没有这么回事？他到莫斯科去核实，第二天说斯大林确实说过这个话。金日成统一心切，然后就向中方提出来，是不是能派人跟我一起去，我们觉得这个时候中国派人去不是很合适，但是有一条，我们有朝鲜族的战士，我们给了他几个师，成建制的，从司令官到当兵的都是朝鲜族，这些人进去之后，后来南进，打进汉城的就是这支部队。解放战争刚刚结束，这支部队很能打，然后就南进。你们看那段历史，那个时候我 11 岁，但是看学校里面的图，打到什么什么地方。但是中国人这个时候提醒金日成，美国人会不会从仁川登陆，这个话讲了之后，金日成不相信，中国人是有能人的，当时我们作战部副部长雷英夫为将军，很厉害的，他到仁川去看过，甚至美国什么时候在仁川登陆的时间他都算出来了——涨大潮的时候会登陆——提醒金日成。金日成不当回事，想势如破竹一下就统一了，结果美国从仁川一登陆，这个战争就惨了，很快一败涂地，战火就烧到了鸭绿江边。这当年跟国民党打仗完全不一样，国民党的火力是什么样，跟美国打的火力是什么样的，非常艰苦，我们几十万同志常年在朝鲜。最后53年7月27号，美国人在朝鲜签署停战协定。这件事情对稳定中华人民共和国在国际上的地位很有好处。最强大的国家跟它打个平手，错误时间、错误地点跟错误对象打了一场错误战争，一句话"错、错、错"，但这件事情对中国的国际地位是有好处的，这件事情做得很好。

2. 第一个五年计划比较顺利，苏联当时帮助我们156个项目，那时候恢复很快，老百姓热情也很高，还没有到58年大跃进乱来的时候，那个时候还很稳定，经济增长得很好。国际共产主义运动这时候出问题了，1953年3月5日斯大林去世，过去共产主义运动把斯大林看成神，斯大林去世之后，到了1956年2月，苏共20大，毛主席说，斯大林的这个盖子揭开了，就把当年斯大林干的坏事、乱杀人、迫害人这个盖子揭开了。斯大林在国际共产主义运动里面也是独断专行，毛主席也不大喜欢他独立性太强。赫鲁晓夫做了一个秘密报告，这个秘密报告当时就是在共产党内传，后来不知道什么原因，在《纽约时报》全文登载出来，英文全文登载出来。这一登载出来，国际共产主义运动就出现了一些情况，特别是波兰，波兰原来党的一把手叫哥穆尔卡，这个人独立性比较强，他当时就提出观点，波兰走向社会主义走波兰的道路，就像我们中国讲中国特色社会主义道路一样，这个话斯大林听了很不高兴。45年他是一把手，但是过了几年，斯大林就把他整下去了，整下去很惨，坐了几年牢。56年2月份，苏共20大，斯大林的盖子一揭开，波兰党内大家就想了，说哥穆尔卡当时也没错，把他弄下去之后，波兰国内的情况搞得不好，大家都怀念哥穆尔卡，去把哥穆尔卡请过来。

哥穆尔卡很有意思，你让我回来，对不起我有几个条件。第一要承认当时对我的处分是错误的，把他整下去是错误的，第二他是反对农业集体化，搞集体农庄，农业集体化要取消废除，农业集体化是大的乌托邦运动，中国人民公社就是大灾难，苏联那时候搞农业集体化，最后的结果是什么？到了50年代苏联的粮食产量还不及当年沙俄的粮食产量，他说你得改变农业集体化政策。第三他提出来要把波兰国防部长请走，因为当时苏联对波兰控制很厉害，波兰国防部长是苏联的元帅，而且国防部长还是波兰党的政治局委员，你得把他请走。波兰党同意他讲的，把他请回来。然后中央开会，把哥穆尔卡请回来，宣布当年对他的处分是错误的，补选他为中央委员。赫鲁晓夫一听这个消息着急了，从莫斯科直接坐飞机到华沙，要求参加波兰的中央全会。哥穆尔卡已经出山了，赫鲁晓夫要来出席中央全会，对不起，我中央开会我没有请你，不让你参加。这个时候苏联就动兵了，军队都出动了，因为当时在波兰有苏联驻军。一动兵，全世界都很注意，认为苏联人对波兰新的领导要下手，把哥穆尔卡请回来要下手了。这个消息传到了北京，毛主席看了之后很生气，召见苏联驻华大使，说人家的党选出来自己的一把手你们就不高兴，你们不高兴就要出兵，我劝你们不要出兵，但是你告诉赫鲁晓夫同志，如果他一定要出兵的话，那我告诉你们，你第一天出兵，我第二天中国共产党发表声明谴责你出兵。这个话厉害啊，当时赫鲁晓夫53年上台，到56年立足未稳，国际公约里面中国共产党一把手出来反对你，他不敢，所以他这个出兵就收回去了。

收回去之后，这个消息慢慢走漏出去了，当年我到华沙去开会，听驻波兰大使王炳南的讲话，说当时波兰人听说苏联军队又回到兵营去了，就说是中国同志讲话了，毛泽东讲话了，在国际共产主义运动里面毛泽东的威信就大大提高了，而且他资格最老。57年在莫斯科开工人党领导人会议的时候，会上的主角是谁？是毛泽东，而不是赫鲁晓夫。会上有个主席台，其他党的领导人都上到主席台讲话，毛主席坐在下面，也有麦克风。毛主席说对不起，我这个腿有点不好，我坐在下面讲吧。坐着讲话，人家都回过头来听他讲话，毛主席在57年共产党工人会议上面很踌躇满志。赫鲁晓夫在会上提出来，说15年赶上美国，毛主席听赫鲁晓夫这么说，没有经过政治局开会，也没有经过专家修正，会上宣布中国15年赶上英国。58年6月中央军委扩大会议，毛主席又发表讲话，说赶上英国用三年差不多了，赶上美国大概十年可以了，而且下面一句话是有充分的把握。1958年，说三年赶上英国，十年赶上美国，我们到现在也没赶上美国。

我讲这一段故事是告诉大家什么呢？成绩巨大的时候容易头脑发热，现在习近平主席头脑非常清醒。我觉得我们现在大家在跟世界打交道的时候，有的时候有一点大国主义，对这一点我是忧虑的。觉得自己了不起，外国人算什么啊，老子现在天下第二了。很多言论比较浅薄，比较自以为了不起，这个是要出毛病的。我觉得中国人最大的挑战是我们自己，就像习近平主席所强调的一样，戒骄戒躁。特别是在今天的这个关键时刻，我们是如何来到世界舞台中心的，掌握好我们最大的利益，同时戒骄戒躁，那我们就一定沿着中央指示的方向，实现中华民族两个百年目标，实现中华民族的伟大复兴。

提问 1：您好吴大使，很荣幸能来受教，有两个问题想向您请教。一个是黑匣子岛的问题，和中俄之间领土上的确定，对中俄的影响。再一个当前俄罗斯的形势，包括它的汇率和能源问题，对它自身的影响，请教您一下对当前俄罗斯的局势您有怎样的看法？

吴建民：两个问题都提得很好，一个黑匣子岛，中国有很多老百姓很有意见，觉得黑匣子岛这样一个决定使得我们出海就很不方便了，要经过俄罗斯的许可才可以。我怎么看这个问题？边界问题谈判起来总是非常困难，这个是当年中央经过慎重的研究之后达成的协议，而且俄罗斯国内也有很多意见，但是因为领土问题谁都不愿意给人家一个卖国的印象，所以目前这个状态是一个妥协的产物。既然妥协，就不可能十全十美，总有点遗憾。对方有一点遗憾，我们有点遗憾，这就是妥协。你说我们最长的边界把它划定好还是不划定好？你想想再往前走，中国作为一个正在崛起的大国，领土非常重要。同时你看中国现在走向世界的步伐在加快，通过各种形式，同世界经济合作，很多东西都可以拿到。过去是为资源而战，今天不需要了，2013 年我们进口 2.82 亿吨石油，大概有 8000 万吨粮食，铁矿砂大部分进口的。所以我觉得对这种妥协，如果说一定要整天吵、整天矛盾，对我们最大的利益可能没有好处，这是我对你第一个问题的回答。

第二个问题俄罗斯的形势。我觉得俄罗斯的形势并不让人乐观。三重压力，油价暴跌、卢布危机、西方的制裁，这对俄罗斯经济有相当大的影响。现在俄罗斯的资本在外流，这种状况普京说，远东地区欢迎中国人移民去，中国人加入俄罗斯籍，我可以免费给你土地，他下这个决心也不容易。我想俄罗斯人对中国应当是有戒心的，我跟他们打过交道，对中国的戒心并不小。当然现在受西方的压力，我们有同情他们的一面，但是他们目前同西方的紧张关系短期内难以消除。现在俄罗斯同欧洲，同美国对抗的形式，是在加剧，而不是往反的方向走。俄罗斯经济跟世界经济联系已经是相当紧密的了，俄罗斯经济比较困难。俄罗斯市场导向改革比中国差多了，他们的老百姓素质很高，但是积极性没有调动起来，资源被一些寡头给掌握住了。所以俄罗斯要走向发展还有相当长的路程要走，当然在这种情况下跟中国的发展合作的积极性极高。天然气合作谈了十年谈不下来，去年 5 月份普京下令一定要谈成，现在谈成了，原来的价格我们觉得吃不消，现在价格我们觉得挺好，他也是没有办法。我认为这种状况，现在的乌克兰危机可能是冷战以后最严重的政治危机，这个危机短时期难以缓解，这就意味着俄罗斯的处境还比较困难。当然我们愿意发展同俄罗斯的关系，但是光中国一家不行。虽然有些措施，但是俄罗斯的市场经济改革差得很远，而且一些既得利益集团都把住了，往前走相当困难。我的看法，俄罗斯将会经历一段比较困难的过程。普京治国是有一些办法的，但是他治理经济好像没有多少高招，到现在为止你看他有什么高招？像邓小平，几条之后整个经济就活了，看不到他这样的高招。对俄罗斯的经济状况我并不是非常乐观。

提问2：吴大使您好，我有一个问题，去年在澳大利亚布里塞班召开的G20峰会上，那段时间电视有很多的评论，凤凰卫视有一个节目一个非常著名的评论员说G20峰会，实际上今天国际形势更多是中美关系之间的博弈和较量，现在这种国际形势是不是可以认为G20的峰会就可以浓缩理解为就是中美两个大国之间的博弈。日本、西欧虽然是传统的强国或者很强的地区，既然说是G2，似乎就有一点淡化了日本、西欧，包括俄罗斯在世界舞台上的影响力，我们现在能这么简单认为吗？这些多极力量之间实力的比较是怎么样的？

吴建民：你这个问题提得很好。我是这样看的，这个问题没有一个Yes或No的回答。去年10月13号我到美国去，基辛格请我们吃饭，基辛格写了本书叫《世界秩序》。他已经90了，今年91了，脑子很清楚，走路有点困难。问他为什么写这本书，他说人们问他几年前你最担心的是什么，答曰最担心世界秩序，他得把担心写出来，就写出了这本书。之后他就讲了这个事情，他说世界秩序中美两家谈很关键，下届政府一定要想办法谈，中美两家谈好了，问题就好办一些，他是这个看法。你看他讲起欧盟，他说欧盟像一个基金会，经济上是可以，但是军事上没有多少力量，这是他的看法。基辛格这样的人，他曾经跟我讲了这样的话"你去做，不要去讲"，这个话就比较复杂一点，不是一个yes或no的问题。

今天这个世界的事情，无论如何中美两家达成协议之后事情好办一点，但不是主宰一切。关于气候变化，去年11月奥巴马跟习近平达成气候变化协定，全世界反响很好，原来气候变化谈判，今年年底巴黎会议大家都觉得快死亡了，但现在看来有希望。所以全球第一大、第二大经济体如果达成共识，那就好办一些。G20首脑峰会是加拿大前总理保罗·马丁提出的，我认识他，我问他为什么提出来这个建议，他说世界变了，亚洲危机、金融危机爆发的时候，我看参与解决问题的七国集团里除了日本之外没有亚洲国家，所以他就倡议搞G20，这个事情当时很有远见。2003年温家宝总理访问加拿大，那时马丁是候任总理，他跟温家宝总理讲能不能搞G20首脑会议，温家宝总理支持他。加拿大就跟美国打招呼，美国反对。后来G20怎么开起来的呢？小布什给胡锦涛主席打了电话，小布什着急了，因为金融危机爆发之后当时西方七国解决不了，所以必须要跟20国集团联合起来。胡锦涛主席支持在华盛顿召开，首脑会议本来开不起来，现在开起来了，一、二、三届G20首脑会议有很大的作用，这场金融危机没有演变为大萧条，发挥了重要的作用，中美两家作用都很大。现在喜欢讲博弈，我觉得应当看到中美关系有合作，有竞争，可能合作面还更多一点，而现在习近平主席强调合作共赢，这样的提法是不是更好一点。

但是太简单也不行，你把欧洲，把日本，把俄罗斯都抛在脑后，那人家就很不高兴，20 国集团出现之后，新加坡就不高兴，就在联合国串联成立一个新的集团，所以这个世界走向多极是一个大趋势。当然中美很关键，作为一个长期搞外交的人来看，你走到世界舞台中心，有很多事情过去没有办法做的现在能做了，但是你要懂得怎么去做，我们过去没干过，有一个学习的过程，那就学习怎么去做能做成，这个很重要。因为你作为全球第二大经济体，人家对我们有各种各样的偏见，一提出什么东西来人家很有疑虑，你有什么好点子，如何把它做成，这要有本事，自己要想办法。我们这两家很重要，你注意到没有习近平主席担任总书记之后，在美国问题上花的时间是相当多的，为什么要花这么多时间？这两家关系重要。如何把各方面的关系做好？习主席是很用心思的，欧洲，包括日本、俄罗斯，俄罗斯去年跟普京见了 5 次，所以不能简单化。两家是很重要，而且想办法要两家谈世界秩序，我们应当做好准备。我们现在还不行，怎么去谈？我们有很多利益完全在这个过程当中，定规则的过程当中把利益给照顾到了，而且会做得很漂亮，这是一个新的东西，就要看你们这一代人慢慢去做了，同时各方的关系要处理好，跟他们的交道打好，对他们的利益也照顾。中国来到世界的舞台中心了，办事比较公道，站在世界舞台中心等于是一个集体，全球是一个地球村的话，等于是村委会里面的一个人物了，你得发挥点作用，不能简单化。像过去的办法，像美苏两极，那是不行的。你说这是圈套？当然不是圈套，是对你一种承认，对你 30 多年大发展的一种承认。

提问 3：吴大使您好，现在中国和欧盟之间的贸易关系是很活跃的，欧盟也是中国最大的贸易伙伴，但是我们现在看到欧盟在世界上有领先优势的产业，中国也逐步形成我们自己的产业，比如高铁、核电这样的产业，中国也已经有了自己的出口能力，现在中央提出通过一带一路和欧盟之间重新建立新的联系，您觉得未来中国跟欧盟之间新的经贸关系的增长点是在什么地方？

吴建民：中国和欧盟贸易关系新的经济增长点我觉得还是比较多的，虽然在高铁、核电方面我们往前走了，但是我们很多地方还要向欧洲学习。高铁有些东西我们到底时间短啊，我们有些产品做起来像，用了一阵就不行了，出毛病了，各种东西有一个过程，这是我讲得比较简单的。你走到这一步，虽然很好，但是还需要不断地改进，还需要学习人家的长处。

　　新的经济增长点，第一"中国资本＋欧洲创新"。欧洲有好多新东西，我在欧洲15年，有很多中小企业创新能力很强，也掌握很好的技术，现在有一些精明的中国企业家到欧洲去并购一些中小企业，跟他们一起合作，这是一个新的经济增长点。

　　第二经济增长点是环境，中国30多年大发展，空气、水、土壤都污染了，怎么治理？有些技术可以，有些技术还是不行，能不能跟他一起搞？我觉得在这个过程当中中国人要学会，我刚才讲处理中美关系和其他各方面的关系，要学会同各方面的人打交道，一起合作，这样就能够改善我们的处境。

　　第三是农业，农产品。欧洲农业非常好，法国农业很好，法国的食品出了问题，48小时内能找出来是哪一家厂商生产的，你跑不掉，大家在这个过程当中都比较守规矩，不守规矩马上查出来，罚得很厉害，这值得学习。我们的奶粉，现在有些聪明的中国企业家跑到法国去，一起投资办奶粉厂，他再到中国来，那就不一样了。因为它工业革命几百年了，它的底子比我们厚得多。现在我们很强调"自主品牌"，但是自主品牌的定义是什么，并没有人下个定义。我觉得这个定义千万不能窄了，不能是中国人弄的就叫自主品牌，有外国人参加就不是的。品牌是无形资产，既然是资产，关键是谁能够掌握这个资产。那天我们开会，我讲李书福买沃尔沃，我问他为什么要买沃尔沃，他说一看那些名牌都上百年，他说上百年我是看不见了，那买一个品牌，然后跟它嫁接。我说这是聪明的办法，如果你能搞出品牌来，那当然很好，你买品牌也行，这是无形资产。你买过来的基础上，你跟它一起创新，大家来创新，不要限于中国人，外国人也可以参加。现在出现全球公司，生产要素在全球来配置，那为什么不可以都参加进来？欧洲的品牌比我们多，我们有什么品牌？我们有茅台酒，说实在的，茅台酒世界上知道的人并不多。世界的五粮液，世界上有几个人知道五粮液？我不是贬低自己，这是事实，我们跟品牌一起合作，那才能走向世界。今天中国人追求的，不要搞什么民族品牌，可口可乐什么时候说是美国品牌？他从来不强调美国品牌，他强调世界品牌，品牌要全世界的消费者接受才行，你不接受，讲出来的品牌那都是空的。

　　欧洲的品牌，环境、能源不错，还有农业、医疗也相当好。我非常反对有一些比较浅薄的中国人说欧洲没什么，你不能不承认欧洲是当代人类文明的发源地，你不能不承认人家的厉害，今天虽然他跟你比较没有那么快，但是他有很多领域里面还是相当厉害的，我们还需要向人家学习。

　　我非常赞成习近平主席所讲的谦虚谨慎，好东西要多向人家学习，有很多的经济增长点，我们要联合起来。现在谈中国和法国，中法联合起来各有各的优势，不要想办法排斥人家，把人家的优势发挥出来，来弥补我的短的东西，走向世界，那就厉害了。我的基本想法，今天中国人要有一个开放的心态，心胸太狭窄不行。

　　提问 4：吴大使您好，您刚才讲的我基本都同意，非常感谢。但是现在整个世界潮流，在 TPP 规则制定过程当中，美国并没有邀请我们中国去参加，中国的态度也并不是很积极去参加，您怎么评价？

　　吴建民：我们对 TPP 的态度有所变化，跨太平洋伙伴关系协定，李克强总理在去年博鳌论坛上有一个表态就很好：欢迎你们早日谈成，我们也愿意参加。现在我觉得很多事情要警惕一种封闭的思路，如果说 TPP 是针对中国的，那我也搞一个东西来针对美国，你有这个本事吗？而且你这样会带来什么结果？谁愿意跟你一起去反他？所以我觉得要有一种开放的心态。我们现在搞亚太自贸区路径图，把这二者结合起来，中国的改革需要开放来倒逼。加入 WTO 之后我们修改了多少中央法规、地方法规，不加入 WTO 不会改的，好多各种利益集团都会反对你的，搞不成，但是加入之后，那就好办了。TPP 我们中国为什么不能加入进去？它是高水平的，但越南人尚且能进去，我就不相信中国人进不去。改革总是要借助外力的，我们不开放就能改革？戈尔巴乔夫当年也想改革，改革搞垮掉了，要经济上开放才行。所以我认为这些东西，思路决定出路，很多矛盾把它化解掉，这是邓小平的思路，不是对抗，对抗的结果是两败俱伤，没有任何好处，想办法把它化解掉。

　　我今天讲了很多，我想声明一条，中国处在一个思考的年代，各种思想都有，我今天讲的一家之言，目的是促进大家思考。我觉得判断正确与谬误的标准，我们党做了很好的规定，实践是检验真理的唯一标准，看实践，不管是谁讲的，实践证明对的是对的，错的就是错的。今天中国人相当浮躁，就看手机了，不看书了，手机不能代替书，有一些很重要的书籍还是要读一读的，知识要比较系统化，如果碎片化，东一点、西一点，基础不牢固是不行的。供大家参考，目的是促进思考，追求真理。

NAFMII 论坛第 79 期

欧洲债务危机新解与中国银行业的应对之策

中国光大银行　刘珺

2012 年 7 月

刘珺：时任中国光大银行副行长，高级经济师，于 1996 年在美国俄克拉何马州东北州立大学工商管理硕士毕业，2003 年在香港理工大学工商管理博士毕业，2000～2008 年曾任中国光大银行香港代表处首席代表。

何做一名合格的金融工作者或者金融机构的从业人员？答案很简单，在需要作决策的时候敢于做决策。需要决策的内容很简单，就是买或卖，包括什么时候买，什么时候卖，什么价格上买，什么价格上卖。决策过程很简单，不见得需要多么高深的理论，多么复杂的系统，多么严谨的模型。

以本人为例，我在光大负责的是投行业务、资金业务和同业业务。我一般会在每年年初召开全辖的条线会，布置当年工作，总结上一年的经营工作。但是2012年度的同业条线会被调到2011年底召开，当时大家还觉得很奇怪。会上我说，我觉得2012年金融政策方面会有一个重大调整，而这个调整是一般情况下按正常的逻辑预测不到的。直觉告诉我，我需要在会上说的东西很少，所以我开会一般就是三件事。第一件事是骂人，把去年做得不好的先骂一遍，告诉他们，"你们的工作离我的要求还有距离"。第二件事情是发钱，把该兑现的奖金、激励兑现给大家。第三件事是告诉大家新的年度要做什么，当时我在布置新一年工作的时候说得很简单，"我给你们三个月时间，在2012年第一季度能做多少资产业务就做多少资产业务，能把资产业务的久期拉多长就拉多长"。

下面工作的同志就问了，这么多资产业务，久期拉这么长，流动性出问题怎么办？我个人判断在我们经济相对下行，保增长、稳增长任务比较重，货币政策处在稳健状态之中的时候，一般情况下流动性不会出现大的问题。如果流动性出现问题，就要用相对比较短的负债来匹配相对比较长的久期，比如，在同业业务中，因为你的交易对手基本上都是金融机构、商业银行、证券公司、基金公司、保险公司、财务公司、金融租赁公司，所以期限不可能特别长，最多就是一年左右。

3个月之后，大家把执行结果给我看，同时也跟我传递了几个信息。信息一，领导很担忧，资产瞬间从2 000多亿元膨胀到4 700多亿元，对流动性压力很重，特别是流动性管理部门的同志不满意。信息二，大家对我当初的决策有所疑虑，担心万一出问题怎么办。我说没有关系，我们等着瞧。结果，今年6月我们再盘点前一阶段所做工作的时候，大家才明白我当时的决策。

当然，我没有预测到第二次降息，我觉得第二次降息还是很突然的。我始终认为人民银行第一次降息是我所见过的最能体现降息智慧的一次，美联储或者其他央行任何一次的降息，都不能跟央行6月8日的降息相比。它表面上看是一个对称性的降息，但起到的是一个严重的不对称的结果，这对我国利率市场化的进程，压缩商业银行利润空间，进一步推动商业银行资金流向实体经济都有巨大的作用。所以说这次降息确实充满了央行工作人员的智慧。降息一次之后，资产的收益率迅速下降，市场流动性充裕了。我们全年利润指标大概 40 亿元，6 月 30 日就完成了 30 亿元，即便后半年顺着市场节奏往下走，也不担心利润压力。

所以，很多时候我们都在做类似的决策，说它有道理，可能有道理，说它没道理，也可能没有道理。金融体系越来越复杂，金融机构所面临的竞争越来越大，我们所从事的行业确实跟其他行业不一样，需要不断注入专业知识和专业素质，才能永葆职业青春。否则，很难做到及时准确捕捉到市场上的信息，从而支持你的工作。

今天给大家讲欧债危机政治经济学新解。经济危机发展过程中的经验和教训，可以指导我们下一步工作和发展，所以也顺便谈一下中国银行业应对之策。主要的问题包括四个方面：

一、经济学是一个什么样的学科？

我从不认为经济学是一个独立的学科，经济学本身的独立性、边界很模糊。如果把经济学和心理学相关联，有行为经济学或者心理经济学，美国的小罗伯特·卢卡斯就是经济预期学方面很重要的代表人物；如果把经济学和社会学相关联，就是社会学方面在经济领域的一个反映，它是以社会学现象和结果为研究对象，最终用经济方面的现象来作为佐证。

今天主要讲政治经济学，就是经济学和政治学相关联。我认为，只有政治经济学本身才是我们真正要说的经济学，其他的都不是我们要说的经济学。大家要问了，你可能受我们党的影响比较重，所以总从政治的角度去阐释市场经济。其实不然，我为大家梳理下，大家可以判断，我说的经济学本身是不是经济学，还是一种政治方面的学科？

政治经济学来源于马克思主义。马克思主义的三个支柱学科：第一个支柱是马克思的哲学，包括辩证唯物主义、历史唯物主义。在马克思去世之后，恩格斯写了一本书叫《路德维希·费尔巴哈和德国古典哲学的终结》，此后就进入马克思主义的哲学时代。第二个支柱马克思主义的政治经济学。它继承英国古典政治经济学，但并不是英国古典的经济学，它也是政治经济学。第三个支柱是科学社会主义，它源于法国空想主义，最终形成马克思科学社会主义。

英国最古典的科学到底是经济学还是政治经济学？欧洲的学说体系，特别是经济学领域的学说体系，对政治方面的研究重于对经济方面的研究。经济方面研究是为政治方面研究做服务的，并不是它研究的目的。梳理一下重商重农的《国富论》和19世纪70年代整个欧洲政治经济学的发展轨迹，大家会发现，要谈欧洲古典政治经济学不得不谈重商主义，重商主义是什么？重商主义一直在强调任何时候国力都是基于贸易所获得的财富，没有贸易所获得的财富国家不可能强大。为什么呢？因为重商主义的发源地是英国，而英国是一个贸易立国的国家，所以不可能形成贸易、实体经济、工业相对比较均衡的产业格局，而当时英国贸易是它最重要的国民生产，所以它一定要强调贸易。并且重商主义认为，一定要在贸易活动中不断地积累国家财富，来维护资本主义的核心经济利益，只有这样才能让国家更强大。

再看几个具体的政策。贸易保护主义。首先国家干预经济收入，一切必须听国家的，当时的英国议会制定了很多经济政策，强调一定要吸引其他国家的经营流入英国，同时禁止英国经营的输出，并且坚定地认为这是一种零和游戏，我也认为贸易是一种零和游戏。我最怕别人跟我谈双赢，我一直不明白，如何形成双赢？双赢只是从比较的角度来看，最终有一方肯定是净损失，一方肯定是净收益，只不过净损失那一方比预测的损失要小一点，净收益那一方的收益比预想稍微大一点。因此我一直觉得双赢这个词是有问题的。从最终的结果来看，肯定是零和游戏，不可能是正和游戏，也不可能是一个负和游戏。重商主义早期代表是约翰·斯塔夫，后期是托马斯·孟，这两个经济学家没有什么著作存世，但是他们提出的观点往往是英国政客之间经常讨论的话题，最终形成英国的国家政策，来保证英国成为那个阶段国际版图中最有实力的国家，正是他们的政策使得英国最终形成日不落帝国。

再往后推一个世纪，来看一下法国的重农学派，法国重农学派极大地受到重商学派影响，但法国重农学派不太一样，以自然秩序为教条，认为自然秩序是最重要的。它把农业作为财富来源，认为农业是一切收入的基础，如果要发展农业，就一定要保障私权和个人经济的自由。提到重农学派的代表人物魁奈，大家会想到他的《经济表》，而不是他在重农学派方面的贡献。魁奈是第一个发明经济表的经济学家，经济表是对经济方面的测算和推演过程，对整个经济学的贡献很大。

然后大家会想到亚当·斯密，亚当·斯密本人并不看重自己在经济学方面的成就，在提到《国富论》的时候往往会忽略他另外一本著作《道德情操论》，亚当·斯密在《国富论》中最重要的思想，是阐述了劳动价值，劳动价值通过市场的自然作用，也就是无形的手，来进行供给跟需求方面的平衡，从而形成价值，而在价值形成的过程中，只要每个个体充分地从私利角度出发，最后促进社会利益整体增进。这种效果比我们想象的效果要重要得多，所以他提出劳动的重要性，提出了分工是经济安排中很重要的一个机制，最终能极大地焕发出劳动价值，并且首次提出市场的作用，也就是我们所说的看不见的手。

当提零和博弈的时候，应该提到另外一个经济学家维弗雷多·帕累托，我一定程度上承认帕累托最优，大家博弈到最后，形成平衡，以后和谐共进，排除歧义，增进共识，就形成一种稳定状态，也可以说是最优状态。所以我们会看到一只无形的手牵引相关资源的配置，最终使得资源配置形成良好的经济结果。

大家有兴趣可以参照 1720 年曼德维尔写的一个小寓言，叫蜜蜂的寓言或死人的恶行，公共的利益。如果蜜蜂都为自己的事忙碌的时候，比如我去抢花粉，你也去抢花粉，我去抢蜜，你也去抢蜜，满天乱嗡嗡地在飞，最终会发现它的产出是很好的。如果有一天蜂王发现这样太乱了，给大家规定了秩序，这部分蜜蜂干什么，那部分蜜蜂干什么，大家形成一个有效的组织体系，一定程度上蜜蜂的私利被剥夺了，为蜜蜂王国最大公共利益去服务。最后的结果是什么呢？那就是整个蜜蜂王国死气沉沉，毫无生机可言，生产效率极低，每个人都想"搭便车"，每个人都想别人干活自己享受，最终形成一团糟的结果。所以他强调对经济的调节手段，其实有些时候不调节的时候就是调节的时候，调节的时候反倒是没有调节的时候。

其实这跟中国古典哲学中老子思想很像，就是不到万不得已的时候不要去动，动跟不动结果的区别并不是很大。无为而治就是任何事物都有它发生、成长、繁荣到最终衰落，到毁灭的整个生命周期，在这个周期过程中任何外力很难把握它的精髓，而一旦把握不到它的精髓，给它施加的未见得是作用力，有可能是破坏力。

再到大卫·李嘉图，他最重要的作品是《政治经济学及赋税原理》，有经济学背景的人都知道比较竞争优势，这是国际贸易方面很重要的支柱学说。如果追根溯源，会发现大卫·李嘉图学说有很多功利色彩。根据比较竞争，英国就应该生产高档的东西，比方说工业制成品，其他的国家就应该生产一些原材料，虽然英国生产原材料的效率还是高于其他国家，但是相比较而言应该把有限资源用到产出价值更大的领域，让其他国家去生产那些低附加值的东西。大卫·李嘉图在功利主义基础上，发明了自己的理论，并且第一次在这本书中提出了劳动价值。

亚当·斯密也研究劳动价值，但真正提出的是大卫·李嘉图，同时大卫·李嘉图也把劳动价值做了一个相对比较周详的阐述，即全部价值由劳动生产，并且在三个阶级间进行分配，从而揭示了无产阶级、资产阶级、地主阶级之间的对立。他讲的是经济吗？他讲的还是政治学。他还是试图使他的学说能够在英国的宫廷之间得到利用，受到英国国王以及贵族的奖赏，他并不希望他的学说最终形成一种象牙塔类的学说。同时他提出"比较竞争优势"，这与中国传统文化中的"两优择其甚，两劣权其轻"相类似，所以，中国其实有很多理论都闪耀着经济学的光辉，只不过是我们没有挖掘出来罢了。

我本人反对这个学说，很多人提到，一定程度上应该和我们的比较优势捆在一起，那我们的优势是什么呢？劳动密集型。在一定阶段内，的确要跟相对比较竞争优势绑在一起，这样发展出相对平衡的产业结构。但要清楚，比较竞争优势是捆住你手脚的西方理论武器，并不是我们的理论武器，我们很多经济学家鼓吹，一定要坚持我们的比较优势，你坚持什么呢？最终结论就是坚持落后。在实现超越的前期必须是这样的，因为技术上不达标，没有突破性的创新，只能以劳动密集型和资金密集型，或者政府主导的投资为主，来实现经济的超越。但一旦实现经济超越，就要往高端产业上转移。所以不要被比较竞争优势束缚思想。

再到凯恩斯主义。凯恩斯在写《就业、利息和货币通论》的时候，他用的是 the general theory，就是说这是通论。凯恩斯主义成为了经济学最重要的殿堂制度，如果没有他，经济学不可能登堂入室，走进国家政策的制定过程中，只有他把经济学地位抬到历史上从来没有的高度。

经济就应该独立，不应该与政治任务或者行政机关形成勾结，可是做学问，谁不想让自己的学问彪炳史册，谁不希望自己的学说变成国家政策呢？在20世纪30年代，无论是研究大危机也好，还是研究西方的经济危机也好，都知道大面积产能过剩对西方经济基础的打击是致命性的。所以凯恩斯说，原来古典经济学也会有失灵的地方，经济中不存在生产和就业向完全平衡的方向去运动的自动调节机制。所以，一定要在需求端进行主动的管理，通过对需求的主动管理反过来牵引供给。

从这个角度出发，凯恩斯本身是古典经济学的一个分支，也强调需求并不强调供给。而后美国出现供给学派，才反过来强调供给，并且凯恩斯也主张采用扩张性的经济政策，通过增加需求来促进经济增长。2008年国际金融危机出现之后，大家对凯恩斯越读越别扭了，凯恩斯就变成一个筐了，出现问题就批评凯恩斯主义，这是不对的。凯恩斯在重要文章中不止一次表达，在经济衰退的时候，财政政策比货币政策更有效。这是凯恩斯表达的第一个观点。

为什么呢？西方的理论界有一个学说叫"托宾魔咒"。当箱子放在地上要拿绳子拎的时候，是能拎起来的，因为力是由下往上，绳子是绷紧的。绳子就相当于货币政策，箱子就相当于要改变的经济运行机制。但是若要箱子往下运动，拿绳子推是推不动的，也就是货币政策没什么用，就会出现"托宾魔咒"。

所以凯恩斯表达的第一个观点很清楚，在危机的时候财政政策比货币政策更有效。然后凯恩斯又表达了自己第二个鲜明的观点，任何的经济干预只能是权宜之计，绝非长久之策，这是一个真正严谨的经济学家对自己理论的充分表达。所以经济学者一定要认真研究凯恩斯的理论，不要片面地解读它。凯恩斯很多理论到现在来看都是正确的。

再说货币主义。提到货币主义就要提到伯南克、金默文、特里谢。此三人都是央行的行长，肯定是支持货币主义的。并且欧洲央行传承于德国马克这种制度，保卫货币永远是央行货币政策的头项任务。

提到货币政策也要提到弗里德曼，弗里德曼的学说也是很完整的，他强调货币供应量的变动会引起经济活动和物价相应的变动，而货币供应量永远是本，而最终产生的经济结果是果。所以他提出一定要在本源上做文章，下工夫，同时他也是坚定的自由市场主义者，认为市场最终会配置所有资源要素，而这些要素会形成合理的分布和平衡关系，同时也是我们认为最重要的一点，也是最耳熟能详的观点，他认为货币供应量增加是通货膨胀的源泉。所以他曾说过"一切通胀问题都是货币问题"，当然他的这一说法本身也有问题，因为它反对国家干预，主张实行单一规则的货币政策。

什么是单一规则的货币政策？大家有兴趣去看一下泰勒规则写出来的方程式，很简洁，那就是单一规则。它的规则就是盯住通货膨胀指标，所有联邦基金利率，用很简单的公式就能计算出来，公式的核心变量是什么呢？第一个变量是产出缺口，实际生产率和预期生产率；第二个是就业情况，预期就业情况和实际就业情况，并为两个变化附上不同系数，最后就可以计算出结果。其他因素都无法干预，给市场一个清楚明确的信号，货币政策核心就是关注通货膨胀率，保卫币值的稳定。

其他的央行与中国人民银行不同，中国人民银行主要有四个任务，就业、经济增长、通货膨胀、国际收支平衡。第一是国际收支平衡，国际收支是全球化的主导，全球化结果就是国际之间贸易流、资金流、人员的流动，产品之间的流动会越来越快，越来越频繁，很多东西在央行的管辖范围之外，所以无法管理国际收支平衡；第二就业，它更管不了，西方央行哪能管得了就业，政府都管不了，它自然也管不了。第三经济增长，成熟经济体的经济增长率大概就是1%~3%，它想管，它想推到8%，它推不到，它害怕万一没推到8%，降到负增长，它就得辞职。所以西方央行很聪明，知道那三个管不了，它就不管，主动提出单一规则。

卢卡斯主张把一些数学的理论运用到经济学中，希望对一些信息的捕捉，特别是价格方面的变化充分做出预期，预期最终主导市场行为。政府对经济信息反应没有公众那么灵活，为什么没有那么灵活？其实也很简单，这相当于信息在不同的主体之间进行传播，两个人博弈出来的传播结果，自然没有成千上万人博弈出来的传播结果更精确。所以大量市场参与者会保证最终的经济决策是对的，预期结果是符合经济规律的，而几个人提出的决策肯定有瑕疵，这个瑕疵会带有不同的性质，所以在一定程度上，卢卡斯的自由主义色彩可能比货币主义更严重。

奥地利学派是 21 世纪以来大家研究比较多的一个学派。其实是在 21 世纪之后，几个经济学家受到大家的重视，一个大的领域就是奥地利学派，特别是哈耶克，约瑟夫·熊彼特以及美国后凯恩斯主义经济学派代表海曼·明斯基，这三人近期关注度越来越高，可能跟全球经济危机有关。

哈耶克对整个货币主义的阐述说得非常清楚，货币不像水，货币如蜂蜜。根据弗里德曼的理论，货币定了之后，货币会自然流到社会经济生活的各个领域，在各个领域之间进行均衡分配，最后形成良好结果。哈耶克说不是，货币有黏度，它会流到对它的利益最大的那几个领域，它不会均衡地流。

北大的周其仁教授写过类似的文章，他说货币流动过程也是逐利的，这一过程会使得我们经济结构不稳定、不合理，会导致货币黏在某几个领域中间，不能均衡的分布的状态。其实我们已经体会到这方面的预测了，为什么我国的股市和楼市在前一阶段比较好，就是因为货币在流动过程中，过多的留在股市和楼市。在我国，奥地利学派最好的诠释方法就是经济显示，经济显示是供给过剩或者产能过剩跟产业空心化同时存在，按理说这两个经济学现象不应该同时存在，产能过剩怎么可能空心化，多了才能过剩，否则不可能过剩，而同时又空心化，这是货币追逐整个结果过程中黏在它想去的几个产业，使得这些产业不断过剩。还有一个流动元素，就是政府的干预，基础设施投资，钢铁、电解铝这些行业集中了大量资金，而真正要发展的行业又没有钱，所以产业不断地在空心化。

奥地利学派也反对政府干预的，主张自由主义，并且哈耶克对社会主义是深恶痛绝的，他对计划经济从来都不屑一顾。奥地利学派另外一个代表叫庞巴维克，他说一定程度上讲，政府跟强盗没有什么区别。奥地利学派很有意思，在当时那个时代是整个经济学学说比较繁荣的时代，平行的还有芝加哥、德国，三大体系的经济学都很强大，分别代表了三种不同的类型。当时弗里德曼在芝加哥，弗里德曼讽刺挖苦另外两个学派，说奥地利学派有理论、没历史；说你们德国弗莱堡有历史、没理论；说芝加哥学派，既有历史，又有理论，当然学者之间的争论，有很多政治色彩。

然后到供给学派，供给学派是里根上任之后比较受宠的一个经济学派。在20世纪70年代，供给学派在把美国带出滞胀时期的过程中发挥了重要作用，而供给学派不能单独使用，单独使用会有问题，它强调生产的增长决定于劳动力和资本等要素的供给和有效利用，它从供给端来强调它的作用。它也强调自由市场可以调节这些生产要素，但是它是调节供给端的要素配置，而不是需求端。同时它一定程度上复活了萨伊定律，减税是供给学派最重要的一个内容。

为什么里根政府能走出滞胀？里根政府其实采用了两派的政策。用供给学派的政策实施减税，同时用很多国家干预主义，就是部分凯恩斯主义的学说进行政府开支的压缩。这就是我们中国所说的开源节流。减税之后，手里钱多了，老百姓愿意消费，愿意生产。消费越多，生产就越积极，所以就业端就好起来了，相关的产能就能焕发出来。但是还有那么庞大的赤字，这怎么办？要压缩政府开支。

所以左手的政策有点像凯恩斯主义，当时供给学派的代表人物是拉弗，拉弗曲线告诉我们一个结论，有些时候增加税率并不见得带来税收收入的增长。政府总是想没有钱就增加税率，增加税率，税收收入自然就增长。拉弗的研究发现，增加税率并不见得带来税收收入自然增长，到了一定的量，税收收入还会下降，税率越高税收收入越低。所以这也是政府跟产业之间的一个博弈。

再来回顾第一个问题，到底经济学是什么？2008年国际金融危机之后，英国女王质询，"你们这么多经济学家，为什么没有预测到欧债危机的发生呢？"英国学者还没有说话，大洋彼岸美国的学者急了，罗伯特·卢卡斯急了，他说"此类事件不可预测"。卢卡斯是理性预期学派的代表人物，是全世界预期方面最强的人之一，他说这个事不可预测，为什么呢？如果预测危机会发生，人们就会据此反应进行干预，一干预就没危机了，预测不就错了嘛。这个逻辑很显然是个死循环。我想起美国一部电影叫《第22条军规》，一个飞行员练过飞行，练过打仗，说我不能去打仗，长官问你为什么不能打仗？他说我精神有问题。长官说那你写一个申请书，说你精神有问题不能打仗，然后我向上级请示一下。长官拿出他的申请书对了对军规，其他条件都符合，看到第22条军规，长官说不行，为什么不行？第22条军规写得很清楚，凡是能写这种申请书证明自己有问题的人，基本脑子都没有问题，所以你不可能精神上有问题，必须要参军。这是一个死循环，完全是狡辩。

几个月之后，英国经济学家为"集体失察"作出诚挚的道歉，因为没有看到欧债危机发生的时机、范围、严重性和危机未来的发展方向，所以他们向女王道歉。所以说经济学本身的预测功能是微乎其微的。

经济学本身其实就是政治经济学，没有任何必要去回避它的政治内涵，同时经济学没有预测功能，只有解释功能。任何学说都不具有绝对的预测功能，大多数的功能是形成了学术框架之后不断进行推演，把未来相同模式的结果推演出来。但只要出现"黑天鹅"状况，它还是没用的。

二、结合历史上发生的事件梳理下政治、军事、外交与经济学的关系

1. 1929—1933 年经济危机。研究这次国际金融危机或者欧债危机，必须要回顾 1929—1933 年的经济危机，资本主义国家发生历史上最大的危机，使整个经济体系受到本质性的冲击，让资本主义世界一片萧条。

1929—1933 年，美国出台了一个经济政策，这个经济政策的两个核心人物，是斯慕特议员和霍里议员，当时他们提出关税政策，要求把所有 2 000 种进口商品的关税提高到历史最高水平。结果遭到各国的贸易报复，所有国家都同时提高美国商品进口关税，双方打了一场贸易战。数据显示，1929 年到 1933 年美国进口额骤降 60%，4 000 多家银行倒闭。1929～1933 年之后，为了吸取这次教训，恢复有序的贸易战，才有了 1944 年的布雷顿森林体系。

2. 1956 年苏伊士运河危机。当时埃及总统叫纳赛尔，是军政府出身，他上台之后要求把苏伊士运河的管理权收回国有。英国、法国不同意，然后英国、法国跟以色列合作，发动了那次中东战争，战胜埃及后，要求埃及将苏伊士运河管理权交给他们。这时美国又提出了不同意见。当时英、法紧急跟美国进行磋商，美国建议把苏伊士运河还给埃及，英法等国没有同意。为了惩戒英国，美国发动了目前为止看到的第一次货币攻击。美国在市场上大量抛售英镑，使得英镑短期内贬值了 15%。虽然英国曾是日不落帝国，但它毕竟是一个小国家，货币贬值对它的影响太大。所以英国主动放弃苏伊士运河，把苏伊士运河又还给了埃及。

这是一次典型的政治性事件，是整个中东战争的一部分，但其中运用的核心手段并不是政治性手段，而是经济性的手段，甚至可以说是一种货币性的手段。

3. 1971 年尼克松冲击。尼克松上台后，战后各方面情况不太好，经济状况也不好，大量黄金外流，使得美国维持布雷顿森林体系的资本有所动摇。最终尼克松宣布实施新经济政策，放弃金本位，停止美元兑换黄金，启动 10% 进口附加税的增收，最终导致布雷顿森林体系的彻底崩溃。

史密森的这一经济政策是支持尼克松政府的冲击政策，这是经济学者通过经济手段来有效调整政治格局，所以很难说它是政治学范畴还是经济学范畴。美国没有足够的黄金储备来支持金本位制度，所以必须调整货币制度，变成一

种本位货币制或信用货币制，不跟贵金属实行挂钩。时任美国前财长的康纳利说，"你们埋怨就埋怨吧，跟我有什么关系，美元是我们的货币，却是你们的问题。"

汉密尔顿是美国开国之初熠熠生辉的历史人物，是美国的第一任财长，他对国际金融体系的建设作出了重要贡献。他首先出台了统一的国债市场，他认为国家是要负债的，这其实是凯恩斯主义的一部分内容；其次，他希望中央银行主导整个银行体系，一定程度上建立了中央银行的萌芽，虽然在这之前中央银行雏形就有了，但他明确提出了中央银行的主导作用；再次，统一了铸币体系，使得原来铸币体系得到一定程度的统一；然后，以关税和消费税为主体建立税收制度。美国建国是枪杆子里打出来的，打仗得有军费，所以政府一定要有完备的税收体系；最后，鼓励制造业的发展，并且金融贸易政策要予以配合。一个国家的信用必须是一个完美的整体，每个部分之间必须有最精巧的配合和协调，就像一棵枝繁叶茂的参天大树一样，一节树枝受到伤害，整个大树就将要衰败、枯萎。

4. 林肯是美国历史上伟大的总统之一，他是法律出身，并不了解经济，但并不阻碍他成为一个很好的经济学家或经济政策的制定者。他说，"我不大懂关税的事实，但我明白的是，当我们向外国购买产品的时候，我们得到的是货物，外国人得到的是钱，当我们在国内购买产品的时候，我们既得到货物又得到钱"。作为总统有这样的表达，这样清晰的认识，那他的货币政策是有利于国际的货币政策吗？不可能，他的政策肯定是贸易保护主义的政策，不可能是自由市场的经济。所以说，经济跟政治之间是高效互动的。

1989 年，拉丁美洲出现危机之后，威廉姆森等经济学家为拉丁美洲开的药方，最终形成了《华盛顿共识》。药方都包括哪些内容呢？第一加强财政纪律；第二利率自由化，采用浮动汇率制度，不能采用固定汇率制度；第三贸易自由化，资本完全准入；第四私有化，放松政府管制，把国有资产全部卖出。《华盛顿共识》完全是自由主义、市场主义，但这一经济政策给拉丁美洲造成了很多痛苦，拉丁美洲的经济转型并不完美。

1997 年后亚洲金融危机出现，美国人给韩国人也开出这套药方。但韩国人并不信任这套药方，甚至把所有不好听的词语都用在了《华盛顿共识》上，说这是国际货币基金组织给的毒药。但韩国人也没有解决办法，既然要接受别人的援助，那就只能按照别人的指令执行。

2004 年之后，中国迅速崛起，一个人又提出了"北京共识"。他说中国是不一样的，为什么不一样？中国是在国家主导情况下的一次经济崛起，这一腾飞和崛起的过程持续了三个十年，这在人类历史上是没有的，他还相信中国的发展还能再继续三个十年。所以我们一定要认真研究北京的成功经验。第一是大胆地改革跟试验，第二是积极地主权维护，第三是不断地积累能量和具有不对称性的力量。第三关注经济发展，注意社会变化，尽可能寻求高质量的公平与增长。但我本人不承认中国有自己的经济模式。发展中国家在发展过程中会有一个阶段需要政府主导投资这一手段，但是，借用刚才对凯恩斯主义误读的评论，这一手段也只是短期的权宜之计，而非长久之计，政府不可能长期把自己的手伸到市场中去。看不见的手是市场力量，看得见的手是政府力量，经济社会发展过程中还需要道德之手、正义之手来调整社会底线，从而使这三套机制完全有效配合在一起。

2008 年，国际金融危机之后，巴西财长曼特加首先提出货币战争。他说，如果美国再发动货币战争，我们一定要进行大幅度地贬值，来保护我们的体系，促进我们的出口。现在看来，他的观点可能有些过激，贬值的正面结果没有达到，负面结果却越来越多。

主导经济政策的核心人物背后的很多理念并不是经济学方面的理念，而是政治学理念。所以我的结论是，国家利益是本，其他的都是手段。无论是经济也好、政治也好、外交也好、军事也罢，最终的落脚点都是国家的利益。弄明白国家利益，什么事情都好办。

三、欧债危机的政治经济学解读

欧债危机到底是经济危机还是政治危机？欧元在建立之初，很多人说蒙代尔是欧元之父，并因此获得诺贝尔经济学奖，但这个概念在欧洲一直在酝酿。欧洲的体系与其他洲的体系不太一样，由于欧洲各国长时间的互相通婚，各国之间的政治分界很模糊，在政治上并没有太大的争议，并且政治理念大体上一致。经济上有一些分割，主要是分了三大区域，南边一块，北边一块，东边一块，基本上是这样一种格局。这三块由于苏联，包括"冷战"阶段有不同的政治含义，使得这三块分开。南边的欧洲相当于欧洲大陆的小兄弟，北欧经济相当于欧洲的核心地区，东欧比较偏华沙地区，偏社会主义。但是欧盟的概念包括欧元形成，在 1990 年就已经开始正式进行谈判，并形成了政治联盟。1991 年 12 月，欧共体 12 个成员国先后签署《政治联盟条约》和《经济货币联盟条约》。

为什么要先签署《政治联盟条约》？从政治角度出发，欧洲要形成一个利益集团，提高欧盟政治地位，不仅要跟苏联竞争，还要跟美国竞争。从经济学角度出发，就是福利主义和寅吃卯粮的问题，很多经济学者对这方面有比较深入的探讨和阐述。西欧的问题是什么？福利政策可以有，但是福利政策的普遍主义原则不可以有，这是任何国家都不能支撑的。

福利政策的结果是什么？第一高税收，否则没有办法支持福利政策；第二任何对福利政策的剧烈调整都会导致政治方面的巨大支持或是巨大不满，进而影响选民和选票。所以福利政策是"双刃剑"。一般情况下，福利政策是单向决定体制，只能往高走，不能往低走。

众多经济学家对福利政策的认识高度一致，认为福利政策是庞氏骗局。全球的福利政策都是现收现付制的，年轻人把钱都拿出来，支撑现在的老人。过了一段时间，老年人越来越多，年轻人越来越少，总有一天会引起资金链的断裂。

以希腊为代表的南欧国家就出现了这个问题，施行高福利政策，但又没有那么大的经济产出，这才出现欧债危机。欧债危机起始于它的财政危机，当债务逐渐太多，达到 GDP 一定比例之后，就出现了债务危机。

欧债危机具体到各个国家，也有不一样的特点。希腊、意大利的情况和西班牙、爱尔兰的情况就不一样。希腊和意大利是产能不足，生产力太低，政府入不敷出，没有大量资金支撑高福利，所以出事了。西班牙和爱尔兰是另外一种情况，政府的负债情况还可以，并不是政府先出现问题，而是银行业率先出事。为什么银行业先出事呢？因为银行领域的很多经营与房地产行业的发展和过度的杠杆化有关，随着房地产泡沫被挤，银行出现坏账等不良贷款，带动国家注资救银行，所以西班牙也出事了。

总结一下，从目标到政策，欧债危机演进过程几乎都与政治相关。

四、对中国银行业的启示

全球前三大利润银行都在中国，最安全的银行也都在中国，三大评级公司也不会下调中国银行的评级，中国银行业的前景看起来一片光明。但国际银行在这一轮经济危机中的一些表现和结果，我们一定要引以为戒，不再犯同样的错误。

第一，五大投行的命运表明，银行一定不能过度地杠杆化，一定不能自我循环，自我膨胀。只要脱离实体经济，发展就会出现严重的脱轨，而一旦脱轨，想要再回来，付出的代价就是极其昂贵的。雷曼是很有名的公司，资产有一万亿美元。它在金融界是草根出身，是资产证券化的鼻祖，创造了经营界无数的丰碑，但就是因为 100 多亿美元的流动资金跟不上，瞬间倒闭。全球投行的命运告诉大家，过度杠杆化是注定不会有好结果的。

第二，零售银行的作用。银行体系一定要服务于实体经济，脱实向虚、自我膨胀是不对的。但在服务于实体的时候，中资银行通常认为零售银行是银行的未来。只有零售银行做好，银行业才能发展好，这也未必。花旗银行是比较成功的零售银行，但现在它已经卖了自己的私人银行，开始收缩。零售银行要扩展网络，增加人手，贴身服务，服务越好成本越高，而这种成本是整个机构承受不起的。西班牙银行的前身是储蓄机构，7家储蓄机构联合在一起，成为西班牙的第三大银行。它的主要业务全部是零售业务，住房按揭、商业住房信贷、个人消费信贷和汽车金融等，可结果它最先出问题。所以大家一定要客观冷静地判断零售银行的作用。

第三，中间业务。我们一直要求提升中间业务收入，但要怎么提升呢？西方银行的结构与我们截然不同，摩根大通甚至都没有做贷款的部门，所以它的中间业务占比很高。西方企业80%资金都来源于市场直接融资，20%来源于间接融资，所以银行的中间业务收入很高。中国企业70%～80%资金都是间接融资，15%～20%资金来自直接融资，银行怎么可能有很多中间业务的收入呢？社会融资结构最终决定了商业银行业务结构，决定是重的资产负债表还是轻的资产负债表，在重资产负债表基础之上不可能研发出强大的中间业务收入，这是不现实的。

第四，规模。全世界最大的银行都在中国，是不是未来全世界最大的银行也都在中国？有可能。但是不是会有占这么大的资产负债比例的银行呢？我个人认为不可能。美国最大的银行占GDP比例是4%～8%，而我国前四大银行，工、农、中、建每个都占GDP比例的25%以上，这不是"大而不倒"，而是不能倒。所以，未来在规模偏好趋势之下，不断扩大的资产负债表，最后会导致对银行一定程度的分拆。如果不分拆，等同于你变成系统自身了，这对风险是无限大的，就没有任何风险管理工具可以管理了。比如，我胳膊伤了，我治胳膊，手不好治手，腿不好治腿，可如果整个都出现问题，那怎么救治呢？没有办法救治。当金融体系的规模大到一定程度的时候，国家是不可能出台任何有效政策工具来管理的。所以一定得考虑规模问题。

当然中国银行业整体是提升的，特别是1987年以后，金融改革发挥了很大作用，但是这还不够。如果直接融资市场不发展，那利率市场化、汇率市场化都不可能健全，最重要的金融改革是直接债务工具的发展。

在这方面协会的作用是不可低估的。从2005年开始，有了短券和中票两个产品，真正开启了直接融资的大幕，真正提升了直接融资的比率。信用工具发展将是中国最重要的发展主体，特别是金融领域的发展主体。社会融资结构的优化是金融改革的题眼，银行转型迫在眉睫，如果不转型，将来遇到的困难会越来越多。

对欧洲债务危机的看法

中国社会科学院欧洲研究所　江时学

2012 年 7 月

江时学：1980 年毕业于上海外国语学院，同年到中联部拉丁美洲研究所工作，1997 年至 2008 年任中国社会科学院拉丁美洲研究所副所长、学术委员会主任及社科院研究生院拉美研究系主任。2008 年 11 月以来任中国社会科学院欧洲研究所的副所长，兼任社科院研究生院欧洲研究系主任、中国拉丁美洲学会副会长、中国拉美史研究会副理事长、中国社会科学院第三世界研究中心副总干事和北京大学的拉美研究中心副主任。

本文主要包括五部的内容：第一，如何认识欧洲债务危机的性质及根源；第二，欧洲债务危机为什么久拖不决；第三，如何预测欧洲债务危机的前景；第四，欧元的命运是什么；第五，欧洲债务危机对中国的影响。

一、如何认识欧洲债务危机的性质及根源

基辛格有过一句名言：如果我有问题要跟欧洲领导人讨论，我不知道找谁，我不知道应该打哪一个电话。这一句话常被理解为欧洲国家不能用同一个声音说话，各自为政，不团结。

有一幅有趣的漫画。在第一张图画中，一个美国人对多个欧洲人说："如果你们能用一个声音说话，情况会有所好转。"在第二张图画中，那些欧洲人异口同声地说："救命啊"。这一组漫画要表达的意思是：不是一个国家、而是多个欧洲国家陷入了危机，需要得到救助。

（一）何谓债务危机

在讨论欧洲债务危机时，有一点需要指出：何谓债务危机？

关于债务危机的定义，各种各样的说法很多。我比较同意这样一个观点，判断一个国家是否陷入了债务危机，有三个指标：（1）主权信用等级是否被连续大幅度下调；（2）与主权债务相关的信用违约互换的息差是否快速扩大；（3）政府新发行的债券收益率是否显著上升。

当然，如要咬文嚼字，上述三个指标很难判断。例如，什么叫大幅度下调？什么叫快速扩大？什么叫显著上升？有无量化指标？

当时，国内外的不少媒体都说意大利陷入了债务危机。但是，意大利真的陷入危机了吗？当时的意大利总理贝卢斯科尼说：我们没有陷入债务危机，你去看看我们的餐馆，那里人满为患，生意兴隆，哪里有危机？

贝卢斯科尼判断意大利是否陷入危机的指标是看餐馆里的食客多不多。他的这一指标或许有一定的道理。每当危机降临时，经济萧条，失业率上升，工资收入减少，哪里有闲钱和去外面请客吃饭？但餐馆里人多人少肯定不是判断一个国家是否爆发了债务危机的重要指标，更不是唯一指标。

现在，国内外媒体都在使用"欧洲债务危机"这样的提法。其实，从严格

意义上说，这一提法并非完美无缺。我曾看到这样一个说法：crisis in Europe 不同于 Europe in crisis。这两个英语词组翻译成汉语就是"欧洲出现了危机"而不是"整个欧洲陷入了危机"。在讨论欧洲债务危机时，应该记住上述两个词组的不同含义。

在谈论欧洲债务危机时，经常听到"欧猪四国"（PIGS）或"欧猪五国"（PIIGS）。PIGS 就是葡萄牙、爱尔兰、希腊和西班牙，恰巧与"猪"（pigs）相同。"欧猪五国"是上述四国加上意大利。

判断一个国家是否爆发了债务危机，最简单易行的判断就是看这个国家是否提出了希望得到"纾困"（bail - out）的要求。如果一个国家没有提出这样的要求，怎么能说它陷入了危机？"纾困"实际上就是救助，即在资金上得到外部援助。

迄今为止，只有希腊、爱尔兰和葡萄牙三国提出了"纾困"的要求。因此，我认为只有 3 个国家陷入了债务危机，而西班牙和意大利尚未提出"纾困"的要求，尽管西班牙和意大利的经济形势岌岌可危。

还有一点必须要强调的是，无论是陷入危机的国家还是岌岌可危的国家，它们的情况大不一样，真可谓"世界上没有两片相同的树叶"。

（二）希腊债务危机

2009 年 10 月 4 日，希腊提前举行大选。帕潘德里欧领导的泛希腊社会主义运动获胜。帕潘德里欧上台后不久就修正了前政府的有关经济数据，称希腊的财政赤字和公共债务相当于国内生产总值（GDP）的比重分别为 12.7% 和 113%，大大高于前政府公布的数据，更是大大高于欧盟《稳定与增长公约》确定的 3% 和 60% 的上限。

这个消息对市场产生了重大的不良反响。国际上的三大信用评级机构（穆迪、标准普尔和惠誉）先后调低了希腊国债的信用等级，国际投资者和媒体对希腊是否会"国家破产"的担忧与日俱增，希腊股市出现了较大幅度的动荡。2010 年 2 月 2 日，帕潘德里欧总理在全国电视讲话中说，希腊已濒临"崩溃的边缘"。4 月 23 日，希腊向"三驾马车"（IMF、欧洲中央银行和欧盟）提出了希望被"纾困"的要求。

那么这个国家究竟是如何陷入债务危机的？

希腊债务危机的根源是多方面的，其中最关键的是：国际竞争力得不到提高，劳动生产率增长缓慢，经济结构比较单一，财政收支严重失衡，债务负担不断加重。

说到希腊的财政问题，必须要提到希腊人的偷税漏税。有一种说法是：所有希腊人都偷税漏税，只有傻瓜蛋才会依法纳税。据报道，希腊规定私人游泳池要交税，但在税务部门登记的游泳池不多。于是，税务部门就用 Google earth 或飞行器在雅典上空查看。查看的结果是，在税务部门登记的游泳池不应是 324 个，而是 16 974 个。也就是说，绝大多数游泳池都没有依法纳税。有些人为了使自己的游泳池不被税务部门的飞行器发现，居然在游泳池上方搭建架子，用布挡住。

希腊税务部门在夜总会停车场调查发现，单价在 10 万欧元以上的 6 000 多辆高档车的主人，在纳税的时候声称其年薪仅为 1 万欧元。

"红包"现象不仅仅中国有，希腊也有。希腊的"红包"叫 fakelaki。在政府部门办事要奉上一个 fakelaki，税务部门来检查时，会塞上一个 fakelaki，去医院就诊会给医生送上一个 fakelaki，违反交通规则后，也会给警察递上一个 fakelaki。

希腊前总理帕潘德里欧的顾问、美国哈佛大学公共政策教授理查德·帕克曾说过，希腊政府的最大毛病在于缺乏技术和人力资源管理不善，预算管理还没有实现计算机化，社保记录和房产税单仍由手工记录，跨部门的例行数据和工作安排共享几乎不存在。他说："我也花了不少时间深入希腊官僚体制的基层，那里是大量复杂的改革措施的实际执行层面。我发现了不少傻瓜、混日子的人和骗子，那些人简直像是从果戈理小说里走出来的，但我也发现了许多敬业的人，他们的受挫感不亚于雅典市中心伊克萨齐亚（Exarchia）街角那些年轻的无政府主义者。"

希腊的财政失衡还与以下因素有关：一是希腊的公共部门很庞大，但效率很低。二是雅典奥运会开支庞大，使希腊政府背上一个不轻的财政负担。三是因为希腊与土耳其的关系不佳，因此军费开支很大。据说希腊军费开支与 GDP 的比重在北约中名列第三。四是"从摇篮到坟墓"的社会福利非常好，超出了国民经济能承受的限度。

每当一个国家陷入债务危机后，常有媒体说它破产了或将要破产。其实，任何一个国家都不会破产，只有企业才能破产。拥有许多珍贵文物和大量美丽岛屿的希腊，更不会破产。因此，德国政治家弗兰克·萨夫勒（Frank Schaeffler）说："默克尔不能向希腊人作出德国将帮助希腊的任何承诺。希腊政府应该采取一些激进的措施，把它拥有的财产（历史文物和无人居住的岛屿）卖了。"德国人更是痛恨希腊人为进入欧元区而弄虚作假。德国杂志《焦点》（Focus）居然把维纳斯女神当作封面女郎，伸出中指，说道："希腊人是欧元家庭中的骗子。"

对于德国的立场，希腊人当然极为反感。一位希腊人对英国记者说："当我们希腊人在雕刻美丽的维纳斯时，他们（德国人）还像狗一样居住在洞里呢！"

有一家希腊刊物在封面上写了这样一行字："希腊属于德国的吗？"毫无疑问，债务危机损害了德国人与希腊人之间的友谊。

（三）爱尔兰债务危机

爱尔兰的情况不同于希腊。爱尔兰曾经是"欧洲的乞丐"。有一部描写爱尔兰经济的电视片有这样的解说词："20 世纪 50 年代的都柏林是一个第三世界的城市。道路上没有汽车，只有马和光着脚的儿童。许多人生活在贫民窟中，家里没有电视机，没有卫生间。当时的爱尔兰真是一个贫困潦倒、没有前途的国家。"

从 20 世纪 60 年代起，爱尔兰政府开始调整经济发展战略。首先，爱尔兰于 1973 年加入了欧洲经济共同体。这一被称作"欧洲化"（Europeanization）的重大措施为爱尔兰进一步扩大开放提供了强有力的动力，也使爱尔兰经济受益匪浅。其次，大力发展教育事业，发展高技术产业，将电脑、制药、医药科技和金融服务业作为产业结构调整的主攻方向。

自 1987 年起，爱尔兰经济进入了高增长时期。1994 年，在美国投资银行摩根士丹利工作的英国经济学家凯文·高迪纳仿效"东亚四小虎"的提法，将爱尔兰誉为"凯尔特虎"（Celtic tiger），凯尔特人是爱尔兰人的祖先。

经济的快速增长为房地产业的发展奠定了基础，而房地产的发展则又在一定程度上推动了经济增长。爱尔兰的情况就是如此。

除了经济增长的作用外，推动房地产发展的其他有利条件有：一是人口因素，如外来移民增多、家庭规模越来越小、新组建家庭的数量扩大、离婚率上升。二是投机因素（"炒房"）。三是银行为房地产业提供了充裕的资金。

房地产市场上的供求规律十分有效。在爱尔兰，对住房需求的扩大有力地提升了房地产价格。从 20 世纪 90 年代中期至 2006 年，爱尔兰房地产价格的上涨幅度在 OECD 成员国中居首位，甚至高于房地产泡沫较为严重的美国加利福尼亚州和纽约市。到 1995 年，爱尔兰的房价一般是一个工人年薪收入的 4 倍。截至 2006 年下半年，这一价格已变为年薪收入的 10 倍，首都都柏林的二手房价格是年薪收入的 17 倍。

但是，真可谓天有不测风云。2008 年国际金融危机对爱尔兰房地产业产生了非常大的负面影响。一是国际金融危机减少了国际金融市场上的流动性，爱尔兰银行难以获得足够的外部资金，资金周转失灵；二是国际金融危机沉重地打击了爱尔兰房地产开发商和购房者的信心。

除国际金融危机以外，外部环境的其他一些变化也加快了爱尔兰房地产泡沫的破裂。例如，欧元的升值以及主要贸易伙伴经济增长率的下降打击了爱尔兰的出口；国际市场上能源价格的上涨增加了进口费用。

房地产泡沫的破裂首先使银行陷入了危机。这似乎是放之四海而皆准的规律。而银行陷入危机后，政府不得不出面拯救。2009 年 1 月，爱尔兰政府接管了盎格鲁—爱尔兰银行，并承诺对爱尔兰六大银行的存款和债务提供担保。2009 年 9 月 16 日宣布，政府将成立国家资产管理署（National Asset Management Agency，NAMA），以管理被政府接管的银行。

据估计，爱尔兰政府救助 6 家银行的总开支约为 500 亿欧元。其结果是，2010 年财政赤字相当于 GDP 的比重高达 32%，政府债务相当于 GDP 的比重从 64% 上升到 99%。救助银行的总开支相当于每个纳税人负担了 22 500 欧元。

为防止爱尔兰危机的"传染效应"进一步扩散，欧盟和 IMF 要求爱尔兰提出"纾困"的要求，但爱尔兰政府最初不同意。鉴于经济形势未见好转，且有不断恶化之虞，爱尔兰政府被迫在 2010 年 11 月 28 日宣布，同意接受欧盟和 IMF 提供的 850 亿欧元的救助。

许多人认为，中国也有房地产泡沫。爱尔兰房地产泡沫的形成与破裂，为我们提供了以下三点有益的教训：

第一，要提防房地产泡沫诱发的"非理性繁荣"（Irrational exuberance）。"非理性繁荣"是美国联邦储备委员会前主席格林斯潘在 1996 年分析股票价格与风险预期、通货膨胀等因素的关系时提出的概念。他认为"非理性繁荣"能将资产价格提升到"不适当"的高度，而后就会出现意料不到的长期性的"缩水"。此后，国际上的许多学者将"非理性繁荣"这一概念扩展到包括股票市场、房地产市场等更宽的经济领域。

第二，要加强政府对银行放贷的干预。在影响房地产市场供求关系和房地产价格的诸因素中，银行的放贷规模非常重要。英国《经济学家》杂志称爱尔兰银行为"一群没有家长看管的顽童，可以玩任何游戏。"而爱尔兰学者摩根·凯利通过计算抵押贷款与房价的关系后得出这样的结论：银行的巨额放贷是导致房地产价格快速上升的主要原因之一。抵押贷款增加 1 欧元，房价就上升 1.13 欧元。

第三，要重视财政政策对房地产业的双重影响。国家既可通过财政政策来鼓励其发展，也可通过这一政策来遏制其过热的发展或预防泡沫的产生。爱尔兰财政部的一个研究报告认为，"爱尔兰的整个税收体系对财产所有权（尤其是住房所有权）非常有利。这一特点比其他任何一个欧盟国家都明显。"还有人认为，"爱尔兰是世界上少数几个既允许个人支付的银行贷款利息可抵消个人所得税，又不征收财产税的国家之一。"这不仅缩小了税基，而且还鼓励人们在房地产业投资，从而助长了房地产泡沫的形成。

（四）葡萄牙债务危机

20 世纪 90 年代，葡萄牙曾出现过一段时间的快速增长。1999 年葡萄牙加入欧元区后，政府、企业、家庭利用当时低利率的优势，大举借债，"寅吃卯粮"，在基础设施领域投入了大量资金。但是葡萄牙的产业结构仍然以纺织、制鞋和酿酒为主，工业基础薄弱的局面得不到改变，高科技产业微乎其微，国际竞争力未见提高，作为国民经济支柱的中小企业面临外国产品的激烈竞争。

在分析葡萄牙危机的根源时，英国《经济学家》杂志（2011 年 1 月 13 日）的一篇文章认为，"葡萄牙遇到了一些不幸"：乌拉圭回合降低纺织品关税，中国加入 WTO，2004 年欧盟东扩等使得葡萄牙的劳动成本明显居于劣势。

《经济学家》的一则文章认为，中国"入世"后，廉价的出口产品使葡萄牙处于非常不利的地位。应该指出的是，该杂志把中国加入 WTO 视为葡萄牙的"不幸"，我们当然不会同意。

虽然葡萄牙没有房地产泡沫，但债务负担很重，财政赤字很大。当时国际社会极为关注葡萄牙是否会步希腊和爱尔兰之后尘，向欧盟和 IMF 寻求援助。时任总理苏格拉底曾说过："我们不需要救助。"然而，葡萄牙议会先后 4 次否决了苏格拉底政府的紧缩财政计划。2011 年 3 月 23 日，在第四次计划被议会否决后，苏格拉底总理被迫提出辞职。

政治危机使得经济形势进一步恶化，葡萄牙的资信等级进一步降低，形势更为不利。2011 年 4 月 6 日葡萄牙向欧盟提出了"纾困"的要求。

由此可见，葡萄牙的情况与希腊有点相似，但不同于爱尔兰。

（五）岌岌可危的西班牙经济

在"第二次世界大战"后的相当长时间内，西班牙经济发展较快。在 2008 年国际金融危机爆发之前，西班牙财政能保持基本平衡。与其他国家不同的是，西班牙政府能理智地控制公共债务的增长，但私人部门则利用欧元区的低利率，无所顾忌地举债。

与爱尔兰极为相似的是，西班牙的房地产业发展迅速，最终形成了巨大的房地产泡沫。导致西班牙房地产业大发展的因素很多：一是人口增长快。这与大量外国移民进入西班牙有关。此外，许多北欧人在西班牙买房养老，也推动了需求。在 1999 年至 2007 年，庞大的需求使西班牙房地产价格翻了一番。二是房地产业获得了大量资金，而且资金的利率较低，融资成本不高。截至 2008 年年底，房地产泡沫破灭前夕，西班牙房地产开发商获得的贷款总量达 5 000 亿欧元，几乎是西班牙年 GDP 的一半。在房地产开发商获得的信贷中，大部分是银行从国际市场上筹措的，并非来自国内储蓄者。2002 年以后，西班牙抵押贷款利率一度是负数，因此，银行希望通过多发房贷来弥补低利率的损失。三是"炒房"的人不少。许多人都把"炒房"视为生财之道。四是土地政策发生了有利于房地产业的重大变化。1998 年 4 月，西班牙政府修改法律，开放土地市场，简化土地审批的行政手续，导致土地供应量激增。此外，政府的有关政策还调整土地的种类，扩大其用途，使住房用地增加。有一媒体的报道称，在1999年到2007年，欧洲新建房屋的2/3在西班牙。

国际金融危机爆发后，西班牙房地产业受害匪浅，并最终使房地产泡沫破裂。房地产泡沫破裂导致银行陷入极为不利的境地。据估计，银行蒙受的损失可能高达1 800亿欧元。政府为解决银行危机而采取的措施主要是：（1）较为弱小的银行被兼并，分行的数量减少了15%，就业人数减少11%。（2）为银行注资。截至2012年4月已高达340亿欧元。据报道，政府为救助第四大银行Bankia而耗资190亿欧元。Bankia成立于2010年，由7家地方储蓄银行合并而成，拥有320亿欧元的不良贷款。令人欣慰的是，最大的Santander和BBVA两大银行较为稳健。

2012年6月25日，西班牙经济部长致信欧元集团主席容克，要求为西班牙银行提供1 000亿欧元的援助。国际社会认为西班牙的这一要求就是"纾困"，但是西班牙总理拉霍伊认为，这一援助仅仅是一笔信贷，用于帮助西班牙的银行，不是用于西班牙政府支付国债，更不是用于救助西班牙经济，没有附加条件，因此这一援助与希腊、爱尔兰和葡萄牙获得的救助性质不同，即援助不同于救助。

根据西班牙政府的安排，这一资金将进入政府控制的"银行有序整顿基金"（El Fondo de Reestructuración Ordenada Bancaria, The Fund for Orderly Bank Restructuring）。这一笔资金的确没有附加要求西班牙实施财政紧缩的条件，但有其他条件，其中包括实施金融改革和整顿、强化金融监管等等。此外，IMF将为救助计划的实施提供咨询和实施监督。

除银行危机以外，西班牙经济还面临着以下问题：科技创新不足，劳动生产率增长乏力，国际竞争力低下，劳动力市场缺乏弹性，财政赤字庞大等。

（六）意大利的经济形势

自1999年以来，意大利的GDP仅增长了7%，大大低于欧元区成员国的平均水平。在进入21世纪后的十年时间内，意大利的GDP增长率在世界上仅高于津巴布韦和海地。意大利的人均GDP甚至是负增长。而债务总额高达1.9万亿欧元，相当于GDP的120%，在世界上名列第三。在世界银行出版的《世界各国营商指数》（Doing Business Index）中，意大利的排名不及白俄罗斯和蒙古。在世界经济论坛计算的各国竞争力排行榜中，意大利名列第48位，落后于印度尼西亚和巴巴多斯。

但是，意大利没有出现房地产泡沫，银行体系较为稳健，失业率仅为8%（西班牙高达20%），财政赤字不大，国债的债权人主要是本国居民，国库拥有大量黄金储备，多个世界名牌使出口保持较为强劲的势头。

综上所述，希腊、爱尔兰、葡萄牙、塞浦路斯、西班牙和意大利的"故事"是各不相同的。这是其一。其二，由于债务危机的定义各人有各人的理解，因此西班牙和意大利是否已经爆发了债务危机也难以定论。其三，人们常常说"债务危机"，其实，在希腊等国，还有财政危机，在爱尔兰还有与房地产泡沫破裂息息相关的银行危机。而且，债务危机、财政危机和银行危机等五花八门的危机还在政治领域和社会领域产生了巨大的冲击。无怪乎欧盟委员会主席巴罗佐认为，欧盟遇到了严重的经济危机、政治危机和社会危机。

（七）欧洲债务危机中的文化因素

欧洲债务危机是经济领域中的危机，而经济领域中的危机必然受到文化因素的影响。许多希腊人则认为，"世纪前我们为世界贡献得太多，世纪后我们当然应该享受。"希腊人的这一心态被视为不思进取。确实，欧洲债务危机爆发后，许多人认为南欧人懒惰，不想努力工作，只想享受生活。英国《每日电讯报》（2010 年 5 月 1 日）刊载的一篇文章认为，在欧盟和 IMF 公布经济救助方案的细节后，帕潘德里欧需要应对的不仅仅是希腊的经济烂摊子，还应该开展一场"文化革命"，即在文化上改变希腊人的不良习惯。这样的观点有没有种族主义的味道呢？文化因素重要吗？答案是肯定的。有人认为，德国文化倡导的是努力工作，不要轻易举债。如在德国的"金融保守主义"语境中，德语债务（"schuld"）意为"债务、责任、罪责"。这意味着，一旦你举债了，你就有罪责。

德国《图片报》（Bild）曾在 2010 年 3 月希腊总理帕潘德里欧访问德国以前发表过一封公开信，讽刺和挖苦希腊人的懒惰。

　　尊敬的总理先生：

　　如果你读到了这份报纸，那就说明你进入了另外一个完全不同的国家。你到德国了。

　　在这里，人们工作到 67 岁才退休。公务员也不再有 14 个月薪水的待遇。在这里，没有人需要为及时获得一个医院的床位而行贿 1 000 欧元。在这里，对那些不幸找不到丈夫的将军的女儿们，我们不会给予补助。在这里，加油站都有收银机，出租车司机都会给乘客发票，农民不会为了诈取欧盟的补贴而谎称自己种了几百万棵橄榄树。

　　德国也有很高的债务，但是我们自己可以解决。那是因为我们起床早，并且工作一整天；因为我们在经济好的时候，就想到了经济也会变坏；因为我们的工厂能生产出全球畅销的好产品。

　　尊敬的总理先生，你今天所在的这个国家把无数的游客和钱都送到了希腊。我们希望能和希腊人成为朋友，这就是为什么德国自加入欧元区以来已经给了你们国家 500 亿欧元。

这就是我们写这封信的原因。

《图片报》编辑部

又及：如你想回信，我们已经附上了一个贴了邮票并写了回信地址的信封。当然，我们这样做是想帮你省钱。

还有人认为，高福利是希腊债务危机的根源。也有许多人不同意。20 世纪 90 年代初瑞典爆发银行危机和经济危机后，有人断言，欧洲的福利国家模式走入了死胡同，但近几年瑞典的经济增长率之高在发达国家中名列前茅。事实上，南欧国家福利的优厚程度不及北欧国家。

无论如何，正确判断欧洲债务危机的根源无疑是十分必要的。美国经济学家克鲁格曼在其发表于《纽约时报》（2012 年 2 月 26 日）的一篇专栏文章中说："对欧洲债务危机的错误解读会导致政府采取一些残酷的、具有破坏性作用的政策。"

关于这个问题，我想指出两点：第一，高于劳动生产率增长幅度的高福利显然是不可取的，但高福利不是欧洲债务危机的唯一根源。第二，中国千万不要认为，因为希腊等国爆发了债务危机，所以我们就不要福利了。目前的中国，需要的正是多多益善的社会福利。

二、为什么欧洲债务危机久拖不决

对于这个问题，首先要厘清何谓债务危机得到了解决。解决债务危机是否意味着将债务和财政赤字相当于 GDP 的比重降到 60% 和 3% 以下？是否意味着 GDP 摆脱负增长？是否意味着 10 年期国债收益率降到 7% 以下？是否意味着重返国际资本市场？是否意味着不再需要外部援助？是否意味着市场信心得到恢复（如何衡量和判断市场信心）？是否意味着政府大楼前的广场上不再有反对财政紧缩的游行和示威？是不是意味着 CNN、BBC、《金融时报》或《华尔街日报》的头条新闻不再报道希腊等国？是不是意味着餐馆里重新出现人满为患的热闹景象？是不是还有其他条件？是符合上述条件中的一个还是必须符合所有条件？

且不论何谓债务危机得到了解决，欧洲债务危机久拖不决的原因主要有以下几个：

第一，多个国家陷入了债务危机泥潭或处于岌岌可危的经济形势之中。希腊、爱尔兰和葡萄牙的经济规模都不大，但意大利和西班牙则是欧盟大国。

第二，欧盟未能采取快速的应对措施。在希腊形势告急时，欧盟在要不要援助希腊这个问题上有不同看法。欧盟的决策机制不利于采取快速行动，而且，当时欧盟并不认为希腊债务危机会恶化。

第三，欧盟的反危机战略过于强调财政紧缩，从而制约了经济复苏的动力。财政紧缩是一把"双刃剑"。虽然紧缩有利于削减不必要的政府开支，有利于实现财政平衡，但不利于刺激内需，不利于加快经济发展，而且社会成本很高。事实上，"勒紧裤腰带"之类的反危机措施使希腊等国陷入了一种恶性循环：没有外部救助，这些国家就难以走出困境；要得到这些救助，它们必须减少财政支出；而紧缩不仅损害了经济复苏的动力，而且还降低了人民生活水平，民众对政府的不满情绪也日益严重；在经济得不到复苏的不利条件下，只能继续依赖外部救助。

第四，德国未能发挥应有的作用。德国是欧盟中最大的经济体，理应在应对希腊等国的债务危机时发挥重要作用，但默克尔总理坚持认为，希腊首先应该"勒紧裤腰带"，以避免"道德风险"。

波兰外交部部长拉多斯瓦夫·西科尔斯基可能是对德国的立场最反感的欧洲国家政府官员。他说："我们要求柏林方面承认它是现有协议的最大受益者，因此在维系这些协议方面负有最大的责任。德国并非其他国家的放纵行为的无辜受害者，这一点德国最清楚了。"他还说道："我希望德国帮助欧元区逃过这一难，并取得繁荣发展，这既是为了德国自己，也是为了我们大家。其他各方都无力做到这一点。我很可能是历史上第一个说出下面这句话的波兰外交部部长，但我仍然要说'与其说我担心德国的强大，不如说我开始担心德国的不作为。你们已成为欧洲不可或缺的国家'。"

英国《金融时报》（2011 年 11 月 24 日）的一篇文章称，"希腊人确实在 50多岁就退休了，确实谎报了预算赤字，在多次要求人家提供救助时确实在叫苦不迭，但北欧人对懒惰的南欧人的抱怨也确实是过分了，尽管我们在空中可以看到雅典有许许多多从不纳税的游泳池。不容争辩的事实是，德国人从货币联盟中获得了五花八门的好处。因此，为了拯救这个货币联盟，德国人就应该掏腰包。""如果没有欧元，德国马克会像瑞士法郎那样大幅度升值，2009 年 8 月至 2011 年 5 月德国出口贸易的增长率就不会是 18%，而是 10%。同理，其他国家会通过贬值来扩大对德国的出口。"

《金融时报》的文章进一步指出，"欧元问世后，'仇恨通货膨胀的德国人'（Inflation – hating Germans）坚持奉行低通货膨胀率政策。货币政策的德国化导致欧元区的利率大幅度下降。德国获得了低通货膨胀率，而希腊等国则积极利用低利率的良机，不计后果地'寅吃卯粮'，从而使其债务积聚到不可收拾的地步。""欧元的问世导致'外围'国家的资本流向德国。例如，使用欧元之前，葡萄牙人退休后可用埃斯库多投资于政府债券。使用欧元后，葡萄牙人可自由地用欧元在德国投资。其结果是，葡萄牙政府的融资成本上升，而德国却获得了大量廉价资本。由此可见，德国有义务救助希腊等国。"

与此相反，德国财长朔伊布勒仍然强调紧缩政策。他认为，"希腊新总理萨马拉斯面临的最重要的任务是尽快实施业已达成的（紧缩）计划，而不是要求其他国家为它提供更多的帮助。毫无疑问，希腊的努力不够。地球上没有一个人会相信希腊已实现了它的诺言。"

那么为什么德国援助行动迟缓？有人说，危机使德国获利，因为危机爆发后大量资本流入德国，居高不下的失业率使许多高级人才到德国谋生，而且，危机也提升了德国的国际地位；还有人说，"欧洲的德国"从第二次世界大战中吸取了教训，不希望在欧洲发挥"领导者"的作用，因为"历史上德国试图控制其邻国的企图都没有遇到好结果。"这是美国《时代》周刊（2011年10月3日）的一篇文章的观点。

在讨论为什么德国在应对欧洲债务危机的过程中不积极的原因时，许多人提到了默克尔的个人因素。有人说，默克尔在大学里学的是理工科，因此她的思维很有条理性，不会被外界因素左右，在作出决策以前必须把问题考虑得十分周详。这就延误了最佳时机。还有人说，默克尔是一个优柔寡断的女人。她在上初中的体育课时，每当遇到跳水训练，她总是在跳板上等着，直到下课铃声响起时才跳下去。

但在今天，默克尔已从一个不愿意跳水的女生到众目仰视的"欧罗巴夫人"（MadameEurope）。

我认为，德国行动迟缓的真正原因可能是以下几点：首先，默克尔受到德国国内政治因素的掣肘，选民反对使其救助行动难以有效迅速开展；其次，必须避免"道德风险"；最后，德国希望通过这一危机使欧盟各国强化财政纪律，进一步推动欧洲一体化。

第五，国际上三大信用评级公司（标准普尔、穆迪、惠誉）的"乌鸦嘴"作用不利于恢复市场信心。事实表明，每当这些评级公司调低希腊等国的信用等级，它们的国债收益率就大幅度攀升，也使国际金融市场出现动荡。法国欧洲事务部部长皮埃尔·勒卢绪在一次采访中说："我很想了解（信用等级评级机构中的）那些30来岁的毛孩子是否知道他们对西班牙或葡萄牙等地的人民带来的灾难。这些国家的政府不得不蒙受巨大的损失，许多人失去了工作和住房。这些信用等级评级机构的责任心在哪里？"

第六，民众不愿意"勒紧裤腰带"。以财政紧缩为核心的反危机政策影响了民众的生活水平。因此，从政府公务员到普通人，从国有企业工人到私人企业雇员……都不愿意与政府同舟共济。其结果是，示威、游行、罢工和打砸抢等抗议此起彼伏，严重影响了生产活动和社会秩序，从而加剧了危机的严重性。据报道，2011 年希腊共发生了 1 350 起抗议活动。在 2011 年 6 月的一次为期 2 天的抗议活动中，打砸抢使雅典损失了 80 万欧元。

说到同舟共济，我们不得不提到 1997 年东亚金融危机中的韩国。为了扩充国家的国际储备，韩国政府要求民众捐出黄金首饰。许多妇女纷纷慷慨解囊，排队把自己的金银财宝捐给国家。当然，在严格意义上，这种行为不是无偿的捐献，因为政府会给捐献者一张收据。凭这一收据，民众可以在半年或一年后获得韩元。在金融危机中，韩元大幅度贬值。可想而知，半年或一年后，捐献者的金银财宝变成了很不值钱的韩元。如果希腊人能像韩国人那样，不是上街游行，而是与政府同舟共济，问题可能不会那么严重了。

三、欧洲债务危机的前景预测

欧洲债务危机的前景是什么？对于这个问题，必然是各人有各人的判断。我认为，在分析其前景时，要考虑到各种有利和不利的因素。有利因素主要是以下几点：

第一，作为一个整体，欧元区的负债率并不高。2011 年，欧盟负债率只有 82.5%，欧元区为 87.2%。当然，希腊的负债率很高，为 165%；其次是意大利（120%）、爱尔兰（108%）和葡萄牙（108%）。德国为 81%，法国为 86%，西班牙只有 69%。

第二，德国经济仍然能够保持较为有力的增长势头。德国财政部部长朔伊布勒认为，德国经济形势之所以比较好，在一定程度上是因为德国同美国和亚洲国家保持着密切的经贸关系，使贸易的增长不受欧盟经济萧条的影响。

第三，欧盟推动欧洲一体化的决心是强大的。默克尔等领导人经常说"要更多的欧洲一体化，而非减少一体化"（More Europe，not less）。2012 年 3 月 2 日，欧盟领导人签署了《经济货币联盟稳定、协调与治理条约》（又称财政契约）。财政契约的宗旨是："制定一系列旨在促进预算纪律的规则，以加强经济与货币联盟的经济支柱，加强经济政策协调，改善欧元区治理，从而支持欧洲联盟实现可持续增长、就业、竞争力和社会聚合等目标。""需要确保一般政府赤字不超过其以市场价格计算的国内生产总值的 3%，并确保一般政府债务不超过或者充分下降至其以市场价格计算的国内生产总值的 60%。"

财政契约中关于罚款的条例颇受关注。《欧洲联盟运行条约》第 260 条授权欧洲联盟法院"对未能遵守其判决的欧洲联盟成员国科以一次性罚款或罚金。如果欧洲法院认定该相关缔约国没有遵守其判决，则可科以与相关情形相应的一次性罚款或罚金，但不得超过其国内生产总值的 0.1%。对其货币为欧元的缔约国施加的罚款，应支付给欧洲稳定机制。在其他情况下，罚款应纳入欧盟的总预算。"欧洲理事会常任主席范龙佩说："现在你们必须说服你们的议会和选民，使他们相信，这一契约是把欧元拉回到安全水域的重要步骤。我相信你们会成功的。"契约通过后，英国和捷克拒绝签署，爱尔兰是唯一决定就该契约举行公投的欧盟成员国。

此外，欧盟已开始正着手建立欧洲银行业联盟（banking union）。欧盟委员会主席巴罗佐表示，2013 年将建立银行业联盟。该联盟的职能是用金融税建立囊括整个欧盟的存款担保机制和纾困机制，并对欧盟的 6 000 多家银行实行统一监管。

芬兰总理卡泰宁认为："我们必须为建立银行业联盟做好准备，而不是阻挠这个联盟。但是这个联盟不应该成为一个永久性的，总是让北欧给南欧钱的转移联盟。"

应该指出的是，英国不愿意加入银行业联盟。财政大臣乔治·奥斯本（George Osborne）说，"加入银行业联盟会使英国的纳税人承担为欧元区银行注资的义务，也会使英国央行受到欧盟监管者的监督。"巴罗佐回应说："英国只要不阻挠银行业联盟的建立，就可以不参加，但会使自己变得更加不合群。"

毫无疑问，在一个资本自由流动的货币联盟内，没有统一的银行监管显然是不现实的。2011 年 1 月 1 日成立的欧洲银行业管理局（European Banking Authority，EBA）对各国银行业监管机构的约束力微乎其微，将要建立的银行业联盟有望克服这一缺陷。

第四，防火墙在加固。所谓防火墙，主要是指 2010 年 5 月 9 日欧盟经济与金融事务委员会（ECOFIN）的特别会议决定成立的欧洲金融稳定工具（European Financial Stability Facility，EFSF）及欧洲金融稳定机制（European Financial Stabilization Mechanism，EFSM）。这两个机制的建立对稳定欧洲财政状况有着重大积极的作用。

EFSF 按卢森堡法律于 2010 年 6 月 7 日在卢森堡注册，最初确定的融资能力为 4 400 亿欧元，由欧元区成员国担保，2011 年 7 月扩容至 7 800 亿欧元。同年 10 月 26 日的欧盟峰会同意用杠杆化的方法将其扩容至 1 万亿欧元。截至 2012 年 1 月，EFSF 共发行了 190 亿欧元长期债务和 35 亿欧元的短期债务。

EFSM 由欧盟委员会在金融市场上筹资，由欧盟财政担保，最高额为 600 亿欧元。享有 AAA 等级。借贷的成本是筹资的成本加上一定量的贴水。例如，提供给爱尔兰的资金的利率为 2.59%，贴水率为 2.925%，共计 5.51%。贴水收入进入欧盟财政，年底分红。爱尔兰财长认为，这一贴水率损害了爱尔兰的经济复苏及欧元区的未来。

EFSF 与 EFSM 的不同之处是：EFSF 面向欧元区成员国，EFSM 面向整个欧盟。

由于 EFSF 和 EFSM 被认为是缺乏法律基础的，因此其运行是临时性的，无法提供稳定的风险保障。2011 年 3 月 11 日，欧元区峰会决定成立号称"欧洲版国际货币基金组织"的欧洲稳定机制（European Stability Mechanism, ESM），3 月 24～25 日欧盟峰会也同意建立 ESM，并决定修改《欧洲联盟运行条约》（TFEU）第 136 条。

ESM 系欧元区成员国的政府间机构，总部设在卢森堡，旨在帮助欧元区国家维系金融稳定。其他欧盟成员国也可参与，有效放贷能力为 5 000 亿欧元。为加快审批程序，受援国的申请应得到有效多数的 85%。

2012 年 2 月 2 日，欧元区成员国驻欧盟大使在布鲁塞尔签署了 ESM 条约，10 月 8 日正式开始运转。

第五，德国和法国在大多数重要问题上能齐心协力地发挥主导作用。国际媒体将法国总统萨科齐和德国总理默克尔的姓合并为"默克齐"（Merkel + Sarkozy = Merkozy）。萨科齐下台后，有人把奥朗德总统与默克尔合并成新词 Frangela（Angela Merkel + François Hollande）。这在一定程度上表明，德法两国领导人有望密切合作，在应对欧洲债务危机时发挥重要作用。当然，应该指出，在如何处理财政紧缩与刺激经济增长的关系这个问题上，奥朗德与默克尔有分歧。但总的来说，德法两国的配合是默契的。这是难能可贵的。

第六，欧盟开始认识到加强经济治理的重要性。2010 年 9 月，欧洲议会、欧盟理事会通过了一揽子加强经济治理的规章制度。经济治理的核心是强化财政纪律，而加强经济治理的手段是"预防 + 纠正"，其中预防措施是"欧洲学期"（European semester），纠正措施是指"罚款"。

根据"欧洲学期"的设想，各国制定的预算不再仅仅由本国议会通过就可实施，而是要由欧盟理事会和欧洲议会的有关部门加以审核，且必须得到认可后才能执行。这样做使程序复杂化，并降低了效率，但确实能阻止诸如希腊之类的国家大手大脚地花钱。

对于强化经济治理的必要性，欧洲议会议员尼格尔·法拉格（Nigel Farage）却持反对意见。他说："经济治理是一种反民主的独裁……欧洲经济治理是什么东西？让我告诉你吧：一架飞机降落在雅典机场，飞机上下来了 3 个人，一人来自欧盟委员会，一人来自欧洲中央银行，一人来自 IMF。你可以把他们称作

'三驾马车'。他们来到希腊后，与希腊政府官员会面，告诉希腊人什么可以做、什么不可以做。他们扼杀了希腊的民主。"

第七，私人部门愿意为希腊债务进行"减记"（hair - cut）。2011 年 10 月，"私人部门参与"计划（Private Sector Involvement，PSI）启动，私人部门同意"减记"50%。这意味着希腊的债务负担可减少 1 000 多亿欧元。而对于其他债权人，希腊还可诉诸"共同行动条款"（Collective Action Clauses）。

第八，欧洲央行（ECB）将继续发挥其积极作用。欧洲央行至今已经进行了两次与美联储的"量化宽松"很相似的"长期再融资操作"（Long - term Re-financing Operations，LTRO）。第一次是在 2011 年 12 月 21 日，为 523 家银行提供 4 892 亿欧元、为期 3 年、利率为 1% 的信贷；第二次是在 2012 年 2 月 29 日，为 800 家银行提供为期 3 年、数额为 5 295 亿欧元的信贷，实际数额为 3 130 亿欧元。2012 年 9 月 6 日，ECB 宣布，它将通过实施"直接货币交易"（Outright Monetary Transaction，OMT），在二级市场上无限制地、有条件地购买提出"纾困"要求的国家的国债。这一决定宣布后，西班牙等国的国债收益率快速下降。一些国际媒体认为，这一市场干预实际上使 ECB 成了"准最后贷款人"，因而有效地避免了西班牙等国经济形势的恶化。

第九，欧盟的反危机战略正在发生变化，即从片面强调财政紧缩到关注经济增长。反危机战略的变化与新上台的法国总统奥朗德一再强调经济增长是密切相关的。奥朗德甚至发出这样的威胁：如果欧盟不在财政契约中加入刺激经济增长的内容，法国不会签署这一契约。

2012 年 6 月 28 日，欧盟峰会通过了数额高达 1 200 亿欧元的增长协定，同意为欧洲投资银行（EIB）增资 100 亿欧元，使其放贷能力达到 600 亿欧元。此外，欧盟的结构性基金剩余的 550 亿欧元将被用于中小企业的发展和扩大青年就业，在能源、交通运输和基础设施等领域将发行 50 亿欧元的"项目债券"。

第十，爱尔兰经济已出现复苏的迹象。爱尔兰的经济增长率从 2009 年的 -7% 上升到 2010 年的 - 0.4%，2011 年实现了 0.7% 正增长，2012 年预计为 0.5%。这主要得益于出口的增加。

由于爱尔兰经济已出现复苏的迹象，英国《金融时报》（2011 年 9 月 1 日）在一篇题为"爱尔兰病人"的文章中写道，其他国家应该学学爱尔兰是如何"恢复健康"的。

事实上，爱尔兰经济复苏的原因是多样的。经济复苏得益于出口的增加，而出口的增加在一定程度上是因为减薪导致爱尔兰产品的竞争力上升。此外，爱尔兰及时对银行体系进行整顿以及压缩公共财政等改革措施，恢复了国际投资者对爱尔兰的信心。

当然，欧洲债务危机的前景也面临着以下几个不利因素：

第一，银行业已受到债务危机的不良影响，西班牙的情况尤为严重。据报道，受欧洲债务危机影响，2011 年欧洲四大银行的亏损高达 80 亿欧元。IMF 认为，债务危机可能会使欧洲银行蒙受 4 000 亿美元的损失。法国农业信贷银行行长让—保罗·史弗莱认为，目前是"1929 年以来最艰难的时刻"。希腊和西班牙曾多次出现银行挤兑。

第二，债务危机不时受到政治因素的影响。2011 年 10 月 27 日凌晨，欧洲理事会常任主席范龙佩宣布，欧元区成员国领导人已就解决欧洲债务危机达成一揽子协议。但是，这一方案墨迹未干，帕潘德里欧就在 10 月 30 日宣布，希腊将在 2012 年 1 月进行一次公民表决（后被定在 12 月 4 日），让人民来决定希腊政府是否应该接受欧盟的救助方案。在表面上，帕潘德里欧举行公投的目的是为他实施欧盟的紧缩计划提供政治上的合法性，但在本质上，帕潘德里欧的真实目的是为了在与反对派讨价还价时获得更多的回旋余地。

又是在希腊，2012 年的两次议会选举实际上是一场政治闹剧。在 5 月 7 日的议会中，支持财政紧缩的两大传统政党惨败，而得票最多的政党却因未能获得绝对多数席位而不能单独组阁。在组建联合政府的过程中，政治立场不同的政党讨价还价，相互博弈，但依然不了了之。无奈之下只能在 6 月 17 日举行第二次议会选举。

在德国，默克尔政府应对欧洲债务危机的立场同样受到了非经济因素的掣肘。2012 年 6 月 29 日，德国议会通过欧盟财政契约和 ESM 后不久，就有人起诉政府，认为财政契约和 ESM 违宪，宪法法院随即要求总统暂缓签字。

第三，债务危机的社会成本不断加重。欧元区的失业率从 2011 年 5 月的 9.5% 上升到 2012 年 5 月的 11.1%。西班牙的失业率高达 24.6%，希腊为 21.9%。据 BBC 报道，在离希腊首都雅典不远处的港口城市 Perama，失业率高达 60%。有些穷人得病后甚至掏不出去医院的 1.4 欧元公共汽车费，有些病人则无法支付 5 欧元挂号费。更为可笑的是，据说水平不低的希腊足球队之所以在 2012 年欧洲杯上表现不佳，就是因为受到了债务危机的影响。债务危机不仅影响了希腊球员的心情和士气，而且还影响了赛前的训练经费。

第四，虽然欧盟各国推动一体化进程的决心是强大的，但在一些问题上还有分歧。例如，英国和捷克未签署欧盟"财政契约"，英国不愿意征收金融税，德国不愿意发行欧洲统一债券。

有人认为，如要在未来有效地避免债务危机，最佳的选择是在欧元区发行统一债券。例如，2011 年 9 月 21 日巴罗佐在接受彭博社的采访时说，欧元区发行统一债券是一个很好的选择。虽然这一选择难以在近期成为现实，但欧盟必须认真研究这个问题。贝卢斯科尼也说："欧元区如能发行统一债券，就可有效地使个别国家的政府债务由大家共同分担，因此这是一个解决欧洲债务危机的总体方案。"

但德国持反对的立场。德国之所以反对，主要是因为：（1）德国担心统一债券问世后，其利率会高于目前德国自己发行的债券。这意味着德国将为自己的债券支付更多的利息。据估计，这一额外的开支可能每年高达500亿欧元，相当于德国GDP的2%。（2）德国担心统一债券的发行会使陷入危机的国家或问题严重的国家放弃改革，不思进取，等待德国来为其"纾困"。德国当然不愿意看到出现这样的"道德风险"。德国财政部部长朔伊布勒说："欧元债券会使得一些成员国的财政纪律变得更为散漫……只要欧盟成员国仍执行各自的金融政策，我就会坚持反对欧洲债券。"

第五，世界经济复苏乏力。欧洲债务危机削弱了世界经济复苏的力度，而世界经济复苏乏力反过来又不利于欧洲债务危机的解决。

通过分析欧洲债务危机面临的有利因素和不利因素，我认为，我们对这一危机的前景不必过于悲观。

四、欧元的命运是什么

欧洲债务危机爆发后，欧元的命运成了一个"热门话题"。诅咒欧元崩溃的人为数不少。有人认为，欧元难过2011年圣诞节，还有人别出心裁地注册了一个名为"欧元崩溃"的网站。英国经济与企业研究中心（CEBR）对未来十年所作的十个预测之一是：欧元区解体的可能性为99%。

世界上的许多大名人也认为欧元要垮台。例如，经济学家克鲁格曼说："令人心酸的事实是：欧元越来越像是一种行将灭亡的货币。"他还指出，"对欧洲而言，欧元早崩溃一天就好一天。"巴菲特说："我知道，有些人认为欧元解体是不可思议的，但我认为这并非不可能。"索罗斯说："不能排除欧元灭亡的可能性。"格林斯潘认为，"欧元区注定要垮台，因为南欧与北欧之间的差距实在太大了……1999年欧元诞生时，人们指望南欧国家的经济会像北欧国家的经济那样运转，意大利人会像德国人那样（工作和生活），但这一希望落空了。"已故经济学家弗里德曼在欧元正式问世以前就对欧元的前途持悲观的看法。他认为，欧元难以在"严重的经济测验中"幸免于难。他甚至认为欧元的寿命不会超过10年。2005年12月，即在他去世前不久，他在接受采访时还说："欧元会成为一个大问题，而不会成为什么有用的东西。欧元（之类的货币）没有先例。据我所知，（世界上）只有以黄金和白银为基础的货币联盟，从来就没有一个由独立国家组成的、发行不兑现货币（fiat currency）的货币联盟。"

中国学者对欧元名义持悲观态度的也有不少，一位学者认为，"欧元区在理论上是可行的，但实际上并不可行，因此欧元最终会走向灭亡。成立欧元区的理论和想法太简单了。欧盟只想到使用同一个货币后能减少汇兑成本和风险，只考虑到贸易上的便利，不考虑政治决策的不同和各国利益取向的不同，也未能考虑到一旦出现了危机后如何救援等问题。"另一位学者也作出这样的预测："在国际金融博弈当中，有一种国际货币会死掉，它就是欧元。"

上述悲观论调是值得商榷的。决定一个货币联盟能否成功的因素，既有经济层面上的各种因素，也有政治层面上的各种影响。从政治上看，正如默克尔所言："如果欧元失败了，欧洲也就失败了。"

我们完全可以作出这样的推理：欧元的崩溃→欧元区的崩溃→欧盟的崩溃→欧洲一体化的崩溃→欧洲的崩溃。由此可见，出于政治因素的考虑，欧洲国家的领导人不会让欧元崩溃的。

在经济层面上，欧元崩溃的可能性也是微乎其微的。据说有人做过这样一个"试验"：一个人从法国出发，带 100 法郎，到欧洲各国转一圈，到英国换成英镑，到瑞士后再用英镑换成法郎，到希腊再用瑞士法郎换成德拉克马等，最后回到法国时，虽然他不吃不喝，但去除兑换货币的成本（汇率的差价及手续费）之后，他的口袋里就只有 50 法郎了。这在一定程度上说明，欧元的存在使各国在进行货币交易时大大降低了成本。

在讨论欧元的前途时，经常听到希腊会不会退出欧元区的种种猜测。有人建议希腊退出欧元区，重新使用德拉克马（Drachma）。还有人说，2001 年 12月，阿根廷爆发金融危机后不久就放弃了货币局汇率制度，从而有效地通过扩大出口来摆脱危机。因此希腊应该向阿根廷学习。

我认为希腊无法向阿根廷学习。这主要是因为，阿根廷有大量农产品可供出口，而希腊的出口产品为数不多。因此，即使希腊在退出欧元区后使德拉克马大幅度贬值，它也难以扩大出口。不仅如此，希腊退出欧元区后，大量资本会外逃，金融体系会迅速崩溃。此外，更换货币后，银行、商店、企业、学校和政府部门等一切部门的账目将全部更换，由此而来的成本不容低估。

希腊退出欧元区后，或许还会引发"多米诺骨牌效应"，使葡萄牙等国步其后尘。届时，欧元区的稳定将不复存在，欧元和欧盟及声誉将遭受重创。因此，希腊退出欧元区的可能性极小，德国也不会将希腊"开除"出欧元区。

五、欧洲债务危机对中国的影响

在理论上，经济领域中的任何一次危机对其他国家的影响都是通过贸易和金融两个渠道扩散的。欧洲债务危机也不例外。

欧洲债务危机影响了欧洲的经济增长，从而制约了需求的扩大，进而导致欧洲的进口能力下降。这显然不利于中国对欧洲扩大出口。此外，危机爆发后欧元的贬值使人民币"被升值"。这也是不利于中国扩大出口的。

欧洲债务危机导致国际金融市场更加动荡不安，因而是不利于资本自由流动的。与此同时，危机还打击了欧洲对华投资的能力。

但是，希腊等国在实施紧缩财政的过程中制订了较大规模的私有化计划。这为中国扩大对欧洲投资提供了机遇。

欧洲债务危机爆发后，国内外媒体上经常有人谈论中国是否应该"救"欧洲。我们可以归纳出以下四种观点：

一是中国要"救"！"救"欧洲有利于改善中欧关系，有利于昭示中国的经济实力。

中国的经济实力是有口皆碑的。英国《经济学家》杂志（2011 年 4 月 14 日）有一篇题为 "Who wants to be a triple trillionaire？"（谁要成为一个亿万富翁）。请注意，这一句有一个 triple。因此应该被译为"三万亿富翁"。这一文章说，中国的 3 万亿美元外汇储备可以购买美国所有农场（3.41 万亿美元），或所有"欧猪四国"的主权债务（1.51 万亿美元），或世界上的货币黄金（1.43 万亿美元），或苹果、微软、IBM 和谷歌（9 160 亿美元），或美国的军事装备（4 140 亿美元），或曼哈顿的不动产（2 870 亿美元），或首都华盛顿的不动产（2 320 亿美元），或世界上 50 个最有价值的体育俱乐部（500 亿美元）。

二是"救温州，不救欧洲"。这里所说的"救温州"就是指不久前温州地区许多企业面临的资金短缺现象。这一观点的理念是，中国应该先解决国内问题。

三是"不要做滥好人"。持这一观点的人认为，欧盟已制定了应对危机的战略，因此中国的介入可能会影响欧盟的如意算盘，可能会出现"好心帮倒忙"的结果。

四是"友好的勒索"（a friendly blackmail）。路透社记者约翰·福利是这一论调的代表人物。他说："中国总理温家宝在（2011 年）9 月 14 日的大连世界经济论坛（夏季达沃斯）上的讲话中异常坦率地表明了他期望得到的回报：'希望欧盟承认中国的市场经济地位。'这对欧洲来说代价不大，不过这并不意味着欧洲应该同意。"这位记者完全曲解了温家宝总理的原话。温家宝总理的原话是这样的："不久以前，我同欧盟委员会主席巴罗佐通电话，我再一次向他明确表示，中国至今相信欧洲经济能够克服困难，中国仍然愿意扩大对欧洲的投资。但是同样我也希望，欧盟的领导人、欧洲一些主要国家的领导人也要大胆地从战略上看待中欧关系，比如承认中国完全市场经济地位。其实，按照 WTO 规则，中国完全市场经济地位到 2016 年就被全世界所承认，早几年表示出一种诚意，是一种朋友对朋友的关系。下个月我将同欧盟领导人进行会晤，我希望这次会晤能够有所突破。"由此可见，这位路透社记者曲解了温家宝总理要表达的意思。

实际上，中国是否"救"欧洲是一个伪命题。"救"这个字在汉语里有不同含义。一是使被救者彻底摆脱困境；二是向陷入困境的人提供某种程度的帮助。中国的经济实力尚不足以将欧洲拉出债务危机的"泥潭"，但我们可以采取一些措施，帮助欧洲尽早摆脱危机。这些措施包括：通过多边渠道（如 IMF）向欧洲提供资金，购买欧洲国家的国债，扩大对欧洲的投资，增加欧洲对华出口等等。

中国政府的立场是："始终支持欧盟和欧元区应对主权债务问题的努力，对欧盟和欧元区经济抱有信心。"

西班牙宏观经济形势 展望与改革计划

西班牙驻华大使馆　Jose Luis Kaiser Moreiras

2012 年 8 月

Jose Luis Kaiser Moreiras：时任西班牙驻中国大使馆的商务参赞、经济和商务顾问，曾于 2003 – 2004 年担任西班牙总理经济事务顾问、经济财政部预算国务秘书。2004—2011 年担任欧盟基金理事。

众所周知，这是一个肇始于市场和媒体的经济体，欧元以及欧盟的未来也将荆棘密布，故而我将在如下几个方面做深入讲解：为何有今日之困境？西班牙政府为此的种种努力与改革，以求将西班牙经济带回 1995~2007 年的繁荣（这是近代西班牙经济最长的一次繁荣期）。

首先，我们都知道欧元还是一种非常"年轻"的货币。欧元的引入起始于 1999 年，但真正使用纸币是从 2002 年才开始的。像我们西班牙，加入欧元区并使用单一的欧元，事实证明是非常成功的。我们成功地稳定了通胀预期，我们的通胀水平约为 2%，而之前是 17%~20%，所以像西班牙这样，引入欧元的第一个成果即是价格的稳定。

这种宏观层面的稳定以及一系列成果的取得，归功于就业的创造、金融的整合与持续发展。自加入欧元区以来，西班牙经济经历了几个阶段。前六年的单一欧元，可能有些迷失，但我们的经济体联盟主要是基于"最适货币区"理论，欧元不是由某些人决定的，它是被创造出来的。

欧债危机的发生，是因为在欧元成立之初，欧元区的政治联盟是薄弱的、不堪一击的，我们只能边走边看、修修补补。在不远的未来，我们必须要加强财政统筹，以解决现状、提振欧洲经济。即便我们均属欧洲国家、拥有单一市场，但我们的要素流动还是不太顺畅，各种传媒已多有阐述，欧元的推进还是相当缓慢的。我们要提升三个方面：要素流动，全要素流动，进而提升政治联盟，进一步优化政治决策议程。

这些积极方面，被解读为低效率导致低投资，进而导致诸如西班牙等国的信贷萎缩（涵盖住户、厂商部门）。但西班牙危机是个特例，其房地产泡沫较之于其他欧洲国家更大！而且必须认识到我们所讨论的是西班牙银行中的优质银行，而不是饱受政治干预的储蓄银行。

故而，别人认为要成为欧元区一员，就得俯身屈就，降到与西班牙一样的水准。他们认为我们目前面临的问题，不仅在国家层面，而且渗透到地方层面，因此不得不在未来重建新的增长。

首先，我们要将此宏观情境呈现为数据，去解释西班牙经济；其次，我们将阐释业已实施的诸多不同的改革，它们发生在最近（2011 年 11 月）以及之前的一段时间；最后，我们将分析接下几周的一些决定，我们都知道，在 2012 年

9 月，西班牙总理将与德法首脑会晤，主题就是金融方面，很多人认为这将决定西班牙经济的未来。最紧迫的是，他们不得不决定是否要进行金融救助、救助的程度以及欧央行在当中扮演的角色。所以我们不得不会晤首脑、不得不分析现状，我们将在 9 月"摊牌"。

人们普遍认为，高水平增长需要外部融资的支撑，如若不然，即酿今日之祸。住户部门债务占 GDP 的 80%，厂商部门占 140%，公共部门占 80%，加起来大约在 GDP 的 300% 附近。这是怎样的一种情况！高债务、高占比（债务/GDP），但在西班牙问题中，未来最为突出的将是就业问题。我们已丧失相当的竞争力，高增长的工会成本和工资，结果是引起通胀，而非生产力提升。虽然劳动力成本自 2008 年开始有所控制，但我们可以看到，自 1995 年以来的最近一次的工资增长情况，通胀高出欧元区均值 1.5%，而工资增长高出欧元区均值的 3%。我们的债务问题，是由竞争力下滑所致，所以解决危机之道是增长的再起飞。我们既要解决目前债务问题，又要提升西班牙经济的增长潜力。西班牙政府可谓谨小慎微，需要财政的大幅紧缩，又要提振经济，二者难以兼得。政府可操作的平衡区间在缩小，政府组织形式亟待变革。

所以，现今西班牙经济的图景还未清晰，我们需要解决劳动力市场问题和金融部门问题，并非由于我们不同意我们的数据远高于其他国家，而是我们确实面临着当下之现实与未来之图景。我们有很长一段路要走。我们的金融部门，在 2009 年达 GDP 比重的 11%，现在降到 8.5%，在年末，可能会降到 6.3%。

对于劳动力市场，需要实施劳动力市场变革；对于金融问题，政府需要践行金融改革；对于财政问题，政府也要推动财政部门改革。政府必须为之，也有力为之，因为自 2011 年 11 月以来，西班牙人民便懂得变革需要代价，也接受经济的暂时代价。这三个方面的主要改革，接下来我将详细分析。

另外，考虑到 2014 年，可实现再次增长。2012 年是欧债危机最为严重一年；2013 年是过渡之年，落实诸多的改革，加快决策进程；到 2014 年，欧洲经济已经复苏，西班牙经济将再次启动，就业再创造，回到 2008 年之前的良性轨道上去。

2012 年 7 月，宏观经济预期已有所修正，所有欧元区成员宣称其债务负担率在 2013 年能降到 GDP 的 3% 以下，但最近有所修改。作为欧盟决策过程最重要的要素之一，即公共赤字的解决路径，从 2012 年公共债务占 GDP 的 6.5%，到 2013 年的 4.5%，直至 2014 年的 2.8%。至此，我们将实现财政盈余，也将逐步减少经常项目赤字，并在 2013 年将可实现盈余。

这次债务危机的解决与否，也需外部力量相助。比如中国，我们有强烈的需求，比如中国、巴西能帮助我们减少贸易赤字，这将对西班牙经济大有裨益。

整体的思路是自 2013 年起，开始财政盈余，这将减少债务/GDP 占比（该比例在过去的两年显著提升，2009 年为 52%，2012 年 8 月升至 80%，不到三年，升幅如此之巨！），也在 2013 年，我们预计会出现经常项目盈余。

改革的第一步，就是政府各个层面的财政整顿，西班牙对此已下决心。对于增长与稳定的权衡，这是西班牙的革命，而非改革！建立起政府各个层面的（包括中央与地方）赤字指标，提升公共部门干预的透明公开度，树立践行预算定义、程序。同时，针对主要地区和地方政府还存在的金融问题，两只基金已建立，一个是为帮助地区和地方政府部门偿还资金，因为中小企业是地方债务的主要债主；另一个是为陷入困境的地方政府提供金融救助。我们将统筹地区和地方政府的债务，发行以中央政府担保的国家债务，驰援地方政府。这在短期会提高债务占比，但这些新债以商业性质运行，不纳入指标计算，但我之前所指的是，从 2014 年开始的债务/GDP 占比的降低，主要是基于财政盈余的贡献。

所有的这些财政问题，都由房地产泡沫所致。在房地产价格上升阶段，中央与地方政府以此周期性的收入来实施结构性支出项目，此收入与资产泡沫密切相关，地产价格上升，税收等相关收入增加；反之则相反。政府的收入与支出存在相当的偏差。

因此财政改革也将从这两方面实施，减少行政开支、提高税收收入。具体地，支出方面，减少中央、地区以及地方政府的行政预算；收入方面，提高增值税、营业税以及企业税，以此实现预算平衡。这里为大家展示一些数据，各行政上的节支，各税收、额外收入的增收，在 2012 年 7 月 13 日，我们会提高 3% 的增值税、增加企业所得税，到 2014 年，这将共均出 560 亿欧元（2012 年下半年 130 亿欧元、2013 年 230 亿欧元以及 2014 年 200 亿欧元）。

实现债务/GDP 占比 2012 年降到 6.3%、至 2013 年将降到 4.5%、最终 2014 年降到 2.8%，这些措施均是为应对短期问题而所取之策。减少公共部门债务存量，涉及不同机构、组织的"体面"与否，政府是否是仆人？我们也需探讨公共部门效率提升、公共部门的"理性经济人"，避免中央与地方的双重税收以及公共支出最主要部分（医疗与教育）的效率提升等议题。

有一些方法可促进医疗、教育部门的理性开支，也可控制地方部门行政开支。西班牙建立起的体系，地区政府拥有财政自主权力，但缺乏相应监督措施。财政稳健的变革就是要控制地方财政，严格中央转移支付条件。针对公共债务不平衡的第一类原因，上述变革应运而生：节支、增收、加强地方政府预算管控。

接下来，我们讨论金融部门问题，第二类的解决措施就是金融部门改革。

在 2011 年 11 月的西班牙经济中，有 3 700 亿欧元与房地产泡沫相关：1 840 亿欧元被确认为不良贷款，其余的 1 260 亿欧元为正常贷款。我们所购买的这些不良资产，主要为烂尾楼、在建房以及房屋项目。

开始反映在金融机构的资产负债表上，真实的市场价值在账面价值之下，需要调整资产负债表以反映真实价值，解决之道就是金融机构必须提供更多的准备金。这是金融改革的重要一面，在 2012 年一些不良资产的准备金计提，由 27% 升至 50% 左右。对于次级资产，则金融机构需要计提更多。

即使是非问题资产，甚至是正常贷款，从 2012 年 2 月开始，正常贷款也需要 7% 的准备金。这样，金融机构需新增 540 亿欧元的资本金，为的是覆盖此次房地产价格震荡所带来的可能损失；在此后 5 月又增加 300 亿欧元以应对房地产市场之不测。通过这些改革，54% 的不良贷款与 30% 的正常贷款的准备金均已提足，这意味着 45% 的房地产资产已覆盖到。

不直接注入资金到私营机构，因为它们可以从市场融资或通过利润留成弥补资本金。有些私营机构没能满足上述条件，它们就需要公共部门助其赢得融资。产生于 2009 年的 FROG 救助工具，为银行重组提供救助，对于 2012 年 2 月、5 月改革时期未能满足条件的银行，FROG 也将救助。7 月，不同机构必须提供它们的计划，西班牙央行评估其计划是否符合 FROG 融资所需条件，决定是否予以救助。若机构寻求的是公共资金救助，其要求将更为严格。最终要解决的是银行资产负债表的真实平衡，银行注重其天然业务，支持中小企业融资，活跃货币经济，以提振西班牙经济。

改革实施之后，西班牙金融部门，乃至西班牙将确保其长期持续性。在前文，我们谈到储蓄银行有其特殊问题，减少储蓄银行数量，这样就不会将金融机构问题解读为政治机构问题。这是从长远、根本地解决该问题。

金融部门数据为我们提示最后一个问题，那就是劳动力市场，需要改革以解决之。最后，我们期待能把失业率从目前的 25% 降下去。

首先要提高劳动力市场的灵活性，西班牙劳动力市场，在 OECD 国家中，被认为是最为僵化、失业率也最高的市场之一。为此，急需调整劳资谈判过程，需要改革思维，重点在公司层面减少集体协议的影响。

比如，在改革之前，工资没有公司层面的相应规范，而改革后，在公司层面有所规范，而未达到部门层面。不同公司有不一样的规模、生产不同的产品、属于不同的经济情况，他们可以与员工自由谈判。新的协议未达成，现在的协议还在使用中。公司与员工可以没有协议，之前的协议可能作废。新的变革已实施两年，协议将有显著变化。若两年后，旧协议未能达成一致，则之前协议作废。

诸如减少劳动力市场期限等改革内容，为的是提高灵活性与选择机制，也是为了促进就业、保持就业稳定。值得一提的是，固定合同与临时合同是有巨大差别的。预期差越低，则固定合同比例越高，公司也越少雇佣临时工。固定工人更多，公司也将更注重效率招工。此外，还包括使合同更具吸引力等其他措施。公司尝试提供更具吸引力的职业培训，这对中小企业是个强大的激励。所有的这些措施，最终都为的是促进就业创造与就业稳定。

第三方面的改革是阐明解雇机制，使终止过程更理性、更透明与清晰。在预期稳定之后，固定合同更多地替代临时合同，以此平衡固定工与临时工的劳动力成本。

提问1：您在讲座中谈到有两点，是为西班牙特色的二元体系（分别为储蓄银行与商业银行）。其中储蓄银行受政治决策影响较大，您能在此方面为我们提供更多素材吗？以及为应对现状而作的一些安排。

回答1：是的，商业银行的董事会是由股东投票决定的，至于储蓄银行，地区政府有权安排一些董事会成员、管理层，而由不同利益阶层组成的劳动联盟，在其中扮演重要角色。他们中有些人具备金融从业背景，有些可能没在金融机构待过，这也说明了储蓄银行问题多发的原因。变革就是要促使储蓄银行，像商业银行那样，具备有专业的管理团队、诚信负责的董事会。

具体地，商业银行的董事会成员，必须具备15年以上的金融业从业经验，必须在业内拥有信誉、广受尊敬。这些对商业银行的要求，储蓄银行现在也逐渐推行。此外，对储蓄银行的改革还包括非盈利社会业务的独立分设，储蓄银行必须分清银行业务与社会业务，社会业务独立运营，而银行业务须由上级商业银行的专业人士掌控。这是改革所希望看到的。

提问2：投资在促进经济增长方面起重要作用，但您谈到的金融改革，西班牙政府准备施以更严格的监管，比如增设经常项目、资本项目等门槛，这些措施可能会限制投资，进而影响经济增长。但就我的理解，目前西班牙对经济增长的渴求也很强烈。您能解读一下，怎样去化解此种矛盾？

回答2：这是个非常重要的问题，这也正是西班牙政府与欧盟以及欧盟成员国商讨的基点。我们主要依赖国内消费与国外消费，而出口、储蓄却非常之低，远低于中国的水平。此外，投资也有所削减，这当中公共投资是重要的一块，因为财政约束与财政整顿进程，公共投资相应地锐减。这也是西班牙政府商讨赤字目标的调整，若到 2013 年我们真的把赤字率降到 3% 以下，那接下几年公共投资则几乎为零，进而会使西班牙的增长陷入困境、前景堪忧。这是一个重大问题，如何去平衡财政约束与经济增长的投资需求，我想这当中需要协调，财政约束与经济增长的协调。

金融方面的改革有望解决此矛盾。现在西班牙银行还未获得国际金融市场资金，因为当下的房地产市场令人担忧。理想的改革是先解决房地产估值给银行带来的平衡问题，国际金融市场对西班牙银行的重新开放，可集中解决银行为实体经济服务问题，特别是中小企业，为公司、为住户提供的信贷使他们重启营商、再造就业。

站在整个欧洲视角，西班牙的危机较为特殊（但与中国类似），主要的商业化改革业已实施。我们所处的是单一的欧元市场，生活在欧元区中，有些渠道已被破坏，较为遗憾的是希腊的流动性危机，该国的企业只能依靠内源融资。还有个问题是整个欧元区还没建立起银行破产机制。来自不同国家的银行通过信贷，货币均流向单一市场，而国家的部分职能转移至欧洲层面，有着统一的银行监管体系，使得将各国的情况"一刀切"，统一标准、统一监管。

提问 3：我的问题是关于财政整顿。据我所知，西班牙在欧洲各国中，财政上是最为分权的，因此财政整顿依然面临诸多挑战。那对于 17 个欧元区成员国，其中央财政部门是否有特定或全面的目标？若目标未能达成，将如何处置？各国政府是否愿意接受严酷的惩治，抑或深化各国间的财政协调？

回答 3：确实是这样的，您在西班牙了解到的，与我们在欧盟层面上的了解基本一致。欧元区有 17 国的财政主权，但相关宪法与财政稳定还远未建立，是否达到预期目标，以及未达目标之惩治也不明确。西班牙宪法第 155 款无疑是西班牙经济与主权的最极端案例，中央政府不能因地区出现问题，而承接地区间的竞争。在实际操作中，欧盟有两个指标可以帮助那些出现问题的地区，求助于中央政府，而中央政府则强化约束条件，才施以援手。而约束条件是，以爱尔兰为例，爱尔兰必须接受欧盟更为严格条件，才能融到资。

提问 4：刚才您谈到政府试图增收节支，也尝试使市场更灵活。但是，西班牙人民本已为生活重担所负，大众对上述改革举措无法认同、难以接受。那如果工人们以罢工去对抗政策的实施，那政府该作何反应？

回答 4：针对第一个问题，我想在 2011 年 1 月的西班牙选举之前，政府已施行了一些痛苦的措施。不论是短期、中期还是长期，改革远不仅仅是沟通、实践方式方法等问题，而是这痛苦的改革，有些不为社会所接受，但其效果是明显的。政府有足够的政治支持与充分的手段去推行改革。

至于第二个问题，我想与以往的危机相似，经济体的安然过关还有赖于外部帮扶。自 2008 年起，西班牙整体竞争力已有所提升。截至 2008 年，我们分析了希腊对欧盟的冲击，我们的通胀水平是异于其他国家的，自 2008 年之后，我们的生产力是高出其他国家的，欧盟的外部力量，使我们的通胀降到了一个较低水平。

所以西班牙经济，作为整体还是很有竞争力的。可以看到，危机开始时我们的出口砍掉了 1/4，但外部需求还是存在的，我们需要改变西班牙的发展道路，走更少依靠房地产，更多依赖新技术、新研发以及创新的发展道路。花更多的时间、精力去钻研技术、研发和创新。这不仅为了外部需求，更为了满足内部需求。必须重构西班牙经济，减少对房地产的依赖。2012 年之前的几年，房地产直接和间接地占西班牙 GDP 的 25%，劳动力的 22%。我们必须减少对房地产的依赖，更多依赖科技、创新等一系列相关产品。

关于具备国际竞争力的公司，事实上在去年，西班牙的国际市场份额还是相当稳固的，对中国市场的份额还大幅提高，但邻国的份额下降颇多。尽管中国崛起为贸易超级大国，但西班牙的国际市场份额不为所动、相当稳固。即便我们的公司很多陷入房地产的泥潭，耗费大量的资源，但我们的出口导向型公司，却最为自由灵活，普遍往下掉，我们不加干预，有些公司被遗忘、有些已倒闭。这些公司的国际市场份额是失去了，但我们还有诸如汽车产业等公司，它们还生存得不错，现在正将房地产抽出的资源投入到这些地方去。好钢用在刀刃上嘛。

欧洲危机：发展及影响

汇丰银行　张之明

2012 年 8 月

张之明：时任汇丰银行环球研究部董事总经理兼中国区主管，拥有超过15年的金融从业经验，1996年加入汇丰银行亚洲固定收益部，之后在为亚洲产品部制定和销售亚洲银行外汇、利率和信用衍生产品。作为代表汇丰银行的首席顾问，为亚洲11个央行提供有关亚洲债券、基金的咨询工作，为政府、央行、基金以及商业银行，还有大公司客户提供有关中国和全球市场咨询。

一　般危机降临的时候，尽管有不少资产损失，但资金并不短缺，因为各国央行总归是逆向行驶，这样造成大量放水，造成央行的资产负债表膨胀，然后产生许多资金。所以资金总归要有一个去向，一般在危机发生的时候，绝大部分的资金会流向所谓的"避险天堂"，造成的结果就是那些避险天堂的国债的利率会大幅下降，所以以一个程度来衡量那个危机的严重程度，就是看避险天堂的政府债券利率走低的情况。

在西方，整体来说，基本上就是三大体系，德国、美国、英国。德国是欧债里面最大一块，它基本上控制着欧元的印钞机，因为它绝对是最大的一个经济实体，而且是信用情况最好的。美国和英国也都有控制自己货币或政府的印钞机，所以它们都是自然避险天堂的选择。2009 年 1 月，美国危机基本上是美国的国债利率跌得最厉害的时候，到目前为止，从各国自主国家政府的债券收益率的情况看，这一次危机的程度和深度都要比 2009 年雷曼倒台危机的时候都要深，利率要低得多，尤其是以德国为主，因为危机的根源在德国，所以德国的利率就特别得低。

低到什么程度呢？德国两年期以下国债的利率是负的，这是十年期的债，所谓基准利率。短期的德国利率也是负的，而且已经持续了一个多月，传统教科书上说名义利率最低是零，不应该是负的，在德国非但出现了负利率，而且是一直到两年期，并且已经从 7 月初一直到现在，有一个多月的时间。这说明一个什么问题呢？就是市场已经抛弃了所谓的资产收益率这个概念，而最需要关注的是它的流动性，对流动性的渴求已经超过了其他地方，十年就在 1% 以上，两年基本上是负的。也就是说，市场愿意接纳机构投资者最主要是因为他能够移动大笔的资金，几十亿元、几百亿元，他愿意付钱给中介机构，付钱给发行国债的国家，也是为了保留随时变现的能力，这就是流动性，即愿意付给你钱。

"避险天堂"国家政府债券收益率创历史新低，还有另外一个准则衡量，就是国债，刚刚发行的国债跟前期发行国债一般相差几个月的时间，它们的利差在危机深重的时候会相当得大，其实同样久期的工具，但是为了保持流动性，也会出现那种利差，就是新发行债和旧债之间的利差不断扩大这种形势。所以一个是利差。

从整体的利率看，所有这些国家的利率都比 2009 年的那次危机要深重得多，从一个避险天堂的资产来看这个情况，利率在不断走低。把它倒过来，作一个反向的观察，就是关注欧洲出问题的那些边缘国家，它们利率走势正好相反。现在问题最大的是希腊，但它已经拖累，市场一般是根据预期而行驶的，它已经拖累了更大的问题国家，那就是西班牙和意大利。希腊的利率都是在两位数，百分之二十几，西班牙和意大利那个盘子要大得多，十年债利率在 6%～7% 之间徘徊，这跟避险天堂的利率正好相反。

欧洲三国政府债券收益率重登历史高点，也就是说，任何发生危机的时候，资金量总是在来回晃荡，都是逃开有问题国家的资产，而流向所谓的"避险天堂"，这个幅度都相当得大。反映在欧洲国家的银行其实最明显的就是存款流失，其中最明显的国家就是希腊和西班牙。从去年年终开始，西班牙也经历了持久性的存款流失，如果你看在欧元区的话，流出西班牙和希腊的钱基本上就流向德国和法国，这从存款的角度看资金的流向，刚刚从"避险天堂"国家的国债跟风险国家国债的利率走势可以看出，这个从存款的流量走势也可以看出，流出问题国家。

危机国家银行存款大幅流失，就会造成流动性一边过多，一边缺乏。过多的就是那些避险天堂的国家，以这样的国家为主，它们政府所谓的资产负债表会扩大，它就要通过发债，发债了以后，融资了以后，去购买以支持那些有问题国家的国债，即注入流动性，一般就是通过这样的形式对问题国家进行支持。我们以后也看到，不光是所谓 ECB，就是欧洲央行的资产负债表大幅度增长，美联储也一样，美联储的高峰往上升的时候，如 2009 年，就是雷曼倒台以后。现在每一次的美联储干预市场，所谓到公开市场买债，也就是每一次它的资产负债表膨胀。

2008 年，雷曼倒闭的时候，欧洲央行资产负债表激增美联储的大幅调升，欧洲央行最近进一步大幅度地上升。但是，除了资产负债表，即央行的资产负债表膨胀以后，它起到的作用就是增加了部分危机国家的流动性，没有真正解决债务危机问题，例如，西班牙的两年、五年债，它的利率是上升的，只不过上升的是 3 个月欧元的拆借利率，银行的拆借利率是降低的，这是因为欧洲央行的不断放水。

欧洲央行操作并未真正解决主权国家债务危机，但流动性的背后对实际经济体系没有什么大的影响。美联储也发生了这样的情况，2008 年开始放水，到现在美国经济刚刚有复苏的征兆，它也是经历了整整四五年的放水之后，才逐渐有效用。开始的时候，央行的资产负债表增加或流动性增加，钱到了银行以后，银行往往又去买国债，而不是贷款，所以跟央行放水正好相互抵消，也没有什么通胀影响。所以央行的印钞并没有对整体的货币增加发生什么作用，只有到钱通过银行的形式向实体经济信贷膨胀的时候，才会有所谓的通胀压力。

从欧元区银行贷款走势分析，所有的钱只不过是在央行资产负债表不断膨胀，然后钱存入银行以后，银行拿到钱又去买央行的债券，互相抵消，什么作用也没有。实体经济的话，不管从零售来看也好，还是从公司之间的借贷量来看，都是相当低迷，所以央行放水对实体经济的影响是有限的。假设中国一定程度上发生了问题，这与现在面临的问题也有点相似，虽然市场预期已久，但央行货币政策的宽松还迟迟未到，市场大概半年多以前就不停地预期央行有大幅度地对银行存款准备金、利率大幅度减少，已经很长时间比市场的预期反应要微弱得多，尽管经济的下滑比市场预期要快，但就是这么一个结果。

这不光是一个大幅度放流动性的问题，而是钱是不是能够流到实体经济的问题，中国也有这样的问题，想圈钱的公司、个人，还是拿不到钱，钱多的地方到处都是，也不缺钱，跟上面这个有点相似。正因为资金流到实体经济的那个放量有限，所以如果我们看欧元区的制造业，2012年的指数，就是它们的PMI，这是个先行指标了，也是乏力，也是走低的趋势，这跟信贷的投放量是相关的。这样使得整个欧元区的情况基本上是在恶性循环里面套着，就是经济增长低下，然后借债成本扭曲，这就是说像德国这样不需要资金的国家的融资成本特低，真正需要钱流入的地方融资成本很高，所以造成主流国家、有问题的不发达的国家，和相对来说不发达的欧元区国家，实体的经济增长都相当乏力，基本上这就是从数据上看欧元区国家的经济情况。

制造业经理人指数预示欧元区经济将持续走低，欧元区基本上现在所处的情况有点"死猪不怕开水烫"。能够看到的坏的形象，就整体很坏，能够想象的市场坏情况都存在，所以最近一个阶段有股市甚至利率市场触底的情况，就是说坏也坏不到什么地方去，都在预期里面了。接下来就看看有什么大的举措，最主要的就是欧洲央行如何干预市场，尤其是控制事态扩散到西班牙和意大利国债收益率的问题，因为原来的问题还在希腊，希腊已经是两位数的收益率，实质处在一个破产的情况。问题就是怎样一刀切开，别继续扩展到更大的经济实体，即西班牙和意大利。

现在从政治层面，欧洲央行行长坚持国际货币基金组织的做法。国际货币基金组织在应对世界各地危机的时候，存在两个原则，第一，我借的钱是不会违约，在任何情况下你必须还我的钱，这也就是到现在为止，为什么国际货币基金组织借出去的钱还从来没发生过收不回来的情况；第二，借钱的条件，你必须有紧缩政策做保证，否则不借。现在的欧洲央行行长基本是停留在这个水准的思路，就是说我可以借钱，但一定要有条件，我可以建立欧洲稳定机制或基金，但是这个钱来了以后，我贷给某一个国家，一定要有财政约束的承诺，正是因为这些欧洲国家财政约束能够做到多少取决于当地民主政治，是由当地选民或者政治家所决定的，所以很难一步到位，因此这就是有不断地博弈，而造成市场不断震荡的一个过程的原因。欧洲式的所谓摸着石头过河，就是没有好的解决办法，大家都互相博弈僵持着。

现在已经到了事态的边缘，看看欧洲央行在下几周能否走出这一层，第一，它能不能够取消自己所谓的优于普通投资者的债权人地位，国际货币基金组织借钱，它就一定要处在一个优于普通投资者的那个债权人地位，一般要接受 IMF 资助的国家或者经济体，都负了许多债，如果 IMF 再注资的话，第一你要财政紧缩，第二你要还钱的话，第一块钱先还给我，我优于其他所有的人。这样 IMF 是保住了，但别的投资者的参与程度和激情就没有了，欧洲央行现在就处于这样的情况，它要有优先权，有欧洲稳定基金，而稳定基金一定要有优先的债权人地位，这样一来，其余套住的银行就不参与了，因为假如大家一起托市，然后对方也有了钱，第一块是还给你的，我们等于说是次级债，等你还清了，才能还我的，那市场的参与程度就没有了。如果没有市场参与程度的话，试想只有欧洲央行一个个体在买，那个利率下调的空间，也就是问题国家的利率下调的空间，不管你买多少的债都是有限的，你买的时候正好那些银行把自己手里的债全部抛给你了。

所以它的第一道槛，就是政治上能不能跃过这一步，我跟你们是平等的，并不是说我有优先权。融资以后，成立的欧洲稳定基金，以金融稳定基金去买债，并没有比普通人在市场上买债有任何的特殊优先权。如果能够打破，在政治上是一个进步，它的好处就是能够增加市场的参与程度，这样就对市场其他的贷款，间接的贷款人或者买债人有个公平机制。

2012 年 9 月 12 日，德国宪法法令能不能通过这样一个做法值得关注，因为在这里面，稳定基金里面最大买单的或者注资人就是德国，看看能不能做到这个。

第二，现在的稳定基金是一个临时性的机构，就是它发债，然后拿发债融资融来的钱，去买那些有问题国家的国债，比如西班牙或者意大利。它是一个间接机构，能否成立一个永久性的机制，把那个临时性的基金弄成银行牌照，就是所谓欧洲式的政策性银行或者我国的国开行，把它变成一个固定型的机构，而不是仅仅一个机构型，而是一个银行性的牌照，这样就能杠杆化运作。银行就是杠杆运作，它把融资融来的钱，去买债，能不能达到一个像 ESM 这样一个永久性的机构，这是一个关注点。一个是机构融资支持有问题国家的机构永久性，不光是这一次债务危机，如果以后欧元的机制不打破，也就是共同货币——独立财政这个机制不打破，那这个机制本身里面有问题，像以前中国的"大锅饭"一样，你的钱就是我的钱，那所有人都乱花钱，最后没有钱，那个机制也一样，所有人的激励机制就是大家拼命花钱，所以统一货币、独立财政，这是一个永久性、结构性的问题，如果不打破，那至少你得有一个永久性机构，随时准备着去支持那些实体经济有问题的比较弱的欧元区成员国，这个机制要永久性。

第二步就是你要公平性，你不能用国际货币基金组织那种方式，即我买债，出了问题，我先拿我的钱，然后再付给你们，这样的话，市场参与程度没有，你一个人单玩是不行的，要有参与程度，就要有公平机制。所以永久性的公平机制，看这个到 9 月能够做到哪一部分，这是另一个关注点。

接下来的情况。希腊以后最大一个实体，最有问题的是西班牙，然后才是意大利。西班牙申请 1 000 亿欧元银行救助以后，这个头寸能否足以支持去买西班牙国债，能够把它的利率给降下来，现在看来是有问题的。因为当它融来这 1 000 亿欧元以后，别的机构都撤了，所以从 2011 年年末开始，西班牙国内的银行成为购买西班牙国债的唯一机构，本来还有其他机构，比如，像汇丰银行一样，别的银行参与人一起买有问题的西班牙国债，现在 1 000 亿欧元看上去很多，你一旦投入，剩下的人都撤了，那你就自己拿着，这个角度来看不够。然后西班牙银行也好，国家也好，都要面对去杠杆化，还要用抵押物来支持它买那个国债，在这样的情况下，它进一步托市的能力有限，就是现在的六七厘是不是顶得住，有问题，这也是接下来要看的一个关注点。就是说要么你增加，比 1 000 亿欧元更多，因为别人都撤了，你越是买，西班牙的银行越是买，别的地方撤得越是起劲，依旧不够。要么有别的机制能够吸引其他投资人来参与买西班牙国债，否则的话，顶住它现在六七厘的大关也有一定的难度。而更严重的是，当然首当其冲的就是希腊问题，因为希腊的问题最严重，它可能需要更多的时间和钱来解决基础问题。

希腊有这样的困境，希腊想得到更多的援助，但问题是，别的国家愿不愿意资金到位，而希腊它本国的政治体制能够承受的财政紧缩已经到了几乎极限的地步，如果你看电视的话，经常看到整天都在罢工，社会承受力已经到了底部。但如果把希腊划出去，那可能就会有个多米诺骨牌效应，即使希腊可以维持，但所有的关注点可能又转移到西班牙和意大利身上，这一部分关注点，就是希腊如何解套。

总结一下，2012 年 9 月欧洲央行永久性机制、平等性机制，融资支持，融资以后买稳定基金能不能永久性和公平性地参与；然后看看西班牙银行 1 000 亿欧元能不能顶得住它六七厘的上限；还有一个就是希腊现在的扩散情况能不能稳定，欧洲央行是否会愿意进行再次的债务融资操作，就是继续买希腊的债券。近期三个关注点，我们也别看得太远，因为欧洲问题很大程度上是一个政治问题，是一个互动的博弈，只有走到某一步，你才会知道下一步可能有哪几种不同的情形。像中国以前改革开放初期也是这样，谁也不会想到今天，只能走一步看一步。所以只要关注这三大问题即可。

欧洲危机虽然可以跟我们国内的情况做一些联想，但不是完全可比。欧洲危机根源就是单一货币、多维的独立财政，这在开始的时候还可以，但只要有边缘国家产生危机，统一的货币会把竞争力强的国家和竞争力弱的国家，由于采取不同的政策，差距更加拉大，那些竞争力差的国家，就会倒逼着大举举债，因为它发债的成本低，参与欧元区最重要的一个激励机制，就是它可以比较低成本地融资。钱如果容易到手的话，就很容易乱花，其中最容易出现的问题就是房地产泡沫，这在西班牙等南欧国家最明显。

我们现在国内，不说从政治的层面，但至少从经济和财政的层面，地方政府跟中央政府的关系就有些类似，有许多实力不等的地方政府，就像许多实力不等的欧元区国家一样，它们本来应该独立经营，对自己的财政负责，那样它才会精打细算去考虑是不是值得融资，是不是值得投资。过去几年的情况就是拨款型，而且又进了一步，就是财政部代发，财政部代发这个做法跟欧元区统一发债有点像，不管哪一个借债体实际经济情况如何，融资成本一致。当时的想法是很好，越是经济弱的边远地区越需要支持，所有的富裕和贫穷的城市捆绑在一起，富裕的城市等于说是支持了那些比较边远的省份，这跟南欧和北欧有点像。

好的地方就是说可以发长债，可以让那些本来无力融资、比较落后的地方，能够融资，而且以较低的成本融资。一开始比较看好，但如果这个规模无限制地膨胀，那这个模式就跟欧洲的情况有点相似了，在统一的一个融资框架下，拿了钱以后，越是发展比较落后的地区，它融资的冲动就越大，当然不是完全相似的地方，具体哪个省份配多少份额还是中央政府控制的，但总归在一定程度上容易产生借公款式的融资心态，所以在这个方面有一点相似。如果发展到一定规模以后，欧洲体系发生的那个问题值得我们稍微深思和借鉴。

走入危机的过程，总归要有一个导火线或者突发性事件来触动危机发生。在欧元区刚刚成立的前七八年都太平无事，但一旦危机来了，那所有的问题就暴露出来了。而且倒过来也会看到那些本来经济面有问题的南欧国家，如希腊，即它膨胀了财政报表，这种事情在我们这儿有吗？也会有。越是落后的地方政府，平时看不出问题，到危机来的时候，这个问题会一下暴露出来。所以类似于在统一的那个框架下，统一的发行体下发债，那种机制发行的程度要有一定的控制，这个问题我们要有关注。往往这个问题会变成这样，就是日子好的时候看不出，日子不好的时候问题就出来了，问题出来又变成了一个倒逼机制，使得中央政府在问题最大的时候，又是最差的时间，去把那个问题解决。欧洲也是这样，现在你不能逼那些穷的国家，因为它们的自行融资能力都没有了，就倒逼着欧洲央行成立什么稳定基金，以欧洲央行的名义低成本地去融资，融资了以后，拿了这个钱，来买你的国债，来把你的利率降下来，这跟我们其实也有点像。我们是以财政部的名义代发，低成本融资，然后倒过来把钱还了，在短期看都是好事情，就是说如果你做的规模还有限，整个经济发展环境还可以的情况下，你可能会觉得这是一件好事，欧盟到现在撑不住的情况，就是因为它经历了 7~8 年这样不合理的膨胀以后就顶不住了，出现了这种情况。

如果这个制度不可持续，那么是不是可以有一个退出机制呢？并非那么简单。这个东西是中国地方政府和中央政府在博弈，也是有那个可比性，什么时候会退出？就是问题一塌糊涂的时候，会提出这样的问题，而这个时候市场对于这样的退出打击也就越大，一旦退出，退出国就会有通胀大幅上升的问题，会出现银行挤兑，如果有外债的话，还会出现外债违约，然后违约也好，违约也会更进一步地造成融资成本上升，所以加在一起打压实体经济，实体经济受伤了以后，所有的人融资成本上升更快，融资渠道就更少，基本上是这么一个恶性循环的结果。

所以就会造成这样一种情况，如果看欧元区现在最差的国家希腊，市场在预计这四种情况，每一种情况都基本上没有好结果。从欧洲央行角度，你可以支援，采取支持计划，让希腊留在欧元区，这有什么不好呢？好的话，就是希腊可以生存下来，不好的话，就拖累整个欧元区的经济，因为这个钱最终还是要成本的，把那些本来还可以的经济体都会拖下，所以造成的结果是经济增长缺失，偿付问题留存。

如果反对援助也一样，因为长期出现信贷问题的那些国家，一般都是要经过相当漫长的时间才能逐步地达到财政紧缩，去杠杆的过程，像美国就从 2008 年到现在才刚刚出现增长恢复的势头，还是要美联储大量放水，维持零利率，并大量干预市场买债，才会出现这种情况，即逐渐恢复的那个情形，所以要很长一段时间。

如果快刀退出，就是一刀退出，问题是市场的预期，如果这个事情能够迅速隔离开来，可以说是一个不错的解决方法，但很可能引发一个多米诺骨牌效应。希腊的问题解决了，随之而来的，西班牙和意大利的利率到时候就不是六七厘了，也会到两位数。而如果退出，我们看看如果希腊退出欧元区会怎样，以前这个事情发生过，2001 年阿根廷违约就发生过，发生的问题就是货币贬值，希腊现在是货币硬撑着，它是欧元区的，如果是自主货币的话，那它对美元就肯定大幅贬值。

2001 年，阿根廷债务危机大幅贬值造成的后果，国内人不一定会感到货币贬值有什么坏处，但问题是如果它许多原料是要进口的话，很快出现的情况就是通胀，大幅通胀。所以如果我们能够把这个问题只限制在希腊一国的话，那就是希腊本身经历这样的一个阵痛，别的国家能够隔离，这也不失为一个比较好的解决办法，但问题往往是随之而来的多米诺骨牌效应。所以这就会造成退出国本身经历货币贬值、通货膨胀的打击，剩余国家然后会重蹈希腊走过的那个过程，就像要切掉尾巴一样，要千刀万剐，一刀一刀割的办法，那是相当痛苦的。

部分欧元区国家的债务及财政赤字水平不管从总体的负债水平对 GDP 的程度，还是从财政赤字水平，都反映欧元区的许多国家都有问题。欧洲的问题基本上得出一个总结，就是 2012 年 9 月暑假过后，德国的选民是否对他们的国会起到一个支撑作用，能否成立一个长期性的、公平性的稳定基金，支持边远国家，西班牙 1 000 亿欧元能不能顶住利率超过 6% ~7%，是不是还有别的资金注入，不管是从其他的私营机构也好，或者是从欧洲央行也好，还有就是希腊的问题能不能稳定，这基本上是欧洲的情况。

美国最近经济又有疲软的势头，汇丰美国经济指数，所谓经济就是比较市场预期跟实际数值的差别，如果预期跟实际数字都是相符的话，那就没有惊奇，如果实际比预期都差的话，是对市场最不利的，就存在所谓下滑的风险。目前经济指数基本上是在一个负面，也就是说负面的经济比正面要多。

美国经济低迷的重要原因，其实就是它的公司也好，它的家庭也好，在不断地去杠杆化，这个问题要分两层来看。短期来看，它是一个负面的，使经济增长疲软；但长期来看，美国的后劲不足，不管怎么一个情况，这个去杠杆是一个必需的过程。倒过来看中国的经济其实也一样，如果我们能顶住，慢就慢，如果你顶得住，不管从就业角度也好，从信用风险角度也好，经济放缓照样能够挺过去，那实质上短期是不好的，经济指标大幅下滑，长期来说有它好的一面，就实体经济的调整会有更多的成效。美国政府的手段有限，尤其是财政政策方面有限，美联储能做的就是顶住零利率或者是公开市场操作，买一点长债，就这么做。所以它大部分通过实体经济自己去消化，实体经济自己消化基本上就产生了一个去杠杆化的逐渐的过程，去杠杆化相当痛苦，经济走势低迷，但长期来说确实有好处。

压在美国经济上最严重的一个问题就是资不抵债，尤其是对普通的老百姓来说，最大的就是他们的房产。以前在中国香港的时候，这个幅度比美国未偿还的房屋抵押贷款和房屋市值之差大，如果没有大陆在过去十年，尤其是 2003 年以后腾飞的话，可能中国香港到现在还没走出来。因为美国的房价调整总体来说在 30% 左右，中国香港最严重的时候是 70%，就个别地块甚至更高，因为它杠杆化更厉害。所以如果出现这样的情况，唯一调整的步骤就是缓慢地去杠杆化过程，它的代价就是经济增长低迷，但这里面有一个我们值得关注的，就是说 2008 年、2009 年以后，美国经济成长了，政府部门，中央和地方的政府支出对 GDP 的贡献，能够把美国 GDP 支撑住的都是靠政府支出，现在虽然美国经济增长又开始乏力，才百分之一点几，但政府支出对它的刺激作用已经由正面逐渐变到负面，也就是说，它的这个百分之一点几是来之不易的。

所以这就是另外一个角度，从结构上说明美国的宏观数字很差，但从长远的结构上来看，它确实有支持力度。这就是为何美国的股市是 2012 年到目前为止世界上最好的，它的增长率百分之一点几，中国的增长率 7.8%、8% 左右，但我们的股市要比它差很多，股市就得往前看。所以这背后有它结构性调整的支持，它的百分之一点几里面，政府的支撑作用已经变得相当的微弱。试想如果中国现在固定资产投资占 50% 左右，如果把这一部分去掉的话，那我们的 GDP 还剩下百分之几，如果这部分去掉，哪怕 GDP 微弱增长，那这样中国的经济才了不得，它基本上是处于这么一种情况。

但是未来它也有挑战，尽管在这个结构性方面，我个人觉得有中长期的支持，但未来几个月可能市场会关注的，对美国来说仍然是一些负面效应，负面效应里面最大的财政悬崖，因为在 2008 年、2009 年，美国减税，增加财政支出的同时，它做了一个规定，到 2012 年、2013 年就要倒过来，减税要结束，财政支出要减少，那税收增加跟支出减少，这就变成了一个双重的悬崖。现在又碰上一个大选年，所以最可能发生的情况就是参选的人各说各的，给市场造成很大的不确定性，如果确实减税突然停止甚至恢复征税照四五年前约定的话，另外财政收支减少 6 000 亿美元，将导致美国的增长率很可能会大幅下调。但是政客是政客，这种自杀性的做法可能性还是比较小的，但可以确定最可能的结果是，之前所谓财政悬崖，税收减少，财政开支，会充斥传媒，把市场弄得相当恐慌，这个过程是很可能会经历的，但最终放任或者放弃的做法的可能性还是比较小的。

如果美国结构性的东西有一定调整，最大的一个支撑力就是来自美国的房地产。2011 年年底到 2012 年年初，世界上投资回报最高的就是买美国房地产开发商的股票，一般都 60% ~ 70% 的上升，翻倍的也有。因为股票一般是个先行指标，尽管美国房价只不过是稍稍有点起色，一般股价要领先一年。也就是说，美国开发商的股价在 2006 年 7 月是碰顶的，美国实际的房地产价格正好在 1 年以后，2007 年 7 月开始触底，就是股价要比实际房地产价格最高值要提早一年。触底回升可能也会领先一年，是这样一个情况。

美国房地产市场新房和二手房存量均大幅下降。原因较多，第一个是美国普通人对买房、租房的想法，正好跟中国人完全 180 度相反，谁都认为买房是最蠢的，尽管现在买房的收租率是最高的。像美国以前的美国梦一般人找了工作，有的第一块钱，还大学贷款之前要做的事情就是买房，这是美国梦关键的一部分，所以以前买房心态和欲望是很强烈的，现在正好相反，租房的人越来越多，买房的人就停止增长。在这种情况下，美国住房的自有率已经从 69.2% 跌到了 66%，中国是 84%、85%，唯一一个不同就是中国现在的房子大多数不是买来的，是国家赠予的，第一套房不是买来的，原来住的国家分配的房，突然一下就变成自己的房子了。但是不管怎么样，如果你把这个也看成产权的话，中国的住房自有率是 80%、85% 了。

美国房屋按揭利率连创历史新低，还有一个就是如果你看看它的存量，美国从 2007 年 7 月红线到顶的时候，房价也是 7 月到顶，然后新房的建设存量最大，再然后就一路下滑。基本上不造新房，然后旧房的存量也在不停地减少，这样的话，一定时间后，它总归会反弹的，这就是为什么在大概四五个月以前，在巴菲特的股东会议上，他说第一他承认对美国房产市场复苏的预计错了，稍微早了一点，但是现在只要看两个指标，一个是存量，包括新房、旧房的存量，跟美国的所谓 household formation，就是新家庭成立，每一次有一对新人结婚就是一个新家庭，新家庭的诞生率跟存量的诞生率这个比，新家庭已经好几年都比这个高，这个比例它只要持续持久，足够长，总有一天，用他的话来说，就是新婚的人会从自己丈母娘家里搬出来的，也就是一定要买房的。

所以买房了以后，他的观点，美国失业率高的一个很重要的原因，就是房屋市场没恢复。因为房屋市场，第一是一个就业机器，房屋市场本身就雇许多人，第二是个收入机器，就业就有收入。这个正循环如果倒过来失业率的恢复要比市场所有经济学家的预测要快得多。现在只要看到它的存量和新家庭诞生的差距越来越大。

还有一个就是美联储不停地买长债，就把 30 年期的美国国债作为按揭利率的基准利率，越长越低，所以它的买房成本在不停地下降。所以房屋存量在下降，新的家庭成立在上升，房屋的持有成本，买房的成本也在持续下降，在这种情况下，你只要持续，一定时间后，总有一天会倒过来。而房屋成本低下，使得美国人很幸运，所以这里面也有阴谋论说，欧债是美国人自己弄出来的，一有欧债危机，世界上各地都有危机，那美国就是最大的避险天堂，美国若成为避险天堂，以什么衡量呢？就是避险天堂的国债利率高低，就是衡量危机的深浅。

欧债是第二大块，只要欧债危机存在，不管它怎么解决，因为它是个政治问题，用中国的话说是摸着石头过河的问题，没有一个答案，政治体就是利益集团，这是利益集团的问题，你是不是聪明，意识到这个问题怎么解决，解决了以后，利益要受到冲击的话，那谁也不愿意解决，唯一解决的方式就是倒逼机制，倒逼机制其实也是灾难机制，灾难积累到一定程度才有这个欲望去改变，这就需要一个时间，这个时间就让美国人占了便宜，它的利率会很低，这是在成本的方面。

在基本面的方面，它的公司也好，普通的老百姓也好，都在去杠杆，得给它时间，低利率是去杠杆的最好环境，然后新家庭的成立，形成比存量，新旧房的存量要高。所以把这些因素放在一起，它的基本面就有很大的支持，这就是为什么美股跑赢。当然，从过去 2007 年到 2012 年为止，美国还赚了一个便宜，这不是哪一个政策者安排的，而是市场机制决定的，就是能源便宜。2007 年、2008 年的时候，每桶石油上升到 145 美元，那个时候才有美国打伊拉克是为了石油等这样的说法。自从这次以后，即石油危机以后，因为美国基本上是一个市场机制的国家，每一次有危机来临，价格就作为一个信号，所以石油价格是一个信号，那就有许多私人资本去开发新能源，在美国来说它不是开发风能、太阳能，而是很现实，一个是开发 natural gas，就是天然气的技术，有很大突破，使得它现在天然气的成本大幅下降，降到不可相信的程度。为此，像巴菲特这样的投资人也损失了两三亿美元，因为天然气成本大幅下降。第二它本土的油开采量大幅上升，上升到怎么一个程度？为什么美国人现在能够对伊朗态度那么强硬，它封锁你的油，它不需要你的油，美国跟 2007 年相比，本国自身产油就能够产生相当于 75% 的伊朗的产量，就是它新增的产油的能量就相当于 3/4 个伊朗的产量，所以你把伊朗禁了，根本没关心。

所以如果天然气的价格那么低的话，美国三五年之内，能源就能够自主，它不需要进口油。若美国不需要进口油，突然一下六七千亿美元的逆差就没了，因为这些逆差主要是买油，所以这不是美国伯南克想得到或者是安排的，倒过来，我就说市场驱动跟政府驱动区别，这是好例子。中国也投入了新能源、风能、电能，产生什么情况？无论无锡尚德还有赛维，股价都跌了百分之九十几，就是因为它技术不到位，因为这个欲望很好，很容易得到政府的贷款和支持，因为是新能源、清洁能源，但问题是你的技术不到位，那政府就要烧钱，继续烧下去，不烧下去这些钱就浪费了。我记得无锡尚德那个时候，新能源刚起，2006 年、2007 年的时候 86 块，是中国首富，现在 9 毛钱，赛维也一样，赛维好一点，赛维负债的问题现在是最大，因为我们 10 月有两个债到期，200 亿元人民币的债，它的股价封顶的时候大概也有 60 块，现在在 1 块 2 毛钱左右。这就是说是政策性驱动，当然你有的时候也有对手，以前在 2008 年雷曼危机的时候，市场上就得出这样一个结论，资本主义完蛋了，市场机制完蛋了，还不如用政府机制的好。我刚才用能源说的例子正好又相反了，美国的采掘技术，就是天然气，采油，很少政府行为，它现在赚了，我们有政府性的行为，那个时候新能源中国绝对领先，但问题是领先太快，领先于市场的就不行，还没等你赚钱的时候，就把钱全烧光了。

中国的指标，我讲金砖五国，因为市场上普遍有个看法就是西方不行了，金砖五国要拯救未来，所以我们一国一国来看。主要是中国，中国的数字最大的一个拐点是在 2012 年 4 月的所有指标，不管是环比还是同比，跟预期比都大幅下滑，4 月的数字出来以后，中央政府温家宝总理才感觉到不对，然后才逐渐地把政策、把稳增长放在第一位。

中国经济效益下降，信贷需求增强但中国有更深层次的问题在后面，这些也没有什么新意，但中国经济效益下降，很重要的原因就是对固定资产投资太倚重，那个效益下降用什么衡量最好呢？就是 TSF（total social financing），总的社会融资，社会融资总量跟 GDP 相比，这个比衡量的就是新增加的一个值，所谓 dollar value added，新增加的一个产值。每新增加一个产值需要多少新的融资来支持，衡量一个宏观效益的一种方法。新的 GDP 就是新的附加值，每一个附加值肯定需要新的资金支持，因为增长对资金有依赖。新的增长总值的增加跟新的信贷增加之间的依赖关系，就是每增加 1 块钱 GDP，需要融资的份额越来越高。

很简单的就是一个边际成本的问题。边际成本的问题就是固定资产投资或修路造桥，规模达到一定程度以后，当然效益会下降。中国还有一个问题，就是说现在的固定资产投资从几年前、十几年前，基本上是以中央政府为主的，逐渐到以地方为主，好的地方就是中央的融资承担比例或者负债比例得到控制，但地方的负债在增加，是为了达到这么一个目的。但地方为主的固定资产投资它的效益就不高，规模就不好，容易重复建设，这也反映在 GDP 所需要的融资份额越来越大方面，因为现在地方政府支持的固定资产投资已经占总的比例达到 90%，一直上升，这就是为什么总成本一直上升。

所以中国其实面临着一个陷阱，跟欧美有点像，某种程度上来说更深。比如说央行的资产负债表，那比欧洲央行、美联储更大，还有所谓广义货币跟 GDP 的比例那比美国更高，这表明效益不好。跟 GDP 比，GDP 是新的生产增值，所需要的广义货币量的支持，美国需要的比中国低得多，基本上 3:1。在这么一个背景下，中央政府就会有这个困惑，如果经济增长放缓，采用传统的货币政策是不是还会起到同样的效果？欧洲央行之前的问题就是它可以放水，银行拿了钱，不去放贷，从零售角度也好，从公司之间的贷款也好都没有增加，只不过是在银行跟政府之间兜圈子。我们也有同样的问题，甚至更厉害，流动性过剩与资金短缺共存。自从 2009 年我们开始放水以后，不管你用社会融资总量来看，还是新增贷款来看，过去三年，包括 2012 年，都比危机之前的社会融资新增总量或者贷款量要高得多，说明我们总体资金不缺。那间接的例子就更多了，不光是房价的问题，所有的资金炒作的现象到处都是，从以前的大蒜到邮票，到红酒，到各种各样的东西，如果这些价格能够炒上去，一定程度上反映资金过多。

同时跟世界其他国家比，也是资金短缺现象最严重的，银行抢存款，然后企业、黑市，哪怕是温州能够公开的黑市利率，百分之二十几，没看见的那就更高，所以它出现了一个奇怪的现象，流动性很多，什么东西都可能会被炒一把，这是一个流动性过剩现象反应，然后同时从银行也好，从个体公司也好，它资金短缺。所以它其实更多的是一个资金渠道搭配流动不畅通的问题，而不是一个总体缺钱的问题，这样靠减息也好，减存款准备金也好，其实很难达到这个效果，一定程度上也说明政府为什么迟迟犹豫，这个放水的影响到现在比市场的预期要滞后很多。

还有一个角度我们可以看，2010 年 2 月开始，中央政府收紧对房地产政策，在那个时候，如果比较房地产总量，不包括住房商业，所谓 residential property，就是住房的总产值跟 GDP 的比，美国在次债危机最高的时候大概是 1.8，现在比 1 大概稍微高一点点，那你可能说没有可比性，美国地多人少。如果跟中国香港比的话，中国香港在 1997 年是 3 出头一点点，在 2010 年的时候已经是 3.5 左右，历史最高位是日本，在 20 世纪 90 年代初大概 3.7、3.8 这个位置。说明就是流动性很多了，因为房产的总量基本上就是房价的平均价，在城市里的平均价乘上城市里的总量，再加上农村的平均价格，农村的总量，加权以后算出来的这么一个数字。所以在这样一个高企的情况下，这就是为什么到现在两年多，中央政府始终是不舍不弃，一定要控制那个房价和总量攀升。

还有一点就是中国的发展太快的话，中国变成世界上大宗商品的定价国，而我们又是最大的进口国，这样就很不合算。如果继续以固定资产投资为主导的话，那就等于说我们要进口大量的大宗商品，所以如果放水，货币政策放松的话，它会起到负面作用，负面作用就是劳动力成本，工资要上升，原材料价格要上升，这样的话，这些价格的上升再加上需求不足，产生一个结果就是公司的盈利环境特别差，这是中小企业盈利环境与 2008 年的时候相比，不管是净利率也好，毛利率也好，毛利润也好，都要差。

有人会说央企大概还可以，央企比私企当然好，但央企也不怎么样，从它们的业绩来看不怎么样，哪怕从国资委的领导，那些前瞻性的表态来看，国资委至少有两位副主任出来说，未来 3~5 年要怎么过冬，要收紧裤带，说明整个营运环境不好。营运环境基本上是双面夹击，需求，不管是内部需求也好，外部需求也好都比较疲软，然后成本上升，成本上升的很大程度就是前一轮货币过度宽松造成的，在国内就是劳动力成本上升，在国外反馈回来的就是商品价格上升，我们是最大的进口国，就造成这样的情况。

所以从层层角度放在一起，你就会觉得央行或者中央政府为什么这么迟迟犹豫，比市场预计的要缓慢得多。正因为公司的营运环境不佳，就造成贷款需求不足，然后银行不愿意贷款，银行不愿意贷款表现在中长期贷款比率减低，短期贷款和票据融资飙升，票据融资造就了许多千万、亿万富翁，现在刚刚开始打压，很乱，好像都是银行在背后支持那些个人非法做票据，他能够有那么大的利润空间，就是因为以前资金紧缺，银行不愿意放贷。从另外一个角度，除了刚才看到短期融资的成分，总体贷款量减少，还有就是短期和票据融资成本上升，中长期贷款减少，还有一个就是看那个比例，这个还稍微旧一点，现在是80%，就是有多少贷款是在标准利率以上放出的，有多少是打10%的折扣放出的，这是到2012年3月，70%以上的贷款都是在基准利率上升以上贷款的。尽管需求不足，量不足，贷款的价格还是相当的坚挺，就是银行不愿意贷。

这就是为什么央行第一次减息，而且是一个不对称减息，还有跟利率市场化同时放出来，造成的结果就是没有给市场多少注资，因为绝大多数银行存款利率马上调上去，中小银行甚至调足10%，那它减息以后的存款利率比减息以前还高。

但问题是本来70%的贷款就是在你的基准利率以上，所以也没起多大作用。所以净的利率就是存款利率反而上升了，所以并不是一个政策的放松，这是第一次减息，但利差还是比较高的，这个数字可能有点滞后了，5月以后利差应该下降不少，但过去的几星期又往上调整一点，直到昨天和前天的数字出来，可能利率又稍微好一点。这是中国的情况。

下面看看另外的四块金砖。我把这个问题拿出来就是市场上普遍的预期，西方发达国家是没救，是不是我们金砖国家，尤其境外媒体炒作很厉害，金砖国家这一轮会把世界经济给托住。可以用许许多多的不同角度来看一个经济实体的实力，对发达国家来说，看它本国的利率，大的经济体看本国的利率最好，小的经济体就要看它的外汇，看它的汇率比利率更有说服力。因为利率本身政府有控制的余地，小的国家它的实体经济很大程度上依赖于外部资金的支持，而这些资金的流动，第一对它影响打击最大的就是它的汇率。

看看印度的情况，如果看一年，它对美元的汇率从44已经贬值到了56左右，大概 17%、18%。那么长期的，1973 年的时候到现在，印度的货币对美国是从大概 7、8，到现在的 56，接近 90%。我为什么想到这个问题呢？新兴市场（emerging market），这个词是 20 世纪 70 年代就有的，既然新兴市场这个概念已经有那么多年了，为什么新兴市场国家仍旧是新兴市场？应该走出，能够真正走出的国家很少，例如，新加坡、韩国，其余都是持续几年或者几十年的增长，然后一步就回到了原点，这从它的汇率对美元的汇率可以看出。如印度你看到了，1973 年到现在，这 40 年贬值近 90%。

再看看巴西，巴西一年，2011 年是大概一点五几，现在比 2 更多，那贬值不少，百分之二十几。20 年前巴西兑美元的汇率和现在是一个什么样的概念？现在是在 2 左右，20 年前它是 0.0004，3 个 0，这是个什么概念呢？汇率只不过是个相对数，那我们都乘以 10 000，也就是说，如果 1992 年巴西兑美元的汇率是 1 块钱的话，现在就是 2 万块，就贬值了 99.9999%，就这么一个概念。因为现在我们媒体故事里讲得多，只是看到过去五年、十年的时间，只要稍微再加上十年，就是完全不一样的故事，这是对外部资金的依赖性很强，对国际金融危机的冲击能够忍受的程度相当微弱。

俄罗斯一年前是 28∶1 跟美元的比值，现在是 32、33，它等于说是，你看印度除外，巴西、俄罗斯是以大宗商品出口为主的。如果再看看 20 年前，一点几到现在的 32、33 左右，贬值了多少想一想。这一部分大步跳上去的时候，1998 年的时候发生过什么事情记得吗？为什么俄罗斯的卢布大幅贬值？长期资本，长期资本倒台，长期资本为什么倒台？就是俄罗斯在本国的国债违约，外币违约你是没有能力偿还，对吧，本国你是不愿意还，那你有代价的，你可以不还，它就货币贬值。货币贬值了以后为什么回不去了呢？那就说明整个经济体实质性的问题，否则只不过是违约一次的话，你会很快就回来，你回不来了，就说明你以前的货币是有某种虚拟东西支撑着。

南非也一样，2011 年前 6.6，现在是 8.2，你算一算，近 20%。然后，再看看 40 年前，0.5 到现在的八点几，它们这些国家都叫金砖五国，我们现在比的是它们的货币跟美元的比值，还没有比较它们的货币跟金砖的比值，跟黄金的比值。美元在这个阶段跟黄金是贬值的，至少名义汇率是贬值的，以前黄金的最高价也就冲到过 800 块多一点，现在是 1 600 块多一点，所以如果你把金砖五国的货币真的跟金砖比的话，那它的比值贬值就更大了。

所以我们要看到有发展力潜力的国家，在某个经济周期有相当发展的潜力和持续能力，但并不等于说它们已经到了，尤其是制度上已经到了有那么样一个规模，能够承受大规模的经济危机，还没到这个时候，这就是我要说的一个观点。

神话、历史与文学真实

中国现代文学馆编联部　傅光明

2013 年 4 月

傅光明：时任中国现代之学馆编联部副主任，毕业于北京大学中文系汉语言文学专业，获得文学博士。1997 年加入中国作家协会，同年被破格晋升为副研究员，2000 年被破格晋升为研究员。现为复旦大学中国语言文学博士后，作品包括小说《出逃》，口述史著《老舍之死采访实录》、《太平湖的记忆——老舍之死》，传记《吻火夜莺：徐志摩》。

今天主要把这些年由研究所带来的对于文学、历史，包括社会学、人类学的一些思考跟大家分享交流。

对文学和历史，开始总觉得要很正式地求得一个真相，挖掘真相背后的意义和价值，却越来越觉得历史真相很难求得，逐渐抱着一种好玩的心态，心态变得好玩、柔性，反而跟历史有一个更近距离的交流和对话，倾听和挖掘它的意义和价值，个人觉得更有情趣，即便是写文章，做学问，带着好玩和情趣的心态，自己的文字也不那么沉重了。

一、罗生门的启示

日本著名导演黑泽明的一个老片子《罗生门》，影片是黑白的，稍稍有点沉闷，以我们今天来看，因为是 20 世纪 50 年代出的电影，稍稍静下心来看进去，看完了，可能对于它要传达出来的历史的一种内在意味，以及他借这个故事来阐发对于人性深邃的理解和哲学层面的思考，这方面可能会有一些收获甚至是启迪。

这部片子改编自日本小说家芥川龙之介的短篇小说《竹林下》，这已经涉及今天的题目——神话、历史与文学真实，这部影片已经涉及这个题目的三个关键词。传说是跟人的记忆相关的，这个电影的故事核心是三个不同的人讲他们所见的同一件真事，但是这三个人所叙述出来的真事是不一样的，而事件明明就是那样的，三个人都在现场目击，目击人留下来的记忆，讲出来的时候却对不上。

比如大家留心看报纸，讲到某一个事件，很快就出现了各种不同的版本的传说、猜测，就会有人讲这是罗生门，就是指这个。罗生门已经成为一个历史多元复杂不可能完全梳理清晰的一个象征符号。比如说前天我们金融街上发生的一件事，一个监事长跳楼了，我们看到这个新闻，里面就有两个版本，一个是说他健康原因，大概是抑郁；一个是说淘金爆仓好像，还有第三个、第四个、第五个版本，这都说不准，这就是历史的罗生门，真相说不清楚。

先跟大家分享这个电影的开始，开始是一座破庙，破庙的牌子上有三个字"罗生门"，这是导演的手法，电影叫《罗生门》，告诉你罗生门由此而来。下着大雨，三个人在庙里避雨，这个牌子底下有三个人——樵夫，和尚和无赖，这三个人进行对话，对话是把故事牵引出来，等于是一个悬念，告诉你未来要发生什么事。

在屋檐下避雨，先是樵夫自语，"简直闹不清，到底怎么回事"，先抛出一个悬念，让你想去探寻他在说什么事。然后僧人说"世道人心，简直就没法让人相信了"，又一个悬念。

随着情节的进展，后来加入的无赖总是抛出哲学味十足的话，无赖看上去没有什么文学修养，什么都没有，但是说的话非常有哲理，你看完电影之后就会明白他的哲理从哪儿来，全从他自己的生命体验和生活经历中来，他为什么变成无赖？跟他的经历是有关系的，因为他已经对人性没有信心了。所以讲的全是那些把人性揭破的话，非常残忍、冷酷、无情，但是有道理，哲学味十足。他说"人就是不会说实话的，人这种东西嘛对自己本身都不肯坦白的事多着呢"，很多时候我们想到自身经历的一些事，好朋友跟你讲的一些事，尤其现在很多时候看到很多的事，都是逾越了人性底线、道德底线，这个时候你会觉得这个无赖把人性看透了。

"我看人这种东西嘛，就像是天生能把自己不太合适的真事忘记得一干二净，光把自己合适的假话当作真的，因为这么办心理舒坦"，这也是无赖说的，像是哲学家说的。

当樵夫信誓旦旦跟他保证"我可不撒谎，是我亲眼看见的"，无赖说"那也靠不住，撒谎的人事先可不会通告"，绝对是哲学家。僧人随即发出一句悲凉的感叹"如果所有人都不能相信的话，这个世界就成了地狱"，因为他是僧人身份。黑泽明的高明还在于，这三个人不同身份的设定，这是一个僧人，僧人有那种慈悲、悲悯，他对人性总是有信任的底线在，然后无赖又把他揭破了，"这世界压根就是地狱，没有什么值得大惊小怪，人做的事根本就是无法琢磨的"。你想一想这就是开头。

中间的这个故事是发生了一件凶杀案，凶杀案是被樵夫和僧人在两个不同的地点看到，然后产生了不同的叙述和记忆，无赖倾听他们两个人凭记忆而来的叙说，然后做出哲学味十足的判断。还有凶手被捉拿归案之后，对于凶杀案的过程又有他的叙述，产生人的记忆和人性之间的一个关联。

电影最后，雨停了，他们三个听到了一个婴儿的啼哭，这三个人中僧人抱着婴儿，觉得弃婴应该有一个人来收养，和尚不能收养，所以他就恳请樵夫。樵夫一开始的时候觉得很麻烦，自己也有孩子要养，但随即就觉得多一个也一样是养，樵夫人性的悲悯情怀在最后那个时刻释放出来，而无赖真的就是无赖到家，不仅不肯收养，而且把包裹弃婴的襁褓都拿走了，就是无赖到家了，完全是逾越人性的底线和界限。电影最后一个镜头是樵夫抱着这个婴儿微笑着迎着镜头走出画面，电影结束。

我想黑泽明是想在电影的最后告诉我们，他对于人性的亮色和温暖还是有信心的，同时也告诉我们，虽然这个社会和我们世间有各种各样逾越人性底线，比如说黑暗、邪恶，但在有些人心里，他们内心悲悯和人性的温暖还是存在的，其实我们现在看一看周边也常常是这样。我们有时候谴责现在一些公共事件逾越道德界限，但是事件发生之后我们也看到很多人那种善良、悲悯，这上面人性的希望和温暖也还是在的。因为它在，我们生活在现在，觉得生活和生命或许还是有希望的，要乐观，要阳光。

二、新闻透射出的文学真实与历史真实

然后我们来关注最近几天发生在我们周围的事，有几个新闻，我做了一个摘录，大家看一看。看到这么一段话，我觉得很有意思，跟我们今天要讲的话题有关联。这几段话背后都有着丰富又复杂的信息可以跟我们今天讲的话题相关联。

"4月14日，湖北襄阳一个城市酒店失火，14人遇难，47人受伤，最小的5岁，如同人间炼狱，他说第一时间央视保持了沉默。第二时间领导保持了沉默，第三时间波士顿恐怖袭击他们马上高潮了，一个漠视民众生命的媒体必将被唾弃，让他们继续坚持特色亢奋和沉默吧，我们来纪念同胞。"

就这么三四行的文字，里面含的信息实际上非常丰富，因为今天的新闻是明天的历史，昨天的新闻已成为今天的历史，我们此时此刻在想4月14日的事的时候，在思考这一段话的时候，已经可以把很多自己丰富的生命体验和人生看法投入进去了。

假如央视第一时间沉默，你再问为什么，为什么背后的信息又是复杂的。第二时间领导沉默了，为什么？我们领导是惯于沉默的，他在得到某一个指令之前只能沉默，这样的信息透露出来什么？又是很复杂的，而且说实话这样的信息不光很复杂，而且非常深奥。

第三就波士顿的爆炸出来以后，我们高潮了，如果真的是这样也可以理解。那个发生在美国，我们很多国人的心里是多么希望美国总发生事情，那样的话会给我们带来很多快乐，因为我们跟日本、美国有着内在的深深的纠结，爱恨情仇，扯都扯不干净。"9·11"事件之后很多国人在网上发表言论，那都是幸灾乐祸的。不要说我们普通人，甚至我们有些官员，有些很高的官员内心也是幸灾乐祸的，他觉得你们美国总跟中国过不去，现在灾难轮到你头上，然后用

那种因果报应，多行不义必自毙去思考，把平等的生命之间的同情、关爱和呵护完全屏蔽掉了。那和我们一以贯之的一种文化的思维，历史的思维，是相关联的，相因果的。

实际上我们看历史也好，文学也好，不管是历史真实还是文学真实，更多的意义和价值应该在这个层面把握更多的东西，让自己对历史也好，文学也好进行梳理、认识和提升。

然后就这样一段话，关于这次波士顿爆炸，部分中国人丧失人性的幸灾乐祸引起了国际上的极度反感，更别说受害者中还有我们自己的同胞。"20多家华文媒体在没有得到家人允许的情况下，就披露了受害者吕令子的名字，更是违背媒体界的准则，引起国际媒体界的一片哗然。央视选择对湖北襄阳酒店造成14人遇难，47人受伤的大火视而不见，而连续渲染波士顿大火更是招来知道真相的网民一片指责，我们真是到了应该好好反省我们道德底线究竟在哪里，否则将与整个世界为敌"。这话是不是有点耸人听闻？它是网上的一个声音，至于说一个声音能代表几个人，或者少数几个人，或者很多人，我不做任何的置评，我是一个倾听者，一个观察者，看到这样的信息之后我会思考。

我这几年常常到大学去做讲座，跟本科生们，包括硕士生、博士生们反复强调的就是，我特别希望我们能够通过自己读书，不管说是文学书还是学术书、历史书，通过读书和思考，建立起自己复合、立体、穿透性的思维。我们有时候在自己不经意中就把自己的头脑交出去，懒得思考，每天疲于奔命，做房奴、做蚁族，为了还房贷，为了家人的幸福，没有时间读书，没有时间思考，所以看到什么信什么，尤其是来自于指令性的或者是宣教式的信息，我们都懒得去思考，说一是一，说二是二，我们不会去想一二之外还会有什么。

另一个，网上有一则特别吸引人眼球的新闻，是说我们的总书记坐出租车。昨天新华社发了一个声明说这是虚假新闻，然后《香港大公报》马上发表了一个致歉的启事，《大公报》的启事是这样的，"4月18日刊发了《北京"的哥"：习近平总书记坐上了我的车》一文。经核实，此为虚假消息，对此我们深感不安和万分遗憾。由于我们工作失误，出现如此重大虚假消息是极不应该的。对此我们诚恳地向读者致歉。我们将以此为鉴，用准确严谨的新闻报道回馈公众"。

这个信息，反过来想它也有问题，它的出现自然是不严谨、不准确。那新闻的准则是什么？严谨准确，既不严谨又不准确，为什么要报道？报道了之后又往回追，追得回来吗？有可能某种形式上把新闻本身追回来，但是它已经在民间变成传播性的民间记忆，这个也不一定说都能追回来。

还有一条也非常有意思，又和文学真实相关了，就是网上有一条信息叫

"上班苦与乐"。网上常常有民间高人，他的极致、聪颖，有时候看到好玩的段子，我觉得这类人的聪明，是我们搞专业学术研究不具备的，我们也不傻，也有我们的聪明，但是我们的聪明绝对不在那块。上班的苦与乐，为什么跟文学真实有关？为什么采取这样的形式？因为我们已经有一个文学的东西在那儿了，不过是把它套用来，而本身那个文学的形式是我们很多人，特别是一定年龄段的人，只要一看这个，就有一种跟它的呼应和相通，他选择的是毛泽东《沁园春·雪》，他用的这首词我们很多四十、五十、六十岁这个年龄段的人，一看到这个形式，就会有一种特别内在的关联，你自己也融入其中，写这个的人大概也是这个年龄段，他选择这个方式传达他自己对我们生活现实的一种抱怨也好，牢骚也好，意见也好，真实的折射也好，总之非常好玩。

　　在座的一听，就会会心一笑，因为他说的很多事就是我们上班路上自己感同身受和深切体验。"上班路上，千里车流，万里人潮。望大街内外，车行如龟，司机烦躁，一步不动，总是红灯憋出尿。交通如此多焦，引无数大款上公交。惜奥迪A6，慢如蜗牛。奔驰宝马，无处发飙。一代天骄，兰博基尼，泪看电驴把车超。俱往矣，还数自行车，边蹬边笑。"就是这样一个消息。为什么在此刻，这个时段会出现这样的东西，你可能觉得它不登大雅之堂，但它是文学的一种，叫民间文学、低俗文学、说唱文学都可以，总之是民间的元素和分支。

　　他的文学里有没有历史呢？也有，它是以那种戏谑、诙谐、幽默、反讽的把我们的某种交通上的历史真实做了一个记录。假如一场特大的灾难，我们所有文献的资料都消失了，两百年以后的人想了解我们今天的状况，一些人的状况，交通状况，上班的状况，他找不到任何文献档案，在考古发现的时候发现这么一个纸条藏在瓶子里，这对于两百年后的人来说成了唯一的记忆文本，然后通过这个纸条来判断两百年前北京人是这样上班的。我们的今天成了两百年后考古发掘出来的历史。

三、传说是历史的信息与当下的期望的糅合

　　所以这个就涉及我要讲的传说、历史和文学真实。其实很多时候，我们所接受的历史真实和常识，在很大层面上具有神话性或传说性，而我们很多的历史在最开始就是一个传说，我们有可能把它当成了历史，但它不是历史，它可能是文学，是在文学中透露出一种真实。而我们常常以为文学的真实就是历史，当我们把它当成历史之后我们又和当下意识形态相连，我们又把历史塑成传说甚至是神话的光环。

　　举一个例子，我们很熟悉的一个民间传说，叫孟姜女哭长城，丈夫被秦始

皇抓走，去修长城，后来累死了，妻子叫孟姜女，千里寻夫，丈夫死了，哭啊哭啊，长城倒了。这说明什么呢？说明秦始皇横征暴敛，破坏了他们夫妻的美好生活。但我们有没有想过这个故事的源头在哪儿？故事怎么产生的？神话故事或者传说有一个发生，是怎么发生的？我们现在有一个非常著名的历史学家叫顾颉刚，他就这个神话传说做了一件在中国民俗史上富有里程碑意义的一种挖掘和考古，他追溯在唐朝形成的这个版本，追根溯源，故事的源头在春秋战国，春秋时候，那个时候山东诸侯国林立，彼此之间经常打仗。有一个莒国，一个齐国，两国发生战争，齐国战将叫杞梁，在战斗中战死了。国王通知杞梁的妻子到他战死的地方来凭吊，杞梁的妻子觉得国王此举不妥，说我丈夫战死了，你应该在一个正式的场合给我安慰和凭吊，因为我丈夫是大将，不能在战死的地方草草地把这个事情做了结。这件事情发生完之后，杞梁妻内心很郁闷很纠结，就跟她的闺蜜们讲对这个国王的不满，这个居然是孟姜女哭长城的源头。有什么关系？一点关系没有。

　　杞梁妻的这种抱怨，从宫廷传到了民间，我们今天也是，北京的出租车司机为什么跟外地人甚至是说中文很好的外国人，说到天文地理，国家大事，国际大事，什么奥巴马、拉登、萨达姆、北朝鲜，北京的出租车司机都能跟你谈，甚至是中南海的秘密，好像他刚刚从中南海开了一个会回来，其实一点都不奇怪，这样的事，从古到今中外皆然。比如说上层一个什么事情好像说要保密，但没几天老百姓全知道了，其实这件事情也是这样的，就是很自然地从宫廷中通过一两个"闺蜜"，一传十，十传百。古代的古，上面一个十，底下一个口，十口相加为古，口口相传。最早的历史，全世界所有国家和民族他们远古的历史都是口述历史，因为人说话是在文字之前，写文字，记载历史之前，包括结绳之前，人是要喊叫的，通过喊叫来交流，所以每个民族最早有文化的那一批人，最早的博士生、硕士生，我觉得大体上可能都是那些巫师，他们有文化，有头脑，先把自然界的一些事情，超自然的、不能解释的东西和人的一些稀奇古怪的特征做一个关联，这是最早的神话，古今中外，所有的民族早期的、远古的神话都是这样。

　　知道尧舜故事的人，提到尧舜，可能第一反应就是禅让，因为它作为一个非暴力地将国家权力交给自己如意接班人的方式是美好的，是我们渴望的，理想的，是政治上非常高级和谐的秩序所带来的，而且具有楷模作用，我们多么渴望一个政治清明，天下太平的状况。

　　屈原在《离骚》里有这样一句诗叫"彼尧舜之耿介"，他是称赞尧舜的，不怀疑尧舜除了禅让还能有什么方式，"耿介"就是说直率、真诚、真挚。屈原那个时代是春秋战国时期，离尧舜稍微近一些，但其实历史跨度也很久远了。到了唐代杜甫，他在穷困潦倒的时候，诗里有这么一句，叫"致君尧舜上，再使风俗淳"。什么意思呢？他感到自己生活的唐代民风不好，政治风气也不好，贪污腐败横行，他要给尧舜写信，"再使风俗淳"，让尧舜管一管，让我们的风俗再淳朴厚道起来，就是这么一个意思，其实跟我们今天很多普通百姓的青天意识也是相通的。

当周围很多现象我们看不下去，就期盼青天大老爷来，什么包青天，很多普通人的思维定式，从古代到现在没有改变，是一样的，也不说它可悲与否，我们不做定评，只说自己的观察，自己的感觉，就是很多人的那种心里面对某些事物的看法，这个定式、模式可以说从古代到现在没有改变。所以今天发生很多的事不断重复，不是说今天重复昨天的事，可能是重复一百、两百、三百年前的事，这种重复的东西一旦充分表现在文学作品或戏剧作品的时候，又能让我们产生深深的共鸣，我们会觉得五百年前故事的历史剧说的是我们现在，莎士比亚四百年前《哈姆雷特》那些大段的独白，说的不是我们的现在吗？

先说尧舜，作为一个传说，被塑造成了禅让的神话，并且这样的神话被作为正式的历史一直流传到现在，你问一个中学生、小学生，他可能都会跟你讲尧舜禅让，那尧舜是怎么禅让呢？跟我们今天的一些做法，比如考察干部就很像。尧要找一个接班人，他得对他全方位的放心才可以。

尧见舜，在骊山下躬耕，一看这个小伙子那么老实在那儿耕地，辛辛苦苦干得很好。首先从外形上觉得强壮、朴实、忠诚、老实，总之农民身上的那些品质都具备了，从外形上、体格上先锁定了。然后再从其他方面去考核，五个方面，史籍上称"五典"。跟我们今天德、能、勤、绩、廉大概是类似的。我们到年底，领导干部要述职，不是德、能、勤、绩、廉吗，其实就是这"五典"。从德、能、勤、绩、廉五个方面考察舜，都过关了。

下面就考察生活能力怎么样，能不能跟妻子有很好的夫妻关系，家庭和谐也很重要。传说为了考察农民小伙子是不是忠贞，是不是对爱情始终不渝，他把自己的两个女儿俄皇、女英都嫁给了舜，考察他，证明这方面他也非常优秀，于是就通过和平的方式，把权力交给了舜。尧、舜、禹两代和谐的交接权力，政治清明、天下太平成了我们的理想国，理想国中理想的政治秩序。一直没有人质疑，其实是有的，是我们没看见，早就有质疑。

质疑最早出现在东晋，当时地下考古，战国时期有一个魏王的墓，出土了一车竹简，竹简里面有几条尧舜的事，因为是竹简，很多都断了，不能连上，一条一条的，这个东西发现以后没有任何意义，因为不会有人信，或者即便有人质疑也不需要它浮出水面，因为统治阶级需要塑造尧舜这个神话。历史是不是真的发生过并不是最重要的，重要的是在当下怎么利用所认定是真实的历史来为我服务，然后把它神话化，这样的话，大众老百姓就会觉得要以尧舜为榜样，政治清明，天下太平，至少追求这个，有很强的凝聚力、向心力、感召力。所以这个东西即便在东晋的时候被发掘，也是一直被屏蔽掉的。

1925 年，商务印书馆出版了一本纸书，根据这车竹简里面的断简残片，古人编了一本书叫《竹书纪年》，每个竹简上记录了如远古时候某一段历史事件，是以纪年的方式，到了 1925 年出了一本纸书，把断简残片记录下来出版，我们很清晰地看到，它是有文字的，竹简上的文字是记录下来的。

有一条说"昔尧德衰，为舜所囚也"。意思是老年的尧，就像有些领导人年龄大了脑子不好使，道德也比较衰落，后面被舜关起来了。还有一条说怕尧的儿子报复，把他儿子也抓起来，"使父子不得相见也"，这个舜还是挺狠的，很有政治智慧和政治头脑，搞得比我们当今一些政治家还门儿清。第三条说"放帝于平阳"，放是流放，"放帝于平阳，取之地位"，他不是圣人，是暴力夺权，还可能是血腥的。我们相信哪个？一个是非暴力的、美好的、理想的禅让，一个是这样的记载。我不想轻易下一个判断，它就是血腥暴力，虽然我自己个人倾向于这个，我有我的理由，就是远在尧舜时期的皇帝时代，皇帝也好、蚩尤也好、炎帝也好，那个时候部族之间是不断征战征伐的，要相融统一都是经过战争，没有不血腥的，包括传位，我估计在那个时代也没有轻而易举的和平。如果说在尧舜之前一直都是这样的，那到了尧舜怎么就突然变得那么美好和谐了呢？这是我个人的一个思考，不一定是这样。

我们对于历史的认识，对于历史知识和常识的学习以及掌握，你要努力看到某一个历史信息之外的另一个信息，哪怕它们是对立的，我觉得这个对我们来说是非常重要的。也因为有这一层，所以我们要努力学会在历史面前打问号，是不是我们接受的，别人告诉我们是真实的东西就是真实的，这是我想说的。

有一个法国社会学家，写了一本书叫《论集体记忆》，里面有这样一句话，我觉得说得非常好，他说"过去不是被保留下来，而是在现在的基础上被重新建构的"。他这句话是描述耶稣受难记忆的时候所说的。耶稣受难是西方世界从《圣经》里来的一个很大的事件，也可以说某种程度上因为这样的事件塑造出了基督教。

那耶稣受难真有这样的事吗？很多人形成了一个集体记忆，这个法国的社会学家就是对关于耶稣受难的集体记忆进行分析，得出了这样的话。就是说耶稣受难可能是有的，作为一个真实的历史事件，就像前几天那个人跳楼死了，这个事是有的。但耶稣复活可能是后来人希望有一个宗教产生，希望靠着那个宗教提升我们自己以脱离苦难，就还是那种美好、和平、理想的向往，希望他成为我们宗教领袖，成为我们灵魂的归宿和依托，所以愿意相信他复活，只有他复活了，我们才能得到拯救。当所有的集体记忆都集中到这一点的时候，宗教产生了。其实你想一想，中国的古代也好，世界上很多民族也好，它的原始很多的这种教义也好或者宗教也好，大体上都是这样的。

基督教也是，它是在罗马的重压之下，不堪重压，要反抗，渴望自由，要得到拯救，那样的一个灵魂，需要一种宗教，是这样的一种记忆。然后哈伯瓦赫说"在每个历史时期，分别体现出来的对过去的各种看法都是由现在的信仰、兴趣、愿望所形塑的"。我们在看待这样的事的时候，也是跟我们当下的所思所想联系一起的，也是在这样一个层面上。

意大利有一个著名的历史学家叫克罗齐，有一句在史学界非常著名的话，他说"一切历史都是当代史"，其实也是在这个意味上说的，就是我们今天，包括我现在跟大家讲这些，是以一个现代的人跟大家在聊天，说的是我对这件事情的看法，它是当代史。

英国有一个著名的历史学家叫柯林伍德，他也说过一句很著名的话"一切历史都是思想史"，我觉得也对。因为像现在我跟大家聊的时候，也有我的思考。

我从1993年起做关于老舍的研究，调查老舍之死，找了很多跟老舍之死相关的亲历者、见证人、目击者，也做了很多的录音采访和口述直录，慢慢觉得一切历史都是口述史，都是十口相加，口口相传，然后形成文字，被人们变成了正史，变成正史以后，我们相信那是不可更改的信史，但是如果我们仔细想一想视为信史的正史，它就真的是可信的吗？不一定啊，而且里面可能有很多空间、真空，比如除了《史记》以外，二十四史都是官修的，一直到《清史稿》，那里很多事情都是真的吗？很简单，比如《唐书》里面的玄武门事变，唐太宗活着的时候史家是那样写的，而我们现在很多影视剧又是根据那个来的，好像唐太宗的哥哥和弟弟完全是无义的，唐太宗是被逼无奈才痛下杀手的，他成了一个很厚道、仁义的君王，但其实是吗？不一定，所以要打着问号去历史里面寻找，历史的意义和价值应该是在这样一个层面，不是说我们看到什么就是什么，因为它有一个过程，就是形塑的过程。

再回来，把孟姜女哭长城补上，就是她在完成这个过程，我们把她完成的这个过程梳理一下你就明白，原来这个传说、神话、历史到文学真实，是有一个时间过程的，是有一个空间过程的，是有一个不同时代人们的记忆过程的，整个过程完成一个塑造，成了一个新的历史，成为一个新的文学真实。

刚才讲到她因为闺蜜的抱怨传到民间，传到民间之后，民间就有艺人把她说唱出来了，比如说进入歌厅，进入坊间说书，这是第一次变形，就是源头的变形。

等到了汉代的时候，因为有政府的横征暴敛，包括修城墙抵御外患，到了东汉董仲舒的时候，已经有天人感应说，那个版本就变成天人感应了。妻子一哭，天地动容，城墙、城垣为之崩塌，已经有了唐代那个版本的雏形，已经有了城垣为之崩塌，但是这个城垣是指很小的，比如说某个防御城市的城墙，并没有跟秦始皇的长城相联系，还是比较民间层面的，对于上面不满的一种牢骚、抱怨、发泄。

等到了南北朝的北齐，这个故事在民间的普及更加广泛，北齐的时候统治者大兴土木，修建北齐的长城，被抓的民夫苦不堪言，就是这个时候他需要把故事变得跟他这个时候的信仰、心态和情绪相关联。这个时候它就变成了北齐的长城，还不是秦始皇的长城。

到了唐代，统治阶级要告诉老百姓，我们要引以为戒，我们不会做那样的事，抓民夫，横征暴敛，苛捐杂税，等等，所以在那个比较太平的时候，反而把这样一个神话形塑成了。

现在我们总叫盛世收藏，太平没事的时候，我们可以把一个很需要它怎么样的故事达到一个圆满，我们需要这样一个故事告诉老百姓，我们会以统治阶级为戒，不会做秦始皇。所以到了唐代这个版本定版的时候，就已经变成了杞梁妻，杞梁妻的名字叫孟姜女。

为什么叫孟姜女呢？就是在最早的时候，春秋时候的源头，那个时候的齐国，民间通俗的称呼，管美女叫孟姜，实际上孟姜女哭长城就是美女哭长城，只不过我们今天把孟姜女通过对这个神话的一种领会，按照我们的一种想象，具体的人化，甚至我们在想那个孟姜女最好是什么样的，不管是像黄圣依还是章子怡，希望她有一个具体的人形，其实不是的。这就是我们总是把历史的一些信息和当下期望它产生的一种信息联系在一起。

四、故事的歌手

所以这个时候我们来说一个概念——故事的歌手。这个概念从哪儿来呢？美国有师徒两个历史学家，是研究古希腊文学的，师傅叫米尔曼·帕里，徒弟叫洛德。他们从 1925 年对《荷马史诗》做研究，《荷马史诗》也是由集体记忆和个人记忆共同产生的，所以他们对于像《荷马史诗》由一人写的还是多人写的这样一个质疑也没有完全解决好，因为这个不好去考察。他们深入还流传着浓郁口述传统的前南斯拉夫地区进行实地采访，采访了很多人。那些人还能够凭着记忆说出关于《荷马史诗》里的种种，他们通过这样的记录和研究发现这么多的口述里面有一点是相似的，就是这些口传的人在说到某些事情的时候，包括战争、神迹，有一些程式化、固定的形容词没有变，他们由这一点来判定《荷马史诗》就是民间不同时代叠加累世流传到现在的一种方式。

所以如果说《荷马史诗》是荷马写的，是一个人，他们也是质疑的，他们觉得荷马是写的定人，关于希腊的传说整个素材都成熟了，他是一个民间艺人，他把它写下来，他是一个盲人。这个其实跟我们的那个史籍也有类似，就是司马迁的《史记》，西方世界有《荷马史诗》，我们没有《荷马史诗》，也有一些学者认为我们有史诗，我们的史诗是《史记》，虽然它不是用诗的形式来写的。鲁迅对《史记》有很高的评价，那句话可能我们都熟悉，"史家之绝唱，无韵之离骚"。《史记》中也有大量口述史的体现，司马迁写的很多事他自己没有经历过，都是听各种各样的记忆流传下来的。

我讲一个非常有趣，大家都很熟悉的——鸿门宴，鸿门宴中项羽、刘邦好几个历史人物，在鸿门之上设宴，不怀好意，等等。看过这个故事，了解这个故事的，我们现在想一想那个场景，被司马迁写的最好的一个人，特别有性格，性格丰满极了，活灵活现，鲜活到家了，就是樊哙，樊哙这个人物其实比鸿门宴里所有的人都出彩，性格丰满，作为一个在鸿门宴里面的樊哙，无论是作为文学人物性格上的塑造，还是作为文学的历史人物，他都是丰满的。

为什么会这样？口述史的缘故，也是口述史的功效，因为樊哙的孙子跟司马迁是好朋友。我们可以来想，比如说你的朋友的爷爷，当年参加过长征，他会跟你讲他爷爷长征时候是什么样的，这很正常。所以由此推想，樊哙的孙子跟司马迁到一个茶馆或星巴克去聊天时，跟他讲，当年我爷爷在鸿门宴的时候如此这般，这就是口述史的魔力，让司马迁把鸿门宴里的樊哙写得那么出彩。

另外，项羽被追到江东自刎，司马迁也不在现场，也写得实在可感，而且还有一个名字，追项羽的人里面，其中一个将军叫杨喜，杨喜将军是韩信部队里的将军，追项羽追到江东，还把项羽尸体分成几块去领赏。后来很多影视剧都不演这个，我们喜欢看悲壮的英雄霸王别姬的那个场景，这种生死离别使我们感觉到悲剧的惨烈壮怀，但是我们那么崇敬的霸王最后让人分尸了，这是难以接受的。

所以我们选取历史画面的时候，已经是带着一种主观去做选择了。杨喜将军的第五代孙是司马迁的女婿，大家可以知道司马迁为什么可以把像这样的情景还写得非常好。就像刚才孟姜女哭长城，道理是一样的，等于这个故事发生了好多代了，三代、五代之后，由他们的后人做一个前人记忆的传播者，司马迁是一个史官，是一个记录者。所以这是司马迁为什么在《史记》开头写到"究天人之际，穷古今之变，成一家之言"，我觉得他很客观，就是说这是一家之言，听了之后给记下来的。

有一个电视连续剧叫《汉武大帝》，汉武帝老了，听别人打小报告，说司马迁写了本《史记》，里边把他写得特不好。汉武帝就很生气，把司马迁召进宫，有一场戏，高高的头发，白白的汉武帝坐在上面，司马迁跪在下面，这个场景是汉武大帝的编剧创造的，编剧某种程度上也可以说是一个带上引号的"史家"，虽然他不一定是研究历史的，是以今天的眼光来看待历史的。他对汉武帝可能有重新的认识，所以他对司马迁《史记》当中这么写汉武帝可能也有了重新的思考，于是安排了这么一场戏，汉武帝跟司马迁谈心，问他知不知道作为帝王多不容易，征战讨伐，又是匈奴，把自己歌功颂德一番。把司马迁说的，说道写得的确是有点过意不去，也不厚道。因为司马迁觉得当初你给我吃的宫刑，那可不能算是丰功伟绩，是否怀着这种恨报复他，也不知道，但是汉武帝是从自己的角度，把自己的不容易说了一通。司马迁说这样吧，我回家把您那段给改改。汉武帝说算了，那是你的一家之言，就那样吧。

此时此刻在你心目中，一个胸襟宏阔的、慷慨的汉武帝形象就高大了。而作为司马迁，他写的那个汉武帝，那个真实和这个编剧的真实之间已经有距离了，那这个距离中间的空白，我们怎么样去认识呢？这几年我一直在想这个问题，我也觉得，研究历史也好，想历史也好，其实历史带给我们的，触动我们的，或者说它有张力，有弹性的地方其实就在这个距离上，并不在于你信哪个，信哪个很容易，我选择一就信一，选择二就信二，不是那么简单的，所以我们对历史不能轻易下结论。包括别人把结论告诉我们，因为结论是轻易下的，但是也很容易就被推翻，就是这样。

如果说你靠一个孤证建立起来的某种结论，这孤证往往是靠不住的。最残酷的情形就是发生在考古学界，郭沫若爱干这个事，比如一个什么东西，他做了一个判断，下了一个结论，结果没过多少年地下考古发现了，这个考古一看那个结论就靠不住了，这是很残酷的。我们做学术研究有时候也是这样，当你看到一两份材料的时候，你形成了对这件事情的一个结论，但是另外一个人把第三份史料发掘出来之后，你的那个结论就靠不住了。所以在这上面我们还是立体的、复合的、多元的，这才是非常重要的。

我们再来说这个故事的歌手，那对美国师徒考察了口述的传统之后，说了这个故事的歌手的概念。为什么总是出现那些固定程式化的形容词呢？都是这些歌手的功劳，这些歌手是不同时代不断出现的，很多很多的歌手，有的是自觉的，有的是不自觉的，有的是自愿的，有的是不自愿的，总之在自觉不自觉当中，就在民间形成了非常广泛的各种各样的记忆的版本，是不同的个人记忆和集体记忆来形成了这个东西。他们记忆的共同点就是那些程式化的、固定化的那种形容词。

有这样一段话，我觉得说得非常好，就是徒弟洛德，他在《故事的歌手》这本书的开篇引言中说，"这是一部关于荷马的书，荷马是我们故事的歌手，而且在一个更大的意义上荷马也代表了从洪荒蛮迹的古代，直到今天所有的故事的歌手，我们的这部著作也是关于荷马以外的其他歌手的书，他们中的每一位，即使是最平庸的一位歌手，也和其中最具天才的代表荷马一样，都属于口头史诗演唱传统的一部分，现代歌手无人可以与荷马并驾齐驱"。

荷马是所有歌手最高的代表，其实他所说的话，包括到今天，我们每一个人在日常生活中也常常自觉不自觉地在扮演歌手。包括同事之间的传言，小报告，实际上也是歌手的工作。

五、三国演义

《三国演义》这个故事大家都熟悉，《三国演义》是历史小说，但是我们很多人愿意把它当历史读，可能也有很多人真的是把它当成历史，或许有，这个是我们很多人从文学那儿获得力量以后容易产生的一种误解和错觉，就是文学的吸引力、震撼力、感染力太强大了，强大到了我们愿意相信他描写的那个事件就是历史真实。其实它是文学的真实，不是历史。

虽然《三国演义》的作者罗贯中也强调说这个小说是历史小说，是七分实，三分虚，但是他所谓的七分实，真的就是百分之百的实吗？我们也不知道。那么你只有先把《三国演义》当成一个小说，它是一个文学文本，它里边所有的真实是文学真实，就是第一步要建立在这上面，它是一部文学作品。把它读完以后，如果你还想考察它里边的哪些接近历史的真实或者就是历史的真实，你要做下一步工作。什么工作呢？就是在文学真实和历史文本之间做一个链接，搭起一个桥梁，建立一个纽带，这个时候你发现原来罗贯中是一个小说家，文学家，把那样的历史真实划到了文学真实里面来。我们来举几个小例子，大家也都熟悉的。

比如诸葛亮，诸葛亮是什么样的人？呼风唤雨，撒豆成兵，神仙一样，上知天文，下通地理，能借东风。作为一个真实的人，可能这样吗？我是质疑的。就算他能观天象，哪天刮东风，或许有可能，但是呼风唤雨，这种超自然的，他是做不来的。但是罗贯中这么写，他是符合文学上刻画人物，哪怕把他神话化的规律，是无可厚非的。问题在于我们是不是要把这样一个神话化了的人当成是历史中的那个蜀国的丞相。

在诸葛亮身上有一个人作为他的一个衬托，就是衬托他是这样完美，那个衬托的人就非常悲惨，《三国演义》中有的学者就开玩笑说，周瑜是《三国演义》当中最大的冤案。周瑜最后因为吃诸葛亮的醋，嫉贤妒能，"既生瑜，何生亮"，被诸葛亮活活气死了，这在历史上是没有的，实际上周瑜比诸葛亮大 10 岁，赤壁之战的时候周瑜 37 岁，诸葛亮 27 岁，而且赤壁之战主要的功劳，七分甚至八分都是东吴的，都是周瑜的。

　　像草船借箭这个主意都不是诸葛亮的，诸葛亮作为一个文学形象，让作者把很多发生在别人身上的，哪怕最具神话色彩的一些事情都附加在他身上，这就是神话化的一种塑造。《三国志》是史书，《三国演义》有很多来自于《三国志》，《三国志》是东晋的陈寿写的，陈寿离三国更近，不管他离得近与否，《三国志》是史书。罗贯中在写《三国演义》的时候，民间关于三国已经有很多的版本了，就像刚才我们前面讲的那些例子一样，个人记忆也好，集体记忆也好，关于三国中的人物和三国中的历史事件已经有很多了，罗贯中就像荷马一样，就像孟姜女哭长城一样，需要写一个文学的小说，文学的叙事版本，他要以文学作品来表现，他需要对民间的那么多的记忆的版本做一个梳理，做一个归纳，然后用小说的叙事结构把它表现出来，那么他需要建立几个人物是他所要刻意塑造的，因为他拥刘反曹，把刘备、诸葛亮都做得很高档，单刀赴会不是关羽的事他也给关羽了，鞭打督邮是刘备的事，他要给张飞，因为刘备是一个善良的人，不能去打督邮，只有张飞脾气暴躁才打督邮呢。这些都是文学上做的调整，哪个人物的性格需要，把这个东西附加上去。

　　《三国志》里面关于周瑜，没有小心眼的任何记载，说他气度宏阔，就是胸襟非常开阔，非常会社交。讲到周瑜的时候，只说他和东吴的一个老将陈虎将军，唯与陈虎不睦，只和他有点个人不和，别的都非常好。为什么在《三国演义》的小说里他要做那么大的牺牲呢？他的牺牲就是要烘托诸葛亮作为一个神话的文学形象，文学的偶像，或者说丞相的这种楷模来塑造下来，这个和罗贯中写小说当时当地是相符的。诸如此类的还有很多。

六、老舍之死的三个版本

　　我们用老舍之死三个不同版本来讲一讲历史真实与文学记忆。老舍是跳湖自杀，这个我们都知道，我这些年对老舍的研究花了很多的心思，在老舍的文学研究上比较专业我就不谈了。我们就讲他投湖以后，尸体被发现、打捞的过程，由这个过程我产生了对历史的质疑，我那个时候还没有想到历史就是罗生门，我原来还以为，通过找这个事件的亲历者、目击者、见证人，就像前面说的罗生门一样，亲眼见的能有假吗？我找到那些亲眼见的人，不就可以把老舍打捞的过程给建构起来了吗？既然说是由记忆建构，人不会说假话，根据他真实的记忆，不就可以把历史的真相建构起来吗？我在 1993～1995 年那几年的时候还是这么单纯地以为，我通过找这些人可以把关于老舍之死打捞过程的真相给建构起来，虽然不是百分之百的原真，但是可以把它建构起来，这个建构的真实度是非常大的。但是通过三个人关于打捞过程完全不一样的叙述，我面对罗生门了，哪个是真的，还是所有的都不是真的？通过阅读大量的史学理论方面的书，很多的思考，我慢慢觉得历史就是罗生门，真的是这样。

我通过发动朋友、老师，终于找到了一个北太平庄派出所的民警，历史的神话塑造和塑造者的身份、条件都是相关联的，不能说随便一个人塑造一个神话你就信，神话要可信，必须要有可信的前提条件。我找到这个人，当我面对他的时候，内心已经觉得他就是最合适的人选，但是我不知他在讲神话，我以为别人在向我讲真相。凡是塑造这个神话的时候，他要把自己说成是唯一。这是很重要的，就是我没有旁证，因为如果有见证人的话，比如说 A 跟你说得时候，B 来说不对，他不在，看的不是这样的，你瞬间就崩溃了，你的记忆就破灭了，他要把自己塑造成唯一。而他塑造唯一的时候，有的时候不刻意，他会告诉你当时有 B、有 C、有 D，这也是他的技巧，你看我不是唯一的，还有 B、有 C、有 D 呢，但是 B、C、D 现在都不在人世，死无对证，就我自己了，还是唯一，直接的唯一和间接的唯一成为了塑造神话的必要的前提条件。

当我面对这个民警的时候，我首先觉得他是那个最有资格诉说真相的人，因为老舍是投在二环路地铁，积水潭北边一点，叫豁口，那块有积水潭地铁修理总厂，原来那片是太平湖，在 1969 年深挖洞，广积粮，把地铁全都填了，那一块原址是太平湖，老舍投在那儿。这个民警是北太平庄专管那片的，这样一个身份应该是很合情合理，很权威性地来讲，特别是他告诉我，1966 年 8 月 25 日早晨起来他值班，连现场感都有了。

我们来把 A、B、C 做一个梳理，A 是民警，跟我说那天早晨 6 点多钟，我在这儿插一句，新闻记者或学新闻的常常要特别强调新闻五要素，就是"5W"，我们看历史，研究历史，思考历史，叩问历史，其实在任何时候都不要忽略掉这五个因素中的任何一个，不要觉得说你去探讨这个历史的真相或者说是原因那个过程 What，那个原因 Why 很重要，时间和地点也非常重要。

A 跟我讲，1966 年 8 月 25 日，6 点多；地点，太平湖，他在派出所接到电话，然后叫上谁，骑车去了，5 分钟到了，距离很近。电话里说太平湖面上有一具尸体，他们去了打捞上来，随便打捞一个，在这件事上没有意义，意义在于这个人一定是老舍。我们不说他是神话塑造者了，就是讲那个事件的人心里非常清楚，我找他是因为他捞了老舍，他向我说一定要让我相信他捞的是老舍，这两个关系我们已经建立起来了，所以他就明确地告诉我，捞上来以后发现这个人怀里还紧紧地抱着一摞那么厚的手稿，手稿的边已经湿了，中间还是干的，证明他投水的时间不长。你看他还有专业的眼光，用一个很细的麻绳绑了一个十字，系了一个扣，手稿的上面写着"骆驼祥子——老舍著"很完整，这个故事很完整，无懈可击，是一个历史人物目击者、见证人，把这个过程做一个清晰的描绘，他就是打捞者，似乎没有问题。

但你只要一想，一分析，一研究，还是有问题。最大的一个问题就是，老舍的《骆驼祥子》手稿现在还在，而且一页也没湿，老舍写完《骆驼祥子》之后，就把这个手稿交给出版商，他的一个朋友，那这可能是 A 的记忆有错，或者是另外一部手稿，我们不知道，我们至少在这一点上存疑，然后把他的叙述我们作为 A 版本记录下来，我当时是这样想的，虽然我没有质疑太深，但是觉得 A 是一个版本，或许是可信的，记录下来发表了。

结果发表以后，《作家文摘》转载了，你把记忆记录下来以后它会流传，会散布，散布之后会有另外的人看到，B 看到了，看到以后主动和我联系，说 A 瞎说，老舍是我捞的，怎么会是他捞的呢？B 又必须得有让我觉着他是可信的理由和条件。首先他是那个太平湖湖畔的老居民，恨不得就在那儿生，在那儿长，他是一个有充分理由的目击者，他住在那个边上，那天他见着了。怎么见的呢？似乎是很诚实地告诉你，不是第一时间看到的，当时在家，是我的一个喜欢长跑，每天在太平湖跑圈的朋友看见了，告诉我发现了那儿有尸体，然后我和谁谁谁，一起把他捞上来，捞上来之后，就跟我说他也不知道这个人是老舍，是他们附近有一个老先生是老舍的朋友，早晨起来遛弯到这儿经过一看是老舍。

这个故事也很完整，就像罗生门的叙述者一样，他很诚实地凭他的记忆，当然我们现在已经可以判断这样的记忆已经是后天根据在今天以前发生的很多、很多的事情叠加起来的记忆，有可能这些事情他都没有经历，但是他的记忆里告诉自己那些事情全是自己经历的，全是自己亲历的，我们不能怪他故意说谎，不是的。我愿意相信任何一个向我诉说这种真相的人，都不是一个故意的说谎者，他们都可能是不经意间把很多的记忆叠加成固定的记忆累积在自己的记忆上，然后把个人的记忆传达出去，他希望个人记忆作为一个定本变成很多人的集体记忆，一旦这样的事情变成集体记忆之后，他就可能成为一个神话了，就是所有的神话其实也都是这样塑造起来的。B 就跟我说了这些，我把 B 也历史存照，就是一个叙述版本，口述版本，口述历史一个版本留存下来。

令我没有想到的是，A、B 之后居然还有一个 C，而且更有趣的是 C 和 A 是一个单位的，也是民警，而且 C 跟我讲，那天值班的是他，不是 A。这时候我已经感到困惑了，就感觉罗生门的那种意象、情形、状况已经很明显地出现了。我去找他，因为这个时候我已经很平和了，就觉得历史的这个罗生门的状况是很自然的，我找到 C。

C 就向我说，前半部分跟 A 一样了，就是程式化固定的形容词，描述那个过程，那天接到电话，跟谁去现场，把他捞上来，这个没有问题。关键的核心就是这个人是谁？C 告诉我非常简单，把他打捞上来之后，我们发现他遗漏在岸边的遗物，遗物中有一张名片，名片上写着"全国人大代表老舍"，非常简单。就说这个人是老舍。

现在 ABC 都在这儿，我们做一个判断，ABC 哪个人是真的？如果有，肯定只能是一个，三个都真就是三个老舍，这是不对的，逻辑是荒谬的。我在大学跟学生们讲这个例子，觉得非常好玩，口述历史特别鲜活的一个例子。我们在听到这三个版本的时候，有没有反过来去问一下，三个有没有可能都不是真实的？有可能吧。我的意思就是说，当我们面对历史的众多版本的时候，不管是ABC，还是 ABCDE，不要轻易做出自己的判断和选择，我们做的第一步就是尽可能多地看到版本，而且通过自己的读书，通过自己的思考，不要轻易下结论。即便是有一个结论告诉你了，是不是真实的还不知道，背后可能还有什么微妙复杂，我们都不去管它，我们养成这样的一种思维习惯，就是复杂的、复合的、多元的，恨不得是穿透的，只有这样才能保证自己的思维是活跃的、敏捷的、深邃的，是不容易轻易上当的。

其实想一想，比如说"第二次世界大战"之前的德国，为什么可以跟着希特勒一个人跑？为什么我们在"文化大革命"期间全国所有人头脑都交给一个领袖？其实都是这样的，就是我们在一个时期或者某几个瞬间把自己的头脑交了出去，不做任何思考。我们相信某个神话，相信某个偶像，把所有的都交给他，让他代我们去思考，他说一是一，说二是二，一到这个时候，一定是会发生悲剧的，只是时间早晚的问题。其实从古至今都是这样，很多不好的事情，不管是中国史还是世界史，世界史不是一首美丽的诗，他写的都是不间断地征战征伐、统一、战争与和平。像托尔斯泰的《战争与和平》有这样一种价值，人类从有了它之后一直到现在，除去爱、生、死，人类所共同的那种命运和生命的主题，就是战争、和平。

七、哈姆雷特的独白

发动战争者的理由是用战争的方式缔造和平，那么他缔造这个和平又为那些在和平掩盖下发动了战争的人的压迫导致他再发动战争，所以也是在这个意味上，当我们看到像《哈姆雷特》那样悲剧的时候，会有那种灵魂的震颤、震撼和共鸣，就在于他用戏剧的方式也是把这样的复仇，缔造和平，建立人性的希望，把它传递出来，达到我们的一个共鸣。

而且我现在总想这个问题，拿《哈姆雷特》来说，《哈姆雷特》的写作是莎士比亚在英国女王伊丽莎白时代后期完成的，1601 年，距离我们现在有四百多年了。莎士比亚在 1601 年的《哈姆雷特》里面所描写、描绘、刻画出来的那种人性中的邪恶、自私、贪婪、丑恶、龌龊，跟我们今天人性上的这些方面的拙劣相比并不更坏，换一个角度，就是我们今天在人性上体现出来的那种高贵、悲悯、同情、关爱，就人性上的这些也不见得比伊丽莎白时代好。我们不比自己，就横着比，比英国 1601 年那个时代。

建立起这个之后，我们来看几段里面的对白，这个对白说的是 1601 年的伊丽莎白时代的英国还是可以说我们当下呢？先举一个例子，我不知道有没有熟悉《哈姆雷特》的，我们不去管，因为这个东西是人性共通的，不管对剧本是不是熟悉。

里面有这么一个细节，有个人物叫雷奥提斯，剑上有毒，跟哈姆雷特比剑刺伤了哈姆雷特，跟哈姆雷特把剑换过来把他杀死了，死之前他良心发现，把事情和盘托出。他在法国留学回家探亲，准备再次去法国，父亲给他临别赠言，父亲跟雷奥提斯说"我还有几句忠告你要铭记在心，不要心里怎么想，嘴上就怎么说，凡事需三思而行，考虑成熟再付出行动。做人要和气，绝不可粗俗。对那些患难与共的深交故友要用钢圈固在你的灵魂上，而对于新知却不可滥交，握手的次数多，手也变得粗糙。尽力避免跟人争吵，万一吵起来就让对方知道你也不是好惹的。努力倾听每个人的意见，却只对极少数人发表看法，表面上要接受每一个人的批评，但心里得有自己的判断。可以买昂贵的衣服，但花钱得量力而行，别炫富，穿衣可以富丽，千万别艳俗。不借别人的钱，也不要借钱给别人，借钱给别人不仅往往血本无归，还会因此丢了朋友，而向别人借钱，就不会再精打细算地过日子。当然说了这么多最要紧还是要忠实于自己，如昼夜更替一样，只要不欺骗自己，便不会欺骗任何人"。这个你说是什么时代呢？放之四海而皆准吧。但凡是对子女有一点私情的爱大概都会这样去嘱咐，但是想想我们现在好多人都没做到，没做好，一发脾气把同事就得罪了，还有同事找你借钱，有时候真是这样。钱借出去了，你就想着他什么时候还，半年不还，就得催一下，那朋友觉得不就那么俩钱吗，催什么催，就开始有问题了，所以肯定是他爸爸把这些都想透了，告诉他不要借钱给别人，也不要向别人借钱。

这一段你们可能也非常熟悉，《哈姆雷特》里被我们中国的读者认为最经典的一句台词，"To be, or not to be – that is the question"。很多人读朱生豪的译本，朱生豪把它翻译成"生存还是毁灭，这是一个值得考虑的问题"。但是我们只要懂英文的，都知道这里面并没有值得考虑的意思。"that is the question" 指这是一个问题（没有值得考虑）。实际上朱生豪把莎士比亚的独白根据自己的理想提升到一个形而上哲学的层面，就是怎么样看待生存和毁灭，就是生与死，生的问题是哲学的问题，我觉得其实对于当时的《哈姆雷特》不是这样的，他所考虑的是自己在极度郁闷的情况之下，到底是苟活于世，还是选择自杀，这是面对的一个问题。

那么这个问题，如果说我们看到莎士比亚最初演出的演员脚本，你就会发现一个很有意思的版本上的不同，他的那个版本是"To be, or not to be – there is a point"。什么意思？这是我的问题，我的命门，我的症结，就是"To be, or not to be"。一个翻译家翻译某个作品的时候，他也可能会根据自己对这个人物的理解，从翻译上做出一个阐释和诠释，而这种阐释对于我们不懂英文，不懂原著的人来说，这个文学真实传达出来的意向是一个哲学层面上的。所以只有我们去追溯它原来那个版本的时候，或许才能够考虑到它原来那个意思就是生命的本身，我在困惑的时候面临着生还是死。

他的那一大段独白，我就选取这么一点"去死，安然入眠，但睡眠中可能还会有梦"，这是我翻译的，不是朱生豪的。"但睡眠中可能还会有梦，阻碍就在这里，当我们一旦摆脱尘世的纷扰，进入死的睡眠里面会做什么样的梦就非要考虑不可，也正是因为这样的考虑，我们才会虽经受苦难，却要活得长久"。我看到这个台词的时候，对照英文细细比对，包括看英文的注释版，这次读莎士比亚，我发现跟年轻时候有非常多的不一样。比如当你遭受特别大的一个灾难，极度郁闷的时候，你自己想过要自杀，但是你没有强烈的自杀的勇气，虽然自杀也容易，但是对有的人来说不容易，要考虑很多，考虑那个阻碍就在这儿。所以我们虽经受苦难，却要活得长久，你这么一想，就不死了。

然后他就讲"否则，当仅用一把短刀就可以自我了断生命的时候，还有谁会甘愿忍受时代的鞭打和轻蔑，压迫者的邪恶，傲慢者的无理，爱情受到鄙视所带来的痛苦，法律的无助，官吏的专横以及勤苦老实人遭受小人的欺辱"。当你遭受这一切的时候，你想死的时候，你想到怎么能活得长久呢，就不死了，其实很简单。因为你要活得长久，所以虽然有这一系列，领导给你穿小鞋，小人给你打小报告，老婆不给私房钱，肯定都不死了，你要活得长久。像现在很多人面临法律的无助，弱小者的无奈，他也要活着，所以在很多时候，我们很多贫穷的、贫苦的生命，他真的是到了一种什么程度？活着，就这两个字，没有其他更多的，什么权利、自由、民主，太奢侈了。

"人若非担心死后还会有什么不测的可怕事情发生，谁愿意背着负担在令人厌烦的生活压迫下呻吟流汗，因为凡是到死亡之乡去的旅客无一生还，正是对未经发现的神秘国土的恐惧迷惑了我们的意志，使我们宁愿忍受眼前的不幸，也不敢飞向我们所不知的痛苦"。没有谁到死亡之乡溜达一趟回来了，告诉你到那旅游去免签证，去了就回不来了。所以我们在这儿不管多痛苦，我们都不要往那儿飞，哪怕那是一个理想国。于是这自觉的意识就把我们都变成了懦夫，与生俱来的果敢被这苍白的理念蒙上了病态的尘垢，生命中的大事业也因这样的思虑半途而废，失去了行动的意义。这样的独白特别有力量。

还有一段独白，读《哈姆雷特》的人也都很熟悉，就是宇宙之精华那个，我也做了重新的翻译，就是先是称赞人类，我们总是记着称赞人类，而把后面的疑问给忘了。怎么称赞人类呢？"人类是一件多么伟大的杰作，多么高贵的理性，多么无穷的能力，仪容举止是多么文雅端庄，行为上是那么像一个天使，智慧上又是那么像一尊天神，宇宙之精华，万物之灵感"。我们很多人一到这一段不管是看，还是听别人说，还是舞台上演，都热血沸腾，产生强烈的共鸣。

但是《哈姆雷特》是要说明一个什么呢？是后面自己的疑问，"但是在我看来，这个尘埃里的精华算得了什么呢"？他一方面赞美人类是这样高贵、能力无限，一方面人性中的很多东西让他觉得失望了，算什么呢？刚才讲的那些他都看到了，他看到了他叔叔十恶不赦，邪恶的国王，杀了他的爸爸，就是这种东西。

还有一个小细节，就是《哈姆雷特》这个剧本实际上是莎士比亚的改写，不是他的原创，用我们今天的话来说，有很多人质疑莎士比亚的天才也在于此。说莎士比亚从来没有哪个剧本是自己原创的，都是有古代的历史故事，就是那种传说也好，故事也好，被莎士比亚写成了文学的真实。莎士比亚的剧本，我们拿《哈姆雷特》来说，其实从他里面就看到我们今天的题目"传说历史文学文本的一个转换"，他把很多传说历史写到剧本中成为了文学的真实，成为了经典，到今天还震撼着我们的灵魂。他写这个剧本的时候，关于这个故事的传说在他那个时代已经基本成熟，他写起来只要靠自己的天赋才华，把结构弄好，把故事做一个串场，大体上就够了。他的天才是什么呢？就是对人物的领会，大段独白哲学的提升，生命的讨论，这真的是天才。

他也有自己的创造，不能原封不动按照原始素材不变，他增加了一些东西，其中第五幕第一场戏是在一个墓地里，莎士比亚和他的朋友到墓地去，发现送葬的人来了，就是那场戏。有两个掘墓人，不停地从墓葬里往外丢骷髅，这是莎士比亚的对话，是他新加的，是旧故事当中没有的，为什么会加这个呢？我自己觉得，我是推测和推论，在那一年的 2 月发生一件事，文学的文本和历史的文本要有时间，就是新闻五要素，我们换成四个汉字"人、事、时、地"，我也特别爱跟学生讲这个，不管是研究也好，还是欣赏作品也好，我们不要忘记这四个字"人、事、时、地"，其实就是新闻的五要素。

伊丽莎白女王有一个小男朋友，叫埃塞克斯伯爵，因为跟伊丽莎白方方面面的原因，伊丽莎白不要他了，那个家伙要反叛，要叛乱，要推翻伊丽莎白。伊丽莎白最后把他砍头了，把他杀了，曾经在伊丽莎白面前深得恩宠，享受荣华富贵，颐指气使，完全是属于那种少年得志，瞬间被砍头。就是这个事件，莎士比亚对于生命的无常和幻灭的思考是直接的影响，所以他在这个事件发生后不久，在第五幕第一场戏里面写到哈姆雷特手托骷髅，这是经典场面，就是他从掘墓人嘴里面知道这个骷髅是一个叫约瑞克的人，这个人是谁呢？曾经是他爸爸宫廷里面的小丑，负责给国王逗乐，讲笑话，博得人们一笑的，原来那么能说会道的人现在成一个骷髅了。

有一段独白"哎呀，瞧你这可怜的约瑞克，我认识的家伙，他的想象力真是天马行空，有一肚子讲不完的笑话，他把我驮在背上少说也得有一千次"，哈姆雷特小时候被他驮呀。"可现在想起来是多么令人憎恶，我要吐了，原来这挂着两片嘴唇，我不知亲过多少回，现在你还能挖苦人吗？还能蹦蹦跳跳吗？你的歌呢？那些随口编出来常逗得满座闹哄哄戏谑的笑话呢？你没留下一个笑话来嘲笑一下你现在这副龇牙咧嘴的样子吗？完全打不起精神了吗？现在你就到那个小姐的闺房去告诉她，哪怕她把脸上的脂粉涂得一寸厚，到最后还是要变成你这个样子"，于是幻灭，原来那么活蹦乱跳能说会道的小丑，现在变成一个骷髅。

然后下面又有这样一个对话，他就问跟他一起去墓地的朋友，说"亚历山大大帝早死了，当年南征北战的，现在也是这样吗？朋友说是的。也会尸体发出臭味吗？是的。然后他在底下的尸体腐烂就会变成黄土，黄土被人挖上来以后，做成堵啤酒桶窟窿的塞"。亚历山大大帝的尸体，遗骨也好腐肉也好可能有的已经化成黄土泥，被人和成堵啤酒桶窟窿的塞，就是这样一个思路。这样的思路就是说亚历山大死了，亚历山大被埋葬，化作尘埃，尘埃就是泥土，然后我们和泥，把泥土化成黏土，他变成了黏土，为什么不能被人用来塞啤酒桶呢？他要叩问一个什么呢？就是亚历山大大帝这样一个帝王，最后也不过是一撮尘土，他所要强调的是生命的无常和幻灭感。宇宙之精华，万物之灵感，算得了什么呢？也不过如此。

所以我觉得从这个层面上，不光是这个剧本，其实看待很多传说、历史、文学真实，我想我们可能就会比以前阅读的时候，比以前不假思考阅读的时候，会得到一些更新更多的东西。

八、诺贝尔奖

莫言获得诺贝尔奖对我个人来说真是一件值得高兴的事，是一件好事，现在有很多不同版本的声音，这样的心理，那样的心理，我们不去说这样的心理，莫言的获奖对我来讲是什么呢？那就是我们一些作家和一些人的诺贝尔情结，这个情结不是故事情节，是纠结的结。

20 世纪 30 年代有一些作家就有这方面的考虑或者说是意愿，网上关于鲁迅同诺贝尔的关系，曾经有很多的文章，说鲁迅拒绝了诺贝尔提名，这个事情据我考察，我写文章也写到了，它涉及提名鲁迅作为诺贝尔获奖人的那个人是不是有资格？诺贝尔文学奖是由瑞典学院 18 位院士作为一个终评委的决定而产生的，在这 18 个院士终评委开会投票之前有其他的程序。

第一个程序就是接受一个大提名，这个大提名是由具备提名资格的人把候选人提到瑞典学院的一个提名委员会去，必须得具有提名的资格，可能是一些世界级的著名作家，以前的诺贝尔奖得主，权威文学研究机构的著名学者、专家，他们可能有这个资格。而当年提名鲁迅做候选人的这个人是瑞典的一个航海家，名字叫赫定。我前面已经讲了很多了，我们在看待历史的时候特别要注意细节，我们现在就注意这个细节，这个航海家的身份，他有没有资格推荐是一个问题。如果说他没有资格推荐，他即便是推荐了鲁迅，那也是无效的。那他确实推荐了，而且他问了鲁迅的朋友台静农，你向我介绍一下中国有哪些好作家，我可以做推荐。这个瑞典人他可能自己也知道或许没有这样的资格，但是他是好心，把中国好的作家做一个介绍，这是可以的。

鲁迅当时的态度是很明确的，鲁迅给他的朋友写了一封信，说"静农兄，这个事知道了，我很感谢，但是我要告诉你的是，我们中国现在没有任何一个人有资格获得这个奖，所以我不要这个提名，然后他也提到某某某行吗？不行，你看外国作家写的作品我们能写得出来吗？不行。他写了很多的不行，同时在信的最后强调了他自己对诺贝尔这个奖的看法和态度。

第一，他说这个奖是一个有权威性的、很高的文学水准评判标准的奖，这个没有问题，因为从已经获奖者可以看出来，已经获奖的人决定了这个奖，它还是很高的，还是一个权威的。第二不是所有的好作家都能获奖，因为每年只给一个。第三不是获了奖的也证明他自己真的是好作家。第四就是我们不要为奖而写作，从来就是这么一个态度，我们不要惦记我写的东西将来去获什么奖。鲁迅这四点其实该成为我们一个写作者，不管是作家也好，学者也好，对诺贝尔文学奖心平气和的一个看法，到现在也是，作为我来讲，我也是从这四点来看的。

诺贝尔奖从 1901 年开始到现在，这是第 102 年，从诺贝尔奖的历史来看，授给这一百余位作家，总体来说是反映一个很高的文学评判标准和水准，这是第一点，就是说诺贝尔奖的权威性，虽然有人在质疑，但是这个权威性我个人觉得在七八成上应该还是站得住的，是权威性的，的确这一百余位作家里面有七八十位，少说也有六七十位真的是非常优秀的杰出的文豪级的作家。

第二点就是我们国内有一些人说诺贝尔奖有很多政治的因素，有些作家是由于政治因素获奖的，不管是丘吉尔还是前苏联写《古拉格群岛》和《癌病房》的作者，或许他有政治因素，我们不去评判这个。就是说百余年里面也确实有一些作家是因为政治因素获奖的，因为这和某个时代的，比如说"冷战"时期，它毕竟是一个西方人的奖项，西方人从意识形态角度考虑，可能会授予政治意味浓郁的人获奖。但是正像我刚才说的，七八成或者六七成大体上还是以文学水准为第一的。

第三点就是也真的有几位文豪级的大作家没有获这个奖，成为了百年诺贝尔奖的遗憾，像我们一说就是20世纪可以算特别有名的爱尔兰那个作家James Joyce，有类似的作者也没有获得诺贝尔文学奖。有三到五个属于文豪级的与诺贝尔文学奖失之交臂。

第四就是对于今后也还是这样，莫言获奖之后，可能对有些中国作家心理造成了某种冲击，本来觉得跟他差不多，他这一获奖，我十年没戏，二十年也不可能，不知道有没有，我想可能或许是有的，总之也有文学圈的朋友开玩笑，说现在有很多作家都不愿意跟莫言一起出去参加活动，因为一出去以后，焦点就是莫言，别人都不理他们了。当然这可能有那种新闻所带来的功利的东西，这也正常。

但是我觉得一个真正的写作人，一个真正的作家，首先还是要把心态放平和，因为作为莫言本人，我自己觉得莫言是一个非常有天赋才华的作家，这是毋庸置疑的。而且从莫言写作30年，作品不断，写了很多的长篇小说，因为对于一个小说家来说，至少我们现在，鲁迅时代，鲁迅写个短篇小说就全国知名了，我们现在要排座次，老把鲁迅排第一，王朔就看不上鲁迅，王朔就说写小说的写长篇，鲁迅就是短篇，一个长篇都没有，这是另一个水准，我们不去管它。

至少现在一个小说家，我们习惯于要看他有没有长篇，长篇写得怎么样，如果是以这样的眼光来看的话，莫言这30年的时间里写了那么多作品，首先他是勤奋的、勤劳的、刻苦的，30年那么多的作品就是非常不容易的，如果一个没有才华的人30年写一堆也跟废纸差不多，但莫言不是这个层面上的，他真的是很有天赋才华的。从诺贝尔委员会给他的受奖词也可以看出来，评价还是很高的，他把民间传说、神话和魔幻的艺术手法变成对于人性的挖掘和提炼，我觉得这个说的是很到位的。

另外，莫言的小说受南美魔幻现实主义影响较多，他对语言张力的运用也好，营造也好，对于许多新奇创造性的比喻的发明也好，创造也好，我觉得他对于文学的贡献有他独到和特别的地方，这也是非常难得的。当然也有人说莫言对于暴力，对于性，写得都非常的赤裸、过分，尤其是《檀香刑》，好像是怀着对酷刑的一种赞赏、欣赏、咀嚼和品位在写，把莫言说得很低，这个我不做评论。我想说的是，莫言是一个真正有天赋写作才华的作家，我觉得他获得诺贝尔文学奖，在中国作家里被瑞典学院诺贝尔文学奖选中，可以说是实至名归。就是说作为中国作家的莫言获得诺贝尔文学奖不是虚名，是凭他创作的实际和创作的天赋才华，以及非凡的想象力。读莫言的作品，如果你是一个会欣赏文学的人，你会从莫言的作品中发现很多超越了以前我们常规的汉语表达的地方，非常多。所以国外的一个评论家评价得非常高，说莫言魔幻的想象超出了我们人类的极限。

他的《生死疲劳》里，前不久还有一个学者摘出了一段放在网上被转载得非常厉害，说莫言在这个小说里以文学的真实，做了对现实的一个寓言——猪满江，黄浦江里面漂了一万多头猪，莫言在他的小说里面，通过人物之口写了这样一个场景，就是在某某时候，当出现某某情况时，猪也没有地方埋了，就扔到江里去，他这是小说。在他写小说之前，中国大地上没有出现过人把猪扔江里，至少在人们普通记忆当中是没有的，但是你说这个完全是莫言的那种魔幻的天赋的想象吗？也不一定，他可能有他内心的对于真实的一种叩问。就是说如果这样下去的话，早晚有一天会是这样的。

其实我们现在想一想，今天做的很多事情，都是断子绝孙式的，所以现在我们已经在很多事情上在遭受自然的报复，不管是癌症村、地下水，等等，因为我们超负荷地做了一些，然后自然会还报给我们一些。而当我们面对它的时候，都有可能会出现什么状况呢？至少我们在某一个时段，某一个区域，我们可能是无能为力的，这个是最可怕的。

所以我还是强调那一点，我们作为一个个体，也可能在一个公司里，一个单位里特别弱小，没有发言权，官微言轻，没有人愿意听我们的，但是我们可以成为一个个体的文学欣赏者，文学爱好者，文学阅读者。对历史也是这样，我们有自己的兴趣、喜爱，即使我们是做金融证券，也别一天到晚光考虑赚钱，钱是必需的，也不能少，我们养成一个读书的习惯，这是非常重要的，哪怕每天半个小时，临睡前或者吃完晚饭，每天拿出半个小时或二十分钟用来读书，当然这个书最好读文学书或者历史书，然后带着一种立体的复合的思维方式去看待文学，看待历史，这样的话，你内心就充实和丰富了，整个状态会不一样的，你会觉得有阳光了，不是说总想着人性的龌龊，不可信，逾越道德底线。

我现在的心态就是，哪怕我知道什么人心里恨我，我也对他露出充满阳光的笑，没什么，人生苦短，就那么一些年，何必斤斤计较，沉醉在自己真正喜欢的事里面，然后从它那里获得启迪和对生命的提升，我觉得就非常好。把很多深爱的东西尽可能看淡，我觉得这个是很难的，如果你还面临还贷的压力，教育体制，让孩子去国外上学，反正有很多现实的纠结，我们必须是面对的，这个是逃都逃不掉的。我所说的是，你在面对这一切的时候，你努力地去营造一个充实和丰富的自己，这样的话，你会发现和感觉到我跟那个人不一样，我们不去说非要比他怎么样，至少自己要活得充实和快乐，过好每一天，健康平安。

原来我也没有特别想过这个问题，来自我的一个朋友，我们不断地探讨、通信什么的，他总是回邮件的最后是祝福，健康平安，我慢慢就觉得，其实对我们来说最重要的就是这四个字"健康平安"，有了健康平安，你什么都有了，你可以好好工作，好好读书，好好经营家庭生活，跟子女的关系，都可以在健康平安这四个字之下解决了，你要是没有，那就很麻烦。

提问：老师您好，刚才听您讲的话里面，我们目前来说对历史的认识都是基于目前的状况对于过去重构的感觉，我想问一下，您觉得我们应该怎么样去面对这种历史？以前我们总觉得历史是一种很稳固的东西，是一个很真实的存在，而现在觉得它不是一个真实的东西，而是一个多方位不同角度观察的一个综合，我们怎么去面对它？对我们现在的生活会产生什么样的影响？

傅光明：其实现在来自历史的很荒诞不羁的解读，在我们生活里发生了特别负面的影响，而且影响非常大，甚至非常恶劣，就是现在的电视上连篇累牍播放的很多抗日剧，我就根本受不了。我从网上也看到过相关的帖子，觉得也挺有意思的，有一个帖子说"日本人在中国待了8年真不容易"，就是反讽的嘛。

因为抗战剧，有人做过数字上的统计，当然这种统计方法是不是科学，怎么统计的不知道，他的统计方法就是说，按我们电视上播的这些抗日剧来计算，我们在8年当中打死的日本鬼子超过了10个亿。现在有很多抗日剧，我们不去说抗日七侠，手雷打飞机，双手活劈鬼子，不去说那个。现在很多抗日剧包括国共内战的戏，里面都要出现一个甚至两个女人，而且是很有权力的、穿着军装的女人，当然他是为了戏剧冲突，要和一个男人或两个男人有一些感情纠葛甚至暧昧关系，吸引人的眼球，但这个东西是历史真实吗？这完全是戏说，甚至是胡编乱造。

从欲望的角度，或者说男性欣赏女性美的角度，女人穿上军装之后，她可能是有一种特定的，特别是女演员长得又很漂亮，穿上国军的制服、穿上日军的军服，首先收视率大概可以锁定很多男性观众，因为一有这样的女演员，男观众爱看，收视率就上来了。或许啊，我这也是瞎说的。

总之，因为我看到很多不管是八路军还是土匪，个个都是神枪手，现在炸点的设置也很容易，因为现在比以前更逼真了，子弹打到人身上之后都会有一个炸点，让你感觉是真实可感的。你看我们的枪一响，日本兵不是眉心，就是心脏，太准了！可实际情况我知道的是日本兵都是训练有素的，比如在一场正面的冲突当中，出现一个日本兵我们要把他消灭的话，至少国军可能要付出三个甚至六个人的牺牲。

因此向大家推荐香港的凤凰卫视的凤凰大视野纪录片，比如前几天还看到抗日战争中国军的第一场全歼日军的战役，就是嵩山战役，在滇缅公路上，日本人占了嵩山。一千多名日本兵，我们国军一开始估计不足，但是知道打下嵩山对于我们保护滇缅公路抗日运输生命线极其重要，因为那个时候日本已经封锁了海上和空中，中国的抗日后援都要通过滇缅公路，从缅甸运进来，所以这个公路对于中国的抗战来说是非常重要的，但是日本人那时候占据着嵩山，嵩山可以控制那一段的滇缅公路，所以我们国军接到了指令，一定要把它攻下来，最后我们花了 9 个月的时间把它攻下来了，但是我们付出的伤亡是它的 6 倍，大概是 6 个人相当于一个日本兵。

日本"第二次世界大战"史里面写到，在中国他们一共经历了三场玉碎的战役，什么叫玉碎？就是被全歼了，在中国战场上只有三次，这是第一次。你看参与了那场战役的国军回忆，80 多岁了，讲到肉搏战的时候，日本人大概一米六一，我们都是一米七几，日本兵个子小，但是非常凶悍，就是拼刺刀，训练有素，基本上一个对我们一个是没有问题的，没准对两个也没有问题。在有一场战斗中，我们已经攻下了山头，然后日军凭着刺刀，基本把我们攻上去的全都刺完，日本重夺那个阵地，指挥官在山下用望远镜看到那样一种情况，断然下令开炮，把所剩无几的国军和拼刺刀的日军全部炸死，然后我们夺取了那个阵地。就是这种反复的拉锯，而且日本人知道嵩山的重要性，日本人花了 2 年挖那个嵩山的工事，挖完工事日本人说凭着多少吨的炸药还是怎么样，对我们这个工事都不能撼动，最后真的是这样。

当然我们在那样的条件下，国军的那种英勇也真不容易，我们在炸他的一个堡垒的时候，是采取那种浅挖，一个学过工程的人，通过物测，居然能够设定一个路线，两条路线，挖挖挖，然后汇总，挖到那个堡垒下面 12 米，美国空军运来 TNT 炸药是 30 吨还是多少吨，把那个堡垒给炸掉。

我们这八年抗战真的是不容易，是在那样的条件下抗战。我想说的是如果我们真实地反映我们在抗战当中的艰难、艰辛、流血，哪怕被日军残忍杀害，但他把我们抗日的血腥和骨气一样能够保存起来，现在你看七侠在空中飞来飞去，开着摩托车，用着 20 世纪 40 年代的卡宾枪，真是太荒唐了。整体的这种风气就不好，戏说历史，什么历史这玩意儿，历史这东西，等等，就是说把历史作为一个虚无的东西，历史的真实消失了，变得虚无了，对历史没有任何的敬重感和敬畏感，就只剩下这个了。

再举一个小例子，这和我们一些写历史、写传记的整体风气也是有关系的。我研究过一个作家叫林书华，她是 20 世纪二三十年代的才女作家，那时跟冰心都是齐名的，在文坛上很活跃。她的先生叫陈西滢，是鲁迅批评的一个人，40 年代做了中国驻英国文化处的主任，中国驻联合国教科文组织的代表，1947 年就搬到了英国，林书华跟她丈夫一起到英国，一直就住在英国。1970 年的时候，陈西滢病逝，不在了，只剩下林书华一个人。

我们有一位写传记的人，他出了一本书，题目叫《蒋氏第四代》，蒋介石现在很吸引眼球，很多人现在爱看蒋介石，不爱看毛泽东，尤其是第四代，很想知道蒋的后人是什么样，里面写到蒋的第四代，蒋友柏，蒋的第四代孙女到英国，来火车站接她的是八十多岁的林书华。我看到的时候，我的第一个质疑就是，已经八十多岁这样一个著名的作家老人，会到火车站去接一个二十岁出头的一个蒋氏第四代，而且她跟蒋没有什么关系。但是你看了这个之后，你从人文的角度会觉得，这肯定是真的，你看一个老人对蒋的第四代那么关怀，到车站去接她，你的思路一不对，就容易去信他，他恰恰是从这个思路去想的，要让你相信他。

然后这个林书华就带着蒋友柏回到了家，回到家以后，见到在家赋闲的陈西滢正在读报纸，这是 1981 年，所以我说真是活见鬼，他能把死于 1970 年的陈西滢，写成 1981 年还在家赋闲看报，抗战剧的情景和这个情景是一样的，他只顾自己笔下的舒服和痛快，根本不去考虑它是否真实，更不去考虑大众能不能接受，他所考虑的是什么呢？这里面涉及我们现在的那种价值评判标准。比如说电视的评判标准，唯一的标准是收视率，唯收视率马首是瞻，当它变成唯一的标准的时候，低收视率甚至没有收视率，却能够起到提升大家的普及文史知识，提升智力的那样的片子就不会播出，我们总说文化大发展、大繁荣，现在这一块是发展繁荣不起来的，这是一个评判标准。

比如说教育界，高校里的评判标准，对于老师，对于学生的评判标准，现在唯一的是什么？申请项目、基金，发论文，这是唯一的。很多高校老师和学生们也都非常悲惨，在这个杠杆之下，非常难。然后我们在行政上又是这样，比如我们作为一个官本位的体制，评判标准是以你是不是在哪个年龄段当上某级官为评判标准，所以这也是很要命的。一方面我们提倡你要少说空话，办大事、办实事，空谈误国、实干兴邦，说得非常好。

但是你看一看周围很多具体的情况，你所知道的很多朋友，我想可能有些是这样的，他能够看到他很多身边的人靠着空谈平步青云、升官、手握重权，真正实干的人倒霉遭殃，面对不公平，一到这样的时候你就会产生深深的质疑。到这时候怎么办呢？唯一的路径只有一个，就是让自己充满阳光去读历史。因为就是面对这样的评判体系的时候你没有办法，价值观和价值评判体系是对立的，我们提出一个好的价值观让你来遵循，让你来把这个价值观作为一个评判标准，如果所有的人都遵循这样一个价值观的话，那我们可能就有公平了，就有公允了，就有正义了，很多的都有了。但是我们这个价值评判体系恰恰和现在的价值观是对立的，你从报纸上、网络上可以看到，谁用了 30 年从主任科员到了部长，可以看到谁四十几岁就是正部级，人生是多么的成功，但是很少看到哪个三十几岁的年轻人得到了教授，没有。

对于莫言来说，也是意外之喜，他可能没有想到自己会得诺贝尔奖，虽然心里或许有一个期盼，但是至少没有表现那么充分。对于莫言来说，如果在这 30 年创作当中，比如第 10 年他当官了，那就没有莫言了。所以有的时候我们要看事物辩证的两面，就是得与失，当你面对人生挫折，进入人生低谷的时候不要灰心丧气，坚持一下，那一面会出现的，没有问题。哪怕没有那一面的出现，你对它也失去信心，放弃等待，没有关系，过好自己平稳的生活，健康平安就完了，谢谢！

医疗体检及生活中的健康问题

解放军总医院健康医学中心　郑延松

2013 年 11 月

郑延松：北京解放军总医院心血管专业博士，时任解放军总医院健康医学中心体检中心副主任，临床副主任医师，北京健康促进会慢性病防治与健康管理专家委员会常委，全军健康管理学会委员。

我们天天讲健康，大家非常关注健康，但是健康到底是什么？举一个例子，在医院每年查体的时候都有自己的同事查出来有比较严重的疾病，比如说前年，我们一个外科医生平常工作特别累，是不是太辛苦了，每天做手术做得太多了，根本就没放在心上，结果查体的时候一查，抽血化验一看，尿毒症。后来一查，尿毒症已经非常严重了，后来换了肾了。这是发生在我们身边的例子，一个外科医生。

还有一个骨科的大夫，能力非常得强，搞临床，做手术，搞科研非常得好，结果平常稍微有点腹部不适，但是也没注意，体检的时候一查，胃癌中期，做了手术。讲这个例子是什么道理呢？就想告诉大家，按照咱们老百姓讲的，医生应该更懂得医学知识，应该自己更关注健康，身体应该不错啊，但是医生往往也都忽略了自己的健康。那何况大家呢？很多时候很多人对自己的健康很关注，是觉得很重要，但是到底该怎么去关注，该怎么去维护自己的健康，大家都是一筹莫展，很多时候是很盲从的。那么到底健康是什么呢？世界卫生组织已经明确地告诉大家，健康是一种资源，什么是资源？资源和咱们自己家里的森林煤矿，和你家里的钱是一样的，资源是可以利用的，同时也是需要管理的，假如管理不好，那么资源也可以不断地被消化掉。平时咱们处理的是金融资源，而我们现在讲的是健康资源，健康也需要管理，管好了，健康属于自己，管不好，健康就交给上帝了。

不同的人想法不一样，仁者见仁，智者见智，我给大家看这张图是想给大家介绍一下我的感受。每次看这张图的时候，我都想起来一个故事，想起来一个什么故事呢？我过去也在做首长保健，首长是具有很高智慧的，也很有哲理，跟我们讲，你们现在当医生，我们看中国的发展，我们的神五、神六、神七、神八、神九、神十都上天了，用的电话，从原来的大砖头、大哥大，到现在这么小的电话，功能越来越复杂，为什么你们医学发展这么多年连一个癌症都没有攻克，喊了这么多年也没有攻克。想想也是啊，多少年了，科技发展那么快，为什么到现在为止都没有哪一个肿瘤能被我们攻克呢？

上中学的时候写作文，经常写我以后要当个医生，攻克癌症，实际上现在生命过了一半了，对攻克癌症还远着呢，为什么呢？大家可能都没想过，实际上仔细想想你就会发现，并不是说我们医生都太笨了，我们医生啥都没干，可以说医学界出论文是最多的，但是每次的论文，每次的科研进步都是往前挪了一小点、一小点，真正的突破性进展很少，为什么呢？因为我们人太复杂了，我们的细胞太复杂了，我们的人体太复杂了。没有任何一个人，在座的各位，只要不是同卵双胞胎，没有任何一个人的基因是一样的，你的细胞和别人的细胞都不一样，你把你的器官移植给别人他是不接受的。

除此之外，除了我们的肉体、细胞非常复杂以外，我们的心灵更加复杂。同卵双胞胎得病也不是说得一模一样的，也不是说同一天生就同一天死，是不是，心理不一样，心理疾病也不一样。相对于我们每一个来讲，我们是肉体和心灵的结合，在一块又组合了很多种可能性，对我们每个人来讲，我们的身体是多么的复杂，正是因为这样，健康难道是非常简单的一句话，一个小学校就能实现的吗？绝对不是。现在电视上讲健康理念、健康知识，讲得特别多，讲来讲去，讲到最后把大家讲糊涂了，也不知道该吃啥了，也不知道该怎么办了。到底是他们讲得不对，还是咱们理解得不对。

实际上很多时候大家想一想，你换个角度，换个思维想一想，你就会知道了，首先我要知道我们每个人跟别人都是不一样的。你想从人群中得到一个，或者从专家口里得到一个诀窍，我回家拿一个东西吃，我就能长生不老，长命百岁，这是不可能的。生活的点点滴滴我们都要注意，同时我们也不能说我们完了，反正每个人都不一样，我们也不知道该怎么办，那就稀里糊涂过吧，那也是不对的。我们应该从中间找到最真实的一些真理，然后在日常生活中去加以注意，来维护自己的健康，而不是听大家忽悠，忽悠吃这个吃多点。现在讲营养特别流行，说这个有营养，里面含有什么，你吃点，那里含有什么，你吃点。

大家都走入了一个误区。过去咱们讲的木桶理论，好多块木板来组成一个水桶，水桶里盛多少水，是由最低的那块木板决定的，这个故事大家都知道。否则那个水往里一盛，水就漏出来了。正是因为大家受这个理念控制的时间太长了，很容易走入误区，老在想我身体里是不是缺某种东西，我一定要把那方面的元素补起来，所以就老是吃，什么山珍海味，天上飞的，地上走的，水里游的都去吃，我想把我的身体补起来。

但是千万不要忘了，你的理念的前提是错误的，因为你的身体并不是一个固定的水桶，也就是这个水桶的高低不是固定的，你身体里边的水桶跟另外一个水桶比，可能是一块木板或者几块木板太高，你老想着补齐，老想着往高处补，补齐，你想想是不是补出来的水桶是正常的水桶，另外要补齐的话，水桶就会很高很高，有没有可能是这样子。所以说你很多时候换个角度去想，你会发现，其实很多时候我们现代人根本不是营养缺乏，哪一块不足了，必须要去补。对于大多数人来讲，都是由于某些因素太多了，才显得你那些正常的元素太少了。

所以更多的时候，我们不应该光想着去补，哪个东西好我去吃，而应该更多的时候想到，每天我要控制住自己的嘴，让自己少吃点，这样才能起到好的效果。大家想想是不是这个道理？当然现在很多时候，我们的很多讲座，就知道教大家怎么去多吃哪些方面的东西，你换个角度就不一样了。就比如说现在很多的微量元素超标，重金属超标，有人想出一个办法，既然铜、铅超标了，我就多吃锌，吃一些锌来把铜给带出来。当然是有道理的，是一个办法。但是你想想要想解决这个源头问题，应该怎么解决？应该从开始就要控制住铅的摄入，控制住这些多元素的摄入，怎么控制呢？还是管住自己的嘴，不该吃的别去吃。

比如，烤肉挺好吃，麻辣烫挺好吃，烧烤挺好吃，都想去吃，隔三岔五想吃，吃完了，喝点啤酒多舒服。但是别忘了，吃的过程中，很多重金属元素都吃到肚子里了。为什么现在人说要少吃肉呢？难道是专家闲着没事，让大家少吃肉。吃肉过多，也容易摄入过多的这些重金属元素，因为我们很多时候，我们吃的东西并不是天然的、自然的、绿色的、环保的。那个猪怎么喂出来的？羊怎么喂出来的？牛怎么喂出来的？好好追踪一下，你就会知道为什么现在人说少吃肉。蛋白质补充够了就行了，你吃多了，肉里面相应地带来一些含毒素的东西，你摄入的也会多，所以说这个方面一定要注意。

现在讲的理论很多，要知道自己如何选择，不能随便被那些所谓的专家给骗了。我是向大家传授一下现在从西医和中医的角度共同理解一个相对科学的理论，首先我跟大家声明，这里没有诀窍，绝对不是一个简单的窍门教给大家。但是我要给大家讲个理论，讲讲我的理论是什么。

一、心脑血管疾病的预防

大家看看这几个病，你们觉得哪一个病你们最担心？传染病、精神病、癌症、心脑血管疾病，大部分都是癌症。谁都怕癌症，但是我今天想要问大家一句话，你们有谁听说过一个人第一天诊断得癌症，第二天走了？没有吧。肿瘤再恶性的肿瘤也没有那么快。但是你们有谁没有听说过哪个人平常好好地在家里，突然间一晚上，第二天上不了班了，走了，谁没听说过？可以说，心脑血管病是威胁着我们现代人非常重要的一类疾病，咱们很多时候把它给忽略了。所以说现代人，咱们重点需要防的是心脑血管病，在座的各位一定要重点防心脑血管病。

为什么这么讲呢？不怕你们害怕，心脑血管病是我们可防、可治的，而肿瘤很多时候真是听天由命。你该不该长肿瘤，有的时候我们可以防，很多时候我们改变生活习惯，可以防，但并不是真正说你去防就一定能防得了的。所以说我们讲科学，我们一定要讲我们最该防的，最能防的是啥，然后其他的一些事，该交给上帝就交给上帝，我们把能把握的先把握住。

首先我给大家看一下心脑血管病是怎么发病的，它有什么共同的发病基础，这是一个动脉粥样硬化，动脉粥样硬化到底是怎么回事呢？咱们的血管里面有一层血管内皮细胞，它就像咱们的脚踩着地毯一样，把咱们的血液和血管壁隔开，这个内皮细胞很光滑也很完整，但是一旦这个内皮细胞被破坏了，我们血液里面的血脂就容易往血管壁里沉积，血脂主要分这几种，一个是总胆固醇，一个是甘油三酯，一个是高密脂蛋白胆固醇，一个是低密脂蛋白胆固醇。

那么高密脂蛋白胆固醇是咱们的好胆固醇，理论上讲越高越好，那个低密脂蛋白胆固醇是坏胆固醇，坏胆固醇应该是越低越好，但是好多人的低密脂蛋白胆固醇是高的。我们的诊断上讲高低密度脂蛋白水分，也就是低密脂蛋白胆固醇，它高了，这是个坏事。那要是高密脂蛋白胆固醇，低了，就说明这个好胆固醇偏低了，也不是好事。但假如说光单纯的高密脂蛋白胆固醇，高了，不发生其他的情况，那相对来说还是好事，因为它是个保护因素，所以不用担心。假如你光一个高密脂蛋白胆固醇升高，那问题不大，你不用担心，它是好事。假如你要是低密脂蛋白胆固醇增高了，就要注意了，它是个坏胆固醇，你要注意把它控制下来，不控制的话，它容易往血管壁里沉积，通过血管内壁的间隙沉积到血管壁里，一旦到了血管壁里面，血管壁里面的细胞就会把外来的胆固醇吞到肚子里，吞了这个胆固醇细胞它也消化不了，因为它在局部要运动，消化不了，它就在这儿随着时间越长，越堆越多，慢慢、慢慢地堆积起来，堆积了一堆胆固醇。随着时间的延长，最后这些细胞也被撑死了，坏死了，坏死了以后，在局部又把吃了一肚子的胆固醇吐出来，就形成了脂汁，这个脂汁里面还包括了细胞碎片，在我们医学上把这个就叫做动脉粥样病变，动脉粥样病变就是这样来的。在显微镜下面看，很像熬好了的粥一样，所以起了这个名字。

这个就是动脉粥样方块，这是血管，本来很光滑的血管，中间一个大方块，这是管腔，管腔就剩这一点了，这个大方块里面就是脂汁，这个像熬好的小米粥一样，比较浓。这也是个大方块，中间是管腔。小方块中间除了这些白的是吞了一肚子的脂汁的细胞以外，还有一些油光的东西。这是胆固醇在局部堆积时间过长所形成的胆固醇结晶，结晶、晶体，大家戴的钻石是不是晶体，钻石是不是很硬。胆固醇结晶了，这局部都是石头了，很硬，所以把这个病叫做动脉粥样硬化，硬化就是这样来的。你的血管里这样的方块越多，你的血管就越硬，到一定年龄了，全身的血管都是这样的话，你全身的动脉硬化就出来了。

这也是个斑块，这上面红的就是在斑块的基础上形成了血栓。血栓形成了，把你的血管堵住了，这个还没有完全堵住，还是好事。再往下看，这里形成血栓，把整个血管堵住了，我们血管是干什么的？我们血管是运送血液的，血管一堵住，血液就没了。没了会怎么办呢？这就是后果。很害怕。别说你们害怕，我们做医生的啥都见过，有时候查房，我带着学生去查房，他不注意，我到那一掀，哇，吓了一跳，是很害怕的，因为活人带了一个僵直的脚，是挺害怕的。但事实上就是这样。

因为现在都是年轻人，都是年轻的朋友，到了咱们这一代，到你六七十岁的时候，可以说每个人都会碰到这样的病例，为啥呢？到时候糖尿病的发病率会非常得高，现在咱们最新的统计，咱们国家成年人糖尿病发病率已经超过了10%，等咱们到六七十岁的时候，可以说你身边到处都是糖尿病病人，糖尿病病人很重要的一个并发症就是这样，人到最后就是肢体坏死，动脉硬化。

大家再仔细看一下，动脉粥样硬化是怎么来的，正常的血管是很光滑的，然后慢慢、慢慢血管壁里面开始有斑块沉积，血脂沉积，沉积得越多，斑块越大，管腔越小。慢慢、慢慢管腔越来越小，越来越小，最后一旦把血管完全堵住，那堵到哪儿哪儿出问题，堵到心脏就心肌梗死，堵到脑部，脑梗死，堵到肢体，肢体坏疽，它就是这样的，动脉粥样是硬化慢慢、慢慢发生的。

它跟这些因素都有关系，它是慢慢发生的，不是说你今天得病了，一下得了脑血管病了，一下得了心脑血管病了，你才到医院找医生，医生你给我治好吧。甚至我碰到山西的大老板说，我家里有4个亿，我给你2个亿，你把我这个病治好吧。医生说，我没门，那怎么治呢？你的动脉粥样硬化，可能是从你年轻的时候就开始不注意，血管慢慢、慢慢变化，就像家里用的自来水管子一样，水管子用了多少年以后，水管子里面就会沉积水垢一样，是慢慢沉积的。你沉积到多少年以后，发病了，你到哪儿找医生，给你治好，医生他也不是神仙，是不是，他治不好的。

那么大家想一想，动脉粥样硬化，你猜猜动脉粥样硬化最早发病，往血管壁里沉积一些斑块，你猜猜在什么年龄就可以出现了？你们放心大胆地猜。

我告诉你，这不是专门的医学研究，但是确实是有研究，就是把现在人在车祸里丧生的七八岁的儿童身上做尸体解剖，就发现已经开始有动脉粥样硬化的早期病变。所以说告诉大家，从小孩的时候就开始了，在座的各位我们每一个人身上可以毫无疑问地说都有动脉粥样硬化病变，病变都开始有了，只是说你的危险因素不一样，它发展的速度不一样。为什么有的人到四五十岁就发病了，有的人到七十岁才发病呢？就是因为他身上的病变程度和发展的速度都不一样。所以说动脉粥样硬化是贯穿你一生的疾病，需要你很早就要去预防。

怎么预防呢？血压高了降压，血脂高了降脂，抽烟的人尽量别抽烟了。为什么这么说呢？抽烟对你的血管内壁细胞的损伤是非常大的。你抽完一支烟，可能里面的血管内壁细胞就掉上几个，掉上几个以后，它就留下来一个缝隙，血脂就开始往里沉积，它是这样一回事。那么血压高了，你要降压。血压高了，我问在座的各位，高血压，血压超过多少是标准的？我们人的正常血压一定要记住，我们诊断高血压的标准是140/90，就是你的血压只要有任何一个超过了，收缩压超过140，舒张压超过90了，就是高血压。那理想血压是多少呢？理想血压是120/80比较好。你要超过这个理想血压，这个血压就偏高了。

在座的谁的体检报告上诊断高血压，就说明你的血压肯定是有一个超过140，或者是一个超过90了。那么有的人说我的不高，好像还偏低，偏低也没事，偏低是指你的血压低于90/60。低了，但是你偏低，只要你没有症状，什么症状呢？没有经常头晕、不舒服的症状，没有这些症状，没事，那是你正常的血压，不叫异常。怎么判断呢？有的人说，我蹲到地上，蹲一会儿，一起来就头晕，那不光你头晕，我也头晕，那不是低血压的表现。就是咱们正常人的正常座位，你坐到这儿，突然间站起来都不会晕的，你要是坐在这儿，突然一下站起来晕了，那就说明你的血压偏低，就这么区别。除此之外，其他的都是正常的。

血脂，胆固醇的正常标准，高密脂蛋白胆固醇、低密脂蛋白胆固醇的正常标准一看就知道。你要高，你就继续控制，把血脂控制下去。怎么控制呢？生活上要注意，动物内脏，肥肉，蛋黄，这些东西就别吃了，因为它里面含的胆固醇含量非常高。然后要吃清淡一点，每天要积极去活动、锻炼，这样就能减少胆固醇的摄入，增加胆固醇的消耗，这样就比较好一点。

同时有的人即便是采取这种方法，胆固醇还高，那该吃药就吃药，把胆固醇降下去，只有这样的话，我们才能预防动脉粥样硬化的发生。糖尿病、血糖高了，我们就要去治疗，血糖高了，怎么高了呢？只要空腹血糖超过7，餐后血糖超过11.1，就是我们诊断糖尿病了，这是诊断糖尿病的标准。但是医院正常血糖的标准是4.4~6.1，只要你的血糖超过6.1了，就叫空腹血糖异常，你的空腹血糖异常了。这空腹血糖异常有什么意义呢？就说明你的血糖调节已经开始出现异常变化，已经开始有往糖尿病发展的趋势了，你要不积极注意，它就很可能发展成糖尿病，这是空腹血糖。

还有一个指标是糖化血红蛋白，这个糖化血红蛋白它衡量的是最近你2个月或者到3个月这个时间内，你的平均的这个血糖水平是不是高了。你要查出最近两三个月血糖一直没控制好，那么糖化血红蛋白就会高，这是从不同的角度来衡量你的血糖。咱们每个人的体检报告上都有这两项。

另外还有甘油三酯，甘油三酯给大家讲讲，甘油三酯也是血脂的一种，甘油三酯正常值是 1.7 以下。结果有的人甘油三酯就高，有的女同志甘油三酯还偏低，偏低又说明你节食节得有点太明显了，该适当吃的还要吃一点。假如甘油三酯偏高，就说明你每天吃饭吃的量偏多了，你要低于正常值，就说明你每天吃得少了，你吃的总量偏少了。

总的来说，在这个动脉粥样硬化相关的危险因素里面，咱们不能改变的因素只有两个，一个是性别，一个是遗传，而且排位也比较靠后，其他都是咱们自己能改变的。所以说我们一定要积极地去控制自己的危险因素，来预防动脉粥样硬化的发生。

动脉粥样硬化它主要会导致心脑血管病，给大家先讲一下心血管病，我们的心脏主要是一个供血的功能，把全身的血液循环进来。这是咱们的心脏，心脏上面也有供应心肌的冠状动脉来供应心肌血液，那冠状动脉也会出现动脉粥样硬化，它一旦出现动脉粥样硬化就会导致冠心病。它的发病机理跟我刚才讲得一模一样，也是动脉壁本来很光滑，随着时间的延长，血脂在里面沉积，动脉壁越来越窄，越来越窄，最后动脉壁很窄了，就会导致血液冠状动脉供血不足。冠状动脉一旦供血不足，它就会有一个典型的特点，就是在静息的情况下，安静的情况下，我们的心口没有任何异常的感觉。当你一活动，情绪紧张的时候，我们心脏是不是要加快，加快了以后，心肌细胞需要的能量要多，但是这时候由于动脉狭窄，供应的血液不够心肌细胞用了。那么这样，相对来说它的能量就不够了，能量不够了，它就要给你提意见，它怎么提呢？它释放一些物质，来刺激你心脏的神经，来告诉你，我饿了，我饿了，我能量不够，这样就会让你产生心绞痛的症状，心绞痛症状就是这么产生的。

一产生心绞痛的症状你就赶紧休息，休息一会儿，心脏跳动又减慢了，做的工作就减少了，相对来说供的血液就够了，这样的话，慢慢心绞痛就消失了，所以说这是典型的心绞痛的症状，一定要记住这一点，心绞痛的症状非常关键，它一定是在情绪激动或者活动以后诱发的心前区的压迫性的疼痛，那么现实生活中我们有很多人，老是说我的胸口这儿疼，那儿疼，很多都不是典型的心绞痛，典型的心绞痛一定是在情绪激动或者活动后诱发的。在安静状态下发生的，肯定不是心绞痛。

另外很多人来医院找我，说我的心口疼。怎么疼？拿手指头一点，就这儿，每天疼两下，疼得很厉害，那肯定不是心绞痛。心绞痛的病人绝对不会这么表述，心绞痛的病人你问他哪儿疼？全是巴掌，就这一块，因为它是一个界限不是很清楚的，就是用手掌来描述。用点来描述，肯定不是。很多疾病都可以引起胸痛，包括我们医院都有误诊的。

举个简单例子，一个大首长，大半夜的胸痛，跑到我们医院去，医院好紧张，好多专家全都弄到病房里来诊断，又做心电图，又做超声，一看全是正常的，怎么回事？疼这么厉害。首长这么大年纪了，还有心脏病，先输液，输到半夜，最后首长说，你们全都错了啊，你们给我诊断错了，怎么错了？首长一撩起衣服一看，皮疹出来了。这个病叫带状疱疹，这个带状疱疹在没有发觉以前也是很疼的，他也没感觉，正好是左侧胸部，就怀疑是心脏病，结果给他误诊了，搞得我们医院领导好没有面子。但实际上不能怪医院领导，假如说换一个人，换一个普通老百姓，肯定不会误诊的。为什么呢？医生上去随便一摸，只要带状疱疹没有发现前，你只要摁到这儿，能把他摁得坐起来都有可能，一摁是很疼的。假如是一个正常的心脏病人，他里面疼，你去摁他的胸壁，再摁他也不疼。带状疱疹它是局部的病变，你一摁他，他会很疼的。但是因为那个首长级别太高了，没有任何一个人敢上去摁，最后误诊了。

假如冠状动脉供血不足，持续的时间超过 20 分钟还没有缓解，那就可能是心肌梗死。就是那个冠状动脉血管被彻底堵死了，堵死了就是心肌梗死，心肌梗死是一个急性的严重的一个临床综合病症，所以说一定要记住，你们大家一个观念可以救一个人的命，一定要把你身边发生的，家人或者朋友、邻居也好，发生心前区疼痛 20 分钟还不缓解，赶紧送医院，怀疑是心肌梗死，送医院一定要把他送到就近的大医院。就近的大医院急诊科一般都有心血管病人的绿色通道，一年 365 天都有人值班，到那儿以后很快就进到手术室，把堵住的血管给通开。你要到小的医院完了，时间一耽误，一超过 6 个小时，你没有及时地通，过了 6 个小时，你再到大医院去通，没用了。该坏死的细胞坏死完了，所以说这也是救命的一条，你知道了非常好。这是心脏病，脑血管病，在咱们国家也非常常见，脑部的血管也会出现堵塞，一旦堵塞以后，会导致血管病的发生。脑部血管非常的丰富，咱们大脑每时每刻都不能缺血，一旦缺血就完了，所以说脑血管病，这是脑部里面的血管构造，咱们国家的脑血管病的发病率远远高于心血管病，是心血管病发病率的 5 倍。所以在座的各位你可能没有见过心绞痛的病人，但是很少有人没见过偏瘫的病人，在街上到处都看到走路这样，偏瘫的病人，这就是脑血管病，脑血管病我们要重点预防。

因为任何一个人在有脑血管病以后，你花再多的钱，治疗起来效果都不是很好，但是你只要有一个观念，有一个意识，你就能极早去预防脑血管病发生，你甚至可以省下几十万元，这都有可能，所以这个病更是重在预防。

脑血管病分成两大类，一类是缺血性脑血管病，一类是出血性脑血管病。缺血性脑血管病又分两类，一个是短暂性脑血液发作，一个是脑梗死。短暂性脑血液发作，就相当于心脏心绞痛一样，使心脏一过性缺血。短暂性脑血液发作是脑部血管一过性缺血，一般发作以后，过一会儿就好了。但是一定要注意，我们曾经碰到这样的病人，早晨起来，家里老年人偏瘫了，不会动了，家里赶紧叫救护车，结果救护车还没有来，老人好了，因为这是一过性的缺血。家里吓坏了，不往医院送了，但是短暂性脑缺血发作，就相当于上帝给你敲了警钟，告诉你脑血管已经出问题了，一定要送医院，找正规的医生去治疗，积极治疗预防它发生下一步的病变，否则的话，你不往医院送，没吃药，没预防，过一段时间，大面积脑梗塞来了，到那时候知道就晚了。

　　大片的脑梗死，咱们脑袋有多大，里面脑子有多少，一大半都坏死了，肯定是偏瘫，不死亡也是个严重的痴呆。那么到出血，是指脑实质性的出血。脑梗死是血管堵住了，供血没了，脑出血是血管破了。怎么破了？都是情绪激动，或者活动的时候，高血压的病人，本来血压就很高，然后又没吃药，再情绪一激动。比如说咱们报纸上登过老年人上公交车了，因为一个座位跟人吵起来了，一吵起来，情绪一激动，血压一高，把血管给撑破了，一破，血液出来了，倒地。送医院一看脑出血，没几天，走了，大部分都是这样一个表现。所以脑出血的危险性更大，来得更凶猛，死亡率更高。

　　这就是脑出血，在 CT 上表现为一个高密度的影，一块出血灶。对于脑出血来讲更重要的就是预防它血压升高，一定要把血压控制住，避免情绪激动。为啥说不让老年人情绪波动太大，有时候乐极生悲，太高兴了，血压高了。我曾经碰到一个我们医院的人，是我们身边发生的例子。本来高血压，就正好赶上过年，来了几个亲戚，打麻将，打得高兴，从白天打到晚上，降压药也忘吃了。结果到了晚上，本来血压就很高了，正好摸了一把牌特别好，说这把牌，我摸个自摸，我这一下赚多少钱啊。结果偏偏命运之神到了，摸到一半，和了，一拍牌，人，倒地上了。送到医院病房里去，几天没说话，四天以后就走了。

　　这就是脑出血。保护自己的心脏，保护自己的脑。怎么保护？我们从现在开始就要降压，降糖，戒烟戒酒。戒烟限酒，咱们在座的男同志，说戒烟可以，别让我限酒，限酒怎么限得住，酒一定要限，出去吃饭，没有酒，可能很多时候也过不去，一天总量不超过 2 两，白酒。咱们讲了，50 度左右的白酒不超过 2 两，问题不大。你别一天到晚都喝，一喝就喝晕了，那就不行，量要控制住。

　　心脑血管病讲完了，下面讲糖尿病，糖尿病我刚才说了，最新的研究发现糖尿病的发病率已经超过了 10%。而且我可以告诉大家，可能咱们现在这个年龄的人，你们年龄比我更小一点，到了 70 岁左右，80 岁左右，可以说 95% 以上都跑不了，都要得糖尿病，毫无疑问的。为什么？这是我们现在观察的，我们南楼的病房里，那住院首长的年龄都平均 84 岁左右，那 84 岁左右的首长，那么高龄的首长里面95%以上的都有糖尿病。你想想他们过去是怎么过来的，那是少吃没喝的年代，打仗熬过来的，到现在八九十岁还有得糖尿病的，咱们这一代呢？谁挨过饿，不仅没挨过饿，很多时候你摄入能量是过多的，等到70岁、80岁的时候，基本上咱们每个人都会得糖尿病。但是不用害怕，到时候你只要把血糖控制好就行了，糖尿病并不是不可治的。

我并不是说吓唬大家，是告诉大家要极早预防，你要每天吃糖吃得很多，别说等到七八十岁了，40岁就会得病。我们现在体检中心天天在咨询，好多基层单位的领导或者企业家，都是40岁以后，刚四十一二三，一看就是糖尿病，为啥呢？都是之前饭局太多了，吃出来的，喝出来的。这糖尿病的方面，咱们国家以后需要面临的压力非常大，可以说在咱们身边，包括自己的朋友、家人，这种人是治不完的。

我们一个健康教育的专家到内蒙古去做调查，他们招待的，大家看看满桌子看不到一片绿色，除了肉就是酒，这是他们吃的，奶油、奶酪，这是他们吃的米饭，喝的马奶茶。这是咱们见得很少，在座的各位一个个都很苗条，但是这个肥胖确实是一个很重要的危险因素，咱们需要预防。

二、癌症的预防

心脑血管病是迫切需要咱们去预防的，那么癌症也是大家比较害怕的。虽然害怕，但今天我给大家讲讲癌症到底怎么发生的，你要知道怎么发生的，你就可以积极地去预防。

任何一个细胞，它从一个正常的细胞，变成一个肿瘤细胞，它是要有过程的，它是需要经过一段时间的过程慢慢发展成肿瘤的。咱们身体的细胞，每天有那么多细胞，可以说这是毫无疑问的，肯定有细胞会在某个时间出错，变成一个肿瘤细胞，这个一点都不可怕。可怕的是，你的免疫功能差，没有把它及时识别出来，那么肿瘤细胞占到局部，慢慢生长，生得越来越多，超过了免疫细胞的能力，肿瘤就出现了。假如你的免疫能力很强，即便有一些细胞变成肿瘤细胞，照样能把它清除掉。

有人该说了，你这儿有科学依据吗？我说有。国外的研究已经证实，怎么证实的？他们通过几十年的研究，就发现那个社区里上万人研究发现，定期的观察发现，要是一直连续密切筛查，这个人群里面乳腺癌的发病率就是比在同一个社区里面不连续观察的人最终的发病率高。一个社区里边分成两波人，一波人我们每年都查，做这个乳腺癌筛查，一波里面不去筛查，最后来看一下这个乳腺癌到底多少，结果发现，每年都筛查的人乳腺癌发病率还在高，高出来的很明显。最后专家分析，分析为啥？一个是检查的辐射，乳腺的辐射，可以导致肿瘤的发生。另外一个很重要的原因告诉大家，很多乳腺癌早期是可以自愈的。同样你身边的很多肿瘤都是可以自愈的，所以说我今天在这儿告诉大家，肿瘤我们要积极地预防发生，怎么预防呢？就是要避免肿瘤发生的诱发因素。

什么是诱发因素呢？大致肿瘤发生的那些危险因素都是诱发因素，同时我们还要增加自己的抵抗力，来及时地把一些恶变的细胞清除掉，这样才是最好的预防方法。那么肿瘤的发生都是要经过一定的时期才能慢慢、慢慢出来，它的诱因就这几条，一个是遗传因素，一个是免疫识别率下降，一个是抗氧化能力下降，还有是外界因素。

外界因素有哪些？比如说烟草、感染、辐射、肥胖、营养不良、缺乏运动、油炸食物等，这些都是诱发肿瘤的因素。包括常见的一些疾病，我在上体检课的时候讲，总结出来影响男同志健康的三大影响因素，第一条是熬夜，第二条是喝大酒，第三条是抽烟。经常熬夜，睡眠不足，是影响健康的一个非常重要的因素。第二个喝大酒，经常喝醉。第三条是抽烟，我的排序是有道理的。另外还有一些疾病，比如慢性乙肝，幽门螺杆菌感染等这都与肿瘤有关系，这个幽门螺杆菌在人体中的发生率也比较高，将近50%～80%。幽门螺杆菌长期存在，它是可以诱发胃炎、胃溃疡甚至是胃癌，所以是明确的。包括乙肝，乙肝咱们国家现在规定不能明确地查，尤其是单位组织查体，不能给大家查乙肝，但是你自己要查体的时候你可以查一查，要是有乙肝的话，极早地去控制，这样的话，是可以防治发展成肝硬化，发展成肝癌的。

二、维护健康靠自己

那么维护健康靠谁呢？我们老百姓经常说靠上帝，靠政府，靠社会，等等，靠很多，能靠得住吗？还有的人说靠神医，靠各种各样的神医，现在有些人十分崇拜名医，哪些地方神医能治好病，都去找他开中药治疗，但实际上总的来看也没见他治好过几个人。说来说去，很多时候我们也应该多想一想，包括靠我们的科学、医学行不行？我是搞医的，大家想一想，靠医学，单纯的医学能不能维护咱们的健康？实际上有一句话，把命运交给上帝，把疾病交给医生，把健康应该是交给自己。

当你得病的时候，你找医生，但是当维护健康的时候，你是不能去找医生的。五十年前美国医师协会还做烟的广告，它根本就没认识到烟的危害，包括现在我们医生做的很多事情也都是在摸索的，并不见得一定正确。我在大学的时候学的理论，心衰的病人是不能用阻断剂的，结果大学毕业以后到现在所有心衰的病人我们都要极早地用这个阻断剂，完全反过来了。为啥呢？因为医学也在不断地摸索，不断地进展。包括现在实际上很多时候，咱们医生用的这些药，新的一些药物在临床上实验，实验几年以后，最后撤出市场，为啥？副作用太大。包括小孩打的疫苗，也是用好多年以后不让用了，为啥？副作用太大。其实我们现在很多时候，我们的人，包括我们自己，很多时候跟实验室用的小白鼠差不多，都是做研究的。

所以说不能完全依靠医学，光依靠医学是不行的，看看我们社会发展到现在什么程度，每5个人当中就有一个人患有不可治愈的慢性病；每3个人肺癌中就有一个是中国人；每3个成年人就有一个是胖子或准胖子；每3个成年人就有两个人抽烟；每2个成人就有一个生活在"二手烟"的包围中；咱们全民喝酒，全民喝汤药，全民补钙，全民打点滴，这是咱们的现象。包括打点滴，老年人每天春夏输液预防心脑血管病，有没有这个现象？我们新中国成立之初，中国男性比女性寿命长3岁，但60年之后，中国男性寿命比女性短了4岁，比日本短6岁，比俄罗斯短13岁，一批一批的名人都倒下去了。咱们现在老百姓面临的问题那么多，咱们医院来干啥呢？我们都深有体会。

医院发表的文章多了，但很多时候老百姓在一些常见疾病的乱箭之下，根本就不需要那些导弹、卫星，要它干啥呢？什么用都不顶，老百姓最需要的就是一个非常简单的能够抵御疾病的，相当于拿根稻草，别个盾牌，就可以防御的，但是很多时候我们缺乏这个东西。缺乏什么呢？就是简单的实用的理论和技术，来防治这些病。

比如，你把血压告诉他怎么量，血压值告诉他是多少，你把这个教会了，他就知道防高血压，他就能防住脑血管病了，很简单的。但实际上很多时候是不知道的。比如你告诉他怎么吃，怎么预防糖尿病，他就能把糖尿病防住了，但实际上我们很多人是缺乏这个知识的。比如一个老年人来看病，说现在养孩子真没用，为什么真没用？我得病了，你看孩子们天天，他们吃白面，让我天天吃黑面，吃粗粮，养孩子真没用，很伤心。这能怪孩子们吗？不怪，孩子们是为他好，让他吃粗粮，说是能治糖尿病。要怪老年人吗？也不怪，老年人不知道啊。怪就怪在他们之间太缺乏知识的沟通了，你要是让孩子们告诉老年人，为什么让他吃这个粗粮，吃粗粮能产生什么样的效果，对糖尿病人如何好，你跟他讲清楚了，他就明白吃粗粮对我好，不是虐待我，否则他还想你虐待他。

非洲大草原上每年一度的角马迁徙，每次我看到的时候，我都想到一个问题。你说那角马，它是在本能的驱动下完成千里大迁徙，实际上从健康问题上说，我们每个个体跟一头角马有什么区别呢？很多时候我们是像角马一样在盲目地跟着前人往前走，想想不是这样吗？咱们每个人一生下来，从你落地那一刻开始，就相当于随着大流在传送带上，一直向着死亡的终点传送着，只是说每个人表现不一样，有的角马比较聪明，它能够躲避那些危险，在它迁徙的过程中有河流，河流里面有鳄鱼，草原上面有狮子、豺狼，它都能躲过去，就像有的人比较聪明一样，能够避免那些危险因素，不让自己得病。但有的人，有的角马就不行，它看着那鳄鱼在那儿，它还跳下去，结果让鳄鱼正好把它吃了。

　　但实际上很多时候，咱们说起来，有些自然规律是非常的实用，优胜劣汰，适者生存，非常规律。实际上这个角马迁徙，哪些角马被淘汰了，这是自然规律的，那些病的，那些不聪明的，或者说有的个别运气不好的，被淘汰的，那是自然规律，种群的发展必然是这样的。要不然别的物种也不会延续，那么人也一样。人类社会发展到一定程度，咱们人群这么多，可以说假如无限制生长的话，那地球也是承受不了的，上帝也会有一双手在筛选，把一些人淘汰掉。怎么淘汰掉？怎么能避免被淘汰掉？这是需要咱们动脑筋想的。

　　我们的健康，说来说去靠上帝，上帝是最不喜欢贪得无厌的。给大家举个例子，我曾经碰到一个朋友，他说，今天晚上你跟我去参加一个饭局吧，这个饭局是西藏来的一个喇嘛，这个喇嘛据说道行很高，是个活佛，过来给一个领导做法式，跟他一块聊一聊。我说聊聊干啥呢？说聊聊，可以保护你家里健康平安，多好啊，祈福啊，我说行。带着家人就去了，晚上到那儿一看，看到那活佛，活佛早早坐在那儿，一看真像个活佛一样，一看就让你崇敬三分。饭还没有开始，就坐在那儿聊，我坐在他对面，他问我，你在 301 医院啊？我说是。他说我有糖尿病，糖尿病怎么治？他一说，后来我再也不敢找他吃饭了。我心想活佛啊，假如说真有那么大能力的话，他自己有糖尿病为什么没有防住呢？我们为什么还要让他去祈求我的健康呢？我在此，没有任何亵渎神灵的地方，不是这个意思，我回来以后替活佛想了想。

　　你看看身边，你去看看孤儿院，你去看看敬老院，你去看看社会上最底层的问题，咱们每个人都是从一个受精卵开始，生存十个月，最后生存下来，最后有很多人在娘胎里都出问题，有的人在生产过程中出问题的，有的人健健康康生下来了，在儿童时期也碰到各种各样的问题，疾病、车祸各种各样的危险都出来了。你想想自己，辛辛苦苦从一个受精卵一直长到现在完完整整的一个人，而且现在你健健康康坐在这儿，来听课，你想想你已经是比那些命运悲惨的人，可以说沾了很多、很多、很多的光了，上帝已经给你太多太多了。看看你身边的盲人，看看你身边缺胳膊少腿的人，你简直是得到了太多太多的东西，上帝已经给予你太多了。

　　那么假如说你平常不注意自己的身体，你随便去造，你晚上不睡觉，你打游戏，你抽烟、喝酒，你使劲造，把自己的身体给造坏了，这时候你再来求上帝，再给我一个健康。上帝该跟你怎么说呢？上帝最讨厌贪得无厌的人，不能再给你太多了。你看看别人吧，只有这样的话，你才能想得通。所以说疾病、健康、维护，一定要从自身做起，不要等到得病以后再去求神。

那么靠政府，政府不是消防队，也不是保姆。靠社会，社会可能还是一些问题的根源，比如说 SARS，SARS 怎么流行起来的？还不是因为咱们的社会问题。靠科学，科学是解决健康问题的童话故事，现在仅仅是个童话。比如说干细胞，可能很多人都听说过干细胞，干细胞可以换个心脏，可以再复制一个，谁见过？这么多年谁见过？还是一个童话。医生是一个职业的从业者，而不是神，他不能解决所有的问题。靠家人，家人是你生命的陪伴者，而不是替代者，你得了病以后，所有的痛苦都得自己来受，靠神医，神医是吹肥皂泡的，不能解决实际问题。

说来说去，靠这个，靠那个，都靠不住，只有靠自己。靠自己如何靠呢？有没有秘诀呢？没有秘诀。有没有捷径呢？倒是有一些捷径可以走。首先，我们人生来平等不平等？有的人说，我们在社会主义国家，我们生来是平等的，实际上想想根本不可能。人从生下来，你的地位、经济，你的生活环境都不一样，除了这些，基本上它一样。你的基因不一样，基因不一样，那么你就不平等。

举个例子。抽烟，有好多人跟我讲，说抽烟，毛泽东抽了一辈子烟了，人家没得肿瘤，这就是基因的差别。什么叫基因的差别呢？咱们想想任何一个人得病，都是你的器官细胞损伤到一定程度才得病的，损伤到一定程度才得病。比如说上帝画了一条线，你肺上的细胞损伤到 100 分，你就得肺癌，这里选了10 个人，生下来，每个人的得分是不一样的，有的人生下来有 10 分，你需要在你人生的 80 年里面，90 年里面，你需要再赚够那 90 分，才能得肿瘤。有的人生下来就 90 分了，还没怎么地呢，还没怎么抽烟，就在家里炒菜吸了油烟，他也得肿瘤了，这就是基因的差别。

当你没有测基因的时候，谁敢拿自己的生命去开玩笑，去试一试，赌一赌。医院有专家确实赌了，骨科的主任确实赌了，抽一辈子烟，人家问他，你不怕得肿瘤吗？哪那么容易得肿瘤的，结果那一年一查，查出来肺癌。肺癌要做手术，做完手术了，等伙计们去问他，主任还抽烟不抽？不抽了，不抽了。人生来的时候不平等，活着容易吗？活着也不容易，各种各样的问题都有，竞争无处不在，生命危在旦夕。虽然说得有点过分了，但是你想想，你身边有很多问题，经济压力、社会压力、人际关系、家庭问题、环境问题等等都是，中国的现状，北京的现状不用多说了，雾霾，看看现在的污染多严重。

这是各地的污染，北京还相对好一点，有的地方污染非常厉害，成批、成批的鱼都死掉了，垃圾到处都是。食品安全更不用多说了，有什么福寿螺，有什么人造蜂蜜，毒猪油，等等，这一批批的问题全都出来了。看这么好的食品，实际上背后也都是一些有毒的东西。这是催熟剂、苏丹红、明胶、瘦肉精，等等，现在挑猪肉比挑女婿都难。

除此之外，咱们年轻人有很多压力，包括酒精，辐射，电脑、药物，等等，包括家里的人际关系，夫妻之间的关系，等等，都会对咱们造成压力。造成压力以后，就可以导致咱们的亚健康状态，从而导致很多精英过度劳死，精英很年轻的。比如说王均瑶，大家都知道王均瑶他的司机娶了他的老婆，他的司机很感慨地说，说过去我想着我是在给老板打工，实际现在我才明白，老板是在给我打工。王均瑶你们不知道吗？身价多少个亿，结果他英年早逝，走了以后，他的司机，过去给他开车的司机，跟他老婆结婚了，继承了他的遗产。

有的人说得很好，说你别跟我讲那么多，我才不相信你那一套。大不了到最后，我咔嚓一下死了。但是我们在医院待的时间长了，我们就知道，人死有三种死法。第一种是猝死，第二种是病死，第三种是老死。猝死的人，就是自己爽了，家人哭了，得了心脑血管病的人猝死，自己的银行密码来不及跟家人说，一下就走了，很多遗憾留在人间。病死的人，自己瘦了，家里人累了，得病好多年，自己也累，该受的罪全都受完了，家里人也累得不得了，这是病死，病死到很多时候，真正到咱们得病年龄的时候，有的时候你想爬到窗台上往下跳，你都没那个劲了，到那时候，你别说我年轻的时候我可厉害了，实际上你现在就应该为以后着想。

第三种是老死，老死是无疾而终，圆寂。季羡林老先生在我们医院走的，他走的时候可以说，我们当时的医务工作人员都说了，大师就是大师，不一样，他在我们医院住着，实际上他不是有什么病，他是因为在我们医院查体，住院了，我们医生护士对他特别好，不走了，整个病房装成他的书房了，就住在那儿了。因为天天有医生过来跟他说说话，护士过来跟他说说话，他特别高兴，他就把病房当家了，他也不说是因为什么病在那儿住着，每天也不去弄啥，就是医生、护士过去问一下就行了，照样开展自己的工作，该见客人就见客人，所以他到了晚年就这样。

结果有一天中午，他说中午吃完饭，我睡一觉，就睡一觉，这一睡没有再醒过来，任何罪没受，走了。所以他叫圆寂，是真正的大师，没受任何罪。咱每个人真能做到这一点，可以说是太好了，但实际上大部分人都做不到这一点。很多首长在医院里住十几年，住十几年怎么住呢？家里的车换了三辆，升级啊，级别越来越高，他自己一次都没坐过，就在床上躺着，身上插满管子，像那样活着有什么意思呢。所以一定要让自己健康地活着，非常的重要。

　　同时死不容易，死完之后也不是一了百了。死完之后的事更多了，家庭闹矛盾，很多。所以说最好要把自己的人生安排好。生得好，生的时候一定要让孩子健健康康生下来。病得晚，生病一定要晚。死得快，这是我们最终目标。生得好，病得晚，死得快。小时候生下来很好，很健康。病得晚，就是我们在我们的人生这个阶段里，尽量得病得的最晚，比如我 90 岁，我哪怕 89 岁再得病，这最好，别到了 40 岁得病，一下活到 90 岁，后面 50 年瘫着，病恹恹的，那不行，病得晚。死得快，真到了该死的时候，一下子死掉了，那人生绝对是最幸福的人生，这是我们追求的目标，但很多时候我们是实现不了的。

　　那么仔细想想我们现在人的命怎么来的？现在人的命，实际上是自然法则的结果。谁不尊重健康的规律，你就违背了自然规律，你就容易得这个病。我们怎么去治这些病呢？只有一条，顺从自然规律，这是必需的，不顺从就不行了，适者生存、优胜劣汰，这是自然界永恒的法则。那么现在世界卫生组织已经给咱们总结出来了，影响咱们健康的几大因素。

　　第一个因素就是行为和生活方式占 40%，行为和生活方式，就是你自己日常生活中你自己的习惯影响你自己的健康，占 40%。另外遗传占 30%，社会经济占 15%，卫生服务占 10%，自然环境占 5%。大家想想，我们身边有的人说跑到巴拿马那儿去买一套房子，那儿环境好，我去那儿买套房子住着，就能长寿吗？实际上它只占 5%，影响因素很小。最重要的还是你自己的行为和生活方式，刚才我说了，生命的传送带，已经给大家讲了，生下来就是一个传送带，向死亡传送，只是在这个传送带上我们每个人的表现不一样，一个人是跑步向前，跑步奔向死亡，有的人是走路，随着大流走路，聪明的人是踏步，尽量让自己在传送带上走得慢一点。到现在为止，没有任何一个人能倒着走的。

　　上帝在淘汰我们，我们怎样不会被过早地淘汰呢？就这几条。第一了解自己，充分了解自己，我自己容易得哪些病，有哪些危险。要营养自己，活动自己，维护自己，就这几条，我们没有秘诀，但是我们有口诀。了解自己、营养自己、活动自己、维护自己。生活中方方面面都要想到这几条，如何了解自己？了解自己，上战场之前，我要把雷区标出来，标出来在哪儿，我好跳过去，在医学上有基因检测，我可以做基因检测，做基因检测就知道我这一生中容易得什么病，我以后重点要防什么病，就可以知道了，当然这是比较高端的检测，我只是向大家简单地介绍一下，这是基因。

　　那么人类得病，就是基因内在因素和你的外在因素，你的生活方式，两种因素共同作用让你得病的。那么我们过去有病了是不知不觉，无病防病是后知后觉，做了基因检测以后就可以预先保健，就是先知先觉，能够做到这一点。

　　那么基因，做完基因检测以后，我们可以提前预知得哪些病，我们可以选择适当的生活方式，可以避免容易导致疾病的生活方式。我们听说一个老板，在跑步机上跑步，最后死亡了，这就是因为他有心脏病这些危险因素，你就不能做这些剧烈运动，你要选择适合自己的运动，你要不知道的话，就麻烦了。做了基因检测以后，基因是人一辈子不可以改变的，你有什么基因，比如携带了哪方面基因。前一段时间报纸上炒得很热，茱丽知道自己乳腺癌的高发风险从她的基因，她把自己的乳腺切了，这就是一个预防方法，当然不能要求都去这样做，那有点太过激了，她是风险太高了。我们大部分人做了基因以后，就可以预知自己的危险因素，我们选择生活方式来改变基因的表达。比如你前列腺癌的风险比较高，我每天都注意吃西红柿，来预防前列腺癌，这样就能降低风险，这个道理知道就行了。

　　同时要知道，了解自己以后，还要改变不良习惯，你有哪些不良习惯一定要及时改变，不改变是不行的。比如说，高盐、肥胖、饮酒、抽烟等这些都要改变。高盐的问题，盐跟高血压密切相关，你吃盐越多，你的血压越高，现在不高，那以后会高。所以一定要把盐控制住，咱们北京人现在吃盐，普遍的是南方人的 2 倍，都超了。为什么中国人脑血管病从海南一直到东北发病率呈现越来越高的趋势？就是因为从南到北的口味越来越重，吃盐越来越多，所以一定要把盐控制住，非常重要。这一点咱们做企业，做单位，很多时候你在单位吃饭，单位的领导一定要交代厨师，做饭一定要淡，别做咸了，做咸的话，对员工的健康很不好，尤其是高血压的病人。高血压的病人，要求盐是控制在，最好是每天 2 克，2 克相当于什么呢？要是真正标准的方法吃就是任何菜里面不放盐，然后量就差不多了，就是食物里面本身就含有盐，就可以了。酒，我跟大家说了，男同志每天不超过 2 两。

　　一个人的后半辈子是由习惯造成的，而他的习惯却是在前半辈子养成的，这个非常重要。好的习惯是健康的银行，坏的习惯是健康的监狱，播种一个行动会收获一个习惯，播种一个习惯，你会收获一个个性，播种一个个性，你会收获一个命运。你不要觉得这个生活习惯很小，无所谓，你不改变，这完全是可以改变的。自己慢慢把它改变过来就行，同时我们除了要改变自己的生活习惯以外，还要注重自己的心理健康，我们天天想着自己，如何把自己放宽了。比如说咱们要学学这句话"宠辱不惊，闲看庭前花开花落；去留无意，望天空云卷云舒"。

　　下面是我们老首长总结的一句话，"吃 7 分饱，走 1 万步，拜 3 座山，淡人生路"。吃 7 分饱，每顿饭吃的时候，吃七八分饱就行了，别吃得太撑了。走一万步，每天要走够一万步，这样才行。拜三座山，拜哪三座山呢？第一座山，到井冈山去看看，过去的革命烈士，新中国还没有成立，他们就先走了，一天好日子都没享受过，想到自己挺好的，现在和平年代挺好的。拜第二座山，去看看普陀山，到山上去看看大佛，屹立千年不倒，想想我们人类，每个人站在他面前是多渺小，实际上就像自然规律一样，我们人仅仅是宇宙间的一瞬。第三座山，就是去八宝山看看，看看多大的领导最后都躺在那儿了，想一想过眼云烟，当时你可以去争取，实际上到事后你想想，所有的一切都是回归自然。

那么还有首长总结出来的一句话，布衣吃素，当官当副，饭后百步，瞬息介入，劳逸适度。布衣吃素，穿衣服穿布的，吃饭吃素的。当官当副的，为什么当副的呢？压力小，当官当副。饭后百步，瞬息介入，吃完饭要走一走，劳逸适度，如何放松自己。想一想，只要能吃饭，钱就不会断，只要你命长，工资还会涨，不怕赚钱少，就怕走得早，你把老命丢，国家全没收。这是咱们退休的人写的。

退休的还有一些人总结出来，我们要怎么活着呢？没心没肺，活着不累，装聋作哑，活得潇洒，这是很多老年人为了避免与孩子们之间产生纠纷，就这样活着挺舒服的，这样身体好。咱们看看赵朴初老先生，他的总结非常到位，把人生各个方面都写到了。"日出东海，落西山，愁也一天，喜也一天。遇事不钻牛角尖，人也舒坦，心也舒坦。每月领取活命钱，多也喜欢，少也喜欢。少荤多素日三餐，粗也香甜，细也香甜。新旧衣服不挑拣，好也御寒，赖也御寒。常与知己聊聊天，古也谈谈，今也谈谈。内孙外孙同样看，儿也心欢，女也心欢。全家老少互慰勉，贫也相安，富也相安。早晚操劳勤锻炼，忙也乐观，闲也乐观。心宽体健养天年，不是神仙，胜似神仙。"赵朴初老先生他就靠这样一个座右铭，活到了 93 岁。

再看看这个，正处、副处，最后都不知落在何处；正局、副局最后都是一样的结局；正部、副部，最后都在一起散步；总理、副总理，最后都是一个道理；主席、副主席，最后都会一样缺席。没有谁能长生不老，一直在一个位置上。我们人生如赛场，上半场比学历、权力、职位、业绩、薪金比上升；下半场，以血压、血糖、尿酸、胆固醇比下降。咱们说实在的，很多时候，咱们在座的各位大部分都是处于交接的过程中，知道了过去我该怎么拼搏，现在我该更注意身体。

这也总结得很到位，人的一生，好比乘坐北京的地铁一号线，途经国贸，羡慕繁华；途经天安门，幻想权力；途经金融街，梦想发财。经过公主坟，遥想华丽家族；经过玉泉路，依然雄心勃勃。这时候突然一个声音飘扬而至，乘客您好，八宝山到了。想一想，确实是这样，北京地铁一号线确实设计得挺好，有一定的寓意。改变自己的同时，我们还要知道一定要控制你应得的疾病，比如说你有高血压，你要提早控制，你有高血脂，你要提早控制，血糖你要提早控制，有冠心病提早控制。

在这里讲呼吸失眠暂停综合征，这个是很多人不知道的，在座的各位可能你们也会面临这个问题，你家里人也会面临这个问题的。正常咱们打呼噜，很正常，有些人打呼噜，可能声音大一点，吵到别人了，但是这种呼噜就不对了。像这种呼，呼，呼，一晚上，就是自己累一点。像这种，呼，呼，呼，睡在同屋的人，都搞不清咋回事，结果又呼，过一会儿又没了，这就叫呼吸失眠暂停综合征，这是比较危险的。他的身体晚上很长时间处于缺氧状态，这样的人往往并发高血压、高血糖、高血脂，慢慢、慢慢身体状况会越来越差，这就需要积极治疗了。

你身边有人要这样的话，让他及早到医院去治疗。现在我们的观点，要投资你的健康，金钱方面要投入，时间方面要投入，知识方面要投入，只有这样才能健康长寿。咱们总结一下健康保健的小常识，我们合理饮食，我们要清淡多样，控制自己的嘴，我们适当动，坚持有氧运动，迈开自己的腿。我们放松心情，要快乐宽容，放飞自己的心。这三方面很重要。

我们控制血压，我们要坚持低盐饮食服药，我们要调节血脂，让自己的血脂越低越好。血脂越低的话，它就越不容易往血管壁里沉积。我们的血糖，我们要将自己的血糖打掉，我们戒烟限酒，我们始终要想到酒里面也有热量，吸烟会损伤我们的内壁细胞，就是刚才我讲的内壁细胞，那么吸烟不仅污染环境，对自己的影响还很大，所以要戒掉。我们在生命的传送带上，我们尽量要让自己踏步，别让自己跑步。假如你喝了一顿大酒，第二天醒来以后，你想想，哎哟，糟糕了，昨天晚上我又在上面跑了一步，以后你就不会那么喝了。

人的寿命，是健康年龄加上疾病年龄，每个人都这样嘛，我们要争取自己的健康年龄延长，疾病年龄缩短。1和0的故事，大家都听说过，在座的各位肯定都听说过，1是健康，后面的什么都是零，后面的故事可能你没听说过。什么故事呢？有的人亲自问我，说你说得多，也不知道对不对，我作为一个男同志，我活在世界上，我假如光注重前面的1，后面的0都不要了，没有身份，没有地位，没有金钱，啥都没有，我活着干啥呢？是，确实是个道理，我们人活着不得已，必须要去挣后面的0，但是我们不能就只注意挣后面的0，不要前面的1。我们现在的观点是，一定要用你后面的0去投资前面的1。该给你身体、时间上需要投入的要投入，知识方面要投入的也要投入，金钱方面该投入的也要投入，该查体就查体，该用一些药品、保健品，该用的还得用，这样才能保护你自己的身体健康，才能让1属于你，带动后面的0。

总结一下，咱们靠自己，不靠那些神医，也不靠政府，咱们靠自己，有哪些捷径呢？我们可以做基因检测了解自己，我们可以针对性改变自己的生活，我们可以细致化管理自己的人生，而不是盲目地跟随，盲目地去做一些事情，做一头聪明的角马，逃过种种危险，最后到达目的地。我们充分地了解自己，我们问凶不问吉，比如做了基因检测，我就知道哪些病的风险比较高，我们就知道这方面有风险，我们就知道避免。合理地营养自己，宁少毋多，就像我刚才说的，一定要记住，很多时候我们是多了，而不是少了，尽量控制住自己的嘴。适当地活动，活动贵在坚持，不管你采取哪种方法，你是游泳、跑步、健身，不管哪种方法，坚持是最重要的。前两天我看到杭州报道的一个病例，真是太可惜了，晚上跟着大家跑步。平常不锻炼，是一个 IT 精英，忽然有一天晚上参加夜跑，跟着大家一口气跑了 3 公里，跑下来以后，严重的肾功能衰竭。3 公里都受不了，因为你平时根本就没有锻炼，你突然一下就那样，能行吗？所以任何事情大家一定要记住，适度，循序渐进，每个人都有每个人不同的情况，不要盲目。要聪明地维护自己，就是改掉不良习惯，有哪些习惯不好，你改掉，有病早治，投资健康，这就是捷径，口诀。把这几条都做到了，你的健康自然而然，就不是交给上帝了，也不是交给医生，而是掌握在自己的手里。